文化的坚守与运营
畅销书出版营销研究

杨虎 著

中央编译出版社
Central Compilation & Translation Press

本书出版受北京印刷学院学科建设项目"数字出版与传播协同创新平台建设"经费赞助

目　录

序　追寻畅销书的逻辑与真谛　　001

第一章　研究缘起、关键概念与框架设计　　001

  第一节　选题缘起及研究意义　　002

  第二节　大众文化及其基本特征　　010

  第三节　畅销书的产生与概念界定　　020

  第四节　图书营销的概念与畅销书出版营销的特殊性　　035

  第五节　畅销书出版营销机制　　043

第二章　文化的政治化与产业化：畅销书出版营销的整体环境　　045

  第一节　大众文化：畅销书出版营销的文化背景　　046

  第二节　产业化趋向：畅销书出版营销的商业背景　　054

  第三节　现实问题：畅销书出版营销的整体制约因素　　061

第三章　独立、启迪与迎合：畅销书的选题策划　　079

  第一节　畅销书产生的类型及其与选题策划的关系　　080

  第二节　从"编辑—出版本位"到"读者—市场本位"　　093

第三节 畅销书选题策划中的创新与"跟风" 105

第四节 畅销书选题策划中的"名人效应" 114

第四章 "内美"与"修能"：畅销书的整体产品制作 121

第一节 畅销书整体产品的层次论 122

第二节 畅销书产品的核心层：内容为王 126

第三节 畅销书产品的形式层：编创出新 139

第四节 畅销书产品的附加层：附加服务 154

第五节 优质畅销书的深开发：品牌延伸 156

第五章 互动、共融与共赢：畅销书的媒体营销 167

第一节 媒介化社会对畅销书媒体营销的影响 168

第二节 畅销书与媒体的营销关系 173

第三节 畅销书媒体营销的基本形式 188

第四节 畅销书媒体营销的基本原则 194

第六章 多渠道合作与有效沟通：
畅销书销售的渠道选择与公关传播 199

第一节 畅销书销售渠道的选择与合作 200

第二节 畅销书营销中的公关传播Ⅰ：
名家推荐与座谈研讨 210

第三节 畅销书营销中的公关传播Ⅱ：
签名售书与巡回演讲 223

第四节 畅销书营销中的公关传播Ⅲ：

　　　　　开展相关社会公益活动　　　　　　　　　　　　227

第七章　商业与文化的博弈：
　　　　对畅销书出版营销活动的反思　　　　　　　　229

　　第一节　畅销书营销的商业属性与畅销书文化内涵的
　　　　　　失衡问题　　　　　　　　　　　　　　　232

　　第二节　畅销书营销中的盲目"跟风"问题　　　　239

　　第三节　畅销书营销中的"炒作"问题　　　　　　244

　　第四节　畅销书国际化营销的现实问题　　　　　　249

　　第五节　畅销书出版营销机制形成中存在的问题　　256

第八章　建议与思考：畅销书出版营销的未来发展之路　261

　　第一节　树立规范的畅销书出版营销观念　　　　　263

　　第二节　培育规范的社会与市场环境　　　　　　　273

　　第三节　建立健全畅销书出版营销机制　　　　　　279

　　第四节　拓展畅销书出版营销的国际化道路　　　　281

　　第五节　健全畅销书出版营销的评价体系　　　　　284

　　第六节　加强畅销书出版营销理论研究　　　　　　292

结论　　　　　　　　　　　　　　　　　　　　　　　　296

附录　　　　　　　　　　　　　　　　　　　　　　　　303

　　附录1：近年来国内出版的畅销书研究相关著作知见录　304

　　附录2：原新闻出版总署公布的含有虚假信息图书
　　　　　（伪书）名单　　　　　　　　　　　　　　307

附录3：原新闻出版总署公布的24种编校质量不合格

养生保健类图书名单 310

附录4：共和国60年记忆中的60本书 312

附录5：1949—2009：60年60本书 315

附录6：改革开放30年30本书 319

附录7：北京大学图书馆"书读花间人博雅"

——2013年好书榜精选书目 321

参考文献 323

    一、主要参考书目 323

    二、主要参考论文 329

后记 336

序

追寻畅销书的逻辑与真谛

郝振省[①]

杨虎同志要我为他这本研究畅销书的专著作序，我明知这不是一件很轻松的事情，但还是一口答应下来。理由至少有三条。其一，他是我国著名出版文化和出版史研究专家、出版教育家肖东发教授的高足，如果肖教授健在，无疑会愉快应邀，欣然作序。如今，老朋友驾鹤西去，我有责任为他弥补这个空缺。其二，杨虎曾在余敏和我的先后主持下，深度参与了国家社科基金重点项目《中国出版通史》（九卷本）的研究撰写工作。由于他的出色表现和重要贡献，我有意把他要到中国新闻出版研究院专做出版史的科研工作。后来阴差阳错，未能成行。能为他的著述作一篇序文，可看作是对这位北大优秀学子的一种期重和嘉许吧。其三，他在攻读博士学位毕业留校后，虽然有繁重的教学管理工作，但从未放弃和减弱对出版科研的投入，而且推出这样的优秀成果，着实让人感动。期望有更多的出版科研人才与科研成果涌现出来。

陆陆续续读完这部书稿，有一种深切的感觉："一厘米宽的掘口，一公里长的掘径。"本书作者杨虎确实将"畅销书出版营销"这个选题研究得比较透彻，并且提出了一些非常有价值的新鲜见解。畅销书是编辑出版领域被长期关注的对象，如果说极具特色的建筑是人们居住环境中的"城市地标"，那么畅销书就可以说是一个出版社的"文化地标"了。杨虎这本著作至少从三个角

[①] 郝振省，中国当代著名出版家。中国新闻出版研究院首席研究员、中央直接联系的高级专家、全国政协委员、博士生导师，享受国务院特殊津贴，2006年获"韬奋出版新人奖"。历任中国出版科学研究所副所长、中国出版科学研究所所长、中国新闻出版研究院院长。现任中国编辑学会会长、北京印刷学院数字出版与传媒研究院院长、上海交通大学出版传媒研究院院长。

度，给这些宏伟瑰丽的"文化地标"以新的观察：

一是在不断变化的阅读环境中，如何看待出版业"需求侧"和"供给侧"的关系。无论是在数字阅读还是传统阅读的环境中，读者的需求一直被出版社重视，而重视的程度和表现形式各有差异，一味的迎合并不是尊重读者的最佳选择，以选题策划环节为例，本书作者认为，"从'编辑—出版本位'向'读者—市场本位'的转变，并不是淡化乃至抹杀策划编辑的主观能动性，也不是对读者趣味的一味迎合和迁就。策划编辑应该在把握读者阅读欣赏的心理基础上，坚持自己的主见和原则，对选题进行一定的提炼和拔高，同样要体现畅销书的文化积累和对广大读者的引导功能，否则就会导致出版价值和独立性的丧失。"

需求和供给是一对经济学概念，从一切读者都是"经济人"的假设出发，读者阅读行为的本质，就是以阅读时间作为主要交换成本，体验阅读内容的过程。读者作为"需求侧"势必要寻求利益最大化——阅读那些能带来最佳心理满足感的内容，而观察读者整个阅读过程，其实是隐藏了一项成本——找寻出版物的时间，大部分读者是需要花费大量时间去查询、试读、更换阅读产品的，这项成本一般被"需求侧"和"供给侧"有意或是无意地忽略，双方总是将找寻出版物的任务推给市场，通过出版内容的传播效果，让读者自行选择。经过市场检验，畅销书的出现，确实节省了读者这项隐藏成本，读者凭借销售数量就可以判断一本书的可读性。本书作者的可贵之处在于，他发现了畅销书是将"需求侧"的隐藏成本转移到了"供给侧"，而作为"供给侧"的出版社将此成本交由"营销"环节承担。如果仅从经济学领域"掘进"，可能"营销"环节并没有这么大的功能，但作者是将"畅销书营销"放置于大众文化视野中，在充分考察了文化背景和商业背景后，发现了产品滞涨、出版社规模小、专业人才缺乏等七个现实问题，充分梳理了畅销书营销的内在逻辑。

二是在生产过程中，如何统一营销环节的"系统性"和"独立性"。伴随着"需求侧"和"供给侧"之间供求关系的变化，畅销书实际上是将读者整体花费的找寻成本转移到了出版社的营销环节。作者对畅销书营销做出了界定，"是出版机构在特定的图书市场环境中，在一定时期内针对畅销书这一特定商品，以实现畅销书经济利润最大化为主要目的而进行的一系列商务运作活动，它贯穿于畅销书出版活动的整个过程。"在出版业转型升级的时代,营销环节和营销活动的作用已经发生根本性的变化。在传统出版时期,图书产品的营销活动只是产品制作后的一个环节,即推动图书在市场上完成从商品到货币的"惊险的一跃"。但是在数字出版时期,营销活动就不能等到成书之后再"助推一跃"了,需要从选题时期就开始"蓄势待发",确定目标读者,从"起跑线"瞄准"终点线"。显然作者意识到了这点关键转变,将营销活动从单一环节纳入到出版全流程予以观察,这既回归了出版活动为谁生产的"元出版"本质,又让营销活动与出版全流程融合的过程有了一个系统性的展现。从大众文化的视角出发,大众文化追逐利润的商业性和迎合受众的日常性对畅销书出版营销活动的影响最大,在选题策划、产品制作、媒体营销、渠道选择、公关传播等环节都有所体现。这些环节是一个相互影响的系统,单独考察任何一环,都与出版物营销有着密切的联系。

在众多环节中,作者对选题策划的作用,尤为重视,全章50页的内容体量,不言自明。慎始敬终,行稳致远。营销确实离不开选题,在供大于求的买方市场,供给量的无限增长和读者有限的购买量之间的矛盾越来越尖锐,如果不在选题策划环节做好判断,自然难以有上佳的市场表现。正像作者所言,"选题策划虽然不是畅销书出版的充分必要条件,但也不能否定其作为关键因素的重要基础地位。"

三是从畅销书的营销关系折射出融合动态。作者认为畅销书与媒体之间存在两类关系:一类是出版者主动利用各种媒体,发挥媒体对受众的指引功能,对图书进行营销。二是各类媒体也为出版者提供了丰富的出版资源和不同的出版形态,直接参与出版业互动,成为生产畅销书的"摇篮"和平台。在笔者看来,这种互动的实质,就是融合。在互联网技术条件下,将图书出版变成一种与视觉和听觉融为一体的新型大众媒体,已经成为典型的融合路径,而畅销书显然在这一方面有着得天独厚的优势。广播和影视业与出版"联姻"从上个世纪就已经开始,莫言的《红高粱》、苏童的《大红灯笼高高挂》(原作《妻妾成群》)、余华的《活着》、刘震云的《手机》《我不是潘金莲》、刘恒的《没事偷着乐》(原作《贫嘴张大民的幸福生活》)……伴随着中央人民广播电台"长篇连播"逐渐家喻户晓的出版物同样不胜枚举,周克芹的《许茂和他的女儿们》、魏巍的《东方》、姚雪垠的《李自成》、莫应丰的《将军吟》、李准的《黄河东流去》、周而复的《上海的早晨》、苏叔阳的《故土》、柯云路的《新星》、路遥的《平凡的世界》等优秀长篇小说。再从央视的《百家讲坛》到近期的《中国诗词大会》，乃至最近播出的《人民的名义》，都是在媒介融合背景下，出版业与影视业良性互动的典型。显然作者认识到了这种融合的实质，畅销书与媒体之间的关系，折射的是出版业与相关行业的关系，内容的流动，不仅可以催生出畅销书，畅销书同样可以孵化出广受欢迎的电影、电视、广播、网络剧……当然，这种观察如果放置于传播学或经济学领域，会有更多的解读，因为出版业内容的流动不仅呈现的是"跨屏传播"结果，从更深层追根溯源，反映的是技术与内容的博弈关系，是不是在传播路径较少的技术条件下，内容的话语权更大？在互联网传播时期，技术对内容的呈现方式更加多元，但是否又稀释了人们的注意力？这些问题都值得进一步思考。作者以畅销书作为"潜望镜"，已经将研究的视野，从出版业的"海水"中，提升至海平面之上了。

另外，除了上面三个新思考，杨虎此书还体现了三个写作风格：

一是归纳清晰，以简驭繁。作者善于梳理和总结，将与畅销书有关的环境、特殊性、发展阶段等核心概念梳理有序、表述精炼：作者总结了畅销书的六性（发展的历史性、产生的自发性、销量的决定性、发布的权威性、销售的时间性、质量的复杂性）；梳理了畅销书的四个阶段（1840—1948、1949—1978、1979—1989、1990年以来）；三种选题类型（独立自主型、文化启迪型、迎合读者型）；产品制作的四个层次（核心层、形式层、附加层、延伸层）；媒体营销活动必须遵循的四条基本原则（选择的大众化原则、媒体的整合性、营销的持续性、内容的客观性），让读者便于记忆，易于查找。

二是案例丰富，以"史"出"论"。从全文看，本书收集了大量畅销书案例，如：《文化苦旅》《王朔文集》《狼图腾》《十万个为什么》《哈佛女孩刘亦婷》《历史选择了毛泽东》《邓小平时代》《哈利·波特》系列小说等等。案例描写精彩，部分篇章选择了口述史作为说明材料，详实生动，准确权威。作者还从1840—1948、1949—1978、1979—1989、1990年以来等四个阶段，梳理畅销书的发展历程，得出结论：不能否认产业化趋势已经成为我国出版业发展的主流方向。不夸张地说，本书的畅销书梳理过程，已经能够依稀见到"畅销书简史"的雏形。

三是视野开阔,以小见大。从全球出版业的发展来看,数字化、国际化、多元化已经成为出版集团发展战略的三个关键词。作者在畅销书国际化营销的论述中,十分精当地描述了国际化合作的重要性和具体路径。在他看来,从国际竞争角度来看,是否拥有一批具有世界影响力的畅销书作家和畅销书,已经成为衡量一个国家出版实力和文化"软实力"的重要指标之一。从最近几年的"走出去"战略成果看,国际化合作已经成为大趋势,在这一点看,作者洞察颇深,有创见性地提出了"应从战略的高度积极开拓畅销书出版营销的国际化道路"。

依笔者之见:本书的可读性恰如畅销书之可读,本书的严谨性又恰有教科书之规矩,希望作者能把畅销书的研究暨出版物畅销与常销的科研题目继续做下去,把北大的出版科研工作继续做下去,继承包括肖先生在内的诸多先贤的遗愿,做新一代有作为的出版家。

是为序。

2017 年 4 月 10 日凌晨草成,4 月 18 日凌晨修改

第一章
研究缘起、关键概念与框架设计

如果赚钱是你的首要目的,那就不要从事出版业。出版业的报偿远不只是金钱。

——斯坦利·昂温[①]

我们必须扩大销路,把书卖出去。人人都得读我们出版的东西,否则干这一行还有什么意义?

——皮特·迈耶[②]

[①] [英]斯坦利·昂温:《出版概论》,谢琬若、吴仁勇译,北京:中国书籍出版社,1989年,第202页。
[②] [英]约翰·苏特兰:《畅销书》,何文安编译,上海:上海文化出版社,1988年,第14页。

第一节
选题缘起及研究意义

在知识经济时代，出版产业已经成为衡量一个国家文化产业实力的一项重要内容和指标。而在整个出版产业中，畅销书出版产业尤其占据着相当重要的地位。从经济层面来看，其重要性表现在两个方面：对于出版机构而言，畅销书可以创造高额利润，进而增强出版实力，树立品牌形象。对于整个出版产业而言，畅销书好比是书业界的"领跑者"和"加速器"，促进了出版产业的优化升级，推动着出版及相关产业的深入发展。从文化层面来看，畅销书在促进文化发展建设中的作用不可忽视。作为大众文化的一种类型和大众出版业的支柱品种，在提高国民阅读率，宣传普及文化，推动观念更新，建设书香社会，反映社会心理方面，是一支不可低估的重要力量。畅销书所产生的社会影响力也是其他很多图书所无法比拟的。从国际竞争角度来看，畅销书也是国家文化"软实力"的一个重要标志。一个国家的出版界是否具有强大的畅销书创作能力、出版能力、营销能力和深度开发能力，进而推出一批具有世界影响力的畅销书作家和作品，已经成为评判一个国家出版实力和文化影响力的重要指标之一。

我国的畅销书出版活动起源较早，晋代以后，"《三都赋》成，洛阳纸贵"的现象史不绝书。晚清已降，经过近代化的变革与转型，中国出版业完成了从传统出版业到现代出版业的"古今之变"。从此以后，畅销书的出版活动开始具有了更为系统更加完备的现代产业属性。尤其是20世纪90年代初期以来，随着市场经济体制的确立和大众文化的勃兴，我国的畅销书出版业呈现出繁荣发展的态势。伴随着出版产业化改革进程的加快，经过20余年的快速发展，我国的畅销书正在以其丰厚的经济利益和广泛的社会影响引领中国的出版产业。

2002年，孙庆国根据北京开卷图书市场研究所（现为北京开卷信息技术有限公司，以下简称"开卷公司"）的监测数据统计，提出中国图书零售市场已进入"畅销书时代"。畅销书不光在大众读物如文学、非文学领域高歌猛进，在各专业门类的出版物细分市场中也是少量品种唱主角。①2001年占图书总品种6.7%的畅销书（相对而言），占据了全部图书零售市场份额的68.2%。当年开卷公司监控全国零售市场动销品种达48万种以上，而其中多数品种的销量不断下降，这就使畅销书的价值尤显重要。②到了2012年，开卷公司杨伟经过研究分析提出：

> 历史数据表明，中国图书零售市场存在典型的"80—20效应"，即占市场在销品种比例不高的畅销书却能够为整个图书零售市场贡献高比例的码洋。在过去六七年的时间里，这一趋势仍旧在不断加强，2011年的表现尤为突出。2011年，全国图书零售市场动销的110万种图书当中，监控销量排名前5%的图书品种为零售市场贡献了60.38%的市场码洋，码洋贡献首次突破60%。可见，畅销书无疑已经成为拉动中国图书零售市场发展的重要力量。也正因如此，在缺乏畅销书或畅销书表现不足的年份，市场表现往往比较乏力，而在畅销书表现优秀的年份，市场发展形势和增长速度就会非常可观。③

也就是说，少量的畅销书创造了主要的销售额。这种突出的现象随后几年并没有改变，而且在很多图书门类中，产品集中度越来越明显。

在这种发展态势下，对于出版社和民营书商而言，由于畅销书具有经营利润高、销售周期短、资金回笼快等特点，打造畅销书已经成为他们的出版梦想。对于整个社会的文化思潮而言，畅销书作为大众文化的重要类别之一，一方面深受大众文化的影响，另一方面也对塑造和引领整个社会的阅读风气、文

---

① 孙庆国：《中国书业零售市场进入畅销书时代》，《中国图书商报》，2002年2月21日。
② 孙庆国：《再谈中国图书零售市场进入畅销书时代：中小出版社专业化、差异化的判断与呼唤》，《中国图书商报》，2002年11月8日。
③ 杨伟：《2011—2012年图书出版业报告》，见郝振省主编：《2011—2012中国出版业发展报告》，北京：中国书籍出版社，2012年，第36页。

化思潮，发挥着推波助澜的重要作用。可以说，无论是从经济地位来看，还是从社会影响力来看，畅销书都已经成为我国一项十分重要而特殊的文化产业，值得我们去密切关注和深入分析。

深入考察我国畅销书出版的发展历程，可以看出，与其他类别的图书相比，畅销书的营销色彩显得更为浓厚。从出版历史来看，在图书营销概念形成以前，在具体的出版实践活动中，为了能够使产品顺利销售出去以获得可观的利润，也长期存在着图书的策划、包装、宣传、促销等营销手段或策略，只不过还不够系统化和一体化。20世纪90年代以来，市场营销的理论和手段开始被广泛系统地应用于畅销书的出版营销活动中去。一般认为，在20世纪50年代到80年代初期，我国图书出版业基本上属于品种竞争阶段，这一阶段的畅销书多是自发产生的（当然并不排除一些促销手段的使用）。进入90年代，随着进入市场竞争阶段，出版社由全员生产转变为全员推广和推销。一直到《学习的革命》出版的一段时期里，畅销书主要是通过推销的方式（发行员向渠道的推销）产生的。这一时期，畅销书的营销活动已经初见端倪，但还不是很明显。1998年，《学习的革命》的出现，在很大程度上改变了这一现状，当年科利华公司斥资近亿元，动用一切大众媒体对这部博士论文进行持续的"爆炒"，宣称这是一部"能够改变孩子的一生"的图书，使其取得了500万册的惊人销售业绩。虽然时过境迁，《学习的革命》成为畅销书营销中的一个反面案例，但不可否认的是，它的确开创了中国畅销书进行系统全面出版营销的先河。自此以后，随着出版业"供大于求"的买方市场的出现，人们越来越认识到出版营销的重要性和必要性。图书市场也从原先的全员生产、全员推销阶段，进入到全程营销阶段。①在这一方面，百年名社中华书局的战略转型颇能印证营销在出版活动中的重要性得到了全方位的凸显。近年来，中华书局针对市场化、产业化的挑战提出"守正出新"的发展思路，一方面继续在古籍整理、学术著作领域深耕细作，积累厚度，另一方面还进军传统文化大众普及出版领域，推出一系列传统文化方面的畅销书。而实现以上目标的重要抓手和举措则是重视、加强出版营销工作。继2016年定为"全面营销提升年"之后，中华书局

---

① 全员生产、全员推广、全员营销的阶段划分，参见李朋义：《选题策划与市场营销的关系》，见中国出版集团公司出版业务部编：《图书选题创新讲演录》，北京：中国大百科全书出版社，2007年，第43-51页。

又将2017年定为"大营销年"。一个百年老社为何如此重视营销?中华书局总经理徐俊的解释很有说服力:"因为优质的内容是产品生命力的根本,但脱离市场的内容生产,既不能实现市场价值,也不能实现社会价值。我们要通过产品与市场的互动和优化,实现有效规模的增长,以获取优质内容的市场最大价值。"①

正是在这样的大环境下,在市场化更为明显的畅销书出版领域,人们开始认识到,要使一本具有"畅销潜质"的图书在茫茫书海中脱颖而出,走俏市场,就必须对其进行合适到位的营销运作,正如业内人士所说的,在这种市场态势下,"只有经过营销运作的畅销书,才能把图书本身的畅销潜质发挥到极致,才能在最短的时间内把一部书的销量推向顶点,制造轰动的效应,并因此极大地引导了社会观念。图书的营销运作带来了图书功能的变化,使图书日益逼近强势媒体,对社会的干预不断扩大。一部成功的畅销书可以成为社会观念的有力引导者和推进者"。②

从畅销书出版活动的发展历程中,可以看出,我国当代畅销书的出版营销活动经历了一个从无到有、从暗到明、从分散到渐成体系、从无足轻重到极端重要、从不规范到逐步成熟的演进过程。可以说,20世纪90年代以来的畅销书营销活动是中国出版业内最富活力和生机的重要现象,它在一定程度上可以反映出整个中国出版业近年来的发展特征及规律,也见证着当代中国社会思潮和大众文化的发展与演变,其重要性和独特性是其他出版现象或活动所无法比拟的。

时至今日,营销已经成为运作畅销书出版的必须条件,其重要性在畅销书的出版运作中表现得极为明显。在实践中,各个出版商和出版机构在具体的营销中不乏可圈可点的运作方式,真可谓花样翻新、异彩纷呈。成功的经验值得我们去总结和分析。但是,同样不可否认的是,与欧美发达国家相比,我国畅销书出版的整体环境还不能尽如人意,出版商和出版机构的出版能力和营销水平还比较低,在产业化程度以及营销理念、机制、策略等多方面,都还存在很大的差距。在具体的营销活动中,还存在着一系列不可忽视的问题,如优质畅

---

① 徐俊:《中华书局:百年老社守正出新》,《中国新闻出版广电报》,2017年2月6日。
② 刘拥军:《推动图书畅销的五大力量》,《出版广角》,2002年第10期。

销书原创力和深度开发能力不足，缺乏诚信与规范意识的"打榜""伪书""虚假宣传"现象，名不副实的"炒作"现象，盲目的"跟风"现象，等等，几乎出版界存在的所有问题，都在畅销书出版营销活动中得到了最直接最充分的体现。这些问题的存在，一方面说明我们规范的产业化程度还远远不够，另一方面却反映出低水平的过度商品化现象比较严重，这种现实的吊诡现象足以引起我们的深思和担忧。因此，采用适当的理论视角和研究方法，系统分析和总结我国畅销书出版营销活动的整体环境、实践经验、特点规律，指陈畅销书出版营销活动中存在的制约因素和突出问题，探讨中国当代畅销书出版营销的发展趋势和合理路径，并以此为基础，建构起比较完善的畅销书出版营销机制，就成为学界和业界义不容辞的当务之急。

畅销书自身的特殊性决定了畅销书营销与一般图书的营销既有相似相通之处，又有其明显的特殊之处，这也对从业人员提出了更高的要求。在笔者看来，畅销书营销的特殊性表现在六个方面：营销的必须性；更具系统性；策略的多样性；更强的时效性；收益的最大化；问题的突出性。这说明，现有的图书营销学或出版营销学已与畅销书营销的实践要求产生了一定的距离。随着我国畅销书产业的不断发展和壮大，必然要求有新的理论来指导日新月异的实践活动。加强畅销书出版营销理论研究势在必行。一方面，理论从实践中来，应该从众多的实践活动中不断探寻市场运作的基本规律，将感性的经验提升为可以指导实践的理论，力争形成畅销书营销自身的理论体系；另一方面，应该运用已经比较成熟的理论来研究畅销书出版营销的实践活动，这样就不仅是提供了一个多维度的研究视野，从而拓宽从业者的视野，更为重要的是能提高研究的理论水准，从而对实践活动进行高屋建瓴式的指导。

通过对已有研究成果的梳理，可以发现，近年来，与我国畅销书出版热潮相伴而来的，是业界和学界关于畅销书研究的兴起，研究成果日渐增多，除了数量众多的研究论文和研究生学位论文以外，还出版了不少国外的译著和国内学者的研究专著和案例解析集。根据笔者有限的检索和阅读，1985年至2017年1月，在国内出版（或发表）的以畅销书为题名的译著、专著、案例解析集和博士学位论文共有43部（见附录1：近年来国内出版的畅销书研究相关著作知见录）。研究视野和内容不断拓展，研究方法不断更新，整体质量也在不断提高，体现出与时俱进的特征，这在一定程度上适应了市场变迁和出版形势变化的需要，对编辑出版工作起到了一定的指导作用。但不可否认的是，研究中也确实存在着一些不足，学术性、系统性、深入性和批判性都有待进一步提高，有些领域还有待填补。具体到畅销书出版营销的研究方面，虽然已成热点，但研究成果显得较为零散，而且缺乏理论深度和新的研究维度，很多研究都是从实际出发，总结畅销书具体的营销手段和运作模式，还未达到系统建构畅销书出版营销机制的目标。这些都需要学界和业界在理论研究和实践中进一步积累经验，不断创新。

学者张文红通过文献梳理，认为："在目前较为火爆的畅销书研究背后，还存在着巨大的学术研究空间。这包括畅销书研究方法探讨、畅销书文化内容分析、中外畅销书对比分析，畅销书的传播路径和传播效果研究、畅销书和大众文化之间关系探究、意见领袖在畅销书传播过程中的作用、畅销书的受众心理机制研究、畅销书的叙事模式和语言特性分析等。"[①]这一建议与笔者的研究意图可谓不谋而合。根据笔者的研究观察，当前中国的学术界，系统研究畅销书出版营销活动的高质量论著以及从大众文化理论视角研究畅销书的成果都比较少，将二者有机结合起来，尤其是把畅销书出版营销活动置于大众文化视野下进行研究的，就更加少见。其实不论是从理论建树上，还是从实践探索上，这样的研究不仅显得必要，而且具有一定新意。一般而言，市场营销学往往是从肯定的立场去研究方法、技巧和经验，而大众文化理论则除了从正面去解读文化现象外，还经常会用批判的角度去探讨问题，比如，市场营销的商业化、工业化以及畅销书的庸俗化、商品化等问题就常为坚持"文化工业"立场的研究者们所诟病。两相对照，综合运用，才能得出比较全面的结论。这正是这一理论在研究畅销书营销专题时的价值所在。

从大众文化视野研究畅销书出版营销机制，其可能性基于以下两点：

其一，长期以来，无论是在大众文化界，还是编辑出版界，都普遍把畅销书作为一种大众文化产品来看待，大众文化所具有的属性和特点，畅销书一般都具备。英国学者雷蒙·威廉斯在分析英国大众文化和出版业的发展历史时提到，与大众文化和大众出版相关的"大众的"，包含三层不同的意义：一是传

---

① 张文红：《畅销书的理论与实践》，北京：中国传媒大学出版社，2011年，第50页。

统的激进的"为人民"的意义,它们在资本化过程中先天不足,而经济上的限制和文化上的抑制,将使它们的不足达到严重的程度;二是一般化的政治态度和大众喜爱的内容,如犯罪、丑闻、罗曼司和体育运动,这二者奇妙而充满活力的结合;三是在具有支配力量的市场竞争的压力下所形成的意义:它是从政治激进主义中慢慢分离出来的,同时来自于一种对习惯趣味和市场的越来越公开的依赖。而这一层意义已经被新的集中的生产和发行体系认识到了,其结果就是,大众报纸(出版)成为了一种适应"民众"需要的高度资本化市场的产物。① 可见,虽然大众文化的含义比较复杂,包括了政治性、民众趣味、市场性等多重因素,但不可否认的是,商业性的大众文化是大众文化发展的主要趋向和脉络。当代大众文化突出的商业性特征和强烈的逐利性,在畅销书身上也得到了淋漓尽致的体现。如果与专业出版物和教育出版物相比,畅销书以追求经济利润最大化为首要目标的特点会更为明显。而为了实现这一目标,市场营销就成为最有效的操作手段和实现路径。由此我们可以看到,大众文化、畅销书、市场营销这三个关键词在商业性和逐利性上找到了共同的交集。

其二,从历史的发展情况来看,大众文化与市场营销,都是大众社会和现代工业快速发展的必然产物,二者产生的年代也相差不远。而畅销书作为一种图书类型,在大众文化和市场营销产生之前,就已存在,在文化发展中以通俗读物的方式扮演了"准大众文化"产品的角色,在出版实践中,也出现了一些有效的"准市场营销"手段。自从大众文化和市场营销出现后,畅销书出版事业就如虎添翼,名正言顺地走上了现代出版产业的发展正轨。这一点,从我国近现代出版业的变革与转型以及当代出版业的改革发展中,都可以得到充分印证。从1949年以来的历史来看,不同的大众文化类型会直接影响甚至决定畅销书出版的形态、格局与特征。改革开放前后的我国出版营销活动就有着很大的不同。

从这个意义上讲,大众文化对当代畅销书出版营销活动的影响非同一般。

基于以上认识和考虑,笔者选择了"文化的坚守与运营:畅销书出版营销研究"这一研究题目,力图综合运用大众文化、市场营销、编辑出版学等学科

---

① [英]雷蒙·威廉斯:《出版业和大众文化:历史的透视》,严辉译,见陆扬、王毅选编:《大众文化研究》,上海:上海三联书店,2001年,第118-119页。

的相关理论和文献研究、文本分析、案例解析、中外比较等方法对这一专题进行比较深入而全面的研究，以期在实践和理论方面都有所创获，实现以下三方面的研究目的：

其一，充分考虑到畅销书出版营销特殊性，以出版营销理论为指导，从整体环境、选题策划、产品制作、渠道选择、公关传播、媒体营销等多个环节，系统总结我国畅销书出版营销活动的经验、特点、规律和问题，以此为基础，从理论上建构起比较完善的畅销书出版营销机制。

其二，在明确畅销书是一种大众文化形式的基础上，以大众文化理论为指导，梳理中国畅销书出版发展的历史路径和阶段特征，探讨不同大众文化类型对畅销书出版活动的社会影响，重点分析商业型大众文化"追逐利润"和"迎合受众"两大基本特征对畅销书以及畅销书出版营销理念和实践的深刻影响。

其三，在明确大众文化以及出版产业化快速发展已成今日世界发展潮流的前提下，借鉴国外出版实践的经验和教训，在微观层面上，为出版商和出版机构具体的实践活动提供一些有益的理论建言，在宏观理论上，为方兴未艾的中国畅销书出版营销事业探寻一条健康可持续的发展路径。

需要说明的是，本书所指畅销书贯穿古今，但研究侧重于当代中国的畅销书出版营销活动。所指大众文化，主要指商业型的大众文化，有时也会涉及政治型的大众文化。另外，畅销书出版营销是一个系统工程，为了论述方便，只好依照出版的基本流程按专题依次论述。在实际营销过程中，不同的出版机构往往会使用不同的策略，大到动用各种媒体，小到畅销书本身的封面设计，各个出版机构采用的具体方法可能都有所不同，所以在总结论述时只能"抓大放小"，重点论述常见的重要营销活动。所以在论述中体现出较为明显的"专题"特征。

第二节
大众文化及其基本特征

一、大众文化的产生与定义

大众文化（Popular Culture，有时也被翻译为"流行文化"或"通俗文化"）作为一种与高雅文化、民间文化不同的文化类型，是一个典型的外来词，产生于西方大众社会形成之后。而大众社会是指相对于传统农业社会而言的工业化社会，是工业化和城市化进程中所造成的必然后果。在19世纪中后期，资本主义生产规模的不断扩大、商业化的加剧、工业技术和大众报刊事业的迅速发展，导致了西方资本主义世界的工业化和城市化，大众社会也随之产生，这又直接导致了"原子化""均质化"大众的诞生。

在这种情况下，大众迫切需要有一种文化来表现和满足其需要，也"要求以消费的观点进入文化生活"[1]，所以，以大众为受众对象、适应工业文明与都市社会的大众文化（包括电影、广播、电视、大众报刊、畅销书、流行音乐、体育竞技等多种形式）便应运而生，并在大众社会中扮演着越来越重要的角色。此后，西方学术界对大众文化的论争伴随着大众文化的产生而产生。在长期论争中，形成了诸多的理论范式和流派，其中，影响比较大的包括法兰克福的批判理论、伯明翰学派的文化主义、费斯克的能动受众理论、葛兰西的文化霸权理论，以及政治经济学的、结构主义的、符号学的研究范式[2]，都从不同角度对大众文化研究提出过不同见解。

---

[1] 申凡、戚海龙：《当代传播学》，武汉：华中理工大学出版社，2000年，第263页。
[2] 陶东风：《大众文化教程（修订版）》，桂林：广西师范大学出版社，2012年，第41页。

迄今为止，学术界对大众文化的研究仍存在相当大的争议，形成了众多的大众文化定义。英国学者约翰·斯道雷将其总结归纳为六种：

（1）大众文化是指那些被很多人所广泛热爱与喜好的文化。这是一个强调数量的"量化"概念，不涉及价值判断。

（2）大众文化是除了高雅文化（high culture）之外的其他文化，是那些无法满足"高雅"标准的文本和实践的"栖身之所"。换言之，大众文化是一种低等文化。这是一种涉及价值判断的"剩余范畴"。

（3）大众文化等同于"群氓文化"，是一种不可救药的商业文化，是为大众消费而批量生产的文化，其受众是一群毫无分辨力的消费者。这里主要从批判或否定意义上理解大众文化，无视它可能的积极意义。

（4）大众文化是来源于"人民"的文化，一种属于"人民"的"本真的"民治、民享的文化（culture of the people for the people）。这一概念强调大众文化是"人民"自己创造的，但却存在两个问题：一是无法说清究竟谁有资格来决定谁是"人民"，谁不是"人民"；二是忽视了大众文化生产的商业属性。

（5）大众文化是统治阶级与被统治阶级、统治者文化与被统治者文化进行意识形态斗争的力场。大众文化既不是自上而下灌输给"群氓"的欺骗性文化，也不是自下而上的、由人民创造的对抗性文化，而是两者进行交流和协商的场所，同时包括了"抵抗"与"收编"。这使得大众文化变成了一个深刻的政治概念。

（6）大众文化是后现代意义上的消融了高雅文化和大众文化之间界限的文化。后现代文化已不再有高低之分。这里突出了近年来大众文化与高雅文化间的融汇或互渗趋势，但有可能因此而抹杀其差异性。[①]

可以看出，这六种定义都有其合理性和片面性。但这些不同的理解角度表明了界定"大众文化"的多种可能性以及"大众文化"这个概念的丰富性。

在众多的定义中，可以看出有两种基本倾向：一种是站在精英的立场对大众文化持否定和批判态度，最具代表性的是法兰克福学派。20世纪40年代，法兰克福学派的精英们对大众文化（更像 mass culture）提出了迄今为止最为严厉的批评。他们认为：所谓大众文化是指借助大众传播媒介而流行于大众中

---

① ［英］约翰·斯道雷：《文化理论与大众文化导论（第五版）》，常江译，北京：北京大学出版社，2010年，第6-16页。

的通俗文化，如通俗小说、流行音乐、艺术广告等。它融合了艺术、商业、政治、宗教和哲学，在闲暇时间内操纵广大群众的思想和心理，培养支持统治和维护现状的顺从意识，故喻之为巩固现行秩序的"社会水泥"。作为一种现代社会的"文化工业"，大众文化呈现出商品化的趋势，具有商品拜物教的特性，从而戕害了文化的纯粹性；大众文化生产的标准化、齐一性，扼杀了文化创造的个性；大众文化还是一种具有强制性的支配力量，"不断重复""整齐划一"的做法剥夺了个人的自由选择。①进而导致了在发达工业社会中，人普遍成为"单向度的人"，这样的人只具有"单向度的思想"，缺乏否定的理性。这种否定的批判意见影响十分深远，一直在学术界占有绝对优势。雷蒙·威廉斯在1976年出版的《关键词：文化与社会》一书中，回顾了工业革命以来"文化"一词含义的变化，指出：

> 大众文化不是因为大众，而是因为其他人而得其身份认同的，它仍然带有两个旧有的含义：低等次的作品（如大众文学、大众出版商以区别于高品位的出版机构）；和刻意炮制出来以博取欢心的作品（如有别于民主新闻的大众新闻，或大众娱乐）。②

对大众文化的另一种倾向，则是肯定的甚至赞扬的态度，相信它是民众为自己创作的东西，带有积极的一面。雷蒙·威廉斯作为伯明翰学派的代表学者，曾明确提出大众的含义是大众的、为大众的，也是让大众所喜爱的。不同于旧有的批评色彩的概念，大众文化更现代的意义是为许多人喜爱。又说，大众文化是普通大众自己创造出来的文化，经常是替代了过去民间文化占有的地位。这种肯定的甚至赞赏的态度由于伯明翰学派的广泛推崇而扩展。西方学者指出，20世纪50年代，雷蒙·威廉斯、理查·霍加特等伯明翰学派的代表人物"将认真的文化分析和美学问题延伸到日常生活，研究普通民众经验的、形象的、风格化的和物质的反映，以及他们对自己真实的和想象中的从属地位，作何反应。大众文化自此以还，被认为是积极的过程和实践，以及对象和物

---

① 欧力同、张伟：《法兰克福学派研究》，重庆：重庆出版社，1990年，第285—290页。
② 陆扬、王毅：《文化研究导论》，上海：复旦大学出版社，2007年，第275页。

品。它形形色色，无所不有，包括邮购目录、汽车和其他耐用消费品设计、衣着和食品风尚、足球赛、音像制品、圣诞节，如此等等"。①

这两种研究倾向，都有其合理性，也都有其缺点，很难评判其优劣高下。从大众文化的具体实践来看，积极的和消极的情况经常相互交叉、渗透，缺乏明显的界限，更类似于一种"生机勃勃的大杂烩"，在研究时应该具体情况具体分析。

国内学者对大众文化的系统研究，始于 20 世纪 80 年代。从研究起步阶段开始，众多的专家学者、知识精英几乎都借用了法兰克福学派的视角和理论，对大众文化进行了猛烈的批判和声讨。直到 20 世纪 90 年代末期，才有部分学者开始比较平和地看待大众文化并对中国特色的大众文化进行深入的研究，还有学者鲜明提出"大众文化：何时从被告席回到研究席？"如今，大众文化研究在中国已经成为一个热门话题，甚至已经成为一门显学，无论是研究心态与视角，还是研究理论与方法，都要比过去更为理性与多样。学者们关于大众文化的定义，也就更为成熟。限于篇幅，这里仅举三例：

金元浦在《定义大众文化》一文中，在列举了十余种流行的大众文化定义后，提出了自己的定义："今天所说的大众文化是一个特定范畴，它主要是指兴起于当代都市的，与当代大工业密切相关的，以全球化的现代传媒（特别是电子传媒）为介质大批量生产的当代文化形态，是处于消费时代或准消费时代的，由消费意识形态来筹划、引导大众的，采取时尚化运作方式的当代文化消费形态。它是现代工业和市场经济充分发展后的产物。是当代大众大规模地共同参与的当代社会文化公共空间或公共领域，是有史以来人类广泛参与的，历史上规模最大的文化事件。"作者进而以肯定的语气指出，"当代大众文化的兴起，作为中国世俗化发展过程中的重要方面，具有开放的、变革的意义。"②

王一川在《当代大众文化与中国大众文化学》中提出，在定义大众文化时需要特别注意四个问题：（1）大众文化并不是任何社会形态都必然伴随的现象，而仅仅是工业文明以来才出现的文化形态，尤其以大众传播媒介（机械媒

---

① A.Bullock & S.Trombley,*The New Fontana Dictionary of Modern Thought*, London: Harper Collins Publishers, 1999, P666.

② 金元浦：《定义大众文化》，《中华读书报》，2001 年 7 月 4 日。

介和电子媒介）为手段和按商品市场规律去运作；（2）它是社会的都市化的产物，以都市普通市民大众为主要受众或制作者；（3）它具有一种与政治权力斗争或思想论争相对立的感性愉悦性；（4）它不是神圣的而是日常的。在此基础上，作者对大众文化下了一个简要的操作性定义：大众文化是以大众传播媒介（机械媒介和电子媒介）为手段、按商品市场规律去运作的、旨在使大量普通市民获得感性愉悦的日常文化形态。作者进而指出，按照这一定义，通俗诗、报刊连载小说、畅销书、流行音乐、电视剧、电影和广告等无疑属于大众文化。①

  扈海鹏在《解读大众文化：在社会学的视野中》一书中则认为："大众文化是以大众传播媒介为手段、按商品市场规律去运作的，旨在使普通大众获得感性愉悦、并融入生活方式之中的日常文化形态。……大众文化是当代通俗文化、传播文化、消费文化、商业文化的复合体。它们既代表了以大众消费为中心的新的文化产业、文化工业的生产，又是现代社会创造出的新的生活方式。"②当代大众文化的具体表征有：叫座的电视剧、通俗小说、生活用品广告、畅销书、流行歌曲、时尚服装、音乐酒吧、歌舞厅、消遣性杂志、小报、电子游戏，等等。

  以上三个定义，笔者更倾向于采用扈海鹏的定义。因为西方大众文化的确与工业化、城市化紧密相关，但不能因此就说，中国的大众文化就只与都市普通市民相关。考虑到中国目前城乡结构的特殊性、轰轰烈烈的城镇化进程，还有源源不断涌入城市的农民工这一特殊群体，就理应把大众文化的对象界定为更为宽泛的"普通大众"，而在事实上，很多大众文化产品也往往同时流行于中国的城镇与乡村。

---

① 王一川：《当代大众文化与中国大众文化学》，《艺术广角》，2001年第2期。
② 扈海鹏：《解读大众文化：在社会学的视野中》，上海：上海人民出版社，2003年，第44页。

二、大众文化的基本特征

根据以上定义，我们至少可以总结出大众文化的以下特征：

1. 商业性

即大众文化已经成为庞大的经济产业，由于文化变成商品，它的生产和消费服从市场机制和价值规律，被纳入市场交换的轨道。一切大众文化形式，都具有很强的"逐利性"，这是大众文化与主导文化、精英文化、民间文化最大的不同。正如阿多诺等人将大众文化径直称为"文化工业"的重要原因："说到作为典型的文化工业产物的文化作品时，我们不再说它们也是商品，它们现在是彻头彻尾的商品"[①]，"文化工业的每一个产品，都是经济上巨大机器的一个标本"[②]。我国目前推行的文化产业，地方政府盛行的"文化搭台，经济唱戏"的做法，显然都是大众文化商业特征的具体体现。为了最大可能地追求经济利润，大众文化产品就必须面对最大量的受众，按照"大量生产、大量消费"的工业模式进行生产与包装，这就决定了其受众的大量性与广泛性。

2. 模式化

文化产品趋于一律化、类型化，形成了相对固定的模式，易于复制而无深度。比如影视作品都是按照大致固定的种类或类属模型去打造，从而有武打、言情、警匪、伦理、体育等众多类型。而不同类型的文化产品的内在结构，基本遵循固定的模式。比如西方学者艾柯通过对伊恩·弗莱明的邦德系列小说进行结构主义分析后发现，邦德系列小说在结构上是同一类型，具有一套非常固定的语法结构，像"叙事机器"一样再三重复英雄战胜敌人的模式。其基本结构模式如下："M给邦德布置任务；反面人物出现；邦德与反面人物初次交手，一般是反面人物给邦德一个下马威，邦德行动初次受阻；女人出现；邦德利用女人（或女人主动帮助邦德）与反面人物斗智斗勇；反面人物抓住邦德；

---

① [德]阿多诺：《文化工业再思考》，高丙中译，见陶东风等编：《文化研究》（第1辑），天津：天津社会科学院出版社，2000年，第199页。

② [德]霍克海默、阿多诺：《启蒙辩证法》，洪佩郁、蔺月峰译，重庆：重庆出版社，1990年，第118页。

反面人物拷问邦德（也可能连同拷问女人）；反面人物被擒；邦德恢复健康，与女人共度欢乐时光"。①在中国的新派武侠小说中，主人公的成长也基本遵循固定的模式结构，有学者详细列出了主人公成长中的几个核心场景（连起来便是情节）：（1）仇杀；（2）流亡；（3）拜师；（4）练武；（5）复出；（6）艳遇；（7）遇挫；（8）再次拜师；（9）情变；（10）受伤；（11）疗伤；（12）得宝；（13）扫清帮凶；（14）大功告成；（15）归隐。②

3. 日常性

由于要赢得最大数量受众的欣赏、阅读和购买，大众文化产品就必须融入大众的实际生活中去，贴近大众的审美趣味、文化水平和日常生活。在产品主题、表达方式、营销方案的选择和确定方面，都必须以大众"接受不接受，高兴不高兴，买账不买账"为衡量依据。在这种情况下，大众产品的主题就必须世俗化，表达方式就必须通俗化，推销宣传就必须体贴化，目标设定就必须娱乐化，一言以蔽之，要让大众"喜闻乐见"。从娱乐化的角度来看，"大众文化作品无论其结局是悲或喜，总是追求广义上的愉悦效果，使公众的消费、休闲或娱乐渴望获得轻松的满足。这种轻松的满足有时以牺牲历史使命感、理性精神和批判性为代价"。③可以看出，影视作品、大众报刊、畅销书籍的生产与销售，无不遵循这一规律。日常性的特征固然对提高文化普及程度，满足大众的精神文化需要有积极的推动作用，但同时也有可能造成大众文化产品的媚俗甚至低俗化，一味迎合受众，会导致文化独立性和创造性的日益削弱。而对娱乐化的追求，有可能让受众和大众文化一起"娱乐至死"。

4. 媒介化

从历史的发展来看，大众文化与大众传播技术相伴而生，相伴而兴。大众文化在一定意义上还是一种现代传播文化，以现代先进和丰富的媒介（包括印刷媒介、电子媒介、网络、手机等新媒介）为传播手段和载体。利用这些媒

---

① Umberto Eco, *The Role of the Reader: Explorations in the Semiotics of Tests*, Bloomington: Indiana University Press, 1979, P156.
② 丁永强：《新派武侠小说的叙事模式》，《艺术广角》，1989年第6期。
③ 王一川：《当代大众文化与中国大众文化学》，《艺术广角》，2001年第2期。

介,成批制作并向大众全方位、多维度传输信息和作品,是所有大众文化的一个基本特征。同样一个创意和内容,可以制作成书报刊,也可以制作成广播、电视和电影作品,还可以与电脑、网络、手机等新媒体联姻形成全新的文化产品形式。从大众文化的类型来看,举凡影视文化、流行音乐、通俗文学、视觉文化、广告文化、时尚文化、青年亚文化、粉丝文化、网络文化、手机文化,无一不与各种媒体相关。从这个角度来讲,媒介自身也构成了一种大众文化。

三、20世纪50年代到70年代中国独特的"大众文化"

大众文化在中国有其自身独特的含义与发展历程。在中国学者的历史记忆和研究范畴中,经常会提到20世纪50年代到70年代的"大众文化"或曰"大众文艺"问题。

这一时期的"大众文化"在理论上的阐发可以追溯到"五四"时期提出的"平民文学""民众文学",这些理论的提出,有很强的启蒙色彩。进入20世纪30年代以后,"左联"又倡导"文艺大众化",抗战时期"文协"又提出"文艺中国化"的口号,其政治色彩十分明显。对"文艺大众化""文化大众化"问题成体系的论述则属毛泽东本人。在写于1938年的《中国共产党在民族战争中的地位》一文中,毛泽东指出新的文化形式应该"有新鲜活泼的、为中国老百姓所喜闻乐见的中国作风和中国气派"①。在1941年的《新民主主义论》中,他又提出,所谓新民主主义的文化,就是民族的科学的大众的文化,就是人民大众反帝反封建的文化,"大众的,因而即是民主的。它应为全民族中百分之九十以上的工农劳苦民众服务,并逐渐成为他们的文化"。②在1942年的《在延安文艺座谈会上的讲话》中,他更深入全面系统地提出了文艺为人民大众服务的文化方针:"什么是人民大众呢?最广大的人民,占全人口百分之九十以上的人民,是工人、农民、兵士和城市小资产阶级。所以我们的文艺,第一是为工人的,这是领导革命的阶级。第二是为农民的,他们是革命中最广

---

① 毛泽东:《中国共产党在民族战争中的地位》,见《毛泽东选集》(第二卷),北京:人民出版社,1991年,第534页。
② 毛泽东:《新民主主义论》,见《毛泽东选集》(第二卷),北京:人民出版社,1991年,第708页。

大最坚决的同盟军。第三是为武装起来了的工人农民即八路军、新四军和其他人民武装队伍的,这是革命战争的主力。第四是为城市小资产阶级劳动群众和知识分子的,他们也是革命的同盟者,他们是能够长期地和我们合作的。这四种人,就是中华民族的最大部分,就是最广大的人民大众。"[①]为此就要文艺工作者进行"大众化","什么叫做大众化呢?就是我们的文艺工作者的思想感情和工农兵大众的思想感情打成一片"。[②]

1949年中华人民共和国成立后,毛泽东"文艺大众化"的理论方针成为全党的官方意识形态,长期指导着我国的文化发展事业。由此,中国社会形成了一种独特的文化景观,涌现出了一大批为人民大众服务的文艺作品和为人民群众所喜欢的"人民艺术家"。作为另一种形态的"大众文化",以其完全不同于西方大众文化的内容和形式起到过"团结人民,教育人民,打击敌人,消灭敌人"的历史作用,尤其在提高全民文化素质方面起到了很大的作用。以至于到了21世纪的今天,在官方提倡的文化路线和制定的文化战略中,仍然能够看到这一思想的深刻影响。

从以上简单的叙述中我们可以看出,中国20世纪50年代到70年代的"大众文化"形态既不同于西方现代社会出现的大众文化,也与中国市场经济条件下商业性的大众文化有着很大的差别。可以将其独特性归纳为以下六方面:

(1)"大众"在毛泽东的理论体系中,具有浓厚的中国特色和时代特征,其核心为"工农兵",具有明显的阶级性,与西方学者眼中的"大众"有重合的部分,但更多的是区别。

(2)毛泽东提倡的大众文化,侧重强调其联系民众的广泛性,以及这种民众性对当时民族解放战争的巨大作用。大众文化肩负着救亡图存的历史使命。

(3)通过普及与提高的手段,对大众进行启蒙和教育,是一种彻头彻尾的"化大众"的文化。客观上提高了大众的审美情趣,激发了人民大众的斗争热情和胜利信心。而当前的大众文化更多地是对大众意志的迎合与误导。

(4)毛泽东所提倡的"大众文化"说到底是一种意识形态功能十分强大的

---

① 毛泽东:《在延安文艺座谈会上的讲话》,见《毛泽东选集》(第三卷),北京:人民出版社,1991年,第855-856页。
② 毛泽东:《在延安文艺座谈会上的讲话》,见《毛泽东选集》(第三卷),北京:人民出版社,1991年,第851页。

政治文化，创造了无数的"政治"神话，文化与政治的界限混淆了。而今天的大众文化则是一种经济的市场的文化，创造了"物质"神话，文化与经济逐渐融为一体。

（5）从其弊端而言，政治的大众文化"写中心，演中心，为中心服务"，概念化成为一种新的教条，使文化作品"千人一面"，有同质化、标准化的特点。而我们所说的大众文化则是由于市场复制、批量生产，使大众文化产品呈现出同质化、标准化的特点。

（6）借用法兰克福学派的观点，毛泽东所提倡的"大众文化"与工业社会的大众文化都是统治者意识形态作用的结果。毛泽东的"大众文化"是一种政治型的文化形态，而市场经济条件下的"大众文化"则是一种商业型的文化形态。无论是政治，还是商业，在本质上都是一种意识形态。

20 世纪 50 年代到 70 年代的"大众文化"对于当今的大众文化仍有一定的价值和意义。扈海鹏就认为，这一时期积累起来的革命的大众文化传统成为中国当今大众文化的另一种历史资源。笔者也认为，虽然延安时期以来的"大众文艺"与当代的大众文化有所不同，但二者的血脉联系也不可截然断开。不用说在这一文艺政策的指导下，仍旧能生产出具有大众文化色彩的作品，单就当代大众文化作品常常从延安时期以来的文艺作品获取资源来说，就已体现着二者的关系。所以说，在谈论中国当代大众文化时，应该考虑到延安时期以来的"大众文化"政策以及成果的影响。

总而言之，今天的中国大众文化，主体当然是商业型的文化形态（官方大力推进），但处处仍可见政治型的文化形态（官方积极倡导），在很多大众文化产品上，还能看出二者"交相为用"的互融态势。

无论是哪一种大众文化，学者们都普遍承认畅销书是大众文化的重要类型之一。大众文化的定义、特征以及我国大众文化独特的发展情况，必然决定着我国畅销书的发展历程、现实格局与鲜明特色，也必然会对畅销书以及畅销书的出版营销活动产生深刻影响。比如业界和学界对畅销书的评价就可以分为两种基本倾向：一种是否定和批评的态度，一种是肯定甚至赞扬的态度。这两种倾向，与人们对大众文化的认知显然是非常一致的。

第三节
畅销书的产生与概念界定

在大众文化时代，虽然畅销书已是文化产业尤其是出版业、书业内长期关注的热点话题，但迄今为止，还没有一个严格的定义来回答这一看似简单的问题："究竟什么是畅销书？"围绕着这一基本问题，人们得出了很多不同的结论。

按照通常的说法，"畅销书"（Bestseller）一词起源于美国，并在第一次世界大战以后在世界范围内被广泛地接受和采用。英国学者约翰·苏特兰指出，《牛津英语辞典》标明，'畅销书'一词源于美国。人们凭直觉感到这个词源是正确的。这个词与'影星''流行唱片目录'或者棒球'名人榜'一样，听起来带美国腔。"[1]在美国，"畅销书"这个概念是伴随着图书的销售排行榜而产生的。1895年，美国《书商》（The Bookman）杂志的编辑根据美国16个城市最主要书店的调查结果，选出最受读者欢迎的图书，每月刊登一份记录着6本销路最好的图书目录，被称为是"按需求数量排序"（in the order of demand）图书目录。1897年，这种报道改称"最畅销的图书"（Best Selling Book），以图书的销量为衡量指标，制成图书排行榜定期向全国公布。此后，"畅销书"一词正式在美国出版物中出现。"当时，出版社、书店的智慧的经营者们，从扩大图书的销路考虑，希望产生一种'轰动效应'，都将'6册畅销书'摆放在惹人注目的柜台上，以招徕顾客。"[2]刊载畅销书排行榜的做法因为得到了出版社、书商以及读者的欢迎，在1900年之后普遍被各杂志效仿。1911年，《出版商周刊》每年出一期专号，根据出版商的数据分析当年在销量上领先的小说，1912年将范围扩大到非小说类。1942年，《纽约时报·书评周

---

[1] ［英］约翰·苏特兰：《畅销书》，何文安编译，上海：上海文化出版社，1988年，第2页。
[2] 胡清：《"畅销书"一词的起源》，《中国出版》，1993年第3期。

刊》开始刊发全美畅销书排行榜。①可见，在当时的美国，畅销书主要是指那些销量大、销售快、受读者欢迎的图书。销量的多少是一本书能否成为畅销书的主要衡量指标特征。发展到今天，《出版商周刊》和《纽约时报·书评周刊》所刊载的畅销书排行榜已成为美国出版界影响最大、最有权威性的排行榜。

遗憾的是，"畅销书"一词虽然产生于西方，但西方学者很少对畅销书这一概念作严格的学术界定。加拿大蒙特利尔大学传播系教授克劳德·马丁（Claude Martin）在他的《加拿大魁北克州畅销书的生产、内容和使用》一文中认为："一本畅销书常常是一部小说，它们的成功众所周知或者可以预期，它是不难阅读的书，人们可以从中激发热情，获取信息。"②这一并不严格的定义，基本道出了"畅销书"一词在西方国家的含义，即畅销书通常是针对通俗小说而言的，它是销量好的、能获得很多利润的图书；畅销书是有水平的、通俗的受到公众欢迎的图书。美国《大不列颠百科全书》对畅销书的界定是："在一个时期内，在同类书的销量中居于领先地位的书，作为表明公众的文学趣味和评价的一种标志。"这一概念，指出了界定畅销书时，应考虑其销售的时效性和销量的领先性，同时需要注意进行必要的分类，同时强调了畅销书在反映大众阅读趣味方面的重要性。但由于对很多关键指标没有细化，也将畅销书仅仅限定在"文学趣味和评价"方面，因此就显得既笼统又不全面。

在中国，畅销书这个概念属于"舶来品"。在中国学者的论说体系中，畅销书也是一个众说纷纭的概念。根据笔者目前在"中国知网"数据库中的查询，在篇名中最早出现"畅销书"一词的文献是董鼎山先生撰写的《美国1978年度最佳畅销书》（刊于《读书》杂志1979年第2期）。作者在文中介绍并简单评述了美国《出版商周刊》1978年的数本上榜畅销书（分为虚构类和非虚构类），并未对畅销书这一概念进行界定。此后以畅销书为题的文章渐多。比较早的系统探讨畅销书概念和属性的是钟代福先生。他认为，一本畅销书应该具备以下五方面的因素：（1）拥有大量的读者，否则就谈不上畅销；（2）产生了较大的影响，社会效益好；（3）有较大的印数，能给出版社和发行部门带来较大的利润；（4）并非依靠行政命令"强制"发行，而是通过市场自由竞争

---

① 方卿：《畅销有理：畅销书案例评析》，前言，广州：广东教育出版社，2005年。
② 转引自邓咏秋：《畅销书与畅销书排行榜》，《编辑学刊》，2003年第1期。

有较大的发行量;(5)有科学、真实、健康的内容和上乘的艺术表现形式,能吸引众多的读者。①这五方面的因素对我们界定畅销书的概念提供了很好的借鉴。尤其是第四点,认为畅销书并非是行政命令"强制"发行的结果,而是一种市场自由竞争的结果。这一认识,在当年和今天的中国都具有现实意义。但从整体上看,这一界定仍然不够确切,如对畅销书的销售量没有提及。而且,对畅销书的要求比较要严格,如第二点和第五点,就多少与事实不相符合。事实上,并非所有的畅销书都能达到这一要求。

进入21世纪以来,随着国内出版产业化的深入开展和畅销书出版业的日渐繁荣,人们对畅销书概念的研究更为深入、系统和全面。限于篇幅,仅举三例:

梁刚建先生认为,畅销书是指"在一段不间断的销售过程中,持续销量达到10万册以上,通过开放、自然的市场渠道获得,并由读者自主认同、自主阅读的图书"。②这一定义指出了畅销书的三大要素:首先,畅销书的销售必须是在一定时期内的;其次,销量要在10万册以上;第三,畅销书是一种开放的自然的市场行为结果。

张文红则从销量(经济)、时间、空间、质量(内容)、社会效益五个维度构建起畅销书的衡量体系,并以此为基础提出对畅销书的界定:"在一定时空范围内,依靠市场竞争机制在同类图书品种中具有较高的销量,文化质量上优劣具存但引发了读者的广泛关注,在一定程度上引领了阅读风尚,产生了强烈社会影响的图书。"③这一概念比较系统地梳理了观察畅销书的多个维度,但由于附加要素太多,导致与现实情况多有不符。比如盲文读物本来销量就少,即便是在同类图书品种中具有较高的销量,也不能称之为畅销书,因为此类图书的整体销量本身就很少。再者,并非所有畅销书都会产生"强烈的社会影响",大量购买某本或某类图书,并不等于大量阅读,而大量阅读也不一定会产生震撼人心的强烈效果。

易图强则指出畅销书有狭义与广义之分:从畅销书形成的途径来看,狭

---

① 钟代福:《诱人的畅销书》,《出版发行研究》,1993年第3期。
② 张胜友、梁刚建、金丽红:《畅销书及其运作机制》,《中国图书评论》,2002第3期。
③ 张文红:《畅销书理论与实践》,北京:中国传媒大学出版社,2011年,第10页。

义畅销书,是指在图书市场中通过读者的购买行为而产生的畅销书。而广义的畅销书,既可以是在图书市场中通过读者的购买行为而产生,也可以是通过行政手段发放或摊派而产生。狭义的畅销书必然属于商品,而广义的畅销书也可以不是商品。①显然,这样的区分,恐怕难以取得学界的共识,大家普遍认同的,更多的是狭义的畅销书。

综合以上几种观点,并从畅销书出版的历史和现实来看,笔者以为,在界定畅销书的定义时,应该特别注意以下六个维度的问题:

1. 畅销书发展的历史性

畅销书是出版业发展和图书产品商品性日益凸显的必然产物,其历史是十分悠久的,它应该是大众文化中出现最早的一种文化产品。图书本身同时具有商品属性和文化属性,通过市场交易实现利润的最大化是所有出版者的共同目标之一。畅销书首要强调的,就是其经济效益,通过大量销售图书这一文化产品,为写书人和出版商大赚其钱。从这个角度来看,畅销书的历史应该与出版商品化进程同步。只要有出版市场和图书交易行为,就有可能产生畅销书。如出版活动的出现要早于"出版"概念一样,畅销书的出现理应早于"畅销书"的概念。正如赵航所言:畅销书现象早已有之,它是伴随着人类出版活动自然而然产生的文化—经济现象。②在中国古代典籍中,存在着大量关于畅销书的珍贵史料。这些史料都能充分证明,像唐代白居易的诗集,宋代苏轼的文集,明代的"三言二拍",清代的《唐诗三百首》《古文观止》《红楼梦》,无一不是风行海内、影响甚广的畅销书。如唐代文学家元稹在为《白氏长庆集》所作的序言中的一段话,就足以证明白居易和元稹的诗集在当时是名副其实的畅销书:

> 予始与乐天同校秘书之名,前后多以诗章相赠答。会予谴掾江陵,乐天犹在翰林,寄予百韵律诗及杂体,前后数十章。是后各佐江、通,复相酬寄。巴、蜀、江、楚间洎长安中少年,递相仿效,竞

---

① 易图强:《畅销书与思想解放论稿》,长沙:湖南人民出版社,2013年,第5页。
② 赵航:《选题论》,沈阳:辽宁教育出版社,1998年,第287页。

作新词，自谓为"元和诗"。……二十年间，禁省、观寺、邮堠、墙壁之上无不书，王公妾妇、牛童马走之口无不道，至于缮写模勒，衒卖于市井，或持之以交酒茗者，处处皆是。其甚者，有至于盗窃名姓，苟求自售，杂乱闲厕，无可奈何。予尝于平水市中，见村校诸童，竞习歌咏，召而问之，皆对曰："先生教我乐天、微之诗。"固亦不知予之为微之也。又鸡林贾人求市颇切，自云本国宰相每以一金换一篇，其甚伪者，宰相辄能辨别之。自篇章已来，未有如是流传之广者。

中国古代已有畅销书，已经被许多学者认可。郭庆华从"我国图书进入商品流通市场最早可以追溯到西汉末年书肆的出现"这一史实出发，推想那时"已出现了销售通畅并引起较大社会反响的书籍"，这些书籍，可称为"萌芽时期的畅销书"。① 曹之撰写的《中国出版通史·隋唐五代卷》就专列一节"唐代畅销书"，其中包括了儒家经典、《史记》《汉书》《老子》《庄子》、著名诗人的别集，等等。② 宋代以来的坊刻系统曾编印了大量畅销书。孙文杰也通过对史料的梳理，指出明代、清代畅销书的品种很多。明代畅销书包括了日用类书、童蒙读物、儒家经典及科举读物、医药图书、小说与戏曲等五类。③ 清代畅销书的内容从启蒙读物、科举考试用书、通俗小说和戏曲到革命宣传读物、新式教科书及西学图书等，不一而足。④ 近现代以来，销量巨大的畅销书更是层出不穷，如《海国图志》《天演论》《康熙字典》、四大谴责小说、鸳鸯蝴蝶派的作品、胡适的《尝试集》、张爱玲的小说，等等。仅以石印版的《康熙字典》为例：1882年，点石斋石印书局用照相石印法印制了《康熙字典》，将殿版分为三排缩印于一页，下仅保留了殿版字体的优美笔迹，而且书小价廉，便于携带。此外，每字音释，再加古文之外，更添由当时著名书法家毛承基摹写的篆书。因此广受读者欢迎。据姚公鹤《上海闲话》："闻点石斋印第一获利之书为《康熙字典》，第一批印四万部，不数月而售罄；第二批印六万部，适某科举子

---

① 郭庆华：《畅销书起源论》，《江苏图书馆学报》，2002年第5期。
② 曹之：《中国出版通史·隋唐五代卷》，北京：中国书籍出版社，2008年，第347页。
③ 孙文杰：《明代畅销书述略》，《编辑之友》，2016年第9期。
④ 孙文杰：《清代畅销书种种》，《编辑之友》，2009年第4期。

北上会试,道出沪上,率购五六部,以作自用及赠友之需,故又不数月而罄。"一部字典,数月之间销售十万部,在今天看来,也是十分让人惊叹的畅销现象。这也启发笔者,深入系统地研究古代畅销书出版史,十分有意义,尤其会对当代的出版活动有相当多的启发与借鉴。

进入20世纪90年代以后,随着社会主义市场经济体制的进一步确立和出版业改革的深入推进,具有中国特色的畅销书排行榜开始在各种报刊上出现并不断完善,畅销书的出版在出版产业、大众文化方面的重要性越来越突显出来,中国出版业开始进入名副其实的"畅销书时代"。但并不能仅仅据此就说,中国的畅销书出现于20世纪90年代,在此之前就没有畅销书。比如有人就提出,畅销书的概念,是与排行榜的诞生紧密相联的,是与市场化的运作相伴而生的,并据此推论"中国畅销书的产生,严格来说是出现在20世纪90年代末"。①这显然与历史事实不符。

2. 畅销书产生的自发性

畅销书的编写、策划、出版和销售是在一种开放的自主的大环境下完成的市场行为,尤其是要经过出版者的主动运作和读者自主认同和购买而产生。那些依靠行政命令等非市场因素而取得大销量的图书理应排除在外。如在"文革"期间,在中共中央的要求下,出版毛泽东著作成为全国出版、印刷、发行部门压倒一切的政治任务。据国家出版事业管理局1977年7月统计,1966年至1976年由出版社正式出版的毛泽东著作共45.38亿册。"文革"期间国内出版图书的总印数为300.17亿余册(张),其中毛泽东著作、毛泽东像、单张语录等总印数达108亿册(张),占同期出版图书总印数的36%。如果再加上许多机关、团体、学校、部队和群众组织编印的大量毛泽东著作和毛泽东像,其数量之大会更加惊人,堪称我国出版史上空前绝后的奇迹。②如果只从数量来看,这一时期的毛泽东著作可谓无与伦比的"超级畅销书",但这毕竟是出版史上"非常态"的情况,并不能算作真正的畅销书,其原因就在于这些图书不是经过正常的市场流通,被读者自主选择、主动购买和阅读的图书,而是"被

---

① 周百义、芦珊珊:《畅销书出版三十年》,《出版科学》,2008年第6期。
② 肖东发、方厚枢:《中国编辑出版史(下册)》,沈阳:辽海出版社,2008年,第127页。

动"地接受、消费的图书。一言以蔽之，畅销书的产生应该是市场的自发行为，而不是行政影响的强制行为。明确了这一点后，还需要避免两个认识上的误区：

一是认为只有在市场经济下，才有畅销书，在新中国成立以后的计划经济时代就没有畅销书。事实是，计划经济时代也有市场，也有商品交易行为。具体到出版业，也存在图书市场，也有读者的自主购买行为。以古典文学名著的出版为例，20世纪50年代前期，人民文学出版社先后出版了《水浒传》《三国演义》《红楼梦》《西游记》《儒林外史》的校注本，这5部古典名著初版和重印的数量，到1956年底累计达129.1万部，其中《水浒传》高达36.3万部。这显然都是读者自主选择的结果。① 再比如，当年中国青年出版社的"三红一创"（《红日》《红旗谱》《红岩》《创业史》）和人民文学出版社的"山青保林"（《山乡巨变》《青春之歌》《保卫延安》《林海雪原》）等原创长篇小说，以及《牛虻》《钢铁是怎样炼成的》《青年近卫军》《卓雅和舒拉的故事》等翻译小说的畅销并非仅仅依靠行政手段而取得。这些名著直到今天，依然拥有大量的读者。以《牛虻》为例，从1956年时任中国青年出版社总编辑的李庚同志给原作者伊沙尔·伏尼契的一封信中，可以看出此书的畅销是一种自然而然的市场行为：

> 《牛虻》这本书于1953年7月由我社出版了中译本，该书的出版满足了新中国青年读者长期的渴望，出版之后立即轰动一时，并且在全中国大大小小的图书馆里和私人的书架上占据了显著的地位。报刊上发表了很多推荐的评论，读者们举行了很多次讨论会。书中主角牛虻的热爱祖国、热爱正义事业的优良品质以及他的坚贞不屈、为自己的崇高信仰牺牲生命的伟大精神，深深地激励了每一个读者的心灵。单是本书的发行数量就足以雄辩地说明它在中国的读者群中发生了多么巨大的影响：截至1955年8月为止，该书共印行了七次。初版的印数为二十万零四百册，第7次的累计印数为七十万六千七百三十五

---

① 肖东发、方厚枢：《中国编辑出版史（下册）》，沈阳：辽海出版社，2008年，第42-43页。

册。①

二是认为一些发行或销售量比较大的行政类书籍就一定是由行政手段运作而成,因此不能算作畅销书。实际并非如此,无论什么时候,广大读者对此类图书都是有一定需求的,也愿意为读到优秀之作而自愿购买。比如在20世纪50年代,人们阅读购买毛泽东著作总体上是自愿自发的,进入60年代,这种自愿自发的成分逐渐减少,以后愈演愈烈,才成为一种硬性的政治任务。20世纪70年代末80年代初,也曾出现过《实践是检验真理的唯一标准》(通俗讲话)《中国共产党中央委员会关于建国以来党的若干历史问题的决议》《论共产党员的修养》《彭德怀自述》等时政类畅销书。②再比如,从2003年至今,中共中央宣传部理论局逐年组织编写的《理论热点面对面》,由于能够"紧扣时代脉搏、针对现实问题、贴近群众生活,把理论阐释的准确性与析事明理的生动性、思想内容的深刻性与表现形式的通俗性融为一体",所以每年出版后都会成为受到众多读者欢迎的畅销书,已经成为"推进马克思主义大众化的名牌读物,成为广大群众熟知的'老朋友'和理论学习的'好帮手',堪称通俗理论读物'经典之作'"。③此外,像《邓小平时代》《习近平谈治国理政》《胡耀邦文选》等书籍的畅销,固然有行政的推动作用,但也有读者自主购买的重要原因。

3. 畅销书销量的决定性

作为大众文化的一种类型,畅销书比起其他类型的图书,必然具有突出的商品性和逐利性,更加追求经济利润的最大化。销量即是这一特性最直观的体现。所以,把销量作为畅销书的首要衡量指标,已经得到了最大范围的共识。在很多人看来,畅销书就是"销售超过一般情况的书""销售居于头等的书",甚至是"书中之书"。但现实的情况是,在不同时代和时期、不同国家和地域,不同的图书类型,销量难有统一的数字。

---

① 胡守文:《〈牛虻〉故事》,见郝振省主编:《名著的故事》,北京:中国书籍出版社,2009年,第9-10页。
② 易图强:《畅销书与思想解放论稿》,长沙:湖南人民出版社,2013年,第114-119页。
③ 毕京京:《生动体现群众路线的最新力作》,《人民日报》,2013年8月16日。

以时代而论，由于受政治环境、经济发展、识字人数、出版能力等多种要素的影响，不同时期的"畅销书"概念的数量界定并不相同。比如在古代，图书的售卖情况，在文献记载中大多没有具体的数目，而是经常使用"风行海内""洛阳纸贵""一纸难求"等文学色彩很强的词语来形容。20世纪80年代，整个中国处于文化和知识思想的饥渴期，出版市场处于"供不应求"的严重失衡状态，在当时，人们见到什么书都好奇，出版社给什么，读者就看什么。这种情况下，出版社即便对其所出版的图书不进行营销运作，也会有不错的销量，销量巨大的"超级畅销书"的出现就非常容易。而进入90年代以后，随着出版机构之间竞争的加剧和出版市场的日渐饱和，在"供大于求"的整体格局下，出版物的整体数量和品种日渐增加，而单本图书的销量和影响力却呈下降和递减趋势，随随便便就能产生"超级畅销书"的时代从此一去不返。反映在销量上，即是"1980年一种图书发行几十万册才算畅销，而1993年一般发行10万册的图书就算畅销了"①。易图强指出，就社会影响力来说，20世纪50年代、60年代发行50万册的书相当于20世纪80年代中期以来发行100万册的书；就市场竞争力来说，20世纪90年代中期以来发行50万册的书相当于20世纪50年代、60年代发行100万册的书。显然，衡量一种书是否畅销以及畅销的程度如何，只能把它放在特定的时代甚至特定的年份去判断。②

从地域来讲，经济发展和文化消费的不平衡会导致同一本书的不同命运。一本在发达地区或城市热销的图书在相对落后地区或城市很有可能滞销，而一本在二三线城市受到热捧的图书很有可能在一线城市无人问津。这是由畅销书的"空间维度"所决定的。何明星通过对《于丹〈论语〉心得》的热销区域进行11个月的跟踪发现，从2006年11月上榜到2007年9月落榜，全国12个城市的销售数据变化显示出，中国文化消费存在着文化中心区域与边缘区域的巨大差别，这种差别体现在上榜时间、销售数量等多个方面。中国图书消费是一种从中心出发到边缘区域的波纹传递结构，北京是毫无争议的文化中心区，

---

① 孟祥林、王锡峰：《'93畅销书分析》，《中国出版》，1994年第6期。
② 易图强：《畅销书内涵与外延新论：兼论中国畅销书出版传播的特色》，《山东理工大学学报（社会科学版）》，2012年第4期。

其次存在着各种次中心，再次是边缘区。①

基于以上原因，在考评畅销书时，在强调销量的同时，又不能单纯以固定的数字来论英雄，其销量的衡量标准也应该是一个相对数。因此，就畅销书的销量标准，人们尚无一致的看法。在美国，精装本的销量应该在10万以上，才能称为畅销书。中国图书市场非常广大，近十几年来，在出版产业化的大趋势下，在各种热潮中走俏的图书，印数普遍在10万册以上。从大众文化的角度来讲，当前，中国人口众多，经济实力和国民的文化水平显著提升，一本大众类的图书要成为畅销书，其销售量理应在10万册以上。这一点，已经得到很多学者的赞同。除了梁刚建以外，伍旭升也认为："当一本图书进入市场，引起一个自然的三向认同的消费、阅读热潮，并由此迅速形成一个'舆论场'；在一段不间断的销售过程中，持续销量达到10万册以上，我们便可以界定该书是畅销书。②"当然，以10万册为分界线，超过这一标准的，还有超级畅销书、特级畅销书，低于这一标准的，也有一些专业畅销书或小众畅销书。

4. 畅销书发布的客观性

畅销书的销量必须由相对独立的权威机构来发布，比如权威的畅销书排行榜，或者权威的独立统计机构，而不是由出版者自己公布或通过其他不适当的方式获取的发行量或销售量来决定。在当前的中国出版业内，这一点尤其必要。在图书市场竞争日益白热化的今天，"商业运作的加盟使畅销书的销量有时是'刻意制造'的结果，有些畅销书的销量和以销售作为标准的上榜名次是被蓄意'数字操作'或'数量制造'出来的。"③目前在国内出版界最为突出的违规现象就是一些出版机构通过"打榜""买榜"等方式，获得图书的高销量数字，从而进入各大书店或报刊的畅销书排行榜。根据媒体报道：

> 为读者选书和买书提供参考的畅销书排行榜严重注水失真，出版社和书商纷纷对畅销书"买榜"。一位出版社资深编辑曾经说过，一

---

① 何明星：《中国图书消费趋势研究：以于丹〈论语〉为例》，见何明星：《从文化政治到文化生意：中国出版的"革命"》，桂林：广西师范大学出版社，2013年，第253-259页。
② 伍旭升：《大轰动：中外畅销书解秘》，广州：广州出版社，1993年，第19页。
③ 张文红：《畅销书理论与实践》，北京：中国传媒大学出版社，2011年，第7页。

些电商网站上的畅销书排行榜'买榜率'达70%,意味着畅销书排行榜上只有不到三分之一的图书是自然畅销。而读者仍然根据注水的畅销书排行榜选书和买书,无疑是被畅销书排行榜误导,没能选择到适合自己的好书,造成了经济损失。①

通过此种方式"买"或"打"出来的在榜畅销书,其实是一种扰乱市场,误导和欺骗读者的伪劣产品,而这样的畅销书排行榜也无信誉和权威可言。这种由出版机构、出版商、书店和媒体联合起来的欺诈行为,反映出中国出版界缺乏诚信和自律的严重问题。早在1979年,针对排行榜的"腐败问题",《泰晤士报》的文学编辑伊昂·特瑞温就讽刺说:"这样炮制出来的排行榜还不如用来印行它们的纸张值钱"②,把这句话移用于今天的一些畅销书排行榜,依然十分恰切和深刻。而要解决这一问题,需要多个方面的共同努力,其中建立相对客观、独立、公正的畅销书评价体系,是解决这一问题的重要办法之一。

5. 畅销书销售的时间性

畅销书的可观销量应该是在一段不间断的时期内获得的,因此具有很强的连续的时间属性。有学者形象地指出,畅销书现象的突出表征,就是"声名鹊起":

> 在大众传媒参与诱导下,某种或某类书籍突然间成为大众竞相购买、阅读和议论的"热点"。但大部分畅销书热得快,消退得也快。对于出版商来说,其主旨也不是要创立一个永恒的文学传统或有价值的精神世界,而是采用"短、平、快"的商业策略迅速收回成本,并进而牟取厚利。③

在实际的销售中可以看出,实体书店一般畅销书是"各领风骚三五月"并

---

① 陈景欣编辑:《畅销书"买榜"》,见:http://xinwen.radiotj.com/system/2014/02/28/000463416.shtml,2014年2月28日。
② [英]约翰·苏特兰:《畅销书》,何文安译,上海:上海文化出版社,1988年,第4-5页。
③ 黄会林主编:《当代中国大众文化研究》,北京:北京师范大学出版社,1998年,第330页。

逐渐递减，而网上书店一般的畅销时限可达一两年。一般情况下，我们衡量畅销书的销售时间段，是以一年为限。这也是各大机构、媒体评选年度畅销书的重要原因之一。相比之下，中国传统的四大文学名著、《新华字典》这样的图书，就属于常销书，而不是畅销书。进而言之，与一般图书和常销书相比，畅销书作为大众文化的一种类型，不仅销售量大，而且具有很强的时尚性或流行性，可能会在全社会形成一种时尚，造成很大的社会影响力。比如书评人杨小洲评价《傅雷家书》在20世纪80年代的畅销现象说：

> 《傅雷家书》的出版在80年代影响很大，个人情调与艺术品位都令那个时代的人们心生崇拜，尤其当时的报刊时常登载对此书的评价，大有将此书作为艺术鉴赏最佳书籍的趋势，因此阅读此书也就成为一种时尚。许多人将此书当做个人修养的枕边读物，甚至男女青年交往定情都要依靠这本书来完成，可想当年这书的销售盛况。①

需要注意的是，畅销书的时尚性与流行性作为一种大众文化现象，是与商业性紧密联系在一起的。从很多畅销的流行小说来看，流行小说是一个蕴含巨额利润潜力的商品，流行与商业之间有一个相辅相成的关系，越流行越赚钱，越赚钱就越有可能利用各种手段去宣传作品，促使其更加流行，赚取更多的钱，最终形成一个流行"体系"。②这一规律和特点也是书市中"跟风"之作层出不穷、扎堆出版现象严重的一大诱因。从读者阅读的角度来看，在奶酪系列、盗墓系列、宫斗系列、"那些事儿"系列成风时，不读奶酪、不聊盗墓，不关注点宫廷故事，不谈点趣味历史，就一定是落伍，跟不上潮流，但时过境迁，当新的畅销书潮流到来时，你还在那里研究、讨论奶酪、盗墓、趣味历史等问题，就更是赶不上潮流的"土老帽"。

---

① 李翊：《〈傅雷家书〉：重拾文化和知识的尊严》，见郝振省主编：《名著的故事》，北京：中国书籍出版社，2009年，第190页。
② 陶东风：《大众文化教程（修订版）》，桂林：广西师范大学出版社，2012年，第187页。

6. 畅销书质量的复杂性

从文化内涵和整体质量来衡量畅销书，就会发现，其中既有质量上乘之作，也不乏庸常之作，很难一概而论。畅销书在一定程度上表现出"与质量无关"的特性。从实际来看，人们对畅销书质量的认识和评价有两种极端：一种是以经济属性取代文化属性，推崇"销售最好的书就是最好的书"，"能够上榜的图书就是好书"，很多读者在"从众心理"的影响下，也会认为"大家都在读的书就是好书"，畅销书排行榜上的书单就成为他们购买阅读图书的重要指南。另外一种则认为经济效益和社会效益势同水火，不能共存。既然畅销书主要甚至只以挣钱逐利为目的，那肯定就无文化品味可言。不少评论者认为畅销书都是质量平平甚至粗制滥造的，认为"畅销书作家没有经典意义上的作品，只有行情和名目全新的标准化产品。"[①] "不读畅销书"就成为很多人义正言辞的响亮口号。

其实上述两种认识都有偏颇之处。在畅销书历史上，同时存在着"经典也畅销"与"畅销变经典"的实例，比如《围城》《傅雷家书》，张爱玲、金庸的小说，《狼图腾》《哈利波特》，等等。以金庸小说为例，研究者指出，"金庸小说从最初的民间流传，到后来的荣登大学殿堂、成为学院研究的对象，金庸本人也从一个畅销书作家一跃成为名牌大学的教授、院长，这本身就是一个极具深意的大众文化经典化现象。这与大众文化将经典大众化正好是相反的两个过程，它们在一定程度上显示了大众文化与经典之间界限的模糊性。"[②] 但这样的例子并不带有普遍性，绝大部分畅销书都是在畅销期过后归于沉寂，无法跻身经典行列。但也不能就此认为畅销书一无是处，即便无法成为经典，也有其可取之处和存在价值，如卡耐基系列著作、心灵鸡汤系列、《细节决定成败》《水煮三国》《杜拉拉升职记》《欢乐颂》这样的畅销书，对于刚走出校门进入职场中的人而言，还是非常有阅读价值的，甚至可以弥补学校教育之不足，起到"传道授业解惑"的重要作用。当然，那些不符合出版法规、粗制滥造的图书，即使销售量十分可观，也应排除于畅销书的行列之外。可以说，畅销书家

[①] [英]约翰·苏特兰：《畅销书》，何文安编译，上海：上海文化出版社，1988年，第2页。
[②] 陶东风：《大众文化教程（修订版）》，桂林：广西师范大学出版社，2012年，第225页。

族是个质量参差不齐的"大杂烩",不能用"非优即劣"的简单标准来评判。如果非要分出优劣高低的话,就好比是一个金字塔形,绝大部分都是流行一时的平凡之作或普及之作,一部分是经济效益和社会效益双佳的难得之作,个别的则会成为塔尖上的幸运儿,最终跻身"名著"和"经典"的行列。

畅销书质量的复杂性决定了其社会效益的多样性。利用现代大众传播媒介成批地制作和传输大量信息并作用于大量受众,是所有大众文化的一个基本特征。作为畅销书的鲜明特征之一,信息和受众的大量性决定了畅销书会在一定时空范围内产生重要的社会轰动效应,产生一定的社会影响。但这种轰动效应与社会影响作为一种"经济—政治—文化—社会"的综合行为或现象,并不一定会产生良好的社会效益。这种"效益"也是复杂多样的,既会有积极的正向的促进作用,也有消极的负向的阻碍作用,或者就仅仅是让读者读完一乐,读完就扔,并没有留下多少印象的过眼烟云。一本通过市场运作而推出的水平低下、质量欠佳、充斥着诸如色情暴力等"负能量"的畅销书,引发的巨大社会影响力却意味着较差的社会效益。所以说,畅销书所产生的社会效益,是一种在文化发展与思想意识方面具有"较大伸缩性"的效益。就像苏特兰所言:

> 畅销书表达并满足广大读者的某些需求,能加固偏见,提供慰藉,富有疗效,唤起共鸣或给人以刺激。畅销书可以在某些敏感的政治问题上向公众灌输或控制观念。在其他情况下,例如涉及性问题时,畅销书可能会起一种破坏性的社会作用,引起一些新的准则,激起波动、放纵等。

他进而指出,"要给畅销书的思想或社会效益作普遍性的结论,或者概括畅销书在文学上的价值,是荒诞不稽的。"[①]从这个意义上来讲,在对畅销书进行界定时,不能把"取得了良好社会效益"作为其属性之一,我们不能奢望所有的畅销书都实现经济效益和社会效益的"双丰收",甚至可以说,对于一般畅销书而言,文化积累并非其必然的文化使命。

基于以上分析,笔者认为:**在特定的空间范围内,在一段不间断的时期**

---

① [英]约翰·苏特兰:《畅销书》,何文安编译,上海:上海文化出版社,1988年,第16页。

内，在开放的市场环境下，经过读者的自主购买消费，持续销量达到 10 万册以上，获得良好经济效益并产生较大社会影响的图书，均可称为畅销书。

本书所论述的畅销书，主要指在国内出版销售的畅销书，既包括本土版，也包括引进版。为了论证的必要，有时也会引用港澳台地区以及国外畅销书的经典案例。

第四节

图书营销的概念与畅销书出版营销的特殊性

一、图书营销的概念

图书营销、出版物营销等概念是市场营销学引入出版业以后形成的新概念。因此,对于研究畅销书出版营销来说,正确理解市场营销的概念至关重要。市场营销学也是一个舶来品,其概念的产生可以追溯到19世纪末20世纪初的美国。经过两次工业革命以后,全社会的生产能力得到了极大的提高,很快进入产品相对过剩时期,消费市场也由卖方市场转向买方市场。在这种情况下,生产经营者在产品生产之外,还要考虑如何把产品很好地销售出去。在不断探索如何提高产品销量的过程中,一门被称为"marketing"的学科开始逐步发展起来。1905年,克罗伊西开始在美国宾夕法尼亚大学讲授"产品的市场营销"课程,首次提出了"市场营销"概念,标志着市场营销学的诞生。随着生产力的提升、经济的发展和市场形势的不断变化,市场营销观念的演变大致经历了从生产观念、推销观念、营销观念、社会营销观念和大市场营销观念五个阶段。①

1960年,美国市场营销协会(AMA)定义委员会给市场营销下过如下定义:"市场营销是引导产品及劳务从生产者到达消费者或使用者手中的一切企业商务活动。"英国的市场营销学会(CAM)则认为,"市场营销是一个管理

---

① 赵东晓:《出版营销学》,北京:中国人民大学出版社,2010年,第3-6页。

过程，即有效地判断、预测和满足消费者的需求，同时要为公司盈利。"[①]现代意义上的市场营销活动具有以下三方面的主要特征：（1）市场营销是包括营销战略决策、生产、销售等阶段在内的总循环过程；（2）市场营销是以消费需求为基点和中心的企业经营行为；（3）市场营销是以整体营销组合作为运行手段和方法的有机系统。[②]上述理论决定了出版营销的基本框架和内容。

在传统的市场营销学中，市场营销活动是围绕着四类可控因素来开展的，这就是营销学者杰罗姆·麦卡锡在20世纪60年代前后提出的"4P"理论，即产品（Product）、价格（Price）、渠道（Place）、促销（Promotion）。这一理论风行营销界30余年，具有广泛而深远的影响。20世纪90年代，美国西北大学D·E·舒尔茨教授等人在《整合营销传播：世纪企业决胜关键》一书中提出了整合营销传播理论（Integrated Making Communication，简称IMC），在营销界和广告界产生了极大的影响。该理论指出，企业的营销活动应该由传统的生产导向转入消费者导向，应该由4P原则转向4C原则：消费者（Consumer）、成本（Cost）、方便（Convenience）、沟通（Communication）。整合营销传播理论的核心内涵就是：以消费者为核心重组企业行为和市场行为，综合协调地使用各种形式的传播方式，以统一的目标和统一的传播形象，传递一致的产品信息，实现与消费者的双向沟通，在消费者的心目中树立产品品牌形象，与消费者建立长期关系，以便更有效地达到市场推广与销售的目的。它所揭示的核心内容有二：一是强调从消费者需求出发，把营销活动认识为传播沟通；二是强调把多种传播手段整合运用，以达到传播效果最大化。

整合营销传播理论的提出，使得市场营销学的观念和实践都发生了极大的变化，各个学科领域都开始引入这一理论，出版界也不例外。但是从实际的操作情况来看，所谓的"4P"是站在企业的角度来看营销，"4C"则是站在消费者的角度来看营销，两者角度不同，但都有其合理性，而且后者更多的是一种观念的改变。所以企业界的很多人就主张，在具体的市场营销活动中，应该"用4C来思考，用4P来行动"[③]。笔者也比较赞同这一说法，所以在本论文

[①] 赵东晓：《论图书营销中的十大关系（上）》，《出版经济》，2003年第6期。
[②] 冯丽云：《现代市场营销学》，北京：经济管理出版社，1999年，第36-38页。
[③] 郝志强：《4P与4C在企业的实际应用》，见：http://www.emkt.cn/article/51/5184-3.html，2001年8月21日。

的论述中，会根据实际情况来综合运用"4P"和"4C"理论，而不是舍此就彼。

20世纪80年代以来，随着出版业市场化进程的深入推进，我国的图书营销学理论体系逐渐建立并走向成熟。一般认为：图书营销是指图书出版行业在不断变化的市场环境中，针对图书这一特定商品，以达成市场交换和实现社会效益为目的而进行的一系列经营运作的商务活动过程。它一般包括四方面的内容：（1）以市场为出发点来组织图书的经营活动，市场处于图书出版过程的起点；（2）以读者需求为中心，按需要来组织图书的出版活动，以需求决定图书的出版量；（3）通过整体营销方式，充分满足读者购买图书和精神愉悦的需求，不仅向读者出售图书而且向读者出售服务；（4）通过读者的满足来获得利润，因此更重视售后服务和读者的反馈意见。①

从出版历史来看，在图书营销概念形成以前，就存在一定的出版营销活动。学者李鹏在爬梳出版史料的基础上，总结出我国古代四种常见的图书出版营销术：（1）跟风或出续书；（2）利用人们好奇、打破禁忌的心理，瞒天过海，"借壳上市"；（3）利用评点者的名人效应来为书籍做广告，使评点成为书籍的卖点；（4）通过套印或配图等技术手段，使书籍在形式上更适合读者阅读或增加其阅读兴趣。进而指出：前三者"运用在书籍的选题策划、组编阶段，重点或根本的宗旨是揣摩读者心理，把握市场需求，使书籍内容能够对读者产生吸引力，诱使他们购买"；第四种"主要是在书籍的设计、制作上下功夫，力图以更悦目怡情的形式获得读者的青睐"。②李鹏甚至还出版了系统探讨中国古代图书出版营销的专著《中国古代图书出版营销研究》（学习出版社，2013年版）。近代出版业兴起以后，各个出版机构的营销策略也多有可圈可点之处。新中国成立以后，出版界由于长期突出强调图书的政治文化属性，遵循并习惯于计划经济编、印、发各成体系的运作模式，因此在图书出版销售中，只有"发行""广告""宣传""促销"等概念。即便是引进"营销"这一概念后，对这一问题仍缺乏正确的认识。很多人简单认为"图书营销"即"图书发行"这一词汇的转换，也就是说图书营销就是指图书发行（销售）这一环节，

---

① 魏连：《如何制定正确的图书市场营销策略》，《编辑学刊》，2003年第5期。
② 李鹏：《古代图书出版营销术举隅》，《文史杂志》，2006年第3期。

仅仅是图书发行和销售部门的事情。有的出版机构虽然成立了营销部或市场部，但其职能还是搞发行，没有发生本质的变化。同时，在手段上，有人则仅仅将图书营销理解为图书的推销、宣传和广告。其实，从图书市场营销的观点来说，图书推销和广告只是营销的两个重要环节。

市场营销并不等于纯粹的宣传促销，而是营销战略决策、生产、销售、售后等阶段在内的总循环过程。图书营销活动也不等于图书的促销活动。真正的营销图书营销活动应该是一个"从产品策划到市场运作的全过程"①，这是一个环环相扣、一以贯之的系统工作，贯穿图书编、印、发的全部环节和流程，包括"市场调研、选择目标市场、出版物开发、出版物定价、发行渠道选择、出版物促销、存储和运输、出版物发行和销售、售后服务等一系列与出版物市场有关的出版企业业务经营活动"②。从图书市场宏观营销的角度，则是注重整个出版经济体系中从图书出版到读者，从图书到销售的流动过程，以及指导图书流通环节的社会行为。这就要求出版者的观念应该从传统的相对狭隘和片面的发行、宣传、推销意识，转变为系统的全面的"整合营销"意识，在具体工作中进行一体化、系统化的思考、设计和实施。从一定意义上来说，图书营销活动是一种日渐规范、系统和丰富的历史渐进活动。这一点，在畅销书营销活动中，体现得分外突出。

二、畅销书出版营销的特殊性及其概念

如果和大众文化结合起来就可以看出，大众文化作为一种商业性十分浓厚的"文化工业"，其主要目的就是将批量生产的文化产品，最大程度地推销出去，以达到"大量生产，大量销售"的目标。而市场营销则是实现这一目标的重要手段和策略。从这个意义上讲，大众文化和市场营销的出发点和落脚点别无二致。所以从大众文化的视野来分析畅销书的出版营销活动，不仅是可能的，而且是有价值的。而畅销书自身的特殊性决定了其营销活动既与一般图书

---

① 金丽红：《畅销书与营销策划》，《出版广角》，2002 年第 11 期。
② 刘吉波：《出版物市场营销》，北京：中国书籍出版社，2010 年，第 4 页。

有相似相通之处，同时又有其特殊之处。这主要表现在以下六个方面：

1. 营销的必须性

在开放的市场环境下，一本图书要成为畅销书，至少应具备四个基本要素：①具有畅销潜质的实质内容；②适合大众口味的装帧形式；③选择恰到好处的出版时机；④进行有的放矢的营销运作。这四个要素相辅而成，缺一不可。尤其是在出版市场由"供小于需"的卖方市场转变为"供大于需"的买方市场后，营销的要素就显得异常关键。酒香已经不能待在深巷子中了，要主动走出深巷子，大声吆喝才行。这在这种市场格局下，营销就成为畅销书实现价值的必经途径。如果说对一般图书的营销是必要的话，那么对畅销书的营销就是必须的了。缺少了营销，具有畅销潜质的图书也极有可能胎死腹中，淹没于茫茫书海而永无出头之日。相反，如果营销到位的话，一本质量平平的图书也有可能跻身畅销书的行列。

2. 更具系统性

图书营销学在理论层面上强调，图书的营销活动应该是一个完整的系统工程，它应该贯穿图书出版销售的整个流程。应该说，这是一个非常理想的状态。在实践层面，一般图书的营销活动往往是零星分散的，很难成体系。畅销书的营销则不同，在运作过程中特别强调营销的整体性和系统性。正如业界人士所公认的，一本潜在畅销书的营销过程仿佛是一个个加减分的过程，从选题、编辑、装帧，到宣传、推广，倘若每一步都操作得当，图书便可能得百分，甚至获得进入超级畅销行业的附加分。相反，如果任何一个营销环节出现失误的话，都会影响营销的整体效果。有时甚至产生"一招不慎，满盘皆输"的败局。正是基于这样的考虑，目前国内一些有经验的出版社在运作畅销书时，都会把畅销书的营销作为一个系统的项目来抓。就实际情况来看，畅销书的营销活动最接近图书营销学的系统性要求。

3. 策略的多样性

整合营销传播理论强调把多种营销传播手段整合运用，以达到营销传播效果最大化。与一般图书的营销策略相比，畅销书的营销策略更为多样。营销手段能够根据时势的变化而花样翻新，层出不穷。比如，在网络、手机等新媒体形式兴起之后，搜索引擎营销、手机营销、博客营销、微信营销、电子书营销、IP营销、网络社群营销等全新的营销手段往往会最先被出版机构应用于畅销书的营销活动中。这种综合各种新旧手段的营销机制更能体现整合营销的优势。成功的畅销书营销活动也往往是综合运用多种营销策略的结果。而在一般图书的营销活动中，由于预期利润的限制，不可能进行如此大规模的运作。即便是采用相同的营销策略，畅销书也与其他图书有很大的区别。

4. 更强的时效性

现代营销学的观点认为，产品投入市场以后是有一定生命周期的。畅销书作为大众文化产品中时尚读物的一类，具有很强的时效性，因此，大部分畅销书的生命周期比其他图书要短很多。一本畅销书，"要么大家都读，要么大家都不读"。大部分畅销书都会在风靡一时以后归于沉寂，只有极少数的经典畅销书才会转变为常销书。这就决定了对畅销书的营销也必须强调时效性。畅销书的营销目的就是要在特定的时间段里通过各种营销手段使畅销书的销量达到最大化。这就要求出版者必须审时度势，掌握好营销的时机和进度，对畅销书进行适时而恰当的营销运作。这有两层含义。一是从整体上抓畅销书的营销时机，借势出版，所谓机不可失，时不再来。比如2008年奥运会召开前后，曾涌现出一大批以奥运为主题的书籍。2011年，美国苹果公司联合创办人史蒂夫·乔布斯去世后，与其相关的很多图书迅速流行起来。时过境迁，如果现在再提出奥运类、乔布斯类图书的选题，并在营销上大做文章的话，肯定不似当年那么风光，甚至会得不偿失。二是在畅销书的生命周期内，发挥营销活动的最大功能，充分发挥出畅销书的畅销潜力。比如《哈佛女孩刘亦婷》一书出版后，出版社和书店请作者刘亦婷举行了一系列巡回演讲和签名售书活动，不仅直接带动了图书的热销，更引起人们对某一问题的持续关注，从而间接地促使人们去购买阅读相关的图书，进而延长图书的畅销期。因此，畅销书营销的时效性是一般图书营销所无法相比的。

5. 收益的最大化

畅销书的英文名字"best seller"告诉我们，畅销书不是别的，而是所有图书种类中卖得最好的图书。巨大的销量保证了畅销书可观的经济利润。畅销书的种类和收益之间的关系基本符合管理学范畴中的帕雷托规则（Pareto's Law），即"二八定律"。不仅如此，畅销书还可以迅速提升出版机构的知名度，并在出版市场上建立富有影响力的品牌。如在1996年之前，山东画报出版社还是一个名不见经传的出版社，但在1996年推出畅销书《老照片》后，迅即在国内出版界和读者中声名鹊起，也使山东画报出版社的品牌形象得以确立，被媒体和业界誉为开创了中国的"读图时代"。如今人们一提到《老照片》，首先就会想到山东画报出版社。所以，一本畅销书的成功，将意味着出版机构的名利双收，即经济利润的最大化和社会影响的广泛化。在今天的中国出版界，已经出现"几本畅销书撑起一个出版社"的现象。正是因为如此，打造畅销书就成为众多出版人的不懈追求。在对畅销书进行营销的过程中，出版机构的目的是非常明确的，那就是追求营销收益的最大化：一方面，出版者会使出各种招式来提升畅销书的销量，扩大畅销书的影响；另一方面，出版者还有可能通过品牌延伸在畅销书的延伸产品中获取利润。而这些，都是一般图书营销中所缺少的。当然，任何时候，高收益意味着高风险，对于没有经验的出版机构来说，这一点也要慎重考虑。

6. 问题的突出性

营销活动本身是一把双刃剑，在实际的操作中往往会利弊相生。图书的营销活动也不例外。畅销书的营销活动虽然可以给出版机构带来巨大的收益，但若操作不慎，也会产生很多不容忽视的问题，而且这些问题往往会更为突出和尖锐。比起其他图书来，畅销书似乎更容易招来指责和诟病。除了畅销书自身内容的原因以外，名不副实的营销也是一个重要的原因。从整体上看，比起欧美国家和日本等出版发达的国家，当前我国出版业的市场化程度还不够，畅销书出版尚处于从无序向有序的转变阶段，基本上还没有成型的营销运作机制和模式，缺乏成熟的畅销书出版机制。在具体操作过程中，还存在着很多令人担忧的误区，比如将营销等同于毫无节制的"炒作"，将拙劣的"跟风"手段等同于品牌延伸，营销过度导致图书文化内涵缺失，甚至还有"伪书""打榜"等缺乏诚信和规则意识的欺诈行为，等等。这些问题在一定程度上制约着畅销书营销运作的实际效果，进而影响着整个图书市场的发展与繁荣。这些问题的解决，有待于整个图书市场的逐渐规范和出版行业营销水平的不断提高。

基于以上分析，笔者认为：**畅销书出版营销是指出版机构在特定的图书市场环境中，在一定时期内针对畅销书这一特定商品，以实现畅销书经济利润最大化为主要目的而进行的一系列商务运作活动，它贯穿于畅销书出版活动的整个过程。**

第五节

畅销书出版营销机制

在规范而成熟的市场环境下,畅销书出版营销活动是有一定的内在规律可循的,当出版商和出版机构在丰富的营销实践中摸索和总结出一定的规律以后,就可以把这些规律转化为普遍的营销模式加以运用,进而可以形成畅销书的出版营销机制。国内外畅销书营销的实践证明,畅销书出版业要持续、健康、规范化地发展,就必须在长期营销实践的基础上,建立一套规范的畅销书营销机制(在一定意义上可等同于出版机制)。正如伍旭升所云:"有意识、有组织地摸索、探询畅销书出版规律,建立畅销书出版机制,是最终使畅销书出版走上规范发展轨道的根本途径。所谓'走上规范化发展轨道',是指畅销书出版有章可循,有运作规则,有保障措施。在激烈、风云变幻的市场竞争中,有相对稳定、共同参照的标准、模式。"[①]

根据《辞海》的释义,机制有三个基本含义:(1)用机器制造的;(2)有机体的构造、功能和相互关系;(3)一个工作系统的组织或部分之间相互作用的过程和方式。[②]人们所说的营销机制,更多地是指第三个定义。以此为基础,笔者认为,所谓畅销书出版营销机制,是指以畅销书的营销活动为核心而形成的一套具有系统性和规律性的规范化运作模式或体系。这一机制具有系统性、规范性和可复制性的特点。所谓系统性,是指它包括了畅销书的策划、创作、编辑、制作、出版、发行、宣传、促销、影视改编、品牌延伸、整体评价、版权贸易等多个环节的内容。每个环节都相对独立,可以形成一个分机制(如策划机制、创作机制、发行机制、宣传机制,等等),但彼此之间又相互依存、相互制约,形成了一个相对独立和完整的系统。所谓规范性,就是它作为

---

① 伍旭升:《大轰动:中外畅销书解秘》,广州:广州出版社,1993年,第158页。
② 辞海编辑委员会:《辞海(第六版普及本)》,上海:上海辞书出版社,2010年,第1725页。

一套规范化的营销机制在畅销书的出版营销实践中起着示范和规范的作用。所谓可复制性,是指它作为一套相对固定的运作模式,可以为出版机构长期遵循和采用。发现并把握畅销书出版的内在规律,建立成熟的畅销书出版营销机制,就可以使出版社持续、自主出版一系列畅销书,迅速增强自身应对外界竞争的实力。进而形成富有特色的出版理念和品牌。这应当是畅销书出版营销的"终极追求"。畅销书出版营销机制的有无和完善与否,是区别出版机构畅销书出版营销水平高低优劣的重要标准之一。从这个意义上讲,优秀的出版机构都应该建立一套健全的畅销书出版营销机制。当然,机制必然是在一定的历史阶段和特定的社会环境下运行的,所以在探讨畅销书出版营销机制时,必须考虑经济、政治、社会、文化等多重因素所构成的整体环境。

基于上述论述,笔者设计了本书的论述框架:在梳理和分析我国畅销书出版营销的发展路径和整体环境的基础上,依次从畅销书的选题策划、产品制作、媒体营销、渠道选择、公关传播等五个重要环节着手,深入分析我国畅销书出版营销活动的实践经验、整体特点和普遍规律,进而探讨畅销书出版营销中的突出问题以及未来的发展路径,以期在理论上构建起比较完善的畅销书出版营销机制,从而为出版机构的出版实践活动提供有益的指导和借鉴。

第二章
文化的政治化与产业化：
畅销书出版营销的整体环境

社会和文化生活中的每种事物在根本上都与权力有关。权力处于文化政治学的中心。权力是文化的核心。所有的指意实践——也就是说，所有带有意义的实践——都涉及权力关系。

——G. 乔丹、C. 威登[①]

大众文化产品和消费本身——与全球化和新的信息技术同步——像晚期资本主义的其他生产领域一样具有深刻的经济意义，而且完全与当今普遍的商品体系连成一体。

——弗雷德里克·詹姆逊[②]

---

① Jordan,G. and Weedon,C.*Cultural Politics:Class,Gender,Race and the Post-modern World*, Oxford: Blackwell, 1995, P11.
② ［美］弗雷德里克·詹姆逊：《文化转向》，胡亚敏等译，北京：中国社会科学出版社，2000 年，第 140 页。

第一节

大众文化：畅销书出版营销的文化背景

畅销书作为大众出版的重要类型，也是大众文化的重要内容之一。大众文化的发展路径和基本格局构成了我国畅销书出版营销最重要的文化背景。

大众文化自产生之日起，就与商业和政治发生着互为影响的密切关系。很多学者认为，真正的大众文化"只有在工业化和城市化的进程中才能出现"，并"深深根植于资本主义市场经济的土壤中"。[①]从传媒管理理论来看，只有在自由主义的传媒理论和市场经济的条件下，才能产生真正的大众文化。这种大众文化与精英文化、民间文化最大的区别，就在于它鲜明的商业性：一切产品都要遵循资本的逻辑，借助于批量化的生产方式和商业化的市场营销，实现文化产品经济利润的最大化。这也是今日全球化进程中，各个国家大众文化的主要形态。商业化生产的文化产品，已经成为我们时代的流行意识形态。鲜明的商业性也成为大众文化饱受诟病的一大因缘，作为大众文化类型之一的畅销书自然不能例外。

但研究者也发现，在进入工业化社会后，在威权主义的传媒理论和计划经济的条件下，也出现过另外一种类型的大众文化（如第一章所提到的中国20世纪50年代到70年代以服务工农兵大众为主的文化形式），这类大众文化不以追求经济利润为其主要诉求，而主要是作为政治和意识形态的工具，通过教化民众来维持社会秩序和政权稳定。批评者认为这样的文化产品虽然强调大众化，其根本目的却是在用意识形态观念去"化大众"——教育人民使它们在社会中发挥各自的应有作用，从根本上讲是一种"政治型"的大众文化。

---

① ［英］约翰·斯道雷：《文化理论与大众文化导论（第五版）》，常江译，北京：北京大学出版社，2010年，第16页。

显然，在这两种不同的大众文化背景下，出版尤其是大众出版的地位和功能也会形成很大的差异，所形成的畅销书出版机制及其社会功能也有很大的不同。

我国的大众文化是在鸦片战争以后的"西学东渐"潮流中，从传统社会向现代工业社会转变过程的产物。在此之前，虽然一直存在流行于民间市井的通俗文化（如明清时期的通俗小说、大众曲艺等），但在严格意义上只能称其为"前大众文化"。晚清以降，在"欧风美雨"的冲击和影响下，随着工业化、城市化进程的演进和大众传媒事业的兴起，我国的大众文化萌芽于19世纪末20世纪初（清末民初），曾在民国时期的上海等现代化程度较高的大都市得到迅速发展。当时的畅销书、大众报刊、流行音乐、电影和广告等大众文化产品都在市场上广泛流通。以这一时期出现的"鸳鸯蝴蝶派""黑幕小说"等畅销文学为例，其中虽然"也掺杂不少半封建的因素，但商品化和市场机制却奠定了上海文学的两个基本取向：商业化的利益驱动和世俗化的大众导向"①，充分体现出大众文化的鲜明特点。扈海鹏就认为：近代中国通俗（市民）文化是中国城市文化过程中一个非常重要的"准大众文化过程"。但是民国时期动荡不安的社会环境，尤其是严酷复杂的阶级斗争和民族斗争形势，加之生产力和城市化的水平较低，使得大众文化的发展不可能像西方那样一帆风顺，成为一个成熟的文化产业体系。

1949年新中国成立以后，尤其是1956年社会主义改造完成后，伴随着计划经济体制的建立，由毛泽东同志提倡并确立的"服务工农兵大众"的"大众文化"成为党和政府推行的主流文化。这种文化模式最突出的特点，"是在全社会范围内依靠计划形式来对文化资源进行配置，文化发展中的基本决策权，都集中在计划者手中，文化发展具有高度集中计划的形式。"②在管理体制上，则"采取完全的行政指令性管理，强调文化的政治目的，将一切文化形式视为宣传教育工具，配合党在各个时期的方针政策"。③这种突出强调政治正确性的文化形态（也同时强调艺术性、文化性的必要性，但要从属于政治正确性），

---

① 吴秀明、陈力君：《大众文学与武侠小说》，北京：北京大学出版社，2011年，第4页。
② 陈立旭：《市场逻辑与文化发展》，杭州：浙江大学出版社，2007年，第7页。
③ 胡惠海、李康化：《文化经济学》，太原：书海出版社，2006年，第276页。

使得商业性的大众文化得到了遏制,甚至在一段时期内销声匿迹。以文学为例,在20世纪50年代至70年代,现实政治成为文学的目的,文学则是实现党和政府目标必须选择的手段和工具。文学写作、文学运动不仅在总的方向上与现实政治任务相一致,而且在组织上、具体工作步调上,也要与政治完全结合。文学被普遍看作是崇高的,是与金钱、商业利益无关的"事业"。作家被誉为"人类灵魂的工程师",作品则是"生活的教科书"。①

直到改革开放国门再度打开以后,尤其是在80年代末90年代初期,在西方大众文化的外来影响下,随着经济体制改革的深入推进、大众媒介的快速发展、城市化进程的加快,商业性的大众文化才重新兴起并快速发展起来。陶东风通过研究发现,在中国市场经济制度建立的背景下,文化市场由原先的"二元格局"(国家—文化),演变成"三元格局"(国家—市场—文化),加入了市场这一维度的中国文化显示出了与以往任何时候都不同的发展特征。②这种市场化的文化,即是商业型的大众文化。这种局面的出现,既是中国大众文化适应世界发展潮流的必然选择,在一定程度上也是对清末民初以来的本土大众文化的继承与超越,因此就形成了兼具普遍性和独特性的"自家面貌"。

时至今日,大众文化由于具有突出的经济价值,能够创造可观的商业利润,同时在促进当代文化大发展大繁荣、进而提高文化"软实力"方面具有不可忽视的重要作用,所以得到了党和政府的高度重视和大力提倡。陆扬指出,大众文化已是"我们今天格外风光的产业,不但带来滚滚商业利润,就是在它的精神内涵方面,也早已挺直了腰杆,不但扬眉吐气敢于向对它压迫已久的高雅文化叫板,而且差不多反客为主,一跃成了背后有政府大力推动的主流文化。这在全球化之风一路劲吹的今天,于中国于西方并没有太大的差别"。③但是需要注意的是,在商业型的大众文化风起云涌之际,我们不能想当然地认为:"市场化已经使得政府在文化活动中完全退出,市场的唯一主体已经是民间的或市场的各种机构,文化市场的自主性已经确立。事实上,文化市场化的真正主体、机构改革与政府职能转换的直接倡导者正是政府本身,而文化界现

---

① 洪子诚:《中国当代文学史》,北京:北京大学出版社,1999年,第12、32页。
② 陶东风:《国家—市场—社会:中国文化市场化的三方语境》,《文艺研究》,1998年第4期。
③ 陆扬:《大众文化理论》,上海:复旦大学出版社,2008年,第3页。

存的许多问题正是由于政府职能转换的不彻底性"①。也就是说,市场和政府的两大因素在今天的大众文化中都发挥着重要的作用,而且在一定程度上,政府是市场化进程的主要推手,其作用在任何时候都不能忽视。

整体来看,近代以来中国社会发展变革的复杂性使得大众文化呈现出不同的类型和路径,也形成了当代中国独特的文化格局。王一川认为,当前我国的都市文化存在四种并存的文化层面:(1)主导文化。即以群体整合、秩序安定和伦理和睦等为核心的文化形态,代表政府及各阶层群体的共同利益;(2)高雅文化。代表占人口少数的知识界的理性沉思、批判和探索旨趣;(3)大众文化。尤其突出数量众多的普通市民的日常感性愉悦需要;(4)民间文化。代表更底层的普通民众的出于传统的自发(或非制作)的通俗趣味。②这里所说的"主导文化",其实上就是20世纪50年代到70年代"政治型"大众文化的一种新发展。邹广文也提出,从文化层面来看,当代中国已经进入"文化复调"时代。所谓"文化复调",即大众文化、精英文化、主导文化和民间文化四种文化类型交相辉映、共存共生的局面。③而大众文化在很多情况下,会根据实际需要,将所有的文化类型都作为自己的开发资源,进而整合到整个文化产业中去。由此,我们可以说,我国今天的大众文化产品中,既有作为政治工具者,也有遵循资本逻辑者,也有信奉"文化本位"者,或者一种产品兼具了三者的功能。在《生死抉择》《建国大业》《建党伟业》《毛泽东》等影视作品以及《苦难辉煌》《亮剑》《解放战争》《长征》《邓小平时代》等畅销书那里,这种状况都可以得到充分的印证。

我国大众文化的发展路径和基本格局,深刻地影响了畅销书出版机制的形成与发展。由此可将我国近代以来的畅销书出版历史划分为以下四个阶段:

(1)1840—1948年,是由出版文化商人主导的"启蒙型"阶段。这一时期是我国出版业从古到今的变革与转型时期。变革和转型的结果,便是中国出版形态从传统出版业跨入了现代出版业,建立起了商业与文化并重的现代出版业体制与格局。这一时期的出版人群体已经具有了现代的出版理念,他们既有

---

① 陶东风:《国家—市场—社会:中国文化市场化的三方语境》,《文艺研究》,1998年第4期。
② 王一川:《当代大众文化与中国大众文化学》,《艺术广角》,2001年第2期。
③ 邹广文:《当代中国大众文化及其生成背景》,《清华大学学报(哲学社会科学版)》,2001年第2期。

传统文人士大夫的流风余韵，高扬"启迪民智"的文化大旗，也有现代商人的精明能干，念好"在商言商"的生意经。也就是说，能够协调和平衡好出版业文化属性和商业属性之间的关系。这一点，在张元济、陆费逵、王云五、邹韬奋等出版大家身上都得到了充分的体现，他们已经成为当代出版人不断追忆和持久仰慕的典范。反映到这一时期的畅销书出版事业上，就是在实现了良好经济效益的同时，还发挥了畅销书昌明文化、启迪民智的"启蒙"功能。

（2）1949—1978年，是由党和政府主导的"教化型"阶段。新中国成立以后，出版业成为社会主义事业的重要组成部分。这一时期的出版文化是"以计划体制文化模式和绝对的指令性行政管理为内核，出版作为阶级斗争和政治斗争的手段而存在，其话语形态也是高度政治化的"[①]。出版业的指导方针被确定为"为无产阶级政治服务、为工农兵服务、为社会主义建设服务"[②]，出版工作者作为"文化战线上不可缺少的重要部队之一"[③]，"不是普通的出版家，而是革命的出版家。第一是革命家，第二才是出版家"[④]。出版业的政治属性和教化功能得到了空前的重视和凸显。在这种情况下，面向工农兵大众的畅销书（以"三红一创""山林青保"、毛泽东著作及各种通俗读物为代表）出版后，虽然仍以商品的形式在市场上流通，但畅销书的商品性已经让位于政治性。畅销书首先要保证的是其政治方面的正确性，在客观上成了大众的"通俗政治教科书"，发挥了"教育群众"的重要社会功能。

（3）1979—1989年，是知识分子和读者共同主导的"自发型"阶段。改革开放初期，在经历了长久的"精神禁锢"之后，出版市场的"书荒"现象与读者强烈的阅读需求形成一对突出的矛盾。因而形成了20世纪80年代"出版即畅销"的独特现象。当时，在这种略显畸形的"卖方市场"格局下，"在书店里面，只要一有新的古典文学名著、外国文学名著出来，马上就排长队，立刻售罄。这是空白之后的一种爆发。从1970年代末到1980年代，整个就是

[①] 肖东发、于文：《百年出版文化与中华书局核心价值观》，见复旦大学历史系、出版博物馆、中华书局、上海辞书出版社编：《中华书局与中国近现代文化》，上海：上海人民出版社，2013年，第8页。
[②] 肖东发、方厚枢：《中国编辑出版史（下册）》，沈阳：辽海出版社，2008年，第74页。
[③] 肖东发、方厚枢：《中国编辑出版史（下册）》，沈阳：辽海出版社，2008年，第12页。
[④] 肖东发、方厚枢：《中国编辑出版史（下册）》，沈阳：辽海出版社，2008年，第8页。

一场可歌可泣的'阅读狂欢',大家都处在无比亢奋的对书的迷恋状态中"[①]。董秀玉也回忆说:"1978年到1987年这10年是一个文化和知识思想的饥渴期,买书排的长队会拐几个弯。我们三联出版了西方学术文库,那么难懂的海德格尔的《存在与时间》居然发了7万本,萨特的《存在与虚无》10万册。还有《情爱论》,100多万册,都卖疯掉了。"[②]这一时期,由知识分子共同策划编撰、出版系列大型丛书,并受到读者的广泛欢迎,也成为特别突出的文化现象。可以说,这一时期的畅销书出版,是由知识分子(包括作者和出版人)的自觉编著出版和广大读者主动的阅读诉求共同推动的。

(4)1990年以来,是出版社和民营书商共同主导的"市场型"阶段。伴随着"商业型"大众文化的勃兴和出版业"卖方市场"的形成,我国出版业的产业化属性也开始被重新认识。尤其是1993年中央明确提出了建设社会主义市场经济体制的改革目标后,中国出版业也开始了市场化之路。图书越来越遵循市场的要求而生产,出版社面对经济社会文化的变革,也在不断改革自身的发展思路和出版机制,通过多种方式寻找市场经济条件下的生存和发展之道,开始按照"事业单位,企业管理"的模式运行。这一时期,随着政策的开放,民营出版业开始兴起,成为出版业重要的创意和内容来源之一,为中国出版注入了很大的能量。在多种力量的共同推动下,大众出版业也随着商业型大众文化的兴起而逐步壮大,尤其以畅销书的出版最具代表性。畅销书开始淡化政治功能,强调经济特征,这是一种典型的"市场型"畅销书。进入21世纪后,这种发展势头更为猛烈,以致人们说,中国已经进入了"畅销书时代"。这一时期的畅销书,主要是由出版社和民营书商面向市场和读者主动谋划出击而形成的。

何明星形象地指出,20世纪以来的三代中国出版人,呈现出三种不同的面孔:(1)身着长衫,脸上充满文化底气的第一张脸。这是20世纪初叶的第一代出版人。这一代出版人浑身充满文化的底气,肩扛历史的重任,创造了一个个文化高峰。(2)有正气,但亦有官气的第二张脸。这是1949年至1978年间的第二代出版人。按照新中国的出版管理体制,这一时期的出版人完全被纳

---

① 周百义、芦珊珊:《畅销书出版三十年》,《出版科学》,2008年第6期。
② 曹焱:《〈情爱论〉:冲破读书的禁区》,见郝报省主编:《名著的故事》,北京:中国书籍出版社,2009年,第202页。

入到国家行政序列,大部分出版人属于"文化官员"。(3)身着西装,脸上充满了市侩气的第三张脸。改革开放以来尤其是今天的第三代出版人。整个出版人关心出版的经济利益要比责任迫切,甚至不惜制造行业的"潜规则"来拉动图书销售,以带有明显欺诈嫌疑的手段获取利润。①这种形象的描画与笔者上述四个阶段的划分在一定程度上有契合之处。

在这里需要提及的是,正如笔者在第一章所提出的,我国的畅销书起源甚早,在"前大众文化时代"就已经存在相当数量的畅销书(主要以通俗文学著作为主)。但生产机制还远不具备现代出版业的特征,畅销书的商业属性并未得到有效的彰显。比如明代冯梦龙编撰"三言"(《喻世明言》《警世通言》《醒世恒言》)的主要目的并非"升官发财",而是教化百姓。要通过这些小说来劝谕世人,警诫世人,唤醒世人,使"怯者勇,淫者贞,薄者敦,顽钝者汗下"②,使之成为"六国经史之辅"③,以影响人们的思想和行为。这样的编著思想,在当时的文人士大夫中是具有一定代表性的。与古代相比,近代以来的畅销书出版活动,无论如何,都属于现代出版业的范畴,只不过有时偏重文化,有时偏重政治,有时则偏重经济,更多的情况,则是三者的交互融通。

应该说,"市场型"的畅销书出版模式是当今发达国家出版业的主要发展潮流,我国的畅销书出版业现在也逐渐向这一主流靠拢,但是由于在媒介理论和出版体制方面,我国党主管意识形态的文化政策没有发生根本性的变化,所以直到今天,在我国的出版市场上,"政治型"的畅销书作为一种"主导"文化形态还长期并大量存在。据中国新闻出版研究院发布的《2015—2016 中国出版业发展报告》:在 2015 年度单品种累计印数排名前 10 的书籍中,主题出版书籍占据半壁江山。其中,《中国共产党廉洁自律准则 中国共产党纪律处分条例》超过 1200 万册,《习近平关于党风廉政建设和反腐败斗争论述摘编》超过 550 万册,《习近平谈治国理政》超过 400 万册。④而为了适应新时期读者的需求,相当多的主题出版物在呈现方式上会更加大众化、通俗化甚至娱乐化。比如同为红色经典,金一南的《苦难辉煌》、都梁的《亮剑》等新型畅销

---

① 何明星:《出版人的三张脸》,《出版广角》,2010 年 8 期。
② 冯梦龙:《古今小说序》,见高洪钧校:《冯梦龙集笺注》,天津:天津古籍出版社,2006 年,第 80 页。
③ 冯梦龙:《醒世恒言序》,见高洪钧校:《冯梦龙集笺注》,天津:天津古籍出版社,2006 年,第 85 页。
④ 范军:《2015—2016 中国出版业发展报告》,北京:中国书籍出版社,2016 年,第 4 页。

书，都已经呈现出与"三红一创"这些老牌畅销书截然不同的风格来。在出版模式上，前者的市场化运作特色也更为明显。另外，我国出版向来强调"为人民服务，为社会主义服务"的社会效益和文化功能，出版人也素有启迪民智、扶助教育、昌明文化的使命感，所以，由出版人和学者专家联手共同打造的"文化型"畅销书也会在今天的书业中占据一席之地，比如作为老牌学术出版重镇的三联书店，近年来就接连推出了《目送》《我们仨》《野火集》《沉思录》《老子十八讲》《邓小平时代》等优秀畅销书。用三联人自己的话说，就是："我们总得有几条鱼浮在水面上、能被大家看得见"[①]。

这种市场型为主、政治型和文化型为辅的畅销书出版格局形成了我国当代畅销书出版活动的鲜明特色，这既是我国经济社会和大众文化发展变革的必然产物，在一定程度上，也是我国经济社会转型发展复杂性的直观反映，并构成了我国畅销书出版营销活动最重要、最富有特色的文化背景。这也在一定程度上印证了陶东风的论断："市场化最典型也最严重的大众文化领域，我们看到的情形也远远不是唯市场之命是从，而是在官方、大众以及市场的三方（俗称'三老'，即老干部、老百姓、老板）力量的'格式塔'中周旋生存。这是中国的大众文化与西方国家（尤其是美国）的大众文化的重要区别"[②]。这种相对复杂的文化格局正是决定我国畅销书出版格局的核心文化要素。

---

① 孙国庆:《编辑的文化理想和市场能力》, http://www.openbook.com.cn/Information/0/2935_0.html, 2014年2月25日。
② 陶东风:《国家—市场—社会：中国文化市场化的三方语境》,《文艺研究》, 1998年第4期。

第二节

产业化趋向：畅销书出版营销的商业背景

出版产业化，是指把出版业作为国民经济体系第三产业中一个相对独立的部门，面向市场实行专业化、集约化、规模化运作，实现出版资源的优化配置和生产要素的优化组合，使之成为强质产业的过程。其核心内容就是出版业要遵从现代市场运营规则，实现出版体制市场化、出版物产品商品化、出版机构企业化、经营规模集约化、经济目标效益最大化、资本运营多样化。[①]从中外出版史的发展历程来看，这是现代出版业发展变革的必然趋势。这种发展潮流，构成了畅销书出版营销的宏观商业背景。

从世界出版史来看，从"观念至上"的传统出版业转向"市场至上"的产业型出版业，是20世纪上半叶很多国家出版业发展变革的共同路径和重要特征之一。传统的出版业特别强调出版业文化属性和商业属性的平衡，甚至把文化属性作为第一位，出版人自觉地把出版业作为一种特殊的文化职业来经营。而现代出版业则特别突出强调出版业的产业属性，首先遵循市场经济的运行规则。正如美国著名出版家安德烈·希夫林所言，"长期以来，无论在欧洲，还是在亚洲，出版传统上都被看作是一项和知识及政治有关的职业。出版商对自己的本事也很自豪，因为他们不但能赚到钱，同时还能出好书。"[②]但是，进入以"市场至上"为主要标志的现代出版业之后，出版业这种文化属性和产业属性的平衡被打破了，市场理论开始渗透到了文化传播领域，人们都"相信市场的力量，相信它能统治一切，相信它能让世上所有的价值观为之臣服，我们

[①] 赵东晓：《出版营销学》，北京：中国人民大学出版社，2010年，第38-43页。
[②] [美]安德烈·希夫林：《出版业》，引言，白希峰译，北京：机械工业出版社，2005年，第5页。

还把它看作是消费民主的一种体现。所有这一切都深深地影响了出版业。"①希夫林进而指出,在美国和英国,由于里根和撒切尔奉行重商主义政策,使得出版社的老板们逐渐"将其行为理性化"。他们认为,"市场是民主的完美体现。出版商声称,精英们再也无法向读者们推行他们的价值观,公众会选择自己真正需要的东西,即便他们的选择有些庸俗,有些目光短浅,那也没什么大不了的。更高的利润足以证明,市场在按照自己的方式运行。"②一言以蔽之,市场成为衡量出版价值的主要标准。

无独有偶,日本出版学者清水英夫也提出,在20世纪60年代中叶,国际上开始出现和使用"出版革命"(book revolution)一语,"说'出版革命',也许夸大了它的意义,但是,在'出版'中,确实发生过许多大的变革。这些变革,在生产、流通、消费的全过程中都有所反映。即一方面是出版的近代化(合理化、产业化)现象,另一方面是出版的现代化(大众化)现象"。他进而解释说,经过"出版革命"后的现代出版业,最大的特点就是大量生产和大量销售。③

在全球化的浪潮中,这种主要遵从资本逻辑和市场规律的出版产业化变革不仅出现在美国,在日本、英国等各个国家都是如此。在美国的领导下,全世界的出版业都开始走上了一条产业化的"不归路",美国的出版产业化模式深刻地影响了20世纪后半叶以来的世界出版业的发展变革进程。这种产业化变革和转型无论是对出版业本身,还是对整个社会文化的发展而言,都具有非同寻常的深刻影响。根据日本学者的观察,日本二战后的出版业和战前相比,最显著的变化就是,出版业实现了产业化革命,出版"由小范围传播变成了大范围传播,发生了由质到量的转变,也可以说是由精英文化变成了大众文化"。"在战前被划定为属于知识界阶层的许多读物,战后通过分解与融合,也实现了一般化,并且被推入了畅销书的范围。"④而出版界也主动把出版作为一种大众传媒来运营。在这样的出版环境和文化氛围中,大众出版的产业化特征被空前重视并日益凸显出来。再比如英国,20世纪60年代初,毕生从事出版事

---

① [美]安德烈·希夫林:《出版业》,引言,白希峰译,北京:机械工业出版社,2005年,第6页。
② [美]安德烈·希夫林:《出版业》,白希峰译,北京:机械工业出版社,2005年,第89页。
③ [日]清水英夫:《现代出版学》,沈洵澧、乐惟清译,北京:中国书籍出版社,1991年,第166页。
④ [日]清水英夫:《现代出版学》,沈洵澧、乐惟清译,北京:中国书籍出版社,1991年,第172页。

业，成绩斐然的英国出版家维克多·戈兰兹评论说："英国出版业正在大步走上美国的道路。既要出版真正的好书，又要避免势必随之而来的破产，这在当今是不大可能的了。一切唯几部畅销巨著马首是瞻……销量小的书引起的亏损很难轧平。"①

中国的出版业源远流长，历史成就有目共睹。我国传统出版业主要分为官、私、坊、书院、寺观等五个体系，但直到鸦片战争以前，这五大出版系统的生产力和生产关系也一直未能摆脱中古时期的手工经营模式，虽然坊刻具有较强的商业性质，但也未能生发出资本主义的萌芽。鸦片战争以后，在国门大开、"西学东渐"的浪潮中，原有的出版体系已经不能适应新形势的发展，不可避免地趋于衰落、解体，在变革的剧痛中走向新生。在这种情况下，近代意义上的资本主义出版企业开始在国内出现并发展壮大，并在社会的发展变革中起到了前所未有的推动作用。在这个过程中，传教士和外国商人创办的出版机构是中国第一批具有资本主义性质的出版机构，在中国出版近代化过程中起着先导作用。1872年，英商美查在上海创办《申报》馆，并于1879年设立点石斋石印书局，此为中国第一家由私人创办的出版企业。此类出版机构的相继建立，为中国出版界带来了西方先进的出版思想、印刷技术和近代企业管理模式，极大地促进了中国出版业从传统向近代的转化。受其影响，晚清政府也创办了官书局和译书馆，与传统的官刻事业已有明显的不同。新生的资本家看到出版业有利可图，便在这一方面大力投资，国内的一些民族资本家，陆续开设新式印刷厂，采用新式印刷技术，创立出版和发行机构。1882年，由徐鸿复、徐润在上海创办的同文书局，是由中国人自己集资创办的第一家近代民营出版企业。此后，蜚英馆、鸿文书局、积石书局等一批初具近代企业性质的民营出版机构便如雨后春笋一般，纷纷成立。与此同时，在众多新兴出版机构纷纷成立之际，一些传统的民间书坊也逐渐向近代性质转化。甲午中日战争以后，私营资本主义企业合法化，为中国近代民营出版业的迅速发展带来了前所未有的契机。1897年商务印书馆的成立，预示和标志着中国近代民营出版业开始进入一个新的发展阶段。到1906年时，上海成立第一个书业商会，已有22家新式出版机构。这些近代

---

① ［英］约翰·苏特兰：《畅销书》，何文安编译，上海：上海文化出版社，1988年，第9页。

出版企业完全面向市场，在近代出版理念的指引下，以近代机械印刷术为生产工具，采取灵活多样的现代经营方式，在追求商业利润最大化的同时，积极履行出版人的社会责任，最终成为近代中国出版业的中流砥柱。最终，中国出版业经过变革与转型，基本在民国时期完成了从传统出版业到现代出版业的转变，产业化程度已经有很大的提升。进入民国时期的出版机构，主要是以商业性的文化经营为主，其性质是一种纯粹的文化生产企业，其实就是一种纯粹的公司制，其从事的出版活动因此而具备了鲜明的产业特性。需要特别指出的是，在晚清民国时期，这种产业化的出版运作方式对于知识分子而言，不仅是他们的谋生之术，更重要的则是实现其理想抱负的重要工具。随着科举时代的结束，中国知识分子中的佼佼者开始步入社会民间，以兴教育、办出版、干实业等方式，"将其知识价值转为社会动力，并作为实现其自身价值的新渠道"。①"特别是进入出版行业的文化精英，他们借助产业组织的经济力量将文化资本转化为改造社会的动力，向知识阶层和广大民众传播新知、进行社会启蒙。"②将商业与文化结合得如此之好，是这个时代的出版人让后人不断追慕的重要原因之一。

新中国成立后，经过社会主义的整顿、改组和改造，建立起了一整套全新的现代出版体制。这种出版体制，在强调政治性和文化艺术性的同时，淡化甚至抹杀了出版业原本应有的产业性。这实际上是以行政的手段中断了我国晚清民国以来的出版产业化进程。如程孟辉分析的那样，在新中国成立后的很长一段时期内，我国出版社以一副全新的面貌出现于世人面前：

> 出版社的主人已不再是解放前的个体私营业主，而是由人民政府委派的党和政府的干部；它的管理体制也不再是董事会领导下的总经理负责制，而是党委（也有可能是总支或支部）领导下的首长分工负责制；它的全体成员的结构关系也不再是雇主和雇员的关系，而是政治地位上人人平等的同志式关系；在分配机制上，它没有以前那种奖

---

① 陈思和：《试论现代出版与知识分子的人文精神》，《复旦学报（社会科学版）》，1993年第3期。
② 肖东发、于文：《百年出版文化与中华书局核心价值观》，见复旦大学历史系、出版博物馆、中华书局、上海辞书出版社编：《中华书局与中国近现代文化》，上海：上海人民出版社，2013年，第5页。

勤罚懒、多劳多得、少劳少得、不劳不得的奖惩制度，而是基本体现了平均主义大锅饭的分配（管理）特征；还有一点，新中国出版社不像旧时代出版机构那样是一种纯粹的企业，相反，它在承担起传播知识、传播人类文明的同时，还负有宣传党的路线、方针、政策，为国家的政权建设和无产阶级专政（现在的人民民主专政）制造舆论。因此，它具有强烈的意识形态特征。①

改革开放以来，尤其是20世纪80年代以来，随着市场经济体制的建立、社会思潮的变迁、大众文化的勃兴和出版事业的大发展，我国的出版体制改革一直处于探索实践中，无论是党和政府的积极推动，还是出版社的自我改革和民营书业的蓬勃发展，其中的一条发展主线就是应时代的发展之需，积极推进出版产业化进程。出版社逐步从原先计划经济时代的那种单纯的事业单位过渡到事业单位企业管理模式。在利益目标的追求上，也逐步从追求单一的社会效益过渡到既要重视社会效益，又要重视经济效益。其出版活动也带上了更为浓厚的市场运作色彩。这一切变化都对畅销书的生产、出版、传播方式产生了深刻的影响。从文学创作和出版的角度来看，从此以后，"市场化不仅改变了作家的生存方式，而且也出现了作品自身与出版运作、广告宣传相配合而构成'畅销'热点的现象。例如《王朔文集》的出版，《北京人在纽约》《曼哈顿的中国女人》等'移民文学'热，《废都》《白鹿原》等小说的出版所形成的'陕军东征'等。这些现象说明，文学作品的存在，并不仅仅是作家的'个人'行为，而成为从写作、出版到流通等各个环节都受到市场选择和干预的'集体'行为。"②

21世纪以来，为了应对我国加入世界贸易组织的多重挑战和出版业深入改革发展的迫切需要，在党和政府的积极推动下，我国于2003年启动了文化体制改革试点工作。"转企改制"因此而成为新闻出版业的主题之一。图书出版单位"事业单位，企业管理"的说法，逐渐为"出版单位分为公益性出版单位和经营性出版单位"的两分法所取代。截至2010年年底，除先期已经完成

---

① 程孟辉：《出版产业化是历史发展的必然趋势》，《编辑之友》，2003年第5期。
② 洪子诚：《中国当代文学史》，北京：北京大学出版社，1999年，第384页。

"转企"的出版社和保留事业性质的公益性出版社外，包括地方出版社、高校出版社、中央各部门各单位出版社在内的全国所有经营性出版社已全部完成转企，成为市场主体。2011年，国务院颁布修改后的《出版管理规定》，以法令形式将原来的"出版事业"修改为"出版产业和出版事业"。这标志着我国的出版业已经在大踏步地向产业化的方向发展，中国的当代出版业从此进入一个崭新的时代，在一定程度上，这也是对近代以来我国出版业产业化转型的接续前行。如《编辑之友》编辑为程孟辉《出版产业化是历史发展的必然趋势》一文撰写的"编者按"中所论述的那样："20世纪初新兴的中国出版业曾经是产业化的，新中国成立后出版业被定性为事业，改革开放以来整个出版业又在逐渐走向产业化，但这绝不是历史的简单重复，而是循环中的前进，是一种螺旋式的上升。"

可以看出，自1949年以来，我国的出版业在一定程度上发生了从"文化政治"到"文化生意"的"革命性"变化："反思中国出版60年的历程，前后三十年迥然不同，前三十年，出版人干了许多文化政治的事情，后三十年，以1978年为界，从文化政治大步转向文化生意，有许多做法，曾借鉴和仿照资本主义组织，起到了魔幻般的效果。"[①]尽管目前的学界和业界仍然存在"产业派""文化派""结合派"的不同认识和观点[②]，也不能否认产业化趋势已经成为我国出版业发展的主流方向，这一点在大众出版方面体现得尤为明显。类似的发展路径在二战前后的日本也曾出现过。只不过二战后的日本出版业经过美国化的改造，迅速地摆脱了战时的威权政治的媒介管理模式，彻底走向了产业化的道路。而我国的出版业在产业化的过程中，还要长期受到政治、文化等多重因素的制约和影响。今天的中国出版企业要想永远立于不败之地，就必须勇敢直面并主动适应这一变化的时势，主动到市场中寻求生存与发展之路，但同时也不能忘记自己作为社会的启蒙者和文化传播者、传承者的重要责任，这就要求今天的出版人具备更高的文化理想与经营智慧。

总而言之，产业化的商业背景，决定了大众出版物尤其是畅销书的出版活动必须尊重和遵循市场的逻辑、法则和规律。大多数畅销书因此而成

---

① 何明星：《编辑"革命"后的隐忧》，《中华读书报》，2009年6月15日。
② 张国功：《出版"产业派"与"文化派"话语隐性对话的理性解读》，《出版发行研究》，2014年第1期。

为出版机构追求高额利润的重要"工业产品",畅销书出版活动也因此而逐渐成为一种典型的"文化工业"。在这种情况下,出版机构就必须以市场为导向,根据读者受众的需求生产和制造适销对路的畅销书,并最大限度地提高市场占有率,争取利益的最大化,从而为出版企业的长存不衰提供有力保障。

第三节

现实问题：畅销书出版营销的整体制约因素

大众文化的政治性与产业化趋向构成了我国畅销书出版营销活动宏观的政治、文化与商业背景，这与人口状况、经济水平、自然环境、技术变革、政治环境、国际环境等因素结合在一起，构成了我国畅销书出版营销的宏观环境。而出版机构的供应者、营销中介人、顾客、竞争对手、社会公众，以及机构内部影响营销管理决策的各个部门，则构成了畅销书出版营销的微观环境。一切畅销书的出版营销活动都是在不断变化着的宏观和微观环境中开展运行的。环境的变化，既可以给出版机构带来市场机会，也会形成某种威胁。主动地监测、把握环境的变化，善于从中发现并抓住有利于出版机构发展的机会，避开或减轻不利于发展的威胁，是出版机构开展畅销书出版营销活动的首要问题。一定意义上，出版机构的出版营销活动就是其适应环境变化，并对变化的环境做出积极反应的过程。能否及时发现、认识进而适应环境的变化，关系到出版营销活动的成败，进而影响到出版机构的生存与发展。[①]

关于出版营销的环境分析，很多出版营销或图书营销方面的专著或教材已有深入而全面的分析，这些分析也基本适用于畅销书的出版营销环境，笔者不再展开论述。经过多年的改革发展，国内出版业的整体环境已经得到了极大的改善，这在一定程度上保证和促进了畅销书出版营销实践的快速、健康发展。但不可否认的是，目前的整体环境仍然不尽如人意，仍然存在着一些不容忽视的问题，它们共同构成了国内畅销书营销发展的整体制约因素，主要表现在以下七个方面：

---

① 刘吉波：《出版物市场营销》，北京：中国书籍出版社，2010年，第30页。

第一，出版业整体状况不容乐观，"滞胀"现象进一步加深

从宏观上看，我国的出版业是公认的"朝阳产业"，但是整个行业的发展速度却大大慢于国民经济平均发展速度。从20世纪80年代以来，我国就开始进行出版体制改革，目前虽已完成"转企改制"，但在理念、制度、机制等多个层面仍然存在着一系列亟待解决的问题。出版体制的改革进度，直接影响着我国畅销书出版业的发展趋向。

在产业化的大背景下，我国近年来出版业的整体发展状况不容乐观。早在2005年，巢峰在分析我国多年的出版数据后认为：改革开放以来，我国图书出版业取得了巨大的发展和辉煌的成绩。但从20世纪90年代后期起，图书出版业却陷入了"滞胀"的发展状态："滞胀"是"膨胀性衰退"的简称，表现为经济增长缓慢或停滞，物价上涨，退货率上升，信用体系趋于瓦解，利润下滑等等。出版业的"滞涨"现象具体表现在十个方面：（1）图书品种急剧上升，每种年平均销售册（张）数急剧下降；（2）图书销售册（张）数增长率，远远低于国内生产总值增长率；图书销售册（张）数，从1999年开始呈下滑趋势；（3）人均购书册数二十几年如一日，不仅没有增长，而且呈下滑趋势。1978—1999年间，人均年购书册数最高为1985年的6.3册，最低为1978年的3.9册，90年代每年都没有突破6.0册；（4）图书总定价增长远高于总印张增长；（5）图书出版成本年年上涨，居高不下；（6）近期出版利润停滞不前，已呈下滑趋势；（7）图书发行折扣愈打愈大，图书退货率不断上升。20世纪80年代，退货率常在百分之几，90年代，逐有增加，也仅在10%左右。进入21世纪，退货率加速提高，百分之十几是常见现象，如今百分之二十几也不足为奇。退货率不断上升，再次说明图书总体质量的下降；（8）图书货款结算期愈来愈长，信用危机愈演愈烈；（9）图书销售设施（书店面积）大幅度增加，销售成本不断提高；（10）图书库存金额直线上升，资金周转奇慢。2003年图书库存为401.38亿元，1978年则为4.32亿元，2003年是1978年的9291%，即增加了九十余倍。许多出版社的库存数大于一年、甚至两年的销售码洋。有些

社的新书极大部分进不了市场,永远沉睡在不见天日的库房中。①

虽然有人对巢峰的观点有不同的看法,但笔者认为,以上十个方面还是比较客观地反映了我国出版业中存在的突出问题。2005 年至今,时间又过去了 10 余年,上述问题依然客观存在。我们可以 2005—2015 年全国图书出版总体情况以及单种图书印数、印张及每册书平均定价 情况为依据,予以论证(见表 1、表 2)。

表1:2005—2015 年全国图书出版总体情况

年度	出书种数（万种）②	总印数（亿册）	总印张（亿印张）	定价总金额（亿元）
2005	22.25	64.66	493.29	632.28
2006	23.40	64.08	511.96	649.13
2007	24.83	62.93	486.51	676.72
2008	27.57	69.36	560.73	791.43
2009	30.17	70.37	565.50	848.04
2010	32.84	71.71	606.33	936.01
2011	36.95	77.05	634.51	1063.06
2012	41.40	79.25	666.99	1183.37
2013	44.44	83.10	712.58	1289.28
2014	44.84	81.85	704.25	1363.47
2015	47.58	86.62	743.19	1476.09

表2:2005—2015 年全国单种图书印数、印张及每册书平均定价情况

年份	每种书平均印数（万册）	每种书平均印张（万）	每册书平均定价（元）
2005	2.91	22.17	9.78
2006	2.74	21.88	10.13
2007	2.54	19.60	10.75
2008	2.52	20.34	11.41

---

① 巢峰:《中国图书出版业的滞胀现象:兼论出版改革的症结所在》,《编辑学刊》,2005 年第 1 期。
② 出书总数按照四舍五入法确定末尾数字。

年份	每种书平均印数（万册）	每种书平均印张（万）	每册书平均定价（元）
2009	2.33	18.74	12.05
2010	2.18	18.46	13.05
2011	2.09	17.17	13.80
2012	1.91	16.11	14.93
2013	1.87	16.03	15.51
2014	1.83	15.71	16.66
2015	1.82	15.62	17.04

从表1、表2不难看出，近10余年来我国书业，在图书品种每年大幅度增加的前提下，除去个别年份，每种书的印数和印张均呈明显的递减趋势，但单本图书平均定价却呈逐年上升趋势。这反映出我国的图书出版业采取的是增加品种的策略，但市场规模并没有随之扩大，出版效益仍有待大幅度提高。我们再以上述第八点"图书货款结算期愈来愈长，信用危机愈演愈烈"来论。由原新闻出版总署出版物发行管理司和原中国出版科学研究所2007年对可以独立结算的198家图书发行单位联合开展的首次"图书发行单位结算信用情况调查"结果显示：图书发行的销售和结算方式较为单一，先书后款（即出版单位先发书，隔一段时间后再向发行单位结算）方式所占比例高达93.21%，居压倒性地位。而图书发行单位在结算方面的信用意识普遍有待加强。调查列举了22种图书出版单位在结算过程中可能遇到的情况，结果发行单位"很少主动提出结账，即使在销售情况较好的情况下也是如此"这一情况的出现频率是唯一过半者，有将近八成。图书发行单位对图书出版单位的结算周期偏长。在被调查图书发行单位中，平均总结算周期短于半年的只有1家，7个月以内的只有6家。[1]总而言之，以"回款难"为集中体现的结算信用问题不仅长期令业内人士感觉头痛和无奈，同时也困扰着整个行业的和谐、健康发展。在这种行业背景下开展畅销书出版营销活动，自然会存在一系列障碍和阻力。

---

[1] 郭佳宁：《图书发行单位结算信用情况调查成果发布》，《出版发行研究》，2008年第7期。

第二，出版机构整体规模相对较小，尚难支撑大规模的系统出版营销活动

改革开放以来，我国的出版事业快速发展，出版整体实力得到了极大的提升。出版社的数量已由改革开放初期的 105 个增加到 2015 年底的 584 家（包括副牌社 33 家），其中中央级出版社 219 家（包括副牌社 13 家），地方出版社 365 家（包括副牌社 20 家）。截至 2015 年年底，全国共有音像制品出版单位 368 家，电子出版物出版单位 292 家。此外，还有一大批为出版事业和文化市场做出重要贡献的民营单位和文化公司。从 1999 年开始，我国开始大力推动新闻出版集团化的改革进程，据相关统计显示，截止 2015 年，经批准的中央和各省（自治区、直辖市）以及副省级城市各类出版传媒共有 119 家。实现主营业务收入 3001.8 亿元，拥有资产总额 6018.1 亿元，拥有所有者权益 3178.1 亿元。共有 16 家集团资产总额超过百亿元。其中，江苏凤凰出版传媒集团有限公司、江西省出版集团公司、湖南出版投资控股集团有限公司和浙江出版联合集团有限公司等 4 家集团资产总额、主营业务收入和所有者权益均超过百亿元，跻身"三百亿"集团行列。①2010 年 6 月 21 日，美国《出版商周刊》刊登了 2009 年全球前 50 强出版公司的排名，我国高等教育出版社以 3.6791 亿美元的总收入位列第 39 位。另据美国《出版商周刊》、英国《书商》杂志、法国《图书周刊》、德国《图书报道》和巴西《出版新闻》等 5 家国际出版媒体共同发布"2014 全球出版业 50 强排行榜"显示，中国出版集团名列第 14 位、中国教育出版传媒集团位居第 21 位。②2016 年 8 月，由法国《图书周刊》赞助，国际出版咨询公司吕迪格·魏申巴特调查执笔而形成的《全球出版企业排名报告》显示，我国的中南出版传媒集团（第 6 名）、凤凰出版传媒集团（第 7 名）两家公司进入了全球出版企业十强，中国出版集团（第 17 名）、浙江出版联合集团（第 18 名）、中国教育出版传媒集团（第 20 名）等进入二十强。③

---

① 国家新闻出版广电总局：《〈2015 年新闻出版产业分析报告〉摘登》，《中国出版》，2016 年第 16 期。
② 范军：《2014—2015 中国出版业发展报告》，北京：中国书籍出版社，2015 年，第 172 页。
③ [法]吕迪格·魏申巴特：《2016 全球出版业排名报告概述》，百道网：http://www.bookdao.com/article/268260/，2016 年 8 月 26 日。

从纵向的发展来看，成绩十分可观可喜。但与欧美发达国家相比，我国出版整体实力还显弱，虽然已是名副其实的出版大国，但还远非出版强国。出版传媒集团的发展速度虽然很快，但其整体规模仍然与国外大型出版传媒集团有一定的差距。出版机构规模的大小，直接影响着畅销书营销活动的运作状况。我国出版社总体而言规模差别较小，在584家出版社中，中小型居多，占据我国出版业的大半江山。而且由于受体制和政策限制，其他行业的资本要进入出版行业，还有待时日。这一现实状况决定了出版产业整体投资不足，出版机构难以动用大量资本开展大规模的出版营销活动。以图书广告的投入为例：在发达国家，出版业每年用于图书广告的费用一般占销售码洋的5%—8%，大众读物的广告支出要占15%左右，而我国仅占2%左右。[1]在日本，畅销书的宣传费用在出版社的经费预算中占有很高的比例。以讲坛社为例：其宣传有三个特点：（1）费用高。书籍的宣传费为码洋的6%，杂志宣传费约为码洋的5%；（2）宣传员从企划开始介入，直到媒体、书店以及重版，伴随经营的全部过程，是一种专业专职的宣传；（3）宣传品花样翻新，丰富多彩。据统计，2002年讲谈社的宣传费用居日本全国企业界的第七位。第一位为丰田汽车公司，小学馆居第11位。[2]在这种情况下开展的图书营销活动，其效果和影响力自然可以想见。相形之下，我国出版机构的畅销书出版营销投入还是非常低的。因此，在短期内，很难出现像国外各种机构联手大规模深度立体开发《星球大战》《哈利·波特》系列文化产品那样的"大手笔"。

第三，高水平的出版人才普遍缺乏，制约畅销书出版营销发展

人才是一切事业的根本。21世纪的竞争在一定程度上就是人才的竞争。我国出版业已经呈现出竞争白热化的态势，决定出版机构优劣大小甚至成败的关键因素就是人才。据《孔丛子》记载，早在春秋战国时期，人们就认识到："天下诸侯方欲力争，竞招英雄，以自辅翼。此乃得士则昌，失士则亡之秋也"，今天的出版界，也颇具这样的态势。有论者指出，优秀的团队能力是出版企业核心竞争力的支撑："出版业是知识密集的智力型产业，人才是最重要

---

[1] 欧阳雪芹：《图书营销的三种策略》，《出版发行研究》，2005年第12期。
[2] 孙洪军：《感悟日本出版：讲谈社研修启示录》，《中国新闻出版报》，2004年2月3日。

的生产要素。生产经营精神产品，没有比人才更可宝贵的了。在外部环境和政策大致相同的情况下，有没有一支专业化的、充满激情且富有战斗力的团队，决定了一个出版社在其细分市场和产业中的地位。"① 而且，正如美国出版家柯蒂斯所说的那样，今天出版业的种种变革，已对从业者提出更高、更新、更全面的要求：

> 面临今天出版业的种种改革，编辑还剩下什么工作可做呢？答案是，几乎每一件事都需要编辑。今天的编辑和老一辈编辑不同的是，他们必须十八般武艺样样俱全，既要精通书籍制作、行销、谈判、促销、广告、新闻发布、会计、销售、心理学、政治、外交等等，还必须有绝佳的——编辑技巧。②

而要成为一名优秀的畅销书出版人才，就应该具备更加多样的能力和更全面的素质。我国畅销书业的发展也能充分说明人才对于畅销书营销的至关重要性。那些以出版、营销畅销书见长的出版社，如长江文艺出版社、作家出版社、中信出版社等，无不拥有一个强大的人才团队。但让人遗憾的是，虽然在我国畅销书业多年的发展过程中，已经涌现出了一批畅销书营销运作的"高手"，如金丽红、黎波、安波舜、杨葵、张胜友，等等，但从整体来看，目前仍然缺乏高水平的营销人才群体。金丽红就认为，高水平营销人才的缺乏是当前中国畅销书市场面临的主要问题之一，她认为，"当下书业中的人才像个枣核，两头尖中间大，中间平庸的一大堆，而能属得上真正人才的就像那两个尖，是凤毛麟角的。③"那种既精通出版业务，又懂精通管理，既有文化理想，又有商业头脑的复合型人才尤其缺乏。现有的从业者，在营销观念、理论水平、实践经验、工作能力等方面都普遍存在着一定的缺陷。

从人才的重要供给方高校来看，据北京印刷学院的统计，到 2006 年底，

---

① 杨晓军、方敏：《论出版企业核心竞争力的界定与拓展》，《出版发行研究》，2003 年第 3 期。
② [美]柯蒂斯：《我们真的需要编辑吗？》，见[美]格罗斯主编：《编辑人的世界》，齐若兰译，北京：中国工人出版社，2000 年，第 40 页。
③ 黄振伟：《金丽红：图书营销需要保姆式服务》，http://finance.sina.com.cn/leadership/crz/20060218/14382354085.shtml，2006 年 2 月 18 日。

我国设立编辑出版专业的高等院校已经超过 100 所。①据张志强等人统计，截至 2012 年 3 月，我国共有 41 所高校在 45 个办学点招收编辑出版学或类似专业的硕士研究生，有 6 所高校在 6 个办学点招收编辑出版学或类似专业的博士生。②虽然编辑出版学创办三十余年来，培养的人才数量十分可观，办学层次也在不断提高，但"编辑无学"的观念仍然在出版界很有市场。很多出版机构也不愿意录用纯以编辑出版学为专业的学生。甚至有出版社明确表示不会招收编辑出版的学生，因为"不知道安排在哪个部门"。如此就导致了这样尴尬的现象：高等院校开办编辑出版学专业的浪潮和毕业生在出版行业就业的冷峻形势形成鲜明对比。③一般情况下，出版机构更愿意录用有专业学科背景的毕业生，这类从业者虽然有较好的专业基础，但相对缺乏编辑出版、经营管理、市场营销、数字出版等方面的业务素养，更像是专家型、学者型的人才，只能边干边学。这样，学、研对产业发展的及时、有效支撑就无法得到保障。整体而言，人才的缺乏显然不能满足我国畅销书业快速发展的迫切需求。这已经成为制约我国畅销书营销发展的重要因素。

第四，行业自律现状严峻，存在很多失范现象和行为

出版业是否能够健康、规范发展，一要靠国家相关部门的政策和法律监管，另一方面也要靠行业自律。成熟的出版产业，必须以规范的法制管理和严格的行业自律为基本保障。在规范的畅销书出版营销活动中，一条基本原则就是出版机构应该遵循基本的法律、法规和恪守基本的职业道德。但是，近年来国内出版业的行业自律现状十分严峻，在实际的营销过程中存在很多违规甚至违法的现象，几乎每隔几年就会有令人瞠目结舌的"非常可怪之现象"扰人视听。最典型的现象就是"伪书""打榜"等极度缺乏诚信和规范意识的欺诈现象。

进入 21 世纪以来，国内部分出版单位出版了大量含有虚假信息的图书（后被命名为"伪书"），这些伪书普遍采取假作者、假推荐、假销售成绩、假

---

① 肖东发、肖莎：《30 年来的中国大陆的出版教育与出版科研》，《中国新闻出版报》，2008 年 7 月 23 日。
② 张志强、左健：《中国出版业发展报告：新千年来的中国出版业》，南京：南京大学出版社，2013 年，第 271-273 页。
③ 清华大学新闻与传播学院 2009 级课题组：《我国编辑出版专业本科教育的市场契合度研究》，《现代出版》，2012 年第 2 期。

版权授权、假书评的方法，欺骗消费者。其常见做法有三种：一是伪造外国作者及虚假评论，而国外根本没有这样的图书；二是盗用国外已有影响或畅销的图书书名及相关信息，包括原外文书名及所获得的荣誉等，而中文图书内容则完全由自己编写的；三是假冒国内著名作家或名人的伪书。让人感到异常悲哀的是，与20世纪80年代主要由个体不法书商炮制"伪书"现象不同，近年来出现的伪书大多由正规出版社通过合法的途径推向市场，已经成为一种有意识的商业运作。这类出版人可谓"精致的唯利是图者"，其作伪行为更巧妙，更富有欺骗性，其造伪的程度和范围超出很多人的估计和想象，因此导致的危害也更大。2005年，原新闻出版总署公布的两批伪书名单，共计68种，涉及16家出版社（见附录2：原新闻出版总署公布的含有虚假信息图书［伪书］单）。其中，机械工业出版社出版的畅销书《没有任何借口》上市8个月，在全国发行量已达到200万册，其内容、作者完全出自造假者之手，是一本彻头彻尾的"伪书"。而由中国社会出版社引进的正版《没有任何借口》却只发行了两万册左右。出版社的这些行为，严重违反了《出版管理条例》《广告法》《反不正当竞争法》及《消费者权益保护法》等有关法律法规，欺骗了读者，破坏了出版市场秩序，也损害了中国出版界的声誉，在社会上造成了极坏的影响。保证一本书的"真实"，这本不该是问题的问题，现在却成了考量当代中国出版人职业道德和操守的基本条件。书评人黄集伟说："为了经济的利益不保证最基本的职业操守是相当危险的。如果我们的读者有一天不得不依靠这些手段去查证书的真伪，只能说明出版界的整体形象受到了严重的破坏，诚信受到了威胁。"① 2004年，经媒体曝光后，"伪书"现象成为社会各界关注的热点问题。由此而引发了出版界整顿的飓风，但这仅仅是"冰山一角"，目前一些伪书仍然在公开销售。根据笔者近期在当当网、中关村图书大厦的调研，其中一部分经济管理类、励志类、心理自助类的图书仍有"伪书"的嫌疑。

在"伪书"风潮之后，伪劣养生书的畅销又成为中国出版界独特的"闹剧"。2009年11月，人民日报出版社出版的《把吃出来的病吃回去》成为其中的代表。这本书在短短半年的时间内销售达300余万册。而作者张悟本在北京的"养生基地"——悟本堂也因此声名鹊起，一个挂号费竟然一路飙升到

---

① 陶澜：《让书像一本书吧》，《北京青年报》，2005年2月20日。

2000元左右。而后来媒体披露的事实是，张悟本的一切光鲜亮丽的医学养生专家身份都是假的，他只不过是北京某针织厂的下岗职工，而他所提倡的养生理念根本没有任何科学依据，"吃出来的病"根本不可能再"吃回去"。几乎与张悟本同时，曲黎敏、杨奕、马悦凌、张秀勤、单桂敏等"养生专家"也纷纷成为养生类畅销书的著名作者，各大书店的销售排行榜上，养生保健类图书的占据了很多的席位。但其质量却是良莠不齐。正如原新闻出版总署于2010年10月下发《关于加强养生保健类出版物管理的通知》中强调的那样："随着经济的发展和人民生活水平的提高，养生保健问题日益成为人们关注的热点，出版界出版的一批养生保健类出版物，一定程度满足了读者的需求。但在已出版的这类出版物中，有的编校质量低劣，有的违反科学常识，甚至危害群众健康。"针对这样的问题，原新闻出版总署于2011年7月公布了24种编校质量不合格的养生保健类图书名单，包括《把吃出来的病吃回去》《从头到脚说健康》《不生病的智慧》等畅销书因编校质量不合格而被要求收回并销毁（附录3：原新闻出版总署公布的24种编校质量不合格养生保健类图书名单）。同时，原新闻出版总署还公布了53家具备养生保健类出版资质的出版单位名单，为看似火热的养生类畅销书出版热浇了一场降温雨。养生保健，事关百姓的身心健康和生活质量，很多出版机构却将其视同儿戏，以利为先，以致谬种流传，误导读者，不能不让人感慨出版社的社会责任和文化坚守都去了哪儿。

此外，还存在尽人皆知的畅销书"打榜"现象。所谓"打榜"，就是出版方在图书发行后，通过在一些书店大规模回购自己出版的新书，制造图书旺销的假象，以求图书能够保住在书店的最佳销售展示位置，并登上书店的销售排行榜，继而进一步影响该书在全国图书销售排行榜的名次，从而达到吸引读者注意，推动销售的目的。这种虚假的营销手段，和"伪书"行为并没有本质区别，仍旧是蒙蔽欺骗消费者的行为，是在国际上广受诟病的商业欺诈。① 但让人感到痛心的是，这种欺诈行为已被越来越多的书商甚至正规出版社竞相效仿，在图书出版业蔓延成风，有时甚至成了图书出版业的常规营销手段。不仅如此，一些机构还洋洋自得地将其作为一种非常划算的营销经验："假如一本新书定价20元，给书店的卖价是6折，然后又按全价从该书店回购500册，

---

① 常晓武：《图书排行榜也要打假》，《人民日报》，2012年6月5日。

这一进一出的过程中，出版方产生的费用支出是 4000 元。但是通过打榜，这本新书可能卖了 10 万册，创造的销售码洋是 200 万元。4000 元换来 200 万码洋，何乐不为？"①

伪书、伪劣养生书、"打榜"等现象，都与畅销书密切相关，这对畅销书出版业造成的消极影响是极大的，反映出我国畅销书出版营销中的行业失范问题是何等严峻，出版界职业道德的沦丧是何等严重！复旦大学出版社的姜华说："我们渴望图书市场的繁荣，我们希望图书市场涌现出更多的畅销书。但是，我们更希望这些畅销书不是病态的畅销，而是健康的成功！②"这样的大声疾呼才真正代表了中国出版人的基本良知和对出版行业的殷切期望。

第五，市场秩序较为混乱，盗版问题成为畅销书出版营销的最大威胁

畅销书出版营销活动的开展，需要有良好的外部环境，最主要的是要有健全的版权保护制度。而在这一方面，国内的情况并不能让人感到满意。最为突出的问题是，盗版问题已成为我国出版界的重要痼疾之一，盗版现象的肆虐对整个图书出版事业乃至国家的整体文化事业都造成了十分严重的危害。盗版成为我国出版机构开展畅销书出版营销活动的最大威胁。据图书出版业内人士保守估计，盗版书和畅销正版书的比例至少是 1∶1，甚至是更高的比例。几乎所有的畅销书都无一例外地遭遇盗版。热门畅销书的盗版数量更为惊人，甚至出现对盗版的再盗版。据华艺出版社统计的数字，《王朔文集》大约发行了四五十万套，但是盗版可能达二三百万套。③另据周百义的分析，《狼图腾》截止到 2005 年共销售正版 100 万册，盗版估计有 200 万册。④为防止盗版，各出版社每出一本畅销书都要绞尽脑汁，如临大敌。因盗版问题，全国出版社每年损失 10 多亿元码洋，减少两三亿元的利润。虽然国家和出版社打击盗版的活动并未停止过，但盗版现象不但没有遏制，反而有愈演愈烈之势。所以很多出版社在疯狂的盗版面前只能徒叹奈何。比如王国伟回忆《文化苦旅》遭遇

---

① 何明星：《出版人的三张脸》，《出版广角》，2010 年第 8 期。
② 姜华：《2004 年伪书现象再分析》，《出版发行研究》，2005 年第 4 期。
③ 鲍红：《〈王朔文集〉出版始末》，见郝振省主编：《名著的故事》，北京：中国书籍出版社，2009 年，第 304 页。
④ 周百义：《中国畅销书图书市场状况的调查与分析》，《中国编辑》，2005 年第 6 期。

盗版情况的感慨最为真切而无奈：

> 图书一畅销，事情就来了。随后，疯狂的盗版接踵而至。我和余秋雨就在外地多次碰到不少读者拿着盗版书来求签名。不签吧，读者远道专门赶来，签了吧，就助长盗版。有时，也让我们左右为难。为了能遏制盗版，我们想尽办法，甚至向上海市公安局报案，上海市公安局专门组织了多人专案小组，奔赴各省市调查破案。可以说，能用的方法都用上了，但收效甚微。有时，我们只能自嘲，盗版者一边赚钱一边为我们做宣传，也从反面进一步证明了这是一本不折不扣的畅销书。①

近年来盗版活动还"与时俱进"，呈现出以下新特征：（1）盗版对象扩大：除畅销书外，任何有市场潜力的图书都成为盗版的对象，就连《新华字典》《辞海》都未能幸免于难；（2）数量增多、品种繁多：盗版书数量不仅远远超过正版书，而且有多种甚至几十种版本。由人民文学出版社出版的《围城》至今发现的盗版版本达30多种；（3）速度加快：有些盗版书几乎和正版书同时上市，甚至还抢先一步，如作家出版社出版的余秋雨《千年一叹》，盗版书与正版书几乎并肩上市；（4）印刷质量提高：一些有雄厚实力和一定规模的盗版不法分子设有专门研究正版书的研究机构，利用先进印刷设备、技术和工艺，印制出的盗版书可以跟正版书"媲美"。（5）管理专业化，发行网络化：出现了专业盗印教材、考试用书、工具书和文艺类图书等的盗版专业户，并且组成盗版小集团，内部有统一而严密的组织、管理体系。在销售方式上，则充分利用现有通讯、交通、互联网的便利，组成全国性的产销"一条龙"盗版网络。②更为严峻的是，因为盗版图书"价格便宜""购买方便"等原因，盗版出版物消费便具有较广泛的群众基础，所以很难在短期内根除。据笔者的观察，在北京大学、清华大学、中国人民大学等首都高校的周末书市上，长期存在着售卖盗版书的摊位，之所以存在，一个重要的原因就是价格低廉，且有广

---

① 王国伟：《〈文化苦旅〉：从冷落到畅销》，见郝振省主编：《名著的故事》，北京：中国书籍出版社，2009年，第311页。
② 陈明森：《当前图书盗版的新特点与防伪技术》，《中国出版》，2003年第10期。

泛的需求。当然，从这些摊位上，也能及时反映出国内畅销书的流行状况。另据原中国出版科学研究所2003—2004年国民阅读与购买倾向抽样调查报告显示，近年来，国民购买盗版出版物的比例居高不下并向农村蔓延。调查显示，2003年购买盗版出版物的人数比例为46%，这一比例与2001年的45.8%的购买率基本持平，比1999年的43.1%增加了2.9个百分点。农村居民中购买过盗版出版物的人数比例则从1999年的38.3%和2001年的39.8%增加到2003年的42.3%，五年间增长了4个百分点，显示出农村居民购买盗版出版物的比例不断上升的势头。[①]盗版问题的长期存在，将在很大程度上制约着我国畅销书营销实践的正常发展。针对这一点，周蔚华深刻指出：

由出版企业辛辛苦苦，并投入巨大人力、物力开发的有创意的新选题，如果不能得到有效的知识产权保护，创新者的利益得不到有效保障，其他企业或者个人能够轻易进行盗版、盗印，恶意模仿和假冒得不到有效遏制和惩处，那么整个社会就会失去创新的动力，这个社会就会成为一个海盗的社会，更谈不上创新。现在很多出版社之所以不敢或者不愿在产品（选题）研发方面投入巨大的人力、物力，就是他们担心自己的产品独特的知识产权得不到有效的市场保护。国外很多创新性而且行之有效的宣传手段之所以在国内无法运用，就是因为我们的市场秩序混乱、知识产权保护乏力。[②]

第六，社会认识存在误区，普遍存在轻视畅销书的倾向

和以往相比，我国畅销书的创作群体已经大大拓展，从畅销书作者的身份来看，已经呈现出多元化的特点。根据李华颖对1990—2007年我国畅销书的调查分析，在畅销书这一公共文化领域中有着较大发言欲望的人主要包括三类：（1）作家（包括精英作家和畅销书作家）；（2）大学教师、专家这些原先

[①] "全国国民阅读与购买倾向抽样调查"课题组：《对全国国民阅读与购买倾向抽样调查（2004）部分数据的分析》，《出版发行研究》，2005年第1期。
[②] 周蔚华：《创新是一个系统工程》，见中国出版集团公司出版业务部编：《图书选题创新讲演录》，北京：中国大百科全书出版社，2007年，第63页。

被认为是精英知识分子、但是现在以极大热情参与"知识市场化过程"的"后知识分子"群体;(3)企业从业者、媒体从业者这些原先被认为与知识分子无关的群体。①与先前相比,这应该是一个可喜的变化。但从人们的观念来看,人们对畅销书的认识还存在着一定的误区,尤其是在学术界,还多有法兰克福学派的精英情结,普遍存在轻视畅销书的倾向,"从来不读畅销书"是很多人义正辞严的口号。高校、研究机构虽有将思想学术科学发现推向社会的基本职能,但能够低下身段,以极大的热忱从事畅销书写作的专家学者,毕竟还是少数。就像目前做科研工作的人甚多,做出成就的科学家也不在少数,但是高水平的科普作家却非常稀少。因此将学术思想大众化,只能停留在美好的理念或口号上。从这个角度来讲,近年来,阎崇年、易中天、于丹、王立群作为学者,借助中央电视台"百家讲坛"这个平台,推出了影响甚广的超级畅销书,仅就其将学术通俗化、大众化,吸引普通大众拿起书本,接近经典这个角度来看,也是功德无量的。以阎崇年为例:自2004年起,阎崇年先后在"百家讲坛"栏目讲述《正说清朝十二帝》《明亡清兴六十年》《康熙大帝》和《大故宫》等四个系列,讲稿分别整理出版后,迅速成为畅销书。阎崇年也从书斋走向大众,成为明星学者。在"声名鹊起"的过程中,阎崇年也深感畅销书影响大众和传承历史的能量在不断增大:

> 历史学者就是传承历史,不是创造历史。1994年,我出版了一部《袁崇焕研究论集》,只印了200本,到2004年,10年的时间还没卖完,到2014年也还没卖完。这怎么传承?只能是自我欣赏。而2004年之后,随着在大众中知名度的增大,我写的《袁崇焕传》,一开机印数就是5万,传承历史的能量自然就随之增大了。②

小众化的学术著作与大众化的优秀畅销书传播效果的巨大差异,由此可见一斑。但整体来看,当前国内像这样的学者不是多了,而是实在太少。而且这样的学者一旦成名,往往会招来很多批评之词,有的评论者甚至提出"经常上电

---

① 李华颖:《1990年以来中国大陆畅销书变迁研究:基于大众文化的视角》,《新闻大学》,2009年第1期。
② 吴娜:《阎崇年:学术研究没有终结》,《光明日报》,2014年8月15日。

视的都是没学问的人","畅销书岂能有学术价值"这样的论断,这样的"舆论环境"势必会让很多学者和文化精英望而止步。在这一方面,我们可以台湾出版人周浩正主编"实用历史"书系的经历予以说明:

周浩正经常陪同深谙日本文化的朋友逛日文书店,在此过程中,他被一本企业管理性质的《统领杂志》(President)吸引,有一段时期,它常以中国历史人物为封面及专题。经过朋友的解读和自己的分析,周浩正发现,杂志的选题、内容都秉承着"知识是拿来用的"的理念。日本出版人"实用主义"的取向以及对中国历史人物及事件的重视,启发周浩正形成了以"实用历史"为主题概念,编撰系列丛书的选题思路,其目的就是"把历史和其他知识结合"并深入大众生活加以活用。但是在组稿时,却遇到了麻烦。周浩正回忆说:"我亲自拜访大学历史系、所教授,希望取得他们的协助,共同开发这块处女地带,但被婉转拒绝,他们认为历史此一神圣殿堂不容渎亵。有一位年轻的研究所所长私下告诉我,他个人虽表同意历史的世俗应用不应偏废,但绝不敢冒天下之大不韪,与众人为敌。"在领教了历史学界学风的保守顽固后,周浩正只好另辟蹊径:

> 最快速的方法是去日本取经。于是专程赴日选书,买了一些书作为基石,另一方面在不同专长的作者群中觅寻有历史癖好的写手长期经营,先交换意见,把心里已有的方案拿出来请教。"商用 25 史"这个概念,就这样找到了陈文德先生,他的《秦公司兴亡史》,奠定了他在此领域的地位。在这同时,我抛出"中国经世智典全集"概念,将适合宗旨的经典古籍白话语译,寻求大陆地区杰出的中文系教授支援。很快的,我就能开列一长串模拟书单,在几十本书名中,大约嗅出"实用历史"的味道了。
>
> 果然,皇天不负苦心人。第一批 5 册在预约阶段就销售出近 5,000 套,金额达四百多万元。光在这一年,二十多本"实用历史"丛书就缔造出约 3,000 万元营业额,可说大获全胜。①

---

① 周浩正:《优秀编辑的四门功课》,北京:金城出版社,2008 年,第 5-6 页。

目前，在国内的大众出版领域，一方面是大多数文化精英不愿意、不屑于（有时候也是没有能力）从事与畅销书相关的编著和出版活动，另外一方面普通大众又确实存在这方面的阅读需求，这就造成了国内图书市场巨大的空白。于是一些书商就和网络写手、民间写手、非专业作者联合起来，推出了（很多情况下也是"攒出来"）一批又一批的畅销书。书市上流通的历史类畅销书，很多都出自业余的历史爱好者。大量励志类畅销书很多都是在校大学生写手们勤工助学，赶时间"攒"出来的。这样制造出来的作品固然也有极个别的佳作，但整体质量让人担忧。前几年流行的"伪书"，很多就是通过这种方式推向市场的。所以有人讲，当前中国的大众图书市场，在很大程度上是由一些文化层次并不高的人造就的。

民国时期的两位学者李步青、廉方，曾在1934年对河南开封相国寺做民众读物调查，针对学者空喊"学术大众化"的情况大发感慨："至于号称领导民众的人们，只时常喊口号，发宣言，一点不着边际。还有最出风头的人们，正在提倡改造汉字，试验罗马字，或者提倡大众语，就是这些先生们功成名就，还是没有什么东西，供民众读啦，唱啦，说谈啦……其实这些先生们，口口声声说为民众，心目中何曾有民众，也不见得认识民众，不过站在知识阶级的立场放空炮罢了。""于是让那些下等书贾和下等文妖，整天揣摩如何可以赚钱，继续做那些民间流行读物的工作。政府和文人学者们，从不把这些读物放在眼里，也没有想用什么来替代这些读物。"[①]时过境迁，今天中国的图书市场和文化学术界，与那时的情况，又何其相似乃尔。

第七，国民阅读率不甚理想，图书消费动力不足

全民阅读水平是影响出版活动的重要因素之一，也是衡量一个国家文化发展状况和社会文明水平的重要标志。现代各种媒体的兴起、生活节奏的加快、社会风尚的变化，使阅读风气尤其是以纸质载体为主的传统阅读风气逐年淡化，已经成为具有普遍性的社会变迁现象。按照美国专门对传媒进行分析的VSS投行的调查数据，1998年，美国人读书时间为120小时，到了2003年已经跌落，而且这种趋势将在2006年进一步减至103小时。相反，到2006年，

---

① 李文海：《民国时期社会调查丛编·文教事业卷》，福州：福建教育出版社，2004年，第463-464页。

美国人看电视的时间将从 1998 年的 1551 小时上升到 1679 小时,而花在网络上的时间将从 1998 年的 54 小时暴涨至 2006 年的 213 小时。[①]在我国,同样存在这一变迁趋势。据中国新闻出版研究院(原中国出版研究所)1999—2015 年的 13 次调查,除 1999 年我国国民图书阅读率超过 60% 以外,其他调查年份的国民图书阅读率一直在 60% 以下,整体情况并不理想。与纸质阅读情况形成鲜明对比的是,近年来我国国民包括在线阅读、手机移动阅读在内的数字化阅读方式飞速发展。自中国新闻出版研究院 2008 年开始对成年国民的数字化阅读方式接触率进行调查以来,数字化阅读方式接触率连续七年持续上升,从 2008 年的 24.5% 增长到 2015 年的 64.0%,提升了 39.5 个百分点,增幅达 1.61 倍,且已经连续两年超过纸质图书阅读率(见表 3:我国 17—80 周岁国民数字化阅读方式接触率与图书阅读率调查情况统计)。虽然数字化阅读作为"互联网+"时代的重要阅读手段,为读者带来了快速、便捷、多样化的崭新体验,但其碎片化、娱乐化、浅显化的阅读特征,决定了其整体阅读效果与纸质阅读方式还有一定的差距。

表 3:我国 17—80 周岁国民数字化阅读方式接触率与图书阅读率调查情况统计

年份	历次	图书阅读率	数字化阅读方式接触率
1999	1	60.4%	尚未统计
2001	2	54.2%	
2003	3	51.7%	
2005	4	48.7%	
2007	5	48.8%	
2008	6	49.3%	24.5%
2009	7	50.1%	24.6%
2010	8	52.3%	32.8%
2011	9	53.9%	38.6%
2012	10	54.9%	40.3%
2013	11	57.8%	50.1%

---

① 王联合:《中国出版不会崩溃》,《编辑学刊》,2004 年第 6 期。

年份	历次	图书阅读率	数字化阅读方式接触率
2014	12	58.0%	58.1%
2015	13	58.4%	64.0%

数据来源：中国新闻出版研究院（原中国出版研究所）历次国民阅读调查结果

另外，据有关资料介绍，世界上读书最多的是犹太人，平均每人每年读书64本，其次是俄罗斯55本，日本40本，美国25本，法国20本，韩国11本[①]。而中国近年来的平均数均不超过5本，与国外形成了鲜明的反差（见表4：我国18—70周岁国民人均阅读图书调查情况统计表）。更让人感到痛心的是，我国向来有"敬惜字纸""尊崇经典"的优良传统，但时至今日，这种传统已经日渐式微。每年高考结束后，学生扔书、撕书甚至烧书的狂欢现象，媒体屡有报道，让人感慨斯文扫地。

表4：我国18—70周岁国民人均阅读图书调查情况统计表

年份	2005	2007	2008	2009	2010	2011	2012	2013	2014	2015
结果（本）	4.50	4.58	4.72	4.24	4.25	4.35	4.39	4.77	4.56	4.58

数据来源：中国新闻出版研究院（原中国出版研究所）历次国民阅读调查结果

中国新闻出版研究院的拜庆平作为全民阅读调查课题的组织者和亲历者，通过对近十年我国的国民阅读调查数据的对比分析，认为我国国民阅读还存在一些问题，比如阅读率、阅读量和阅读水平还不够高，各媒介阅读的发展还不够平衡，全社会良好的阅读风气和阅读习惯尚未形成等。因此，还需要大力推动全民阅读。[②]对于新闻出版业来说，"阅读是产业链条上的关键环节。阅读是一个带根本性的问题，没有阅读就没有新闻出版业，没有阅读的增长就没有新闻出版业的发展"。[③]不容乐观的国民阅读率必然影响图书的消费情况。

---

① 张亚军：《几种阅读率指数比较：基于9次全国国民阅读调查的数据分析》，《图书馆学研究》，2013年第12期。
② 拜庆平：《全媒体时代的阅读新趋势、新变化：基于全国国民阅读调查十余年历史数据的总结》，《传媒》，2016年第11期。
③ 于永湛：《多读一些好书，智慧一个民族》，《中国新闻出版报》，2006年3月13日。

第三章
独立、启迪与迎合：畅销书的选题策划

  许多同志爱说"大众化"，但是什么叫做大众化呢？就是我们的文艺工作者的思想感情和工农兵大众的思想感情打成一片。而要打成一片，就应当认真学习群众的语言。如果连群众的语言都有许多不懂，还讲什么文艺创造呢？英雄无用武之地，就是说，你的一套大道理，群众不赏识。

——毛泽东[1]

  捕捉时机，抓好选题，多出适销书、畅销书，这是出版社维持生存及其发展不可或缺的重要条件，而绝不是乞求于那种上帝赐予的偶然机会。出版界的常识早已告诉人们，要推出一本畅销书并不是容易的事，理想的畅销书往往是"千载难逢"的。

——清水英夫[2]

---

[1] 毛泽东：《在延安文艺座谈会上的讲话》，《毛泽东选集》第三卷，北京：人民出版社，1991年，第851页。
[2] ［日］清水英夫：《现代出版学》，沈洵澧、乐惟清译，北京：中国书籍出版，1991年，第141-142页。

第一节
畅销书产生的类型及其与选题策划的关系

从中外出版史上作者与出版者的关系来看,图书产品一般是由以下三种主要途径产生:(1)作者主导:作者自主创作作品,出版者选择、加工、传播,二者的活动紧密相关,但却分开进行;(2)出版者与作者共同主导:出版者与作者联手,在共同的文化理念或经济利益的感召与驱遣下,共同完成出版活动;(3)出版者主导:出版者在自身出版理念的指导下,根据社会文化的趋势要求、市场和读者的需求,自行组织完成作品的编写和出版活动。

上述三种生产方式的最终成果都以图书产品的形式呈现出来,作品的多少优劣是决定出版活动兴衰的根本因素。在此过程中,作者的创作是一切出版活动的基础和前提,也是一切文化事业的根基所在。但与此同时,出版者的重要作用也不可忽视。在很多情况下,出版者既要扮演"为他人做嫁衣裳"的辅助角色,还要在作品的发现、策划、创作、编写、提升、传播方面发挥重要作用。尤其是在当代,随着出版产业化的深入和大众文化的兴盛,文化创作者源源不断地涌现,在人们"什么样的人都可以写书"的惊叹中,文化产品开始极大丰富甚至大量过剩。在此情况下,出版者作为出版活动选择者、策划者、组织者、传播者的主导功能开始日益凸显。其中最为突出的,就是对出版者选题策划的重视和强调。

畅销书的生产途径也要遵循上述规律。从历史和实践来看,以上三种途径都可以产生畅销书。据此可以把畅销书的生产方式总结为三种类型:

1. 独立自主型

即一部分畅销书是在作者独立创作的基础上自发形成的,出版者所要做的工作主要是能在众多的书稿中"慧眼识英雄",选出其中的优秀之作,并通过适当的加工和包装在适当的时间段将其推向市场,最终赢得了市场和读者的认可。这一类畅销书以文学著作和通俗类的学术著作为主。诸如《鲁滨逊漂流记》《红楼梦》《青春之歌》《围城》《傅雷家书》《丑陋的中国人》《文化苦旅》《狼图腾》《哈利·波特》等畅销书都是如此。这类书稿往往是出版人从众多的书稿中"披沙拣金"挑选出来的,似乎不需要出版者的主动策划,但特别考验出版者的眼力和胸怀。对于出版者而言,职业生涯中最大的遗憾或失败,无过于被自己轻视、拒绝、淘汰的作品,却在其他出版者手上脱胎换骨,化腐朽为神奇,成为广受欢迎的畅销书。

在出版史上,经常会出现这种情况:一部被多次退稿的作品,被另外一家出版社选中出版后却畅销于世。如美国学者杰罗德·R·杰肯斯和马丁·林克编著的《畅销书内幕》一书介绍的18部优秀畅销书,都有过屡次被退稿、被否定、被妄改的悲惨经历。其中,理查德·保尔·伊夫撰写的《圣诞盒》曾被无数的出版商拒绝,作者只好以500美元自费出版。后位居《出版家周刊》畅销书榜首,在30多个国家成功发行,被译为13种文字,销售数百万册,获420万美元版权费。《心灵鸡汤》曾被30多家出版社拒绝,后荣登《纽约时报》畅销书排行榜90周。但是,"正是这些被编辑和出版商认为'篇幅太短,太长,有点不着边际,局限性太强,市场上这样的书太多了,有点深奥,没销路'的书却成了畅销书"[①]。国内一些有价值的书稿,在没有遇到伯乐时,也曾经明珠暗投。著名作家阿来的长篇小说《尘埃落定》,曾经辗转到过12家出版社,最后被人民文学出版社的知名编审何启治选中,该书出版后获得了茅盾文学奖,现已成为中国当代文学的经典著作之一。[②]畅销书作家余秋雨的《文化苦旅》也曾经历过"从被冷落和被妄改到走向畅销"的曲折命运,其命运的转变主要应归功于责任编辑王国伟"良好的文化判断",当时的王国伟在上海知识出版社(东方出版中心的前身)任职,后来他回忆这段经历说:

余秋雨上世纪80年代写的《文化苦旅》,一部分篇目在《收获》

---

① [美]杰罗德·R·杰肯斯、马丁·林克:《畅销书内幕》,简介,冯利译,天津:天津人民出版社,1998年,第6页。
② 周百义:《商业化时代出版人的文化追求》,《出版科学》,2007年第2期。

杂志上发表后,在圈子里获得关注和好评。随后,有南方的一家出版社首先向余秋雨约稿,可这家出版社没有真正意识到《文化苦旅》的文化价值,提出了错误的定位,他们只是想做一本放到旅游地卖的旅游指南小册子,所以,认为本书不需要太多内容,提出要删除部分内容。余秋雨感到非常不悦,就收回了稿子。随后,他又向其他出版社投稿,得到的答复,基本与上面提及的出版社类似,最好的安排是放进作家散文丛书。这样,时间又过去了一年多,谁也没把《文化苦旅》当回事,《文化苦旅》并不被看好。①

一次,我去余秋雨在龙华的家,他专门同我谈起这件不愉快的事。我说,把稿子给我吧。当时他的书稿扔在书房角落里,像一堆废纸,有杂志的复印件,有他手写并修改过的,还有几块内容用糨糊粘贴的,稿子上满是那家出版社各种色笔画画改改的痕迹。

我拿到稿子后,首先请出版社一位已经退休的老编辑,用统一的稿纸,全部工整地抄写清楚。然后,我抓紧认真阅读全书。我的感觉是,作为散文非常好读,而且关注历史大事件,富有细节美。余秋雨很有说故事能力,每一篇散文里都有一个故事结构,故事简单,脉络清晰,让阅读者顺此脉络进入,轻松有趣。这恰恰符合一般读者的阅读习惯。再加上他独特的文字表现力,自然就会拥有读者。我很看好这本书稿的前景。

当我正式向余秋雨提出出版《文化苦旅》的决定时,他有点惊讶。我认为书的内容不够,需要补写和充实。余秋雨又补写了一些篇章,如《风雨天一阁》等,书稿从18万字增加到23万字。

我们决定作为本社重点图书立项和运作,出版形式决定以精装本为主。在当时出精装本是出版社给作者一种高规格的出版礼遇。

《文化苦旅》出版首发仪式在上海南京东路新华书店举行。当时首发仪式也是新鲜事,一般不这样兴师动众。五十多家京沪媒体集中采访报道。不出三个月,首印的一万册就售罄,赶快加印一万册。随

---

① 王国伟:《〈文化苦旅〉:从冷落走向畅销》,见郝振省主编:《名著的故事》,北京:中国书籍出版社,2009年,第307页。

后，在近五年的时间内，我们在全国通过组织书评、新闻报道、读书随笔等各种形式的媒体报道，约有数百篇。随着媒体传播的不断扩大和升级，销售也快速拓展，《文化苦旅》渐露畅销书面目。①

对于这段经历，余秋雨自己也感受颇深，并将这段经历视为《文化苦旅》的一次"死里逃生"般的重生，并由此感慨说："一本书的出版就象一个人的成长一样；都得经历七灾八难，越是斯文遇到的麻烦可能越多。只要一步不慎便会全盘毁弃，能像模像样存活下来其实都是侥幸。……在我们漫长的文化延续史上，真不知有多少远比已出版的著作更有出版资格的精神成果就这样烟消云散了。"②

在独立自主型的生产方式下，出版人要做的工作就是像"搜猎者"一般，在作家和作品市场中，积极发现并努力选择最优秀的作者和最有价值的书稿，并在原作的基础上，进行"锦上添花"式的编辑加工，使得作品以更加尽善尽美的形象展现在世人面前。对于出版人来说，如何选出好作品，准确判定书稿的质量与市场前景，既要有卓越的学识与眼力，更需要有发现、培养新作家的伯乐情怀。在选择作家和书稿时，一方面要重视已经功成名就的名家、大家，另一方面也需要特别重视新人新作，"识英雄于未遇之时"。在一定程度上，后者更为难得。

畅销书《圣诞盒》的作者理查德·保尔·伊夫曾从"小作者"的角度说："小地方也会有优秀的作者、优秀的书，它们也有可能成为畅销书。我们每个人的经历或许不同，但有一点却是共同的，那就是每个人都要求受到尊敬、信任，都期望获得鼓励和力量，都期望获得成功。"③在我国古代出版史上，宋代临安书商陈起与"江湖诗派"的亲密关系，现代出版史上叶圣陶先生提携巴金、丁玲、胡也频、戴望舒、施蛰存等文坛新秀的故事经常为人称道。巴金先生在晚年还深情回忆说："倘使叶圣老不曾发现我的作品，我可能不会走上文学的道路，做不了作家，也很有可能我早已在贫困中死亡。作为编辑，他发表

---

① 王国伟：《我和余秋雨的交往与误解》，《南方周末》，2013年11月22日。
② 余秋雨：《文化苦旅》，后记，上海：知识出版社，1992年，第320页。
③ [美]杰罗德·R·杰肯斯、马丁·林克：《畅销书内幕》，前言，冯利译，天津：天津人民出版社，1998年，第1页。

了不少新作者的处女作,鼓励新人怀着勇气和信心进入文坛。编辑的成绩不在于发表名人的作品,而在于发现新的作家,推荐新的创作。我感激叶圣老,因为他给我指出了一条宽广的路,他始终是一位不声不响的向导。"①

无论是在任何时代,优秀出版人的这种眼光、胸怀和能力都不可或缺。其中最为重要的,是要具备与时俱进、大胆创新的意识,并坚持"唯稿件质量论英雄"的标准。

所谓与时俱进,大胆创新,就是应积极接受、适应新思潮、新事物,只要是在遵守法律法规和基本道德规范的前提下,一切文化资源都可不问雅俗、不问新旧,为我所用,去创造最大化的经济价值,并努力追求其在文化引领方面的积极作用。在这一方面,1992年华艺出版社出版《王朔文集》、1994年三联书店出版《金庸作品集》,堪称两个最典范的案例。

20世纪80年代,王朔的作品在社会上广受追捧,非常多的年轻读者狂热地喜爱王朔的写作风格。但关于他的争议很大,传统派和学院派的人认为他不入流,甚至称其为"文坛恶评家",其作品为"痞子文学",市面上只有一些零散的王朔著作,不成系统。时任华艺出版社编辑部主任的金丽红在策划出版《中国当代著名作家新作大系》(共有17本)时,认准王朔的作品既有文学价值,也有广阔的市场前景,便编辑出版了王朔的作品集《过把瘾就死》,并将其与王蒙、刘心武、冯骥才、丛维熙、梁晓声、李国文、莫言、陈建功、刘震云、苏童等人的作品共同列入丛书。后来的事实证明,"大系"所收的17本作品中,《过把瘾就死》卖得最火,短时间内累计印量就高达30万册。由此金丽红意识到,可以通过出版王朔文集,来满足读者的整体阅读愿望。1992年,华艺出版社出版四卷一套的《王朔文集》,开创在世作家出文集潮流之先河,一时之间,洛阳纸贵,全国热销。因为在此之前,出版界有一个约定俗成的观念,能够出版文集的作者,基本上都是那些已经成名的、没有争议的、盖棺定论的大家名家,比如像老舍、郭沫若、曹禺这类泰斗级的人物。根本就没有给在世的年轻人出版文集的先例,更何况王朔还是一个很有争议的作家。但后来的事实证明,金丽红大胆突破条条框框,主动认可和充分利用时尚作家的出版资源,绝对是明智之举。

---

① 巴金:《致十月》,《编创之友》,1982年第3期。

同样是在20世纪80年代，以金庸为代表的新武侠小说广受大陆读者的喜爱，但长期以来，金庸的作品一直不被主流文化所接受。在80年代初期的"清除精神污染"运动中，有些人甚至将金庸和邓丽君列为两大"污染源"。正规出版渠道的阻塞，使得金庸小说盗版盛行，还出现了大量假冒金庸之名的"伪书"。进入90年代，一直以出版优秀学术著作为品牌的三联书店决定从香港引进版权，在大陆出版金庸作品。据时任出版社总经理、总编辑的董秀玉回忆，在当时的主流文化圈，武侠小说的名声并不太好，在这种情况下，三联为什么还要出版金庸的作品？作为出版人首先要找出充分的理由把自己说服。她坦承："我思想斗争得很厉害，虽然我自己喜欢读金庸的书，也很想把他的书引进来，但是我也一直在考虑三联的品牌究竟适合不适合做金庸"。经过思考并征求许多朋友的意见，她渐渐明晰了对金庸作品及三联书店出书定位的看法："我们的书应该分层次：既有比较严肃的学术著作，也有中等的知识读物和大众读物，我们不能只做宝塔尖上的那一点点。但是不论哪个层面，我们都要做一流的。金庸是以武侠小说而出名，但本质上是一流的文学作品，是可以进文学殿堂的，想透了这一点，就没有问题。"最后，三联书店在被一些人视为"不务正业"的情况下，力排众议，于1994年5月正式推出全新的《金庸作品集》，甫一亮相，便以其精美的设计及编辑、印刷质量，相对低的价位赢得了广大读者的喜爱和好评，成为引领新派武侠小说出版热潮的优秀畅销书，不仅创造了大众读物的经典，取得了良好的经济效益和社会效益，也标志着金庸作品从此被纳入了主流文化渠道。①

所谓坚持"唯稿件质量论英雄"的标准，就是要以作品的选题和写作质量来作为是否采用的关键标准。在这一方面，邹韬奋先生在主编《生活》周刊时的体会最为真切："我每搜得我自己认为有精彩的材料，或收到一篇有精彩的文字，便快乐得好像哥伦布发现了新大陆似的！我对于选择文稿，不管是老前辈来的，或是幼后辈来的，不管是名人来的，或是'无名英雄'来的，只须是好的我都要竭诚欢迎，不好的我也不顾一切地不用。在这方面，我只知道周刊的内容应该怎样有精彩，不知道什么叫做情面，不知道什么叫做恩怨，不知道

---

① 李菁：《〈金庸作品集〉：创造大众读物的经典》，见郝振省主编：《名著的故事》，北京：中国书籍出版社，2009年，第333、336页。

其他的一切！"①

至于优秀的书稿衡量标准，美国著名出版人舒斯特提出的两条基本原则最有参考价值：一是你自己会不会舍得掏钱出来买这本书？二是你会不会想把这本书列为自己的藏书，多年后，你是否还会很高兴在书架上找到这本书，并且很期待阅读这本书，甚至享受到一读再读的乐趣？②

除了发现和选择优秀作者和稿件的能力之外，出版者还应该有充分发挥作者书稿影响力和深入挖掘作者潜力的眼光和能力，也就是说通过适当的营销运作，把作者和书稿的潜质发挥到极致，以获取最大化的收益。在这一方面，2003 年，著名出版家聂震宁在题为"创新时代：出版社创新面面观"的演讲中分享的一则真实案例，很值得人们反思：

> 我要特别提醒的是，与你合作的也许是最合适的作者，却由于你的局限性，终于没有让他成为最合适的作者。最近卖得比较火的《登上健康快车》（北京出版社，2002 年）的作者洪昭光先生，1995 年我就同他合作过。那时是在漓江出版社，我们编辑出版一套"中华名医谈百病"丛书，洪先生就是作者之一，由他主编《心血管疾病》分册。编书就编书，我们没有请他来一起做更多的事情，更没有像北京出版社现在这样，请他来开展健康咨询演讲，通过新闻媒体来宣传他的演讲效果，所以当时那本书的市场业绩比较平淡。我们也曾邀请洪昭光在新书发布会上介绍过图书，那时我就发现洪先生具有很好的演讲才能，但后来就是没有去做营销策划，一个好的作者资源就让我白白浪费了。

聂震宁在反思教训的基础上进而提出，"作为营销创新，我们要问的不仅是作者是否有书稿，或者有无承担一个选题的能力，还要问作者还有什么能力为出版活动所用，要充分发现、发掘、使用作者资源。现代矿业资源讲的是要多元

---

① 邹韬奋：《经历》，长沙：岳麓书社，1999 年，第 68 页。
② ［美］舒斯特：《给有志于编辑工作者的一封信》，见［美］格罗斯主编：《编辑人的世界》，齐若兰译，北京：中国工人出版社，2000 年，第 32 页。

化地综合利用，现代出版业也应当按照这种思路去创新。"①

2. 文化启迪型

在特定的时间段里，有责任的出版人会以启迪民智、普及文化、宣传新思想为使命，与学者文人一道，推出以文化质量为重的图书作品，在实现巨大的社会效益的同时，也获得了非常可观的经济利润，这样的畅销书我们可以命名为"文化启迪型"。如明代冯梦龙、凌濛初编选刊印的"三言二拍"等通俗小说；晚清民国时期的汉译名著、新派小说、新式教科书；20世纪60年代的红色经典、翻译著作、《十万个为什么》丛书；80年代的系列经典丛书，均可归入此类。

如民国时期，蔡元培先生和张元济先生秉持昌明教育、造福社会的理念，积极推动北京大学和商务印书馆的深度合作，从1916年冬开始，《北京大学月刊》和北京大学教授的专著由商务印书馆出版发行，商务印书馆的中小学教科书由北大教授代为修订。通过这样的"强强联合"，北大的教学与科研得到了出版的便利，而商务印书馆则借此推出了一批高质量的学术著作、畅销书和教科书，产生了很大的社会影响力，提升了在出版界的地位。②再以20世纪80年代的系列丛书为例：学姐张文彦在其博士论文《20世纪80年代我国丛书出版研究》中指出，在80年代出版的各种类型的丛书中，一些由知识分子组成的编委会与出版社共同合作出版的大型丛书，在当时引发了令人瞩目的社会反响。改革开放为不同领域的知识分子参与出版活动提供了机遇，他们与出版社一起，共同推出了"走向未来丛书""现代西方学术文库""新知文库""二十世纪文库""中国文化书院文库"等数部引人瞩目的大型综合丛书，在80年代规模庞大的丛书出版热潮中具有较大影响力和代表性，对当时的思想文化领域及读书界产生了重要影响，在众多知识分子的阅读记忆中打下了深刻的烙印。③

当然，这种编辑出版活动，也带有一定的选题策划功能，但在策划中还是

---

① 聂震宁：《我们的出版文化观》，北京：中国书籍出版社，2008年，第78-79页。
② 聂震宁：《我们的出版文化观》，北京：中国书籍出版社，2008年，第51页。
③ 张文彦：《20世纪80年代我国丛书出版研究》，博士论文，2010年，北京大学图书馆学位论文数据库。

主要以出版者、学者文人的启蒙思想和社会责任做指导,以图书的主题、思想和内容为主要考量标准,比较少地考虑外在的营销因素。在图书品种和数量相对较少、大众文化尚未全面兴盛的时代,这类图书很容易成为畅销书。到了今天这个时代,我国每年出书总数已经超过40万种,书籍本身已是浩如烟海,再加上各种媒体形式日新月异,大众文化空前繁盛,想要再推出纯以思想内容取胜,而不考虑读者大众阅读趣味和接受能力的畅销书,恐怕不太容易。但从出版业和文化事业的长远发展来看,在中国的出版界和文化界,永远都不能缺少此类选题。

3. 主动迎合型

即创作、出版活动以迎合政治、市场和读者为指导。从出版的角度来看,在计划经济时代,更多地是落实、配合、迎合党和国家的意识形态与政治任务。比如20世纪50年代初期,出版总署根据"发展国民经济第一个五年计划"的指示和普及与提高兼顾的方针,在领导和组织出版社制定选题计划和出书计划的时候,特别注意四类书籍的出版:(1)翻译出版马列主义经典著作和阐释马克思列宁主义基本原理的著作,组织出版阐释党和国家政策的读物;(2)大量出版各种自然科学著作;(3)在文学艺术作品中,积极出版社会主义现实主义作品;(4)出版各种适合广大工、农、兵阅读的通俗读物。①1961年,文化部在总结"大跃进"以来出版工作经验教训的基础上,形成报送中央宣传部的《关于提高书籍质量、改进出版工作的意见》,提出了改进出版工作的5项基本任务:(1)明确出版工作的基本任务;(2)在为无产阶级政治服务、为工农兵服务、为社会主义建设服务的方针指导下,继续贯彻"百花齐放、百家争鸣"的方针;(3)大力提高出版质量;(4)出版社必须继续贯彻群众路线;(5)办好出版事业的根本保证在于党的领导。②

20世纪90年代以来,进入社会主义市场经济和大众文化时代以后,我国的图书出版业也开始进入"小众传播"时代,出版业在完成党和国家政治任务的同时,商品性日益凸显,出版市场"供给量之大"和读者"购买量之小"之间的矛盾越来越突出,成为名副其实的买方市场,一种全新的真正以读者(消

---

① 肖东发、方厚枢:《中国编辑出版史(下册)》,沈阳:辽海出版社,2008年,第32页。
② 肖东发、方厚枢:《中国编辑出版史(下册)》,沈阳:辽海出版社,2008年,第74页。

费者）为主导的市场模式已经出现："图书信息（IT）由读者（消费者）控制着，市场不再由书店等经销商所驱使，而是由读者（消费者）的需求和读者需求的时间、条件以及他们所喜欢的销售方式推动着"①。加之出版业产业化进程的不断深入和竞争的不断加剧，要求出版者开始转变出版营销观念。整合营销传播理论就认为，现代市场营销是以消费需求为基点和中心的企业经营行为，市场营销活动应该由生产导向转入消费者导向，由"请注意消费者"转向"消费者请注意"。其中一条重要的原则就是要以市场为导向，生产和销售消费者真正需要的产品。基于这一原则，产品的开发和生产者就必须"充分了解自己的市场，然后设法去满足它"，就必须对市场有深入的调研与了解，使自己生产出来的产品和服务完全适应顾客的需要而形成产品的自我推销。复旦大学出版社的副编审陈锡镖曾回忆说：

> 九十年代早期起，按照原来经营模式过的安安稳稳的日子越来越不好过了。出版社的领导和编辑们开始认识到图书市场的重要性。1993年是复旦大学出版社值得纪念的一个年份。那一年社内的改革方案改变了编辑单一审稿的工作职责，将编辑的收益同经济效益挂钩。这样，策划组稿便成了编辑工作中一个很重要的组成部分……作为一名新时代的编辑，不但具备良好的文字功底和学术修养，还要具备敏锐的市场意识和广阔的作者群体。在选题策划和开拓上，编辑要做到眼里有市场，脑子里有选题，手上有作者。②

这段话真实地再现了市场化转型时期中国出版人的积极应变之策，也可以为上述论述提供最真实的佐证。

在这种情况下，畅销书的运作更需要遵循这一基本原则，即从传统的图书产品中心转向读者中心，这就必须以市场为导向，树立"读者就是上帝"的意识，深入研究读者的阅读需求，在充分的市场调研的基础上进行选题开发，力求做到"向读者销售的不是我们出版的图书，而是读者需要的图书"。自此以

---

① 李继东：《整合营销传播理论在图书营销中的运用》，《大学出版》，2002年第3期。
② 上海市出版工作者协会、上海市编辑学会：《我与上海出版》，上海：学林出版社，1999年，第370页。

后，以迎合市场和读者为导向的选题策划工作开始在出版活动中扮演越重要的作用。跻身畅销书榜的图书，大多数都有成功的选题策划作为前期的工作基础。这种出版模式，可以称之为"主动迎合型"。

不仅出版界如此，在作者的创作方面，固然一直存在"自说自话"式的个性化创作，但也不乏这种主动迎合的情况。在计划经济时代，迎合的主要对象是党和政府宣扬的主流意识形态和方针政策，我们从很多红色经典那里，都能看到这种深刻的时代烙印。据洪子诚研究，20世纪50年代，"五四"以来的新文学作家，存在着广泛的自我反省的行为。他们"意识到自己的文学观念、生活体验、艺术方法与新的文学规范的距离和冲突，或放弃继续写作的努力，或呼应'时代'的感召，以适应、追赶时势，企望跨上新的台阶"[①]。而另外一批更切合并体现文学主潮的作家，则成为创作的主要力量，并居于中心位置。能够体现这一时代特征和文学创作实绩的主要作家的作品几乎都是当时广受认可和欢迎的畅销书，主要包括：

小说：柳青《创业史》，赵树理《三里湾》，杜鹏程《保卫延安》，梁斌《红旗谱》，吴强《红日》，杨沫《青春之歌》，周立波《山乡巨变》，曲波《林海雪原》，罗广斌、杨益言《红岩》，欧阳山《苦斗》，冯德英《苦菜花》，周而复《上海的早晨》，陈登科《风雷》，浩然《艳阳天》，王汶石《风雪之夜》，马烽《我的第一个上级》，峻青《黎明的河边》，李准《李双双小传》，王愿坚《党费》，茹志鹃《百合花》，胡万春《谁是奇迹的创造者》；

诗歌：郭小川《致青年公民》，贺敬之《雷锋之歌》，李季《玉门诗抄》，闻捷《天山牧歌》，李瑛、严阵、梁上泉、张永枚、顾工等青年诗人的作品；

散文：杨朔《东风第一枝》，刘白羽《红玛瑙集》，秦牧《花城》，魏巍《谁是最可爱的人》；

话剧：老舍《茶馆》，曹禺《明朗的天》，郭沫若《蔡文姬》，田汉《关汉卿》，胡可《战斗里成长》，陈其通《万水千山》，沈西蒙

---

① 洪子诚：《中国当代文学史》，北京：北京大学出版社，1999年，第28页。

《霓虹灯下的哨兵》，丛深《千万不要忘记》。①

进入市场经济时代以后，情况则发生了变化，更多的是主动迎合市场与读者以寻找最大"卖点"的畅销书作家。大量作家开始直接俯下身子，直接面对并巧妙迎合能够给自己带来可观经济效益的市场和读者。王朔、郭敬明、韩寒、众多的名人明星以及网络写手的作品，在一定意义上都属于此类情况。比如王朔在后来总结《空中小姐》的成功时所说的一段话，就深得其中三昧：

> 虽然我经商没成功，但经商的经历给我留下一个经验，使我养成了一种商人的眼光。我知道了什么好卖。当时我选了《空中小姐》，我可以不写这篇，但这个题目，空中小姐这个职业，在读者在编辑眼里都有一种神秘感。而且写女孩子的东西是很讨巧的。果不其然，我不认识《当代》的编辑，稿子寄过去不久就找我谈。我要是写一个农民，也许就是另外的结果了。②

在今天的畅销书市场上，已经形成主动迎合型为主，自主创作型和文化启迪型为辅的出版生产格局。主动迎合型已经成为畅销书出版营销活动的常态，但由此而推出的畅销书多为"快餐式"的文化产品。自主创作型和文化启迪型虽然不是主流，但成为优秀畅销书乃至最终跻身经典行列的可能性却最大。概言之，这三种类型都有可能造就一本畅销书。从这个意义上讲，畅销书出版，并非易事，而是一项非常复杂的动作，其结果也存在着多种可能性。

对于身处产业化进程中的出版者而言，在开展出版活动时，应该首先弄清两个基本问题：谁是我们的读者？谁是我们的作者？一方面不能忘记出版人的文化责任，从众多的文化产品中，为大众选择、加工、出版最优质的图书产品；另一方面要适应时代潮流的变化，以直面市场和读者的姿态，做好市场调研、选题策划、出版营销，走商业化、大众化的道路。要像钟代福在20世纪90年代初期倡导的那样努力跑好"两个市场"："在图书市场竞争激烈的今天，作为出版工作者必须树立市场意识，要有'作者市场'与'读者市场'的观

---

① 洪子诚：《中国当代文学史》，北京：北京大学出版社，1999年，第29-30页。
② 王朔：《我是王朔》，北京：国际文化出版公司，1992年，第20页。

念,要有'跑'的意识,只有深入到'两个市场'中去,了解广大读者需要什么,到作者队伍中去,发现优秀的中青年作者,才能组织第一流的书稿,生产出优质的畅销书,为读者服务,为经济建设和精神文明建设服务。"①

根据以上分析,并结合出版历史来看,在"供小于求"的卖方市场,畅销书的出版以独立自主型和文化启迪型为主,以主动迎合型为辅,这种情况下也有选题策划活动,但并不是特别重要。当进入"供大于求"的买方市场以后,选题策划就会逐渐受到重视,而且随着供给量的不断增加和市场竞争的不断加剧,其重要性会不断凸显。如果再考虑到大众文化时代文化产品的"运作性"特征,这一趋势就会更加明显:"大众时期的畅销书别于其他时期的一个最大特征就是其作为一种文化产业的可'运作'性。也就是说在大众文化时代,在所谓的畅销书时代里,什么样的作品能投放市场并吸引消费大众,写什么和怎么写,从题材到风格,都不再纯然属于作者个人的事,而是在相当程度上要靠中间人,或我们通常所说的营销策划人的'运作'。"②而这里所说的"运作",其前提和基础工作无疑就是选题策划。

从实践来看,时下我国畅销书界存在这样的现象:一方面,一本书即使做了很多选题策划方面的工作,却未必能够尽如人意,成为畅销书,业界并不缺乏大量失败的案例和教训;但另一方面,一本书要畅销,在大多数情况不能缺少面向市场和读者的选题策划活动。要推出畅销书,一般都要进行科学系统的选题策划。即便是选择自然来稿,也要站在读者的角度,对其内容、风格、装帧设计以及营销方式进行精密的加工完善和系统设计。一言以蔽之,在目前这种出版格局下,选题策划虽然不是畅销书出版的充分必要条件,但也不能否定其作为关键因素的重要基础地位。正如孙国庆所言:"畅销书不仅需要编辑的文化追求,更要求编辑对市场的把握能力。当今的内容产品海量庞杂,读者的注意力越来越分散,在这样的形式之下,对编辑的要求不仅仅是要挖掘到高品质的内容产品,还要具备让这些稀缺内容的亮点在极度丰富的市场中展现出来的能力,所以策划能力也是其在竞争中获胜的核心能力。"③

---

① 钟代福:《诱人的畅销书》,《出版发行研究》,1993年第3期。
② 刘翠霞:《畅销书的文化批判》,《出版广角》,2002年第10期。
③ 孙国庆:《编辑的文化理想和市场能力》,http://www.openbook.com.cn/Information/0/2935_0.html,2014年2月25日。

第二节

从"编辑—出版本位"到"读者—市场本位"

一、选题策划成为畅销书出版营销的基础条件

国内学界一般认为,选题策划有狭义和广义之分。狭义概念,是指对具体选题的策划,即对将要出书的题目及其基本要素的构思、设计,也就是书名、出版宗旨、内容简介、读者对象、作者、主要特点、效益预测与写作要求八个要素进行策划。①广义的选题策划,是指在深入的市场调查、研究的基础上,从宏观角度科学地把握市场态势之后,对图书出版各环节方案的设计与优化,强调运筹与创意,尤其是强调总体的创意和设计。②也就是说,除了书稿形成之前的信息采集、选题开发和组稿工作外,还要对获得书稿之后延伸、渗透到其他阶段、其他环节的工作进行事前的整体策划。笔者在论述时,更倾向于使用广义上的概念。不论是狭义还是广义的概念,选题策划的主要目标都是通过创意策划,打造"人无我有,人有我优,人优我特,人特我专"的创新型图书产品,进而实现图书经济利润的最大化和社会效益的最佳化。

选题策划是一个选题能否转化为图书,以及该图书品种能否成功的关键,在整个营销活动中占据重要地位。正如清水英夫所言:"出版社并不单纯凭藉资本和企业规模的大小程度来决定优劣,优劣的关键取决于出版社的选题计划

---

① 易图强:《图书选题策划导论》,北京:中国人民大学出版社,2009年,第37页。
② 文宏武:《策划编辑制的实践与思考》,见赵劲主编:《中国出版理论与实务》,北京:中国书籍出版社,2000年,第14页。

(idea)究竟如何！"[①]在市场经济条件下，选题策划已经成为牵动出版社全局活动的重点。它是出版企业绝大多数生产活动的"龙头"和先导，选题策划的质量及贴近市场的程度，决定着出版活动的后继工作。因此，选题策划能力已经成为出版社竞争能力的关键因素之一。有人曾作过测算，在整个图书利润总额中，选题策划的利润贡献率一般在50%左右，有的甚至高于50%。[②]这充分说明了选题策划对于出版业绩效贡献的重要性。在畅销书的营销过程中，一本图书尤其是非虚构类的图书能否最终成为畅销书，与其策划的含量大小有着密切的关系，只有重视并善于策划，才有可能增强在激烈的竞争环境下培育出畅销书甚至常销书的可能性。从今天的很多出版实践来看，一本畅销书的成功要主要归功于选题策划的成功，选题策划已经成为畅销书营销的基础条件与关键因素。

正是基于这一认识，国内很多出版社都将选题策划提升到了前所未有的高度，在观念上和体制上都进行了与时俱进的更新和调整。在观念方面，宋连生形象地指出："在今天的图书领域，几乎没有人不重视选题策划。选题策划被看做是图书行业的第一重要工作，是一个火车头，是一个发动机，是一个保险公司，是一根救命的稻草。"[③]这样的说法在一定程度上反映了学界与业界的共识。

在实践层面，市场化程度较高的出版社在运作畅销书的过程中，都十分看重对选题策划的"经营"。最突出的表现就是在出版社内部普遍建立策划编辑制，在传统的三级策划制（即总编、编辑室和编辑三个层次的策划）之外，设立专职的策划编辑，并将其制度化。相关资料表明，在20世纪90年代初期，广东的一些出版社、中国少年儿童出版社、中国青年出版社、上海人民出版社等出版社就已经开始施行或者推行"策划编辑"制度。这些举动表明了一种探索，传统的出版模式已经随着市场经济的来临出现改变。出版社设置策划编辑的初衷就是要做市场需要的图书，要在选题这个源头上向市场靠拢，而选择符

[①] ［日］清水英夫：《现代出版学》，沈洵澧、乐惟清译，北京：中国书籍出版社，1991年，第136页。
[②] 闻洁：《选题策划：出版企业的核心竞争力》，见赵劲主编：《中国出版理论与实务》，北京：中国书籍出版社，2000年，第2页。
[③] 宋连生：《图书选题策划学》，北京：中国水利水电出版社，2006年，第11页。

合市场的选题是做畅销书的根本。①

所谓编辑策划制,是指在出版社内组建独立的策划队伍,进行全过程、全方位、自主性的群体策划活动的组织形式。其目的就是要能使策划编辑摆脱"文稿"的包围,脱出身来专心进行技术与市场的调研,组织和"指挥"作者写书,进行畅销书产品的全面策划。在很多业界人士看来,策划编辑制是现代出版业发展的方向,它有利于出版社的选题结构优化、出版资源集约化、出版物精品化和品牌化,更有利于出版社不断推出优秀的畅销书。如电子工业出版社在1999年设立"策划编辑项目负责制"后,就不断推出了大量IT专业的优质畅销书,经过几年的发展,目前该社已经成为国内著名的IT专业品牌出版社。中国人民大学出版社曾率先打破专业编辑室,依照策划编辑项目负责制的思路,设立产品开发部、产品生产部和市场营销部,在整个图书营销过程中贯穿的思路是:以选题策划为龙头,审校加工和市场营销为双翼。外研社为了更好地促进选题策划与市场营销的结合,分两个阶段对组织结构和生产流程进行了调整变革:第一阶段改变原有的编辑室结构,以重大选题为基础,成立专门工作室;第二阶段在原来工作室的基础上成立事业部,主要功能是集选题策划、编辑加工、市场营销、成本控制、利润考核为一体,实现了选题策划和市场营销的有效结合。②如接力出版社从2001年起,就用创新机制来催化创新选题,建立了有利于选题创新的机制,包括:三次二级论证制、选题竞标制、项目主管制、生产流程制、奖励制约机制等。这些机制,调动了员工的积极性,催化出了"鸡皮疙瘩"系列、"淘气包马小跳"系列、《万物简史》等一批优秀畅销书。③

此外,一些著名的出版社还在各大城市(尤其是北京、上海这两处出版资源集中的城市)设立专门的畅销书策划中心。成立于2003年4月的长江文艺出版社北京图书中心(2006年4月改制后更名为北京长江新世纪文化传媒有限公司)就是其中的典型。该中心是时任长江文艺出版社社长的周百义依

---

① 周百义、芦珊珊:《畅销书出版三十年》,《出版科学》,2008年第6期。
② 李朋义:《选题策划与市场营销的关系》,见中国出版集团公司出版业务部编:《图书选题创新讲演录》,北京:中国大百科全书出版社,2007年,第48页。
③ 白冰:《选题创新的三个原则》,见中国出版集团公司出版业务部编:《图书选题创新讲演录》,北京:中国大百科全书出版社,2007年,第13-17页。

照"国有资本,市场机制"的构想,在"尊重市场规律、遵循行业特点"的基础上,构建的一个"依靠职业经理人管理、发挥职业经理人作用、培养职业经理人能力、建设品牌文化机构"的新型出版传媒平台。在图书出版方面,其定位为"从事畅销图书策划和销售的国营图书经营企业",发展方向明确为"一切围绕市场,一切为了市场。面向市场,做特色畅销图书"。十余年来,这一中心在金牌管理团队金丽红、黎波、安波舜的带领下,按照产业化的运作机制,先后策划出版了《我把青春献给你》《狼图腾》《心相约》《幸福深处》《蜗居》《亮剑》《血色浪漫》《狼烟北平》《手机》《我叫刘跃进》《非诚勿扰》《咏远有李》《从头到脚说健康》《悲伤逆流成河》《小时代》《西决》《爵迹》《东霓》《陪安东尼度过漫长岁月》等超级畅销书。这些畅销书的推出,对提升长江文艺出版社的整体实力发挥了重要的作用。2009 年度,长江文艺出版社的文学图书在全国动销图书市场的平均占有率达到 6.62%,比肩全国最大的文学出版社——人民文学出版社,并列年度第一名,在国内文艺类图书市场上形成了"北有人民文学,南有长江文艺"的出版格局。再比如,广西师范大学出版社集团有限公司完成转企改制后,目前已经拥有分别位于北京、广州、南京、南宁、上海、桂林等地的全资、控股、参股公司等 25 个独立法人实体。其中,隶属于该社的北京贝贝特出版顾问有限公司,主要从事人文、社科、经济管理类精品图书的选题策划,策划的一大批图书,如《妞妞》《十六岁到美国》《美的历程》《从罗布沙漠到敦煌》《人,诗意地安居》《野性非洲》《狱中记》等由于学术、文化、教育的价值高、制作精美而深受读者欢迎,市场反响强烈。其中,公司于 2010 年秋全新推出的文化品牌——理想国(imaginist)已成为以出版人文、艺术类精品图书和优秀畅销书的重镇。这些体制方面的改变,一方面说明了出版者对选题策划的普遍重视程度,另外一方面也印证了强大的选题策划能力对打造畅销书的重要影响力。当然,需要特别说明的是,应当强调和重视选题策划在畅销书出版活动中的基础地位,但并不是"唯选题策划而论",以为选题策划可以决定一切。出版实践中,选题策划必须与作者良好的创作活动紧密结合起来,才能发挥出积极的作用。另外,并非所有的图书都依赖于策划。出版人白冰说:"好书不能光靠策划,也并不是每一本书都能做一个标新立异的个案。"叶宁也指出:"学术性图书和原创文学作品很难策划,出版此类著作更需要的是善于对话、等待、发现和把握。"①

二、"读者—市场本位"选题思路的确立

与一切艺术(或文学)作品的产生一样,图书(畅销书)产生的根源在于读者和市场的需求。匈牙利艺术社会学家阿诺德·豪泽尔认为:"在所有社会力量中对艺术家影响最大的就是公众趣味,他可以无视公众趣味,但他无法躲避它的影响。每一件艺术作品,无论怎样富有个性和独创性,总是或多或少地与流行的趣味有联系,而公众趣味也随着每一件新作品的问世产生某些变化","只有当公众对产品产生了某些需求的时候,这种产品才会诞生。正如马克思所说,消费产生了生产的动机。"②中外大众文化的实例表明:那些被大众如饥似渴地吞食的文化快餐,总是深深地打动了大众的"原欲与情结"③。当代西方浪漫小说的典型代表"禾林小说"的畅销现象最能说明问题。

禾林公司(Harlequin Enterprises, Ltd.)创立于 1949 年,1964 年开始专门出版浪漫小说,1981 年并入加拿大传媒巨头多伦多星报报业集团,现已成为世界最大的浪漫系列小说商。每月出版的小说数量有 110 余种、10 多个系列,共有 1300 多名签约作家为其写作,在全球拥有难以计数的读者(主要是女性)。发行总量已超过 52 亿册。仅 2005 年,禾林公司就销售了 1.3 亿多册浪漫小说,其作品位列美国《时代》周刊畅销榜的时间综合达到 188 周,足见禾林小说畅销的程度。④分析其畅销的原因,就在于它最大程度地体现和满足了女性对浪漫爱情的希望或渴望。加拿大学者斯尼陶指出,女人在社会上往往被文化、社会关系、家庭和婚姻所局限,社会为女性情感的释放和追寻设置了很多禁忌,而女性又渴望超越这些禁忌以实现自我,或回到属于自己的世界中,而她们能够为社会所接受的一种超越,就是浪漫。禾林小说就为女性填补

---

① 叶宁:《策划局限与出版理念》,《编辑之友》,2000 年第 6 期。
② [匈]阿诺德·豪泽尔:《艺术社会学》,居延安译编,上海:学林出版社,1987 年,第 135 页。
③ 黄会林主编:《当代中国大众文化研究》,北京:北京师范大学出版社,1998 年,第 312 页。
④ 陶东风主编:《大众文化教程(修订版)》,桂林:广西师范大学出版社,2012 年,第 191 页。

了一个由社会因素造成的"真空",为女性提供或营造了最大的浪漫:

> 浪漫是女性想象力中最主要的组成部分……在大多数的严肃女性作家那里,浪漫被当作是讽刺和挖苦,但大多数女人并不这样认为。禾林小说所描写的可能比优秀的女作家所写的,更接近女性对爱情的希望。禾林小说不用讽刺,它们直接表现爱情。禾林小说避开现实世界,它们严肃地对待想象和逃避。尽管所有的读者都掌握着禾林法则的根本,但读者和作者之间的联系仍然是亲密无间的:禾林小说对读者的态度是彬彬有礼的、老练的、友好的。于是,大量的信件流到了出版商那里,她们在里面倾诉她们所有的困扰,对热情和人的价值的渴望。①

禾林小说的畅销启示出版者在策划出版畅销书时,应该非常重视公众趣味和读者需求。美国著名出版家J.P.德索尔就强调,作为一名真正的出版者,就必须具有把握公众读书趣味的能力。他说,"显然,由于读者的生机勃勃的多元的文化需要,一个出版者不可能同时顾及他们的每一种热情,每一种信念和每一种观点。但是,他必须对这一切予以充分的同情,以便使自己站在读者的立场来判定书稿的取舍。无论一部书是属于学生、教师的天地,还是属于各种各样的消费者的复杂世界,出版者在评判其价值,并做出自己的决定时,都要考虑到读者的需要、读者的态度甚至读者的偏好,就像是读者自己在做出选择一样。"②任何一种出版物,其内容价值应该满足读者提高某方面知识水平、补充某方面信息、寻求某方面慰藉的需要。更高层次的出版物则可以创造读者市场,引导读者的阅读兴趣。

李朋义认为,1949年以后我国图书选题策划与市场营销的发展,可以划分为三个阶段:(1)从20世纪50年代到80年代,属于全员生产和品种竞争阶段,选题策划与营销分离脱节;(2)90年代,属于全员推广和市场竞争阶

---

① [加]安·芭·斯尼陶:《大众市场的罗曼司:女人的色情文学是不同的》,严辉译,见陆扬、王毅选编:《大众文化研究》,上海:上海三联书店,2001年,第180页。

② [美]J.P.德索尔:《出版学概说》,姜乐英译,北京:中国书籍出版社,1988年,第21-22页。

段,选题策划与营销部分结合;(3)21世纪以来,进入全程营销和品牌竞争阶段,选题策划和营销开始融为一体。前两个阶段是以图书生产和销售为主,出版社出版什么书就卖什么书。第三阶段,出版社则是根据市场的需要来策划出版图书。出版活动要围绕读者需要,按照市场法则来运行。①宏观上,这是从"出版本位"到"市场本位"的转变,微观上,则是从"编辑本位"到"读者本位"的转变。

在近年来国内畅销书的选题策划思路上,策划人开始力求从传统的"编辑—出版本位"转向"读者—市场本位"。其策划图书的决定因素主要来源于读者的需求和市场的变化,而不是坐等作者的书稿。这样就跳出了编辑封闭的"自我系统",进行了角色转换。这样才能真正站在读者的角度来考虑图书的选题开发,才能真正细分读者群,也才能真正对读者群进行准确而合理的定位,从而策划出符合市场和读者需求的畅销书。以策划出版文学畅销书见长的张胜友在总结畅销书的前期策划时曾说,操作畅销书"首先就是要敏捷地抓住市场,抓住读者心理。理念的建立是首要步骤,其中关键的就是模拟转换,也就是站在读者的角度上了解读者的兴趣和需求……当回到经营者的位置时,你就知道该怎样操作,不断地适应市场的变化和需要,调整你的营销策略,你就能成功。畅销书之所以畅销,就是因为它在一定程度上满足了读者的某种需求,因此一定要找准市场,摸清群众的心理,搞清楚他们对什么感兴趣,想看什么。"②选题策划思路的转变,对畅销书的整个营销过程具有全局性的影响。

但是需要注意的是,从"编辑—出版本位"向"读者—市场本位"的转变,并不是淡化乃至抹杀策划编辑的主观能动性,也不是对读者趣味的一味迎合和迁就。策划编辑应该在把握读者阅读欣赏的心理基础上,坚持自己的主见和原则,对选题进行一定的提炼和拔高,同样要体现畅销书的文化积累和和对广大读者的引导功能,否则就会导致出版价值和独立性的丧失。在这一点上,法国学者罗贝尔·埃斯卡尔皮指出,确定选题的前提是,出版者要想到一种可能的读者,并选出最能适合这种读者消费的稿件,而这种对读者的考虑具有一

---

① 李朋义:《选题策划与市场营销的关系》,见中国出版集团公司出版业务部编:《图书选题创新讲演录》,北京:中国大百科全书出版社,2007年,第43-51页。
② 张胜友:《畅销书整体运作规律纵横谈》,《编辑之友》,2002年第1期。

种双重的并互相矛盾的特点：

> 它一方面包含着要对这种可能的读者希望哪些作品，并将购买哪些作品，做出一种事实判断；另一方面，由于出版活动是在人类群体的道德审美体系内部展开的，因此，它要对读者大众"应该"爱好哪些作品，作出一种价值判断。因此，对任何书都要同时问一下：这本书能卖掉吗？这是本好书吗？对这双重的问题，出版者只能采取一种想来是能两方面兼顾的折中解决方案。①

这一分析很值得我们深思和借鉴。

三、选题策划中的调查研究

上述两方面的论述更多的是一种畅销书选题思路的转变。对选题策划的重视，从"编辑—出版本位"向"读者—市场本位"的转变，落实到实践中，便是"心中有读者，眼里有市场"，要进行深入而全面的市场调研，以采集及时、丰富而全面的信息资源，这应该是整个选题策划工作的重要先导。美国著名编辑家舒斯特说过："一位有创意的编辑人至高的喜悦和最大的特权，来自于有机会接触到人生的各个层面，发现还有许多未被满足的需求，并且找到最好的作者来满足读者的需求。"②要获得这种"至高的喜悦和最大的特权"，就必须以深入全面的调查研究作为基础。借用毛泽东同志"没有调查，就没有发言权"这句至理名言，我们可以说，在今天的出版市场上，没有调查，就没有出版权。闭门造车的调研当然不行，但走马观花、蜻蜓点水式的调研也无济于事。古人云，"涉浅水者得浮萍，进中水者得鱼虾，入深水者得珠贝"，没有深入全面的扎实调研，就很难有符合市场和读

---

① ［法］罗贝尔·埃斯卡尔皮：《文学社会学》，符锦勇译，上海：上海译文出版社，1988年，第77-78页。
② ［美］舒斯特：《给有志于编辑工作者的一封信》，见［美］格罗斯主编：《编辑人的世界》，齐若兰译，北京：中国工人出版社，2000年，第30页。

者需求的好选题。易图强说:"选题策划建立在对内部资源和外部环境把握的基础之上。选题策划人如果对信息没有全面而准确的把握,选题策划就难免'盲人骑瞎马,夜半临深池'的命运。"①畅销书的选题来源于图书市场,没有周密的市场调查和研究,想策划出为读者欢迎的畅销书,则无异于"无的放矢"。只有通过市场调研,了解社会时尚和大众关注的热点,掌握大众的阅读需求和阅读取向,从而确定目标图书市场,找准适合本社的图书市场定位,才能策划出具有特色的畅销书。

即便是在计划经济时代,要推出让读者"喜闻乐见"的优秀畅销书,深入图书市场和读者群的调查研究,也是非常必要的。比如在20世纪五六十年代,少年儿童出版社的每个编辑,都有两所"联系"学校,有的还兼任学校的课外辅导员。编辑们每个月都要往学校里跑上几趟,有的还给学生们抽时间上几节课。他们和孩子们打成一片,为的就是了解他们的想法,摸清他们的阅读爱好,能出一些他们爱看的书。②这种集体蹲点考察、深入实际的长期调研方式为该社经典畅销书《十万个为什么》的顺利编撰出版,打下了坚实的基础。进入市场经济时代以后,在供远大于求、竞争白热化的出版格局下,对于畅销书的策划而言,无论怎样强调市场调研的重要性都不为过,有人甚至说:"要使一本书跟某种牌子的牙膏一样畅销,做法大约没有什么两样。它们的过程也是相同的:识别市场,捕捉信息,捕捉市场上最需要的是什么这个信息。"③

当前的出版社在策划畅销书时,一般都非常重视对市场的调研分析。调研的重点在两个方面:一是明确目标读者的阅读需求,二是明确细分市场的整体态势。实施措施主要体现在对市场信息的收集、分析与研究方面,包括政治政策信息、学术与科技文化发展信息、国内外畅销书信息、竞争对手出版信息、同类书及其销售信息、作者信息、书店和批销商的反馈信息、读者信息、出版资源积累的情况、所处的地理位置及人文环境与经济情况等。在充分收集和了解大量相关信息的基础上,深入分析市场和潜在读者的真正需求。在此基础上

---

① 易图强:《图书选题策划导论》,北京:中国人民大学出版社,2009年,第283页。
② 孙蕾:《十万零一个为什么:〈十万个为什么〉背后的故事》,见郝振省主编:《名著的故事》,北京:中国书籍出版社,2009年,第28页。
③ 刘秉谦:《试论畅销书的构成》,《学术交流》,1993年第2期。

经营的选题具有很大的科学性和客观性，在很大程度上可以减少运作过程中的风险性。策划出版过《哈佛女孩刘亦婷》的出版人杨葵结合自己的经历说：

>　　选题的确立往往是一瞬间完成，好似偶然性很大，背后却有很多必然性。这种必然至少包含两个部分，一是关注，二是调研。关注是直观性的，比如跑书店，甚至观察买书人的表情（我就曾经站在某家书店的收银台前，看了两个小时读者交款那一瞬间的表情，里边内容之丰富，比电影好看多了）。光有这种表面的关注是不够的，还应该塌下心来，做一些理性的研究工作，尽量多看一些统计数字，比如各地各主要书店的畅销书排行榜，市场主要流行门类图书的动销情况，甚至包括你的一些主要竞争对手产品的市场动销状况，看看那些曲线图，认真琢磨琢磨，你会发现，某些选题当时虽然很热门，但它已进入下降曲线；反过来，有些书可能当时走势一般，但它迈进上升通道。套用股民们的话，当然买涨不买落嘛。①

聂震宁在总结《哈利·波特》的成功营销经验时，也把对资讯的收集归结为重要的因素之一，认为"《哈利·波特》是出版社通过资讯收集得来的"②。应该说，这一经验并非是个别的实例，而是具有一定的普遍性。

　　从实践中看，国内出版社在对市场信息的搜集和分析过程中，有一项具有战略意义的措施，便是建立具有"大数据"性质的畅销书出版信息库，其内容包括作者队伍、已有选题、可能选题、读者认同倾向、畅销书畅销模式、畅销书主题、出版者、社会影响（包括获奖和译介影响）、影视改编情况，等等。其目的，一是充分掌握图书市场态势和出版主动权，二是对畅销书的选题可行性做出准确的判断。而要做到这一点，就要在充分掌握和细致研究畅销书出版信息的基础上，对畅销书的出版环境和出版前景做出科学的判断与预测。在这一方面，目前业界普遍采用的分析方法便是"SWOT模型分析法"。所谓

---

① 杨葵：《我理解的图书策划与营销》，《中国图书商报》，2003年12月19日。
② 聂震宁：《一部超级畅销书的"生命工程"》，《编辑之友》，2002年第5期。

"SWOT 模型分析法"是企业结合自身优势（Strengths）、劣势（Weakness）及其所处环境的机会（Opportunities）、威胁（Threats），进行战略构思、战略选择的重要工具，在企业的战略选择分析中已经得到了广泛的应用。周蔚华指出，出版社在选题策划过程中，"首先就是要运用SWOT战略分析方法，对企业面临的竞争环境进行分析，并把这一点作为选题策划的出发点，选题策划就是要在分析本出版社的竞争优势、劣势、机会和威胁的基础上，扬长避短，以选题来强化优势，力避劣势，抓住机会，摆脱威胁。……这表面上与营销关系不大，实际上是一种更高层次上的营销战略，它决定了微观层次营销的成败。"① 这一科学分析方法的引入，对于确保畅销书选题策划的科学性具有极重要的意义。

顺便需要提到的是，除了出版者自身的调查研究以外，出版者在选择书稿时，作者是否有扎实的调查研究作为基础，也应成为一个重要的衡量指标。一般情况下，撰写一部优秀的畅销书尤其是非虚构类畅销书，也需要作者进行全面深入的调查研究。如叶永烈就说《历史选择了毛泽东》（上海人民出版社，1992年）这本畅销书是自己"跑"出来的：

> 从某种意义上来说，我的作品是"跑"出来的。在看了大量的历史文献、档案之后，有了总体构思，我便开始"跑"——行程万里，到实地去采访、勘察。为写好此书，1991年的夏日，我差不多是在羁旅中度过的……
>
> 在成都，我采访了张耀祠（曾任中央办公厅副主任，在毛泽东身边工作多年）；在遵义，查阅了遵义会议的档案材料，采访了熟悉毛泽东、周恩来等的老红军李小侠和遵义会议会址的原主——原国民党柏辉章师长的胞弟柏锦章；在贵阳，采访了原国民党贵州省主席王家烈的老部下万式炯；在北京，采访了刘少奇夫人王光美、张闻天夫人刘英、王稼祥夫人朱仲丽，采访了共产国际军事顾问李德的翻译王智涛；在江西，实地勘察了井冈山、瑞金，采访了凯丰的长女、博古的长女与小女……

---

① 周蔚华：《整合营销与选题策划》，《中国出版》，2006年第2期。

> 林林总总为写此书，我采访、请教有百余人，确是一部"跑"出来的书。①

除了《历史选择了毛泽东》以外，我们在《邓小平时代》这样的优秀畅销书中，也能看到这种深入调查研究的"跑"的功夫。《邓小平时代》是逾八十高龄的哈佛大学教授傅高义倾十年之心力而完成的一部权威性的邓小平传记。为了撰写这部传记，作者不仅研读了大量所有可能获得的文献资料，而且还深入广泛地访谈了数百名与邓小平相关的重要人士。为了感受邓经历过的环境，他还去邓小平一生中到过的重要地点分别小住过数日，包括四川广安、山西太行山、重庆和成都以及江西瑞金。在写作阶段，阅读过他全部文稿或部分手稿并对之进行讨论的人士，至少也有100多位。郝振省先生在《从傅高义那里可学到些什么？》一文中感慨道：傅高义的如此浩瀚的搜集资料的工作，以及他如此大面积的采访工程及如此"大数据"地与相关专家深入进行讨论，使得他有资格说：假如邓小平今天还在世，也会承认我是努力按照他的"实事求是"的教导去做的。他总结说，"之所以如此地叙述傅高义这位中国通的写作经历，这十年磨一剑的经历，无非是想说明一部精品出版物的问世，其中凝集着作者多少精神的、物质的投入，作者是用生命来写另一个鲜活生命的。"②再一次印证了，深入的调查研究和踏实的精雕细琢，是产生精品畅销书的重要条件之一。

---

① 钟代福：《诱人的畅销书》，《出版发行研究》，1993年第3期。
② 辰目：《从傅高义那里可学到些什么？》，《出版发行研究》，2013年第2期。

第三节
畅销书选题策划中的创新与"跟风"

在畅销书的选题开发方面,有两个问题值得重点分析:创新与"跟风"。实践证明,在畅销书的选题策划中,既需要原创性的选题,也需要具有创新性的"跟风"之作。

创新是选题策划的灵魂所在。所谓选题策划的创新,是出版者在充分调查图书消费市场和出版信息的基础上,利用新颖的出版选题开辟新的图书市场,这是出版社在市场竞争中开发出领先型、创新型图书产品的必由之路。美国学者里斯和特劳特说:"历史表明,第一个进入人们头脑的品牌所占据的长期市场份额通常是第二个品牌的两倍、第三个品牌的三倍。而且,这个比例不会轻易改变。"①邹韬奋先生也根据自己的办刊经验提出,办刊物"最重要的是要有创造的精神,而尾巴主义是成功的仇敌。刊物的内容如果只是'人云亦云',格式如果只是'亦步亦趋',那是刊物的尾巴主义。这种尾巴主义的刊物便无所谓个性或特色;没有个性或特色的刊物,生存已成问题,发展更没有希望了。"要克服"尾巴主义"的毛病,形成刊物的个性或特色,就"非有创造的精神不可"。②这一论述,应用在图书的选题策划方面,也非常恰切。

在出版活动中,通过创新的选题策略,确立在同类图书中第一的品牌定位,可以取得不同凡响的业绩。出版社只有不断推出富有自身特色的创新型图书产品,才能抢占市场空白,占领市场先机,从而为出版社带来高额的利润回报,最终为塑造出版物和出版社品牌打下坚实的基础。商务印书馆是我国公认的具有品牌影响力的百年老社,它的成功就来自源源不断的创新性选题。在畅销书的选题策划中,创新性选题的作用更为明显。上海人民出版社在其创新选

---

① [美]艾·里斯、杰克·特劳特:《定位》,王恩冕等译,北京:中国财政经济出版社,2002年,第87页。
② 邹韬奋:《经历》,长沙:岳麓书社,1999年,第73-74页。

题《我为歌狂》获得成功后，相继推出了《我为画狂》《我为球狂》《永远的OPEN》《爱上爱情》《爱情合影》等后继畅销书，从而抢占了青春读物市场的半壁江山。另外如长江文艺出版社、春风文艺出版社、人民文学出版社、外研社、接力出版社、中信出版社等出版社畅销书出版品牌特色的形成，均与其强大的选题策划创新能力有直接关系。

在畅销书的选题策划实践中，策划者普遍推崇和强调选题的原创性和个性化。如当代独立出版人海默提出："一个优秀的图书策划人是否'优秀'集中体现在能否策划出在市场上具有'领跑'价值的图书，有出息的出版人都应在此领域有精彩的表现。"①这里所说的"具有'领跑'价值的图书"就是具有开创性和个性化的创新型畅销书，如《十万个为什么》《谁动了我的奶酪》《正说清朝十二帝》《狼图腾》等等。同时需要指出的是，对畅销书选题创新的强调并非是一味求新求怪，大谈"怪、力、乱、神"，而应该是在扎实的市场调研基础上，充分考虑和分析了读者阅读需求和市场情境后的创新。也就是说："畅销书编辑必须具备一种在新颖独创和大众口味之间寻找平衡、共性的本领。一方面，选题要适应尽可能广泛的大众阅读趣味，从消闲、实用等角度满足公众；另一方面，又必须有新意，富于创新色彩。不能过于新奇，使公众产生不可理解、无法接受的心理，但又不能俗不可耐，司空见惯。"②从整体上看，目前国内绝大多数出版社的畅销书策划创新能力还有待大幅度提高。

在业界和学界人士大力呼吁选题创新的同时，在畅销书的选题策划实践中，还有一个不容忽视的突出现象：选题的模仿和"跟风"问题。

其实自古以来，这种现象就已普遍存在于文坛和出版界。汉代枚乘曾撰《七发》，奠定了汉代大赋的基础，又是赋史上"七"体的开创之作，受到人们的推崇，后世文人多有刻意模仿之作。宋代洪迈《容斋随笔》卷七曰：

> 枚乘作《七发》，创意造端，丽旨腴词，上薄《骚》些，盖文章领袖，故为可喜。其后继之者，如傅毅《七激》、张衡《七辩》、崔骃《七依》、马融《七广》、曹植《七启》、王粲《七释》、张协《七命》

---

① 海默：《好书是"做"出来的（续篇）：一个独立出版人的商务笔记》，《出版广角》，2006年第2期。
② 伍旭升：《大轰动：中外畅销书解秘》，广州：广州出版社，1993年，第122页。

之类，规仿太切，了无新意。傅玄又集之以为《七林》。使人读未终篇，往往弃之几格。

本来模仿之作就质量欠佳，傅玄又将其编纂成书，实在不是明智的选题策划。据清代学者平步青统计，自枚乘以后到唐代为止，"七"体赋有目可查者就有四十多家，唐以后各朝作家亦时有摹拟。①但从整体质量来看，没有一家的水平可以与《七发》相提并论。针对模仿之作虽多，但多不如原作的现象，清代顾炎武曾在《日知录》卷十九《文人模仿之病》中批评道："效《楚辞》者，必不如《楚辞》；效《七发》者，必不如《七发》，盖其意中先有一人在前，既恐失之，而其笔力复不能自遂。此寿陵余子学步邯郸之说也。"

在选题策划方面，古代的跟风情况也不少见，最常见的就是为一本广受读者欢迎的图书出续作，对其故事情节的前因后果作进一步的演绎。像《三国演义》《水浒传》《西游记》《金瓶梅》这四部明代奇书在行销于世后，都有不少紧随其后的续书出现。清人刘廷玑《在园杂志卷三·续书》对此现象有一段精彩论述：

> 近来词客稗官家，每见前人有书盛行于世，即袭其名，著为后书副之，取其易行，竟成习套。有后以续前者，有后以证前者，甚有后与前绝不相类者，亦有狗尾续貂者。四大奇书如《三国演义》名《三国志》，窃取陈寿史书之名。《东西晋演义》亦名《续三国志》，更有《后三国志》，与前绝不相侔。如《西游记》乃有《后西游记》《续西游记》。《后西游》虽不能媲美于前，然嬉笑怒骂，皆成文章；若《续西游》则诚狗尾矣。更有《东游记》《南游记》《北游记》，真堪喷饭耳：如《前水浒》一书，《后水浒》则二书……《金瓶梅》亦有续书……再有《前七国》《后七国》。而传奇各种，《西厢》有《后西厢》，《寻亲》有《后寻亲》，《浣纱》有《后浣纱》，《白兔》有《后白兔》，《千金》有《翻千金》，《精忠》有《翻精忠》，亦名《如是观》，

---

① 徐业龙：《高论直言为药石：汉赋鼻祖枚乘和他的代表作〈七发〉》，http://www.zghy.gov.cn/news/news.asp?id=40338，2010 年 5 月 27 日。

> 凡此不胜枚举……总之，作书命意，创始者倍极精神，后此纵佳，自有崖岸，不独不能加于其上，即求媲美并观，亦不可得；何况续以狗尾，自出下下耶？

到了清代《红楼梦》问世之后，《红楼后梦》《红楼续梦》《红楼复梦》《红楼翻梦》这样的跟风之作很快就出现在图书市场上，形成十分热闹的"红楼系列"著作。清毛庆臻《一亭考古杂记》记述其情形云：

> 乾隆八旬盛典后，京板《红楼梦》流行江浙，每部数十金。至翻印日多，低者不及二两。其书较《金瓶梅》愈奇愈热，巧而不露，士大夫爱玩鼓【股】掌。传入闺阁，毫无避忌。作俑者曹雪芹，汉军举人也。由是《后梦》《续梦》《复梦》《翻梦》新书叠出，诗牌酒令斗胜一时。

从以上史料中可以看出，模仿与跟风并非出版界的新鲜事。法国社会学家塔尔德认为，社会起源于模仿，模仿是人类社会的一种最基本的传播活动。而"跟风"与模仿是大众文化产品生产过程中一种带规律性的现象。阿诺德·豪泽尔指出，通俗文艺"总是机械地套用某些创作规则，即坚持那些畅销书、红极一时的东西的标准。某种手段一旦获得成功，就百用不厌，不管是否已经用滥了。"①今天，随着出版业竞争的不断加剧，此类情况可谓愈演愈烈。当一本畅销书在图书市场上掀起畅销热潮时，图书市场上就会在很短时间内涌现出大量话题、书名、封面、内容文字十分相似的"跟风之作"。近年来国内图书市场上涌现出来的经典畅销书后面，都有成系列的形神俱肖之作，如"奶酪"系列、"老照片"系列、"哈佛女孩男孩"系列、"水煮"系列、"麻辣"系列、"正说"系列、"动物图腾"系列、"盗墓"系列、"历朝历代那些事儿"系列，等等。

这在一定程度上，也是由大众文化的流行性和商业性所造成的。从流行性的角度来讲，一种文本在开初"总是善于吸收高雅文化文本和民间文化文本的

---

① ［匈］阿诺德·豪泽尔：《艺术社会学》，居延安译编，上海：学林出版社，1987年，第234页。

某些特点,创出原创性新模式,随即迅速地通过批量化生产而流行。在一定时段的一定公共群体中风行开来,形成时尚潮流。流行,正是大众文化的必然特征之一。当然,流行往往容易引来众多模仿之作,走向模式化。"①这种模式化,包括了主题、结构、风格、包装等多方面的模仿甚至雷同。而这在一定程度上"迎合了大众娱乐消遣的欣赏,它在一种预知中给大众一种期待的兴奋和满足感,而其中少许的期待受挫(即情节发展或人物命运在观众期待和预料之外),又会给人一种新奇的刺激感。这些都适合了大众的消费心理,这也是大众文化在有限的模式中仍然吸引大众的原因。"②从商业性的角度来看,跟风与模仿之作层出不穷,代不绝书,根本还在于经济利益的驱动。成功的范例在前,且已造成很好的市场态势和读者的阅读预期,作者、书商和出版社趁着这个时机,依样画葫芦地模仿,就照样可以在相关的竞争领域中分得一杯利润之羹,这样既可以减少内容开发的成本,又可以降低试水市场的风险,这就是经济学上所说的"搭便车"现象。只要能轻松地获利,图书的质量是"狗尾续貂"还是"后来居上",都不在考虑之列。但是跟风跟得太紧,太多,太没有水平,就会使一种主题和模式"滥大街",跟到无人可读,血本无归。正如苏特兰所言:"与'纯文学'小说相比,畅销书最引人注目的特点之一是它的孤注一掷的本质,要么人人都读,要么没有一个人读。一旦某一种畅销书或者是这种书的模式出现疲软的现象,就会连一点残渣也不留下。"③

不可否认,畅销书的选题"跟风"现象受到了很多学者的非议,认为这是导致图书市场同质化,缺乏原创性作品的主要根源。笔者则认为,对这一问题应该辩证地分析,不同的"跟风"策略很可能导致不同的结果,不能一概而论。比如同样是模仿《七发》,在众多的庸常之作中,唐代的大文豪柳宗元的《晋问》虽然亦用其体,但由于善于在模仿的基础上进行创新,遂能"超然别立机杼,激越清壮,汉、晋诸文士之弊,于是一洗矣。"④再如《红楼梦》虽"脱胎于《金瓶梅》",但艺术水准和整体质量明显"青出于蓝"。所以关键不在是否模仿,而在是否会创造性地模仿。笔者因此将畅销书的"跟风"现象分为

---

① 王一川:《大众文化导论》,北京:高等教育出版社,2009年,第10页。
② 陶东风:《大众文化教程(修订版)》,桂林:广西师范大学出版社,2012年,第37页。
③ [英]约翰·苏特兰:《畅销书》,何文安编译,上海:上海文化出版社,1988年,第2页。
④ [宋]洪迈:《容斋随笔》,孔凡礼点校,北京:中华书局,2009年,第90页。

两种情形:

一种是低水平的拙劣的"东施效颦"式的跟风,即在成功的畅销书后面亦步亦趋,从内容、封面创意、版式设计和图书名称甚至作者名字进行全面模仿,有时甚至为了模仿而不惜粗制滥造,这种情况在目前的畅销书市场上十分普遍,最终只能导致选题撞车,内容重复,资源浪费,真是"你有我有,全都有",致使同类书大量积压,阻碍畅销书出版产业的健康发展。这也是人们指责的主要问题,这一点笔者会在后文中有详细的论述。

另外一种则是出版者在一本畅销书成功之后,仔细分析由成功畅销书所造成的市场态势和读者的阅读期求,然后巧妙借鉴成功畅销书的主题、内涵、思路、特色和形式,最终提出既有模仿因素又有创新特色的新选题来,在这种情况下推出的图书往往也能跻身畅销书的行列。其成功的诀窍就在于策划编辑能够善于巧借东风,因人成事,在模仿和借鉴成功者经验的同时,又能发挥自身的主观能动性,进行创造性的"跟风"。上一种情况自然为人们所不齿,这种情况则值得提倡,因为畅销书市场的竞争是多向量的,一本成功的畅销书不可能占尽市场的机遇,满足所有读者的需求。这就必然会留下一定的市场空间,由后来者去占领。在具体的选题策划中,有创新,必然就会有跟进;有仿照,有改进,就会有超越。从畅销书选题运作实践中来看,富有创意的跟进,往往能拓展原先的选题策划思路,做大同类畅销书主题的市场蛋糕,开拓出新的市场发展前景。在这一方面,民国时期中华书局"跟风"商务印书馆出版既有模仿又有创造性的图书报刊,就为我们树立了很好的典范。

中华书局自诞生之日起,就与商务印书馆形成竞争之势,各省凡商务有分馆的,中华也必有分局。凡是商务印书馆有一种杂志,中华书局就跟着办一个相应刊物,在教科书、辞书和古籍丛书的出版方面,编辑竞争也十分明显、激烈,体现出紧随其后的强劲"跟风"态势。本师肖东发先生曾根据郑逸梅《书报话旧》中资料,将原创与跟风之作分门别类列表展示,让读者一目了然。并进而指出:"中华书局绝非单纯模仿商务印书馆,而是尽量避免重复雷同,努力做到别具匠心,开创新意,所以同是一类辞书、丛书也是两家各有特色。以从整体上看,中华与商务这一时期的激烈竞争,对编辑出版工作的发展还是有

促进作用。"① 兹将此表抄录如下:

表5：民国时期商务印书馆与中华书局重点书刊出版比较一览表

类别	商务印书馆	中华书局
教科书	《最新教科书》	《中华教科书》
	《共和国教科书》	《新制教科书》
	《实用教科书》	《新式教科书》
杂志	《东方杂志》	《大中华》
	《小说月报》	《中华小说界》
	《教育杂志》	《中华教育界》
	《少年杂志》	《中华童子界》
	《学生杂志》	《中华学生界》
	《妇女杂志》	《中华妇女界》
	《儿童世界》	《小朋友》
	《儿童画报》	《中华儿童画报》
	《英文杂志》	《中华英文周报》
辞书	《新字典》	《中华大字典》
	《学生字典》	《新式学生字典》
	《国音字典》	《标准国音字典》
	《中国古今地名大字典》	《中外地名辞典》
	《辞源》	《辞海》
古籍丛书	《四部丛刊》	《四部备要》
	《百衲本二十四史》	《聚珍仿宋版二十四史》
	《万有文库》	《中华百科丛书》
	《丛书集成》	《古今图书集成》

在今天的畅销书市场上，也不乏一些成功的跟风之作。比如1996年山东画报出版社出版的《老照片》成为广受欢迎的畅销书后，百花文艺出版社

---

① 肖东发：《中国编辑出版史（上册）》，沈阳：辽海出版社，2005年，第457-458页。

出版的《知青老照片》，江苏美术出版社出版的"老房子"系列、"老古董"系列、"老城市"系列与"老百姓"系列等"老字号"系列书，也取得了很好的效益。再如作家出版社2000年出版的《哈佛女孩刘亦婷》在一定意义上也是创造性"跟风"的产物。该书策划人、责任编辑杨葵坦言是从《素质教育在美国》（广州教育出版社，1999年）一书的持续畅销中得到启发，预感到素质教育类图书还有着巨大的市场潜力和创新点。同时他又深入分析了《素质教育在美国》一书的优缺点，在此基础上萌发出策划出版一本中国人自己的素质教育个案的设想，从中演绎出《哈佛女孩刘亦婷》的选题思路。这本书虽然是"跟风"的产物，但到2006年11月就已经印刷了72次，销售了200万册，由此而导致了经久不息的素质教育个案类图书的热销。而接力出版社的策划编辑则从《素质教育在美国》的畅销中发现了具有开发潜力的作者资源，他们通过作者黄全愈的成功类推到其儿子矿矿所受的教育，请矿矿写了《放飞美国：一个美国老师和他的七个学生》一书，也取得了相当好的销售业绩。广东教育出版社则将《素质教育在美国》一书的选题思路进一步拓展，将素质教育的内涵由学校向家庭延伸，与作者一起策划出版了《素质教育在美国》的续集《家庭教育在美国》，该书是出版社自己的"跟风"图书，继承了前书的特色与风格，从家庭教育的角度介绍美式教育，在短短数月就发行了8万册。此后不久，作家出版社又邀请作者撰写了《玩的教育在美国》，把由《素质教育在美国》而引发的出书热潮推向了新的层面。两三年内，书市上涌现出的类似跟风之作还有：《赏识你的孩子：一个父亲对素质教育的感悟》《哈佛男孩张肇枚》《剑桥女孩孟雪莹》《东大男孩王欣华》《北大女孩谢舒敏》《清华男孩章启轩》《博士姐妹》等至少20种。其中有不少还取得了不错的销售业绩。如2001年7月出版的《轻轻松松上哈佛》四个月销售了近10万册，同年10月出版的《千万别"管"孩子：自主教育哈佛启示录》上市三个月就发售了30万册。

可见，有创意的"跟风"与模仿同样可以策划出紧随成功畅销书之后的系列畅销书，正如杨葵所总结的那样："跟风不是什么坏事，不能因为几颗恶劣跟风的老鼠屎，就倒了整个跟风这锅好汤。跟风体现了商业敏感性，是聪明人的做法。踩在巨人的肩膀上,当然看得更远。"①从实际情况来看,国内的出版界还应该在策划有创意、有特色的"跟风"畅销书方面多下功夫。一言以蔽之,"跟风"并非不可,关键是要在"跟风"的过程中协调好模仿与创新的关系。抓紧时机,有因有创,守正出新,后来居上,方为佳境。

---

① 杨葵:《我理解的图书策划与营销》,《中国图书商报》,2003年12月19日。

第四节
畅销书选题策划中的"名人效应"

所谓"名人效应",是指由人们对名人的尊敬追崇而引起的一种从众效应。"名人多为某方面的杰出代表,他们的生平、经历、喜好、成长中的酸甜苦辣很容易成为人们的关注焦点,同时他们的点点滴滴在某种程度上也起到一种社会示范作用,这种示范作用在现实生活中的名人身上表现得尤为明显。"[①]在古代出版活动中,为了扩大图书的影响力,由名人题签书名、撰写序跋或作评点,就是书商发挥"名人效应"的常用做法。进入现代商业社会以后,"名人"作为一种大众文化景观,在一定程度上也被商业化了。有人指出,电影明星"就是一种体现形象系统、带有交换价值的特殊人类商品"。[②]既然是商品,就拥有交换价值和使用价值,名人形象的使用价值为观众提供欣赏与享受,交换价值则为名人和相关机构获得利润。基于这样的基础,"名人效应"在现代公关、广告宣传等商业活动中已经得到了广泛的应用。具体到出版业,"名人"已经成了抢手的出版资源,几乎成了书业"票房"的保证。其原因主要应归结为两个方面:

> 名人出书的畅销一定有其原因可循,一方面,作品的畅销受读者的好奇心理影响。对于普通读者来说,名人的生活始终会引起他们的关注,无论是希望了解名人的人生、思想从而在自己的生活中得以借鉴和启迪,还是纯粹出于个人好奇心。对现在大部分偶像明星出的书来说,没有读者这种潜在的阅读心理,是很难在图书市场中占据一席之地的。另一方面,名人出书的卖点往往也是吸引读者的关键因素。

[①] 茹希佳:《畅销书的四大支柱:兼谈其负面影响》,《新闻出版导刊》,2003年第2期。
[②] 游飞、蔡卫:《世界电影理论思潮》,北京:中国广播电视出版社,2002年,第24页。

朴槿惠的《绝望锻炼了我：朴槿惠自传》一书，上市前便以"韩国第一位女总统"等字眼博得读者的眼球。①

因此，利用"名人效应"来运作畅销书，就成为出版策划人惯用的重要选题策略之一。常用的做法就是写名人或者让名人写书。一些出版社已经因为惯于出版名人畅销书而成长为国内知名的出版社。出版界著名的"金黎组合"最为擅长的就是策划出版名人畅销书。

从整体上看，国内出版社在历年策划出版的畅销书中，与名人相关的图书占了很大的比例。在各大畅销书排行榜中，都可以看到名人的身影。以开卷2016年10月份的非虚构类畅销书排行榜为例，前10名中涉及名人的畅销书占到了9个，分别是：大冰的《好吗好的》《乖，摸摸头》，回忆专用小马甲的《愿无岁月可回头》，高铭的《天才在左　疯子在右（完整版）》，龙应台的《目送（插图新版）》，鲁迅的《朝花夕拾》，杨绛的《我们仨》，白岩松的《白说》，刘同的《向着光亮那方》。在由叶轻舟编著的《畅销书》一书中，作者以畅销书的销量为依据，精选了2000—2004年五年间在国内畅销的36本图书（包括文学类和非文学类）分别加以评述。据笔者统计，其中与名人相关的畅销书有20本，所占比例将近60%，涉及的名人有钱钟书、余华、余秋雨、洪昭光、蔡智桓、郭敬明、韩寒、海明威、昆德拉、卡耐基、史蒂芬·霍金、亨利·法布尔、希拉里、村上春树、杰克·韦尔奇，等等。②以上三例说明了这样的事实：名人天生就与畅销书有着难以割舍的不解之缘。虽然这一策略常为人们所批评指责，但出版者仍乐此不疲，不断地推出名人系列，原因就在于批评指责之声似乎并不能改变这类图书"出一本畅销一本"的命运与势头。从现有的情况来看，与畅销书紧密相关的"名人"可以分为以下五类：

---

① 北京开卷信息技术有限公司研究咨询部：《"名人效应"依然强劲：2015年10月全国大众畅销书分析》，《中国新闻出版广电报》，2015年11月30日。

② 叶轻舟：《畅销书》，北京：北京工业大学出版社，2005年。

1. 畅销书作家

如余秋雨、海岩、刘墉、卢勤、郑渊洁、洪昭光、蔡智恒、郭敬明、韩寒、当年明月、南派三叔、卡耐基、可爱淘，等等。这些知名作家，基本上都是某一领域的金字招牌和代言人，他们拥有着数量极为庞大的读者群。很多读者购书就是冲着这类作家的牌子和名气而来的，而图书的内容究竟如何则反倒在其次了。他们在一定程度上已经成为多产的畅销书作家品牌，如余秋雨就是文化散文的品牌作家，刘墉、卡耐基是励志类图书的品牌作家，郭敬明、韩寒是青春文学的品牌写手。他们的个人品牌已经建立，相当稳定的读者群对他们已经充满了持续的阅读期待，所以这类"名人"就成为畅销书出版资源中最为宝贵的资源，是众多出版社争抢的"摇钱树"。历年的虚构类畅销书排行榜，基本就是这类名人的名录。

2. 影视明星

如赵忠祥、倪萍、白岩松、崔永元、李咏、陈鲁豫、刘晓庆、"小燕子"、F4、冯小刚，等等。他们或为著名的电视主持人，或为当红的影视明星，或为知名的影视导演，等等。他们是大众媒体塑就的大众明星，在大众中有相当广泛的知名度。相较而言，其影响力更为广泛，由于是当红名人，所以与其相关的图书来势更猛，影响也更大，图书销量也十分可观。1995年，上海文艺出版社出版的《刘晓庆：我的自白录》拉开了影视名人出书的大幕，此后，国内媒体、演艺圈的知名人物，纷纷摇笔为文，不断推出轰动一时的畅销书。1997年，名人出书到达了前所未有的巅峰。倪萍的《日子》、杨澜的《凭海临风》、姜昆的《笑面人生》、宋世雄的《宋世雄自述》位列当年度的十大畅销书行列。其中，前三者高居前三名，数量上远远领先后续者。从单品种数量来讲，倪萍的《日子》在短短一年的时间内，就累计销售近百万。但从整体上来看，与这类明星相关的畅销书的生命周期普遍都比较短，基本上属于一次性开发产品，缺乏持久的出版价值和深远的社会影响。

3. 某一时期内的焦点名人或成功人士

如吴士宏、李昌平、米卢、"超女"、乔布斯、朴槿惠等，由于某种契机使得这类"名人"成为某一时期内公众关注的焦点,利用公众的关注点适时推出与其相关的图书,畅销几率几乎是百分之百。2002 年李响的《零距离:与米卢的心灵对话》之所以能够畅销一时,就是因为图书的主题是与"神奇教练"米卢紧密相关的,而当时的米卢正因为"世界杯"而被举国上下关注。当年光明日报出版社推出李昌平的《我向总理说实话》一书广受欢迎,既与当时我国"三农问题"比较突出的社会背景紧密相关,也与李昌平本人作为基层干部敢于"直言上谏"的"壮举"相关。一般地,这类名人因与"时势"密切相关,所以关于他们的畅销书也更多地属于"昙花一现"的出版现象。

4. 历史名人、政治名人或文化名人

如康熙、雍正、曾国藩、鲁迅、毛泽东、邓小平、江泽民、辛基格、希拉里、陈寅恪、巴金、梁漱溟,等等。中国素有以史为鉴的民族传统,人们普遍喜欢从历史名人身上去找寻智慧,汲取历史教训。所以一些历史名人的传记或著作都能成为畅销书,而且往往是常销书。比如二月河的康熙、雍正、乾隆系列,唐浩明的曾国藩、张之洞、杨度系列,阎崇年的《正说清朝十二帝》等,都属于这种情况。而政治名人与文化名人也往往因其巨大的政治文化贡献和独特的个人魅力,激起人们的崇敬和爱戴之情,因而与他们相关的图书也会拥有极为广泛的读者群和广阔的市场前景。在当代出版史上,最有代表性的出版现象就是 20 世纪 80 年代末 90 年代初,国内出现的毛泽东图书出版畅销热。据粗略统计,至 1991 年,国内出版的有关毛泽东的图书有 60 多种。1993 年是毛泽东诞辰 100 周年,有关毛泽东的图书再次掀起出版发行的高潮,仅新华书店北京发行所在年初几个月就陆续征订了 40 余种。[①] 而且此次畅销热潮,是由全民自发自愿地阅读和购买毛泽东图书。除此之外,像这类畅销书的典型代表还有《我的父亲邓小平》《江泽民传》《巴金画传》《邓小平时代》,等等。这两类畅销书的表现形式多为历史小说或人物传记。与以上三类情况相比,这两类畅销书可能更需要营销运作,但其内容决定了其中的绝大多数都能成为"长期总销"型畅销书,因而为很多出版社所青睐。

---

① 伍旭升:《大轰动:中外畅销书解秘》,广州:广州出版社,1993 年,第 51 页。

5. 体育明星

如刘翔、姚明、林丹、孙杨、马拉多纳、乔丹、贝克汉姆，等等。体育明星是名人群体中的重要一类，在体育魅力和大众媒介的双重作用下，他们的影响力往往会遍及全球，所以，与他们相关的图书往往有可能成为全球畅销书。

从近年来的实践中可以看出，图书一旦与名人结缘，就基本上具备了畅销书的"潜质"，在名人辈出的今天，由大众媒体塑造的一个又一个名人的确为出版社提供了丰富而可观的出版资源。在具体的出版实践中，名人出书大致分为四种模式：一是名人亲自动笔写；二是名人与作家合作，出版后联合署名；三是名人口述，请人整理，真正作者的姓名被隐去，或者仅在致谢一栏体现；四是有人搜集名人资料，帮名人写书，然后名人审阅认可或修订后出版。[①]打着名人的旗号而造就的畅销书将永远在畅销书的大集体中占据重要的一席之地。但需要注意的是，这并不意味着只要有名人做招牌，就一定能够获得读者和市场的认可，非常轻松地换来滚滚财源，一句话，"名人"的确看上去很美，但却不能因盲目而掉入陷阱。其理由如下：

首先，写名人或者名人写的优质书稿作为一种大家争抢的稀缺资源，并不是随便哪个出版机构都可以轻易获取的。一方面出版机构在选择作者，其实在很多情况下，作者也在选择出版社，二者是一个双向选择的关系。在出版社与名人之间，更多的是名人选择出版社。名人顾名，当然要考虑出版社的形象和品牌。更为重要的是，名人也顾利，随着竞争的白热化，名人的身价也在不断被抬高。出版社的投入将不断加码，面临的风险也会随之加大。所以在做选题策划时，一定要充分考虑到选题实施的现实可能性。在这种情况下，该如何去做，才能吸引到名人的优质书稿呢？金丽红提出的四条标准可以提供一定的借鉴：（1）对作者和书稿负责，在编校质量、内容、设计等方面严把关，把书做好；（2）尽可能提高书的销量，为作者赢得满意的高回报；（3）做好书和作者的宣传，这对塑造和美化作者的形象十分重要；（4）要和作者讲情义，和作者

---

① 北京开卷信息技术有限公司研究咨询部：《"名人效应"依然强劲：2015年10月全国大众畅销书分析》，《中国新闻出版广电报》，2015年11月30日。

不仅仅是简单的生意关系，最好能处成朋友关系。①

其次，这类书的畅销与否或畅销程度主要取决于名人的知名度和"人气"，大名人、当红明星显然比小名人、过气明星的保险系数高出很多。比如华艺出版社当年选择名人的标准是，必须是行业内一流的人物，知名度必须很高，不能是二流的或者还没有完全成名的，因为读者只会对做得最好的感兴趣。这是一个很符合现实的选择。但如果没有源源不断的大名人、新明星的出现，此类图书的畅销就会面临资源枯竭的问题。另外，即便是大名人，其公共形象的好坏情况，也会影响相关书籍的命运。比如，2014年3月，在媒体曝出著名演员文章"婚外情"的消息后，很快就遭遇了观众们对其"好爸爸""好丈夫"形象的质疑。这种信任危机也波及到他于2013年9月推出的电视剧同名畅销小说《小爸爸》。上市不到8个月，这本文章的首部"文学作品"就因其公共形象的改变受到了牵连，经历了从最初的备受推崇，到后来的突遭冷遇的过程。读者阿慧表示："以前很爱看《小爸爸》，抱着文如其人的想法欣赏文章，没想到书里的形象与现实的反差这么大，看来这不是他的感悟之作，是编造之作。"②这应该是读者将《小爸爸》打入冷宫的共同原因之一。

复次，如果仅有名人做招牌，却没有符合名人形象或读者口味的上佳内容和形式做保障，恐怕也万难成为出版机构获取高额利润的灵丹妙药。在这一方面，即便是以策划名人书见长的金丽红也有过失败的经历：某一个著名的小品演员火了之后，华艺出版社决定出版一本关于他的书。编辑和这位小品演员接触后，做出的决定是，出一本类似散文的集子，由这位演员自己写。但结果却出奇地差。金丽红后来分析失败的原因，这位演员给大家的形象是"大老粗"，但是成功前受过很多苦，如果写成他个人奋斗历程的书，也许会有市场，毕竟读者还是需要励志故事，但做成散文，那就太不符合他在大众中的形象了。③

最后，更为重要的是，随着国民整体文化素质的提高，在个性张扬的时

---

① 金丽红：《畅销书与营销策划》，《出版广角》，2002第11期。
② 郭翼飞：《文章出轨殃及新书〈小爸爸〉》，《劳动报》，2014年4月9日。
③ 程蕾、民任：《华艺出版社：策划赢家》，《中国市场》，2003年第4期。

代，人们对名人的崇拜感和好奇心日趋理性，读者在面对名人书籍时，心态上也逐渐多了一些成熟与理智，他们的品味和鉴别力也在不断地提升。据海默在2006年的不完全统计，近十年来，全国近百家出版社大约出版了近300位各领域名人的自传或其他作品，正版发行量最高达3000余万册，盗版发行量保守估计过亿册，库存积压数量无法统计。与此同时，读者对此类图书的购买指数已经下滑至10年前的8%以下。①这也将促使名人畅销书的策划与出版更为理性、规范和成熟。

---

① 海默:《图书选题策划的五大陷阱》,《出版广角》, 2006年第9期。

第四章
"内美"与"修能":
畅销书的整体产品制作

"纷吾既有此内美兮,又重之以修能。"文学之事,于此二者,不可缺一。

——王国维[①]

我们不论从哪个角度看,都可以把出版者的作用比作助产士的作用:出版者虽不构成生命的起源,也不是生命的孕育者和提供者,但没有他,一部构思好了的、并已脱稿的作品就不能真正作为作品而存在。

——罗贝尔·埃斯卡尔皮[②]

---

① 王国维:《人间词话》,见彭玉平:《人间词话疏证》,北京:中华书局,2013年,第393页。
② [法]罗贝尔·埃斯卡尔皮:《文学社会学》,符锦勇译,上海:上海译文出版社,1988年,第70-71页。

第一节
畅销书整体产品的层次论

产品策略在图书营销活动中占有十分重要的地位，它是出版机构选题策划策略的延续和落实。这既是一种文化或艺术创作活动，更是一种商业包装行为。出版机构在制定营销战略时，首先要解决的问题是，用什么样的图书产品来满足目标读者的需要。出版机构所有的经营理念和营销思路，最终都要体现在图书产品上。离开了图书产品，出版机构的营销活动将无从谈起。出版适合市场需要，并不断培育具有竞争力的图书产品是出版机构的立命之本，是其生存和发展的基础。而畅销书产品就是出版社应该大力培育的特殊图书产品。

在探讨畅销书的整体产品制作之前，有必要介绍图书营销学中图书产品的整体概念。根据营销学的产品整体概念，图书产品应是通过交换能够满足读者精神需求和利益的有形物体及无形物体的综合，它通常包括核心层、形式层、附加层和延伸层四大部分：

核心层。即图书产品的内容部分，它指图书产品提供给读者的实际效用或利益，是读者需求的核心内容，它决定着图书的核心使用价值。读者购买图书首先就在于图书的基本效用，能够从对图书的消费中获得精神文化的享受并满足对知识的需求欲望。如《水浒传》《三国演义》《西游记》《红楼梦》《唐诗三百首》《古文观止》自成书以来，能被不同出版机构不断以不同形式出版，其根本原因，就在于其优质的核心层内容深受读者的欢迎。可以说，核心层是图书产品的第一层次，它是图书产品的实质，体现着图书的精神属性。

形式层。这是图书产品的第二层次，是指图书核心层的存在和实现的具体物质形态，包括图书的载体类别、封面、封底、插图、开本、用纸、印刷和装帧质量等，这是图书的物质属性。图书产品的核心层要通过形式层来呈现给读者。J.P. 德索尔说："图书的灵魂，即它的内容，必须寓于适当的形式之中。因此，书籍从产生之时起，就得到了许多设计、插图和手工艺大师的关注。……一些世界上最伟大的艺术家们都曾从事书籍装帧和插图工作。"①好的图书形式不仅可以迅速传递图书的各种信息，而且可以满足读者的心理需求和审美情趣，并让读者在琳琅满目的书架上一眼发现它，被它富有美感的外观所吸引，进而购买。比如，一些图书在普通平装外，还往往有设计讲究、印制精美的典藏本、纪念本、精装本，就是在同样的核心层之外，更注重形式层的提升与创新，以赢得更广泛的消费者。反之，如果一种图书"质胜于文"，仅有好的内容，没有让读者赏心悦目的形式，往往会淹没于茫茫书海。可见图书形式是图书产品在市场竞争中吸引读者的一个重要方面。

附加层。这是图书产品的各种附加利益的综合，是指读者因购买图书所得到的全部附加服务与利益，包括咨询、送货、退换、包封、赠品、有奖销售、优惠与降价售书，等等。附加层是图书产品销售服务的延伸，它能给读者带来图书直接效用之外的更多利益和更大满足。从实际中来看，读者需求的满足是不断发展的，现代读者需求的满足不仅体现在图书购买过程中，在其购买活动的前期、在购买到图书产品之后，往往还需要有配套的服务。这就要求出版社在营销过程中必须重视图书产品的附加层。

延伸层。是指图书产品在完成以上三个层次的制作，并在市场销售过程中形成优势品牌后，借助品牌优势开发出系列图书和其他文化产品，这是对优质出版资源的充分利用和深度开发，也是品牌营销的重要内容。例如：20世纪50年代，商务印书馆出版了新中国第一部规范性的汉语辞书：《新华字典》。由于其权威性，已成为中国人乃至全球许多国家和地区汉语学习者的必备工具书和"语言圣典"。几十年间《新华字典》历经11次修订，已经成为中国辞书第一品牌，并于2016年4月12日获得"最受欢迎的字典"和"最畅销的书（定期修订）"两项吉尼斯世界纪录。截至两项纪录统计的计算时间2015年7月28日，《新华字典》全球发行量共达5.67亿本。②多年来，商务印书馆利用《新华字典》这一强势畅销品牌，还开发出版了《新华成语词典》《新华正音词典》《新华拼写词典》《新华写字字典》等系列辞书。对此，商务人评论

---

① ［美］J.P.德索尔：《出版学概说》，姜乐英译，北京：中国书籍出版社，1988年，第98页。
② 夏晓：《〈新华字典〉获得两项吉尼斯世界纪录》，《新华每日电讯》，2016年4月14日。

说:"对辞书原有的品牌产品精心维护、保养,并不断推出修订本、派生品,本身就是品牌资源的深度开发,同时也是出版社增强可持续发展能力的重要手段。"① 当然,并非所有的图书产品都可以达到这一层面,只有那些具有优势品牌价值的产品才有延伸的可能性与可行性。所以,对图书产品来说,延伸层并不具有普适性。

图书产品的上述四个层次是一个不可分割的整体,四者缺一不可,出版社在开展营销活动时,应该综合考虑这四个层次的因素,从不同层面满足读者的需求。其中,核心层与形式层是图书产品的核心与关键,附加层则可归结为图书产品营销中的一个环节,这个环节与图书产品制作本身紧密相关。延伸层虽然不具有普适性,但在制作图书产品时,就要充分估量其形成品牌的潜力和价值,并主动根据图书产品的品牌价值和影响力来确定开发系列衍生产品,在最大程度上实现图书产品经济利润和社会效益的"双赢"。现代图书营销理论强调产品的整体概念,对组织好出版社的营销活动具有十分重要的意义。

畅销书作为一种特殊的图书产品,其产品本身也应包括核心层、形式层、附加层和延伸层四个层次。从宏观上讲,制约一本图书能否成为畅销书的因素不外乎有两点:一方面,图书文本自身有"畅销潜质",内容上满足大众阅读的心理需求,外观上富有特色,吸引读者的"眼球",定价上不超出消费者的购买能力,这可以称为内因。这一方面的因素在于畅销书的核心层和形式层。另一方面,要对畅销书进行适时到位和全面的营销运作,向经销商、合作伙伴以及读者提供到位的服务,这是成就一本畅销书的外在因素,拓展畅销书的附加层是其中的重要环节之一。两方面的因素相辅相成,缺一不可。在将一本图书成功打造成品牌畅销书的过程中,还特别需要进行适度的品牌延伸,这一点,在品牌竞争日益凸显的今天,显得尤其必要。

从本质上讲,畅销书的核心层和形式层是制约整个营销运作过程的根本因素。畅销书的营销并非是选题做好了,然后"爆炒"一通就可以达到预期的目的。如果图书的核心层与形式层不能引起读者的认同,那附加层和延伸层根本就无从谈起;如果图书本身内容上没有价值,编校质量不过关,编创形式乏善可陈,那别的营销手段都将成为无本之木、无源之水。纵使策划者使尽浑身解

---

① 王坤宁:《商务印书馆推出"新华"系列辞书》,《中国新闻出版报》,2001年12月14日。

数,也将无济于事,甚至适得其反,引起读者的不满和反感,进而影响出版机构的声誉和此后的发展前景。关于这一点,邹韬奋先生的一段名言足可被今天的出版人奉为圭臬:

> 内容如果真能使读者感到满意,或至少有着相当的满意,推广的前途是不足虑的。否则推广方面愈用功夫,结果反而愈糟,因为读者感觉到宣传的名不副实,一看之后就不想再看,反而阻碍了未来的推广的效能。[1]

因此,出版策划者在畅销书的营销过程中非常看重和强调畅销书产品制作的整体策略。具体说来,就是十分强调"内容为王"和"编创出新",塑造内容与形式双佳的畅销书形象。然后在此基础上,开展畅销书产品附加层与延伸层的拓展工作。有论者指出,图书策划的最佳境界是"四轮"加"双翼":四轮＝选题策划＋文案加工＋形式设计＋营销宣传,双翼＝内容＋形式。这个论断是很有道理的。

---

[1] 邹韬奋:《经历》,长沙:岳麓书社,1999年,第75页。

第二节

畅销书产品的核心层：内容为王

根据王一川的分析，大众文化具有"观赏的日常性"和"效果的愉悦性"两大特征。所谓"观赏的日常性"，是指与欣赏高雅文化带有更多的个体精神性不同，公众对于街头广告、电视剧、流行音乐、时装、畅销书等大众文化的接受，是在日常生活的世俗环境中进行的，往往与日常生活过程交织在一起。所谓"效果的愉悦性"，是指大众文化作品无论其结局是悲或喜，总是追求广义上的愉悦效果，使公众的消费、休闲或娱乐渴望获得轻松的满足。这种轻松的满足有时以牺牲历史使命感、理性精神和批判性为代价。[1]以此认识为基础，在笔者看来，消费社会的大众读者的阅读需求有四方面的特点：（1）重视作品的休闲、娱乐功能，淡化教化功能。至少要寓教于乐，轻松有趣，排斥严肃的说教和沉重的思考，不要求它的社会批判功能；（2）希望作品的主题世俗化，也就是"冷淡宏大叙事，钟情日常叙事"[2]，对文化精英喜欢的纯文学、纯文艺敬而远之；（3）希望图书更为实用，阅读的功利性很强，强调的是图书的认知和服务功能；（4）希望在表达上通俗易懂，亲切有味，具有一定的消遣娱乐性。在大众文化时代，任何大众出版物的设计开发都要以满足读者的上述需求与品味为第一原则。出版机构在策划出版畅销书产品时，尤其应该如此，在打造畅销书的核心层时特别强调"内容为王"的原则。

聂震宁形象地指出，在出版创新中的最高追求，应该是"无论是天罡36变，还是地煞72变，万变不离其宗，内容原创还是正宗第一法"[3]。体现在畅销书的出版营销活动中，就是"内容为王"。所谓"内容为王"，涵义有二：

---

[1] 王一川：《当代大众文化与中国大众文化学》，《艺术广角》，2001年第2期。
[2] 陈立生：《我国当代受众接受心理的七大基本特征》，《编辑之友》，2005年第2期。
[3] 聂震宁：《我们的出版文化观》，北京：中国书籍出版社，2008年，第77页。

一是畅销书主题和内容要符合社会的发展潮流和大众读者的阅读需求，能够引起社会的广泛认同和读者的深刻共鸣；二是图书内容、篇章结构、叙述技巧和风格要体现出作者高超的文化素养、写作水平和表达技巧，给读者提供高质量并能带来阅读愉悦感的图书产品。

为此就必须至少具备类型化的畅销主题、高品质的内容质量以及故事化的表述方式等三方面的基本要素。

一、类型化的畅销主题

美国学者托马斯·英奇指出，畅销书"是一种有用的工具，我们能够透过它们，看到任何特定时期人们普遍关心的事情和某段时间内人们的思想变化。"[①]任何一部成功的畅销书，不论其主题是严肃还是通俗，之所以成功，几乎无一不是创作者通过作品传达了人类某种集体潜意识，从而达到获得社会普遍认同、引起广泛共鸣的结果。这就告诉我们，作为大众文化发展和普及环境下的产物，畅销书所阐发的观念和表达的内容都必须切合一时一地的文化时尚与流行思潮。周百义认为，一本图书"在畅销的诸多因素中，图书内容是否迎合读者心理期待占畅销因素的50%，这就进一步说明了传媒业中内容为王的道理。"[②]

从实践中看，畅销书要取得成功，不能不展现出紧跟时代步伐、引领社会风尚、契合读者阅读趣味的时代"风向标"形象。从具体图书来看：《痛并快乐着》《我把青春献给你》《陈鲁豫：心相约》等影视明星类畅销书正符合了大众认同和追捧明星的时代规律；《江泽民传》《邓小平时代》《亲历历史：希拉里回忆录》《杰克·韦尔奇自传》《史蒂夫·乔布斯传》《绝望锻炼了我：朴槿惠自传》《特朗普自传》等政治或商界名人的传记类图书则满足了大众渴望了解历史和名人成长历程，同时为自身树立榜样的阅读心态；《绝对隐私》《明星末路》这类图书正迎合了大多数人潜藏在内心深处渴望窥测他人隐私的心理；

[①] ［美］托马斯·英奇：《美国通俗文化简史》，任越等译，桂林：漓江出版社，1988年，第3页。
[②] 周百义：《中国畅销书市场状况的调查与分析》，《中国编辑》，2005年第6期。

《省委书记》《红色康乃馨》《绝对权力》《大清相国》等图书与"反腐倡廉"的政策紧密相连;《学习的革命》《哈佛女孩刘亦婷》《素质教育在美国》这类图书正抓住了素质教育这样一个时代趋势;《富爸爸穷爸爸》《炒股就这几招》等图书则提出了新时期的财富观,符合了人们渴望迅速聚敛资财的心理;《幻城》《梦里花落知多少》《三重门》《小时代2.0虚铜时代》等青春文学类畅销书则表达了当代中学生渴望倾诉,追求个性甚至叛逆,希望得到社会认同的普遍心理;《登上健康快车》《北京健康手册》等养生保健类图书则与人们普遍关注健康问题,希望提高生活质量的社会风尚紧密相关;《哈利·波特》《谁动了我的奶酪》《达·芬奇密码》《百年孤独》《挪威的森林》则体现了大众追逐国际阅读潮流的趋同心态;等等。举凡近年来在国内比较有影响力的畅销书,它们在选题和内容上无不触动时代的脉搏或激发读者潜在的心理需求,引导大众的阅读行为,由此引发畅销书的热销。

学者们普遍认为,大众文化产品为了切合时风和读者的需求,往往呈现出"类型化"的特征。比如,在一部电影或电视剧中,好人与坏人、情人与情敌、由顺境转逆境或相反等故事,都是按大致固定的类型"打造"的,从而有武打、言情、警匪、伦理、体育等众多类型片、类型剧。这与高雅文化注重"典型"或"个性"是不同的。① "大众的趣味热点虽然是以相当庞杂的方式被体现着,但在庞杂的背面依然有着恒久不衰而清晰的脉络可寻,这就是大众文学的叙事主题",这"使得大众文化也呈现出一种无序中的有序来"。② 而畅销书在一定程度上也体现出这种主题集中和故事类型化的鲜明特征,这一特征在畅销书排行榜上反映得最为明显。迈克尔·科达曾系统研究美国百年畅销书的历史,得出了如下结论:

> 从1900年开始到20世纪末的每一个10年中,人们的确重复地被相似的书籍吸引。若不是这样,出版商或是书店早就无法生存了。某类受欢迎的小说一向卖得很好,节食减肥的书也一直卖得不错,自我成长的书、公众人物的回忆录、危言耸听的科学或宗教推论、宠物

---

① 王一川:《当代大众文化与中国大众文化学》,《艺术广角》,2001年第2期。
② 黄会林:《当代中国大众文化研究》,北京:北京师范大学出版社,1998年,第390-391页。

的故事、医学指南（尤其是性爱、长寿、育儿方面的相关主题）、民间智慧或幽默小品，还有以美国南北战争为题材的书，永远受到读者的喜爱。①

日本出版家井狩春男也指出，畅销书都有基本的主题或肯定畅销的理由，具有如下特性：在任何时代都能稳定销售；经过一定周期逐渐被人淡忘时，能再次引发阅读。在他看来，畅销书具有四大基本主题：恋爱类，包括最为畅销的四种基本形式，即恋爱、结婚、外遇、性爱；饮食、减肥或美容类；生活处世类；致富发财类②。这在一定程度上能够说明畅销书主题类型化的特征。

张文红在对近年来国内众多畅销书排行榜进行分析后，也提出励志成功、情感休闲、生活健康、娱乐消费四个主题，是畅销书永恒的卖点。其主题内容的取向有两种：一种侧重于"实用主义"，像成功、健康、财富、育儿、美丽、知识、情感等；一种则侧重于消遣娱乐，如猎奇、时尚、隐私、快乐、恶搞等。③畅销书主题的类型化特征是畅销书需要切合读者阅读需求的必然结果，但这并不等同于模式固化，固步自封。每个时代的优秀畅销书都要与时代同进步，在基本固定的大框架中寻求新的突破，呈现出"亦新亦旧"的独特风采来，这也是"内容为王"原则的重要要求之一。正如美国畅销书作家萨布丽娜·杰弗里斯所说的那样："我的目标是让我笔锋具有高度原创性，又保持鲜活，而且能在读者心底感情深处激起真切的共鸣。编辑经常要求作家的作品'与以前相同，又不同'，其实读者的要求也一样。读者要的是相似的故事氛围（例如结局要圆满），书中细节、对话、风格、人物角色又要新鲜。……要满足这些标准，你知道有多难吗？"④

---

① ［美］迈克尔·科达：《畅销书的故事》，卓妙容译，北京：中国人民大学出版社，2006年，第15页。
② ［日］井狩春男：《这书要卖100万：畅销书经验法则100招》，邱振瑞译，桂林：广西师范大学出版社，2005年，第93-94页。
③ 张文红：《畅销书理论与实践》，北京：中国传媒大学出版社，2011年，第68页。
④ ［美］布赖恩·希尔、迪伊·鲍尔：《打造畅销书》，陈希林译，北京：中国人民大学出版社，2006年，第234-235页。

二、高质量的内容品质

图书选题契合了市场和读者的需求，主题反映了时代发展的潮流和趋势，这还不足以成就一本畅销书。"内容为王"的另一层含义就是畅销书的内容不能是粗制滥造的，必须体现出作者高超的写作水平和深厚的文化功底，要通过优质的内容给读者提供高质量的阅读产品。畅销书作为大众文化的一种类型，并不一定意味着"轻薄短小低俗"，要打造一本优秀畅销书，就应该有必要的精品意识，甚至是经典意识。美成在久，没有充分的积累，不经细致的打磨，很难出精品。吴尚之认为，"精品力作，不一定要搞大制作、大工程，是不是精品，关键是看内容水准，而不是作品的大小。精品的出版不能求一日之功，不能走捷径，不能急功近利，精品的出版必然是'十年磨一剑'。"①出版史上，很多名著和经典，都是倾注编著者一生心血而成的，板凳坐穿，字字辛苦，实非虚言。这不仅是对图书和产品负责，更是对出版机构的品牌和形象负责。畅销书的撰写、编辑和出版，在一定意义上，也应该以这样的思想作为指导，"取法乎上，仅得其中"，也是一种不错的境界。

例如：中华书局在成功开发《正说清朝十二帝》《正说明朝十六帝》等7本"正说"系列产品后，带动了整个市场上"正说"系列图书的火爆。2005年，在推出4本新"正说"图书后，鉴于"正说"话题已在书市上泛滥，作为始创者，中华书局向全社会发表了一份声明：

> 中华书局是一家严肃、负责任的出版社，自身拥有坚实的学术品牌基础，在进入历史普及读物出版领域的时候，对于图书的质量依然十分重视。我们要对自己的品牌负责，对读者负责。即使在别的出版社抢先出版冠以"正说"字样的图书时，我们也不一味求快，还是严格按照我们既定的开发系列的思路和遴选作者的标准，组织学有专长的历史学者撰稿，认真审读加工。应该说，这次新推出的4本新"正说"图书和前3本一样，都有着扎实的专业知识、认真的创作态度，

---

① 吴尚之：《出精品关键在创新》，中国新闻出版网：http://www.chinaxwcb.com/2012-01/04/content_235644.htm，2012年1月4日。

秉承中华书局版"正说"系列的一贯风格。"正说"不止是一个概念，更是一种态度，是中华书局90多年来恪守的认真、求是的出版态度。当"正说"日益成为图书市场上被炒作的热点时，作为"正说"系列图书的创始者，我们决定暂时中止"正说"系列图书的开发。①

中华书局对质量的看重和对品牌的坚守，使得中华版的"正说"系列图书经受住了市场和读者的考验，赢得了很好的效益。这也充分说明了决定图书销量和命运的首要因素不是别的，而是图书本身的内容质量。正如常聪所分析的："没有内在品质作为保证，即使有足够的宣传攻势和铺货面积，一本书还是难以在市场上形成气候……畅销书在中国市场走过了10余年的发展历程，读者的鉴别能力与购买水准也在'与时俱进'，这就对一本书的含金量提出了更高要求。作为一本书的选题策划者，必须要在书稿的含金量上做足功课，通过对书稿内容的深入了解，开掘书稿的文本价值并放大含金量，进而实现其文化品质最大限度的升值。"②观察近年来国内市场上推出的优秀畅销书，其内容的表达无不符合这一要求。作为市场和读者的回报，这类图书是畅销书中的精品，往往能够在畅销书的生命周期过后成为永恒的"常销书"，如《围城》《文化苦旅》《活着》《平凡的世界》《曾国藩》《狼图腾》《昆虫记》《假如给我三天光明》《人性的弱点全集》《哈利·波特》《邓小平时代》等图书均可归入这一行列。而这些图书的撰写、编辑与出版，也绝非一日之功。这也说明了内容质量对于一本畅销书发展前景的重要意义。下面以《狼图腾》为例说明：

《狼图腾》的作者姜戎在内蒙古额尔草原插队10余年，积累了丰富的生活经验，以后又考入社科院研究生院，从事政治学方面的研究。《狼图腾》从初稿到定稿长达6年，酝酿腹稿25年，从酝酿到正式出版时间跨度长达30余年。作者在《狼图腾》一书中以独具个性的语言写出了草原、草原人、草原狼最原始、最本质的风貌，并在书中表达了对中华文明发展的深刻思考。此书出版后，获得了文学评论界和大众的普遍好评。著名评论家孟繁华认为"这

---

① 《中华书局关于"正说"系列的说明》，搜狐读书频道：http://book.sohu.com/20050819/n240274827.shtml，2005年8月19日。

② 常聪：《畅销书形成的源与流》，《中国编辑》，2005年第6期。

是一部情理交织、力透纸背的大书"①；评论家康庄更将《狼图腾》誉为当代的"鸿篇巨制"，并引用草原画家杨刚的话说，姜戎是"用百米冲刺的速度和功力，在跑马拉松全程"；作家张抗抗认为这部书是"一席丰厚的文学细节飨宴"②。《狼图腾》的精湛内容赢得了中外读者的广泛认可。根据《烟台晚报》2015年2月28日的报道，截至发稿前，《狼图腾》中文版在中国内地已再版160次，正版发行500多万册，盗版1600万册，占据中国虚构类畅销书榜前30名长达479周。③《狼图腾》的责任编辑安波舜在总结长江文艺出版社策划出版《狼图腾》的经验时，特别指出："我们的经验说明，经典的、有丰厚文化底蕴的小说，永远有市场和魅力。一个时期以来，出版界和创作界比较浮躁，急功近利的多，跟风的多，原创的少（跟风狼的图书有十几种）；跟时尚的多，甘于寂寞打造精品图书的少。相信流行，不相信经典和古典，菲薄千百年来人类积淀的文明价值。《狼图腾》的畅销和走向世界，说明传统的文学和艺术题材具有永恒的价值。"④新华书店首都发行所总经理张金龙亦说："以8年与狼共舞的经历，30年的研究，4年的写作时间，创作一部严肃的小说，这样的作家和作品，目前在我们的市场上太少了。读者的眼光是雪亮的。有一句俗话说'上帝从来不会亏待有准备的人'，以我们的经验，就是市场从来就不会亏待扎扎实实有功力的作家。"⑤安波舜在总结《狼图腾》的出版经验时还指出，长江文艺出版社"在图书选题中，始终坚持在主题健康积极、格调高雅的前提下，将长销和畅销、经典和流行、短期和长期相结合，永远不放弃在茫茫文海中寻找厚重扎实的经典作品。"⑥在笔者看来，重视图书内容，为畅销书的内容严格把关，这也是长江文艺出版社能够成为国内品牌畅销书出版社的重要原因之一。

---

① 《出版经济》编辑部：《2005畅销书基本信息与畅销简析》，《出版经济》，2006年第1期。
② 叶轻舟：《畅销书》，北京：北京工业大学出版社，2005年，第2、5页。
③ 狄蕊红：《写〈狼图腾〉的这个人，究竟是怎样的一个人？》，《烟台晚报》，2015年2月28日。
④ 安波舜：《〈狼图腾〉编辑策划的经验和体会》，《出版科学》，2006年第1期。
⑤ 《出版经济》编辑部：《2005畅销书基本信息与畅销简析》，《出版经济》，2006年第1期。
⑥ 安波舜：《〈狼图腾〉编辑策划的经验和体会》，《出版科学》，2006年第1期。

三、故事化的表述方式

消费社会的大众读者的阅读需求特点决定了畅销书的表达不可能是精深严肃,以繁琐的逻辑论证见长。其表述方式一般都是通俗易懂,生动有趣,易于读者接近和接受。当年明月在《明朝的那些事儿》的"引子"中的一段话,可谓道出其中三昧:

> 我写文章有个习惯,由于早年读了太多学究书,所以很痛恨那些故作高深的文章,其实历史本身很精彩,所有的历史都可以写得很好看,我希望自己也能做到。
>
> 其实我也不知道自己写的算什么体裁,不是小说,不是史书,但在我看来,体裁似乎并不重要。
>
> 我想写的,是一部可以在轻松中了解历史的书,一部好看的历史。
>
> 仅此而已。

而这样的写作态度和风格,也是《明朝的那些事儿》能够成为畅销书的重要原因之一。一般地,畅销书主要以叙事抒情见长,尤其需要编著者能够善于讲故事,通过故事阐述哲理,通过"小故事"反映"大道理",借用清代顾炎武的话来说,就是能够"寓论断于叙事之中",这几乎成为优秀畅销书必须遵循的一条重要法则。正如迈克尔·科达所言:"畅销书是有规则可循的,但并不局限于真正有天分的作者,也不适用于所有人。你唯一能确定的是,不管在文学类或非文学类,说故事的能力皆为重要的关键,对熟悉的主题,能够提出崭新而有趣的想法,大概是最核心的技巧。"[①]这一点不仅反映在虚构类畅销书的内容上,在很多非虚构类(尤其是励志类)的畅销书那里也可以得到充分的印证。

优秀的畅销书作家一定是善于讲故事的高手。世界著名成功励志大师戴尔·卡耐基的系列作品自问世后,就一直风靡全球,成为励志类图书中永远的

---

① [美]迈克尔·科达:《畅销书的故事》,卓妙容译,北京:中国人民大学出版社,2006年,第15页。

经典。从其作品内容来看，其成功的重要诀窍之一，就是卡耐基高超的讲故事技巧，用大量的故事推导出一两句至理名言，这种"烘云托月"式的写作模式几乎反映在他的所有作品中。我们以其《人性的弱点全集》中的一篇《批评他人是一种自我满足》为例，一篇译为中文后不到1600字的文章，包含了7个非常真实而生动的故事案例，字数近1300字，篇幅占到了全文的80%以上。通过这样的表述方式，作者非常轻松而巧妙地向读者传递了三句"金言"：（1）如果你被人批评，那是因为批评你能给他一种满足感。这也说明你是有成就的，而且引人注意。（2）小人常为伟人的缺点或过失而得意。（3）不合理的批评往往是一种掩饰了的赞美。而这种表述方式也容易让读者非常轻松愉悦地接受。下面是全文：

1929年，美国教育界发生了一件大事，许多教育界的人都赶到芝加哥恭逢盛会。好几年前，一位名叫罗伯特·哈金斯的年轻人一面念耶鲁大学，一面打工，当过侍者、伐木工、家庭教师。不过8年的时间，他竟受聘为全美第四名的芝加哥大学校长。他当时才30岁，这真不可思议！一些年长的教育学家都很不以为然。各种批评纷至沓来：他太年轻啦！他没有经验啦！他的教育理念是荒谬的。最后连报纸也不能保持客观，加入了这场攻击。

他上任那天，一位友人对哈金斯的父亲说："今早报纸上连社论也在诋毁你儿子，真令人惊讶。"

哈金斯的父亲回答："真的是很严重，不过我们都知道，没有人会踢一只死狗的。"【故事1】

确实如此！越勇猛的狗，人们踢起来就越感到满足。后来登基为爱德华三世的英国威尔斯亲王也有过这种经历。他曾就读达特茅斯学院——相当于美国的海军学院，当时他14岁，一天一位海军军官发现他在哭，就问他发生了什么事。他本来不肯说，不过后来终于说出事端：原来他被一位海军幼校生踢了一脚。校长把大家召集起来，告诉他们，虽然威尔斯王子并没有抱怨，但校长一定要查清楚为什么有人行为这么粗鲁。

过了许久，那些幼校生才承认是他们干的，原因是当他们以后服役英国海军，成为军官时，可以跟别人吹嘘他们曾经踢过英国国王。【故事2】

所以，如果你被批评，请记住，那是因为批评你会给他一种满足感。这也说明你是有成就的，而且引人注意。很多人凭借指责比自己更有成就的人来得到满足感。我正在写这一章时，就收到一封一位女士批评救世军创办人威廉·布斯将军的信，因为我在广播节目中曾赞扬布斯将军，这位女士就写信告诉我，布斯将军曾经将救助穷人的800万美元纳入私囊。这种指控当然是极为荒谬的。不过这女士的目的也不是想找出真理，她只想攻击比她优越得多的人。我把她的信丢入废纸篓，很庆幸没有娶到像她这样的女人。她的信不能影响我对布斯将军的看法，倒是让我认识了她的人格。【故事3】

哲学家叔本华说过："小人常为伟人的缺点或过失而得意。"

没有人会相信耶鲁大学校长会是小人，但前任耶鲁大学校长蒂莫西·德怀特，却似乎以诋毁一位美国总统候选人为乐。德怀特警告说，如果此人当上美国总统，"我们国家将会合法卖淫、行为可鄙、是非不分、道德沦丧，不再敬天爱人。"

听起来这似乎在骂希特勒吧？可是他谩骂的对象竟是杰佛逊总统，就是撰写独立宣言，被赞美为民主先驱的杰佛逊总统！【故事4】

有一位美国人，被人骂作"伪君子"、"骗子"、"比谋杀犯好不了多少"，你猜是谁？一幅刊在报纸上的漫画把他画成伏在断头台上，一把大刀正要切下他的脑袋，街上的人群都在嘘他。他是谁？他是乔治·华盛顿。【故事5】

不过那是很久以前的事了，也许人性有点进步了吧！让我们看看比较近些的例子。皮尔里上将——他于1909年4月到北极探险，因而闻名世界。皮尔里险些因酷寒及饥饿而丧命，并因低温冻伤必须将8个脚趾都切除。情况恶劣使他担心自己会精神错乱。可是在华盛顿的海军长官们却因为皮尔里的出名而愤怒。他们指控他以科学研究为名招募经费,却在北极到处晃荡。他们也真的相信,因为当人真要相信时,是很难叫他不信的。他们想要羞辱及封杀皮尔里的决心是如此坚定及强烈,以致后来只有麦肯莱总统亲自下令,才使皮尔里得以在极地完成他的大业。【故事6】

如果皮尔里在华盛顿海军总部上班,会有人这样指责他吗?不会的,因为他不会重要到引起别人眼红。

格林将军的遭遇比皮尔里上将还要惨。1862年,南北战争时格林将军赢得了北军的一次大胜利——一个下午就得到了胜利,也使格林一夕之间成为全国偶像——从缅因州到密西西比河岸所有教堂的钟声都为庆祝这次的凯旋而齐鸣。可是,就在这次伟大的胜利之后6个礼拜,北军的英雄——格林将军却被拘捕,并失去了所有的军队,陷入屈辱与绝望之中。【故事7】

格林将军怎么会在胜利的高潮下被拘捕呢?主要是因为他傲慢的长官嫉妒他的成功。

如果我们想保持平安快乐,第十一大原则是:
不要去踢一只死狗。①

再比如斯宾塞·约翰逊《谁动了我的奶酪》一书,篇幅并不长,阐述的道理也并不艰深:面对迅速变化的形势,奶酪随时可能被拿走和变质,你总要以良好的心态去面对,并且你还要积极找到新的办法去寻找新的奶酪。但由于作者通篇都采取了故事化、寓言化的构思和叙述,通过描述两只小老鼠"嗅嗅""匆匆"和两个小矮人"哼哼""唧唧"面对失去奶酪后的不同态度和行动,非常生动地阐述了上述道理,让读者阅读起来丝毫没有枯燥乏味之感。一位读者评论此书说:"我很钟爱《谁动了我的奶酪》这本书,它不仅把混沌的生活变得澄明,更用了一个很可爱的故事来铺陈,当中许多的隐喻和明示都耐人寻味。很可能你可以花很短的时间把此书读完,也会觉得许多观念你都明白,但在反复咀嚼之后,还是会发现新的体认。"②

---

① [美]戴尔·卡耐基:《人性的弱点全集》,袁玲译,北京:中国发展出版社,2003年,第105-107页。
② 叶轻舟:《畅销书》,北京:北京工业大学出版社,2005年,第124页。

近年来，国内的很多畅销书也采取了这种"小故事、大道理"的表述方式，也都取得了很好的效果。如李开复的《做最好的自己》（人民出版社，2010年）一书定位非常明确，读者对象以大学生为主，在表述方式上也采取了"讲故事＋说道理"的模式，阅读起来非常轻松。据笔者统计，全书共15章，每一章都以故事开始，全书共包含了故事型的案例145个，平均每章包含案例近10则，这些案例被非常巧妙地镶嵌于各章节的适当位置，以楷体字加阴影的方式与正文区别出来，具体分布情况如下：

表6：《做最好的自己》各章故事型案例分布统计表

全书章次	1	2	3	4	5	6	7	8	9	10	11	12	13	14	15
包含案例数（则）	6	12	13	6	8	10	8	14	8	10	14	7	7	15	7

再比如汪中求的《细节决定成败》的第一章《天下大事，必做于细：从改变观念着手》第一节为了充分说明"不要以为总理比村长好当"这个道理，作者在文中穿插引用了大量的故事型案例，其中最为重要的一则故事是关于周恩来总理的：

2014年1月18日，我在新华网与网友对话时，许多人提出：孙中山先生虽然讲过"要立志做大事，不要立志做大官"，可是不当大官怎么做大事呢？这一点上，我们应该好好向已故总理周恩来先生学习。

周恩来位居总理之职，官不可谓不大，而他强调的却是"关照小事，成就大事"。他一贯要求身边的工作人员尽可能地考虑到事情的每个细节，最反感"大概""可能""也许"的做法和言语。一次在北京饭店举办涉外宴会，他问："今晚的点心是什么馅？"一位工作人员答道："大概是三鲜馅吧。"周恩来马上追问："什么叫大概？究竟是，还是不是？客人中如果有人对海鲜过敏，出了问题谁负责？"

周恩来总理正是以他这种一丝不苟的精神，不仅赢得了中国人民的爱戴，同样受到了国际友人的尊敬。尼克松说："对于周恩来来说，任何大事都是从注意小事入手这一格言,是有一定道理的。他虽然亲自照料每棵树,也能够看到森林。"尼克松回忆道:"我们在北京的第三天晚上应邀去看乒乓球表演,当时天已下雪,而我们预定第二天要去参观长城。周恩来离开了一会儿,通知有关部门清扫通往长城的路上的积雪。"【讲故事】

　　海不择细流,故能成其大;山不拒细壤,方能就其高。

　　周恩来先生重视细节的作风,希望能够对我们改变观念起到一定的作用。有的朋友以为做了大官才能做大事,或者只想做大事,最终肯定是成不了大事的,反而连小事也做不好。有人以为官越大越好当——讲稿有人写,出行有人安排,生活有人照料,发号施令就是了,小事是村长们应该干的。我看这种人即使当了大官,也干不好,当不长。【说道理】①

　　全球畅销书《心灵鸡汤》的两位作者杰克·堪弗尔德、马克·维克托·汉森曾说:"《鸡汤》为每个人的生活补充了营养。我们比任何时候都更加确信,故事是演绎生命意义的一个强有力的途径。"②此言道出了畅销书在表述模式上的基本规律。畅销书要做到"内容为王",这种故事化的表述方式不可或缺。要做到这一点,关键在作者,但编辑的选择、把关、指导和润色之力也不可少。

---

① 汪中求:《细节决定成败》,北京:新华出版社,2006年,第7-8页。
② [美]杰罗德·R·杰肯斯、马丁·林克:《畅销书内幕》,冯利译,天津:天津人民出版社,1998年,第31页。

第三节

畅销书产品的形式层：编创出新

一本图书要赢得读者，不仅要有好的内容，还应有恰到好处的编创形式，以起到"锦上添花"的作用。这在古今中外的图书出版史上，几乎是一条出版人共同遵循的普遍规律。J.P. 德索尔就对此作过深入的分析：

> 精心设计书的整体结构有助于图书销售。读者在书店徜徉时，也许对书的整体设计一无所知，但当他发现手里拿着一本装帧精良的书时，就会爱不释手，或许突然萌发了购书欲望。书籍的版面设计、印制质量、插图的吸引力，以及它们与书的内容的和谐性等等，都是影响读者购书的因素。对于专业丛书、教科书、业余消遣读物、手工艺书籍以及基础知识丛书，读者选择尤其如此。①

由于这一点，出版商向来都特别重视图书的外在包装和整体设计。尤其是在被称为"眼球经济""注意力经济"的现代商品经济兴起后，在"供大于求"的市场形态下，任何商品都十分讲究外在的包装和形式，以吸引顾客的注意力。图书作为一种特殊的商品，自然也不能例外。美国图书设计师范·贝克对图书封面作用的论述，形象地反映了图书外观对读者行为的影响："逛书店就像是逛眼花缭乱的商场一样，所有的东西都朝着你喊'买我吧！买我吧！'你被搞得不知所措。如果某件东西的外观吸引了你，你会毫不犹豫地走向它；如果你得花费很长时间分辨、判断、了解这本书的话，我认为你的封面设计是失败的。"②

---

① ［美］J.P. 德索尔：《出版学概说》，姜乐英译，北京：中国书籍出版社，1988 年，第 99 页。
② ［美］杰罗德·R·杰肯斯、马丁·林克：《畅销书内幕》，冯利译，天津：天津人民出版社，1998 年，第 157 页。

对于畅销书来说，在内容过关的基础上在编创形式（包括书名、载体类别、封面、封底、插图、开本、印刷和装帧质量等）上出新出特色，不仅是必要的，而且是必须的。因为读者认识图书是从它的外在形式开始的。调查显示，消费者的购买意向，33.9%在进入卖场之前就决定了，而66.1%的消费者是在"店内决定"的，图书商品作为低介入度商品，类似的比例是存在的。[①]在这一方面，金丽红和井狩春男的观点很能说明外在的装帧设计形式对畅销书销售的极端重要性。金丽红认为图书的设计和印制是出版营销中非常重要的环节，是决定图书能否卖出去的重要条件之一。读者在跨进书店的时候，如果没有既定的选择目标，一般情况下会先看书名，然后是作者、封面设计，翻开来看内容简介、目录以及内芯的版式设计，然后再看封底和定价。这个过程大概需要5分钟。这5分钟，几乎就是决定这本书是否被购买的关键5分钟。[②]这就是图书销售中的"5分钟效应"。在这关键的5分钟之内，决定读者是否购买这本图书的主要因素就是图书的编创特色和质量。井狩春男甚至更绝对地指出，决定图书能否被进入书店的读者购买的关键时间只有0.5秒，他说："每个读者在书店里好奇地浏览平台或开架式立柜上图书的时间，平均每册花上0.5秒，其中有些读者只是随意瞥视而过。换句话说，读者和编辑的较量，往往比眨眼睛的速度还快。"[③]要在这0.5秒中吸引住读者的"眼球"，就要求畅销书的装帧设计和编排能对读者形成一种"眼前一亮"的冲击力。无论是0.5秒还是5分钟，都说明了同样的道理：与核心内容相比，畅销书的外在形式也极为重要。

畅销书的编创特色包括图书的书名、目录、装帧设计、定价等多种因素，每种因素都会对读者的购买心理和购买行为产生很大的影响。所以策划人往往会在这一环节上倾注很大的心血。畅销书装帧设计的基本原则是在适应读者接受心理的前提下，要对读者形成一种"眼前一亮"的冲击力：开本的选择、封面设计、内文编排、字号处理、标题制作等方面，都应力求新颖、简洁、一目了然、富有冲击力。其最低要求就是外在形式与内容的和谐统一，要让读者能

---

① 茹希佳：《畅销书的四大支柱：兼谈其负面影响》，《新闻出版导刊》，2003年第2期。
② 金丽红：《畅销书与营销策划》，《出版广角》，2002年第11期。
③ [日]井狩春男：《这书要卖100万：畅销书经验法则100招》，邱振瑞译，桂林：广西师范大学出版社，2005年，第23页。

充分理解书的内容,"从书的结构和外表便能获得作者的意向风格,书的正文应尽可能通俗易懂,插图要精心绘制并巧妙地与书的内容融为一体。封面的耐用程度应视书的用途和读者的需要而定。"①其最高境界则不仅仅是将对畅销书的包装当作一道简单的工序问题,而是将其当成一种高层次的艺术问题。也就是在坚持内容与形式和谐统一的基础上,将畅销书作为一种艺术品来包装,要在其形式层面上融合很多艺术创新的元素,倾注设计者极大的心血与智慧。这样设计出来的畅销书,就可形成很好的自我宣传形象,一旦亮相书市,单凭其外在的形式美也能搏得无数读者的青睐。

从实际中看,各个出版机构均在畅销书的形式层面煞费苦心,无一不在"夺目""别致""突现"方面下功夫。形式层面设计的因素很多,每个因素都大有学问,限于篇幅,笔者仅从书名、编排设计、定价方面略加说明。

一、书名

书名就是"书眼"和"卖点",如同广告标题,能给读者第一印象和直接感受,让读者在很短的时期内形成对一本书的"先入之见"。叔本华形象地指出:"题目之于一本书,恰如姓名地址之于一封信,其目的首先在于把一部分可能对其内容感兴趣的读者引到本书面前来。"②有人甚至将一本书的书名比作这本书的生命,可以决定它在市场上存留时间的长短。一本图书能否广受读者欢迎,与书名有很大关系。比如,日本曾有一本畅销书,书的形式是出版界已经司空见惯的名人语录集锦,内容上涉及失败、成功、励志等老套的畅销书主题,并无多少新意,但编辑让该书的作者在书名中加上"一百"这个数字,不仅使书名变得有力量,而且让读者容易获得一种成就感,并在"一百"之前选取了一个积极向上的修饰语"向着阳光的",该书书名为《向着阳光的一百朵花束》,很多编辑和读者都将该书热销的功劳归于书名,这就是所谓的书名

---

① [美]J.P.德索尔:《出版学概说》,姜乐英译,北京:中国书籍出版社,1988年,第98页。
② [德]叔本华:《论写作与风格》,见[德]叔本华:《叔本华散文选》,绿原译,天津:百花文艺出版社,1997年,第17页。

制胜策略。①有时候，同样内容的一本书，就是因为名称的改变，就导致其命运的巨大转机。比如，有一本名为《中国宦官史》的著作，摆在书摊上无人问津，后来书商将其改名为《一群残缺不全的男人》，立即变为畅销书。另外一本《三资企业知识问答》也是同样的遭遇，改名为《赤手空拳闯三资》后命运就发生了逆转。

  由于书名的重要性，所以，如何给书命名，既是技巧，也是艺术，更是一门需要深入研究的学问。为了吸引读者，出版人都会和作者一起，在书名设计上愿意多下功夫，力争为图书起一个恰切别致、让读者眼前一亮的好名称。如莫庆丰的长篇小说《将军吟》，初稿题名《将军梦》，后来又有《将军行》《将军怨》《将军在沉思》等好几个书名，最后经过反复琢磨，敲定为《将军吟》。《芙蓉镇》在发稿前，曾有《遥远的山镇》《山镇风月》《山镇风情》《山镇风俗画》《雾荡山镇》《山镇女邻》《雾界山镇》《芙蓉河啊玉叶溪》《芙蓉女》《芙蓉玉树》《玉色芙蓉》等十多个备选名称。秦兆阳同志从众多的名字中一眼认定《芙蓉镇》最好，并认为，以地名概括丰富、复杂内容的作品，不乏先例。事后证明，这个名字是恰当的，而且越来越觉得确切和响亮。②此外，20世纪60年代，少年儿童出版社推出的经典畅销书《十万个为什么》书名的确定过程，可以生动反映出编辑出版者的推敲锤炼之功。据回忆，选题确定后，编辑部就开始集思广益酝酿书名：

    一套好书，首先得有个好听的名字，叫得响亮，读着上口。王国忠（笔者案：时任出版社三编室主任）发动大家一起来想书名。叫什么好呢？这可让编辑们伤透了脑筋。当时的办公条件可比不上现在，三个编辑室合用一间大办公室。在将近半年的时间里，一编室、二编室的编辑们每天都能看见三编室的人对着一块小黑板"较劲"。原来，小黑板上写了不少粉笔字："你知道吗？""知识的海洋""科学趣味问题"……这些都是编辑们想出来的备选书名，谁想到一个就写上

---

① ［日］井狩春男：《这书要卖100万：畅销书经验法则100招》，邱振瑞译，桂林：广西师范大学出版社，2005年，第113-114页。

② 龙世辉：《关于古华和〈芙蓉镇〉》，《编辑之友》，1983年4月。

去,大家有空就讨论,六七十个书名轮流琢磨,仔细揣摩,这些备选题目虽然都不错,但总觉得缺少点什么,叫起来不够响亮。后来,有同志提出:"既然孩子们有那么多'为什么'问题,干脆就叫《十万个为什么》得了。""十万个"体现问题之多,方面之广,正符合了少年儿童的胃口。"太棒了,就用这个题目吧!"大家一致赞成。①

从近几年的畅销书出版实践来看,几乎每一种畅销书的书名都能给人以耳目一新的感觉,甚至有强烈的冲击力。比如《毒》《爱上爱情》《痛并快乐着》《不过如此》《我把青春献给你》《惹我你就死定了》《我们仨》《心相约》《动什么,别动感情》《水煮三国》《幻城》《梦里花落知多少》《赢》《我为"超女"狂》《做最好的自己》《那些年,我们一起追过的女孩》《有了快感你就喊》《我,睡了,81个人的沙发》《孩子不睡不睡就不睡,妈妈怎么办?》等等,或怪异,或前卫,或调侃,或温馨,或无奈,或婉约,或精粹,均能给人以领异标新之感,从而激起读者的阅读兴趣和购买欲望。易图强曾将畅销书的书名特点总结为四点,有一定道理:一是文字上的"新奇特"。新颖、奇异、独特、另类、时尚。如《爱上爱情》《人气密码》《一个狗娘养的自白》等。二是感官冲击力强。书名读起来响亮,铿锵有力。如《绝对隐私》《未来之路》《永不瞑目》《大败局》《拯救乳房》《细节决定成败》等。三是人性化气息浓。使用大众语言,非常生活化,直白易懂,实用亲切。如《你为什么是穷人》《你怎样消费时间》《其实你也行》《做最好的自己》等。四是具有大众审美取向,给人以美的感受。如《且听风吟》《大雪无痕》《心灵鸡汤》《拿什么拯救你,我的爱人》《左手倒影,右手年华》《水与火的缠绵》等。②苏格兰、张文红以开卷信息技术有限公司发布的2011—2015年度虚构类畅销书排行榜为数据资源,分析了我国近5年虚构类畅销书排行榜前10名的35本畅销书书名,具体地提出了成功打造虚构类畅销书书名的三点建议:一是书名的意向要选择准确,能够突出图书主旨并激发受众的思考和理解;二是书名要精练,字数控制在2—

---

① 孙蕾:《十万零一个为什么:〈十万个为什么〉背后的故事》,见郝振省主编:《名著的故事》,北京:中国书籍出版社,2009年,第26页。

② 易图强:《名不惊人死不休:畅销书书名的特点与策划理念》,见贺圣遂主编:《新形势、新思考:中国编辑学会第十届年会论文集》,上海:复旦大学出版社,2006年,第232—236页。

7个字为佳,便于推广传播;三是书名的结构和用字要斟酌,采用偏正结构的短语和以去声和阳平结尾的书名会取得更好的效果。①

当然,在畅销书的营销中,强调书名的重要性,并非不考虑别的因素,只管一味求新求异求俗,做"名不惊人死不休"的"书名党"。研究者指出,现在书市上存在的"书名党"为了在营销中占得先机,忽视或不顾图书内容,专在书名上玩弄一些语言技巧,希望通过书名制造轰动效应、刺激销量。具体做法包括:矫揉造作(故作文艺范儿、故弄玄虚、随意割裂人名做书名)、跟风搭载、凸显感官刺激,等等。这种本末倒置、哗众取宠、欺骗读者的做法,是一些策划人迎合社会语境、文化语境以及读者低层次心理的结果,给出版界、读者和语言学界都带来不良影响。②古人云,过犹不及、四平八稳、毫无特色的书名固然不好,但那些忽视图书内容,一味追求刺激性、轰动性,文不对题,名实不副的书名也不会收到好的效果,而且很有可能造成读者的厌弃和反感。好的书名应该与图书的内容风格、读者积极的审美趣味、语言艺术的通俗新颖高度协调统一,其最高境界不过四个字:恰到好处。

二、装帧设计

对于畅销书而言,装帧设计的重要性无论如何强调也不为过,在今天出版物数量大增的情况下,装帧设计越来越成为吸引读者并影响读者购买行为的重要因素之一。在这一方面,欧美国家有很多值得借鉴的成功案例。在西方的出版机制中,装帧设计是一个受到高度重视的环节。享誉全球的英国企鹅出版公司在这方面就是一个典范。据苏特兰介绍:

> 英国企鹅出版公司创办以来,就以大量发行优质廉价的平装本图书蜚声全球。所出之书,封面上都有一个椭圆形的社徽,圆内是一只胖乎乎的企鹅。读者不看内容和书名,光看封面色标就可以知道它的

---

① 苏格兰、张文红:《虚构类畅销书书名研究》,《科技与出版》,2016年第11期。
② 陶恒、姚纯贞、欧阳婷:《出版界"书名党"现象解析》,《出版发行研究》,2013年第12期。

分类：橘红色是小说，浅蓝色是传记，紫色是剧本，灰色是时事政治，绿色是侦破类。其装帧设计的特点可以用"热烈"二字来概括：封面上常印有一、两句对该书的褒扬之词，"本书获某年某文学大奖"，"获奖作家某某最新的力作"，"头号畅销书"，"惊心动魄、悬念迭起、爱情缠绵、荡气回肠"云云。封底则是读书界或影响极大的几家报刊对该书的评价，这些评介大多出自知名度甚高的评论家、文坛泰斗之手。有的封底还辟出一角，刊登作者小照并附作者简介。其扉页往往比其他出版社出的书多好几页，或介绍同一作家的其他作品，或推荐本社近期新书及存书，下方则是订单。"企鹅"在周到、充分、合理地利用装帧宣传图书、推销图书方面真是到了见缝插针、寸纸不让的程度。他们出版的书简直就像一辆辆浑身都是喇叭的宣传车，热情得非让人掏腰包不可。①

在我国出版史上，书商历来重视图书编创形式的创新，努力在设计和制作方面下工夫，使书籍在形式上更赏心悦目，吸引读者购买。以民间坊刻为例，本师肖东发先生指出，"从坊刻本的形式特征上作进一步的分析，就会发现书坊刻书家创造了不少人民大众喜好的艺术风格"，其中包括了黑口、书耳、正文注疏合刊、重言与重意、图文互重、行款字体变化、牌记等多种艺术形式。本师分析说："从主观上讲，坊刻的这些努力，无非是为了增强竞争能力，争取更多的读者，提高书籍售量，获得更多利润，但是由于坊刻所受到的思想束缚少，能接近下层，了解并注重民间需要，敢于标新立异，从而在客观上促进了图书形制的改进，这一功绩是不可否认的。"以图文互重为例，明代市民文学戏曲小说兴起后，书坊为了吸引读者，刊行的戏曲小说，几乎没有不加插图的，而且一书不止一种插图，以《西厢记》为例，其插图本就有十余种之多。北京大学图书馆收藏的明代弘治十一年（1498）京师书坊金台岳氏《新刊大字魁本全相参订奇妙注释西厢记》牌记称："本坊重写绘图，参订编次，大字魁本，唱与图合，歌唱了然，爽人新意"，每卷首冠整版图一幅，书内为上图下文，共150图，可以视为古代坊刻"图文互重"，编创出新以增加图书通俗性、

---

① ［英］约翰·苏特兰：《畅销书》，何文安编译，上海：上海文化出版社，1988年，第15页。

趣味性的代表之作。①

我国现代出版业兴起以后，出版界对图书的形制设计创新越来越重视。从近年来国内畅销书的装帧编排来看，也有很多创新之举。比如北京大学出版社 2002 年以来推出的《人文社会科学是什么》丛书，之所以能够成为畅销书，除了优质的内容以外，还与其典雅玲珑的整体装帧形式和编排设计有很大关系：

> 据负责《人文社会科学是什么》丛书策划的杨书澜女士讲，这套丛书的封面设计充分考虑了通俗性与学术性的结合。封面以绿色为基本颜色是有深意的，它表示：（1）人文社会科学既是古老的又是常青的。（2）大学生是朝气蓬勃的年轻人，他们的生命如同这绿色一样显示着希望和蓬勃生机。中学生渴望成功，绿色的《人文社会科学是什么》丛书给他们带来了成功的希望。
>
> 另外，封面显得庄重而淡雅，带有教科书的感觉。因此这套书可作为人文素质教育的教材和教学参考书。封面用红色标记突出了作为该丛书顾问的几位著名专家：费孝通、季羡林、厉以宁、汤一介、乐黛云；在封底还有作者的照片和介绍及整套书各分册的书名和作者，信息量很大，广告效果明显。
>
> 每本书的编排结构都没有采取传统教科书中规中矩的章、节式，而是采取了较为活泼的序号作为分级标题。而且每一本书的结构都是循序渐进、由浅入深，力戒论文体裁。每一个小标题都尽可能做到了生动活泼，运用了回答式、比喻、引用诗文等多种表达方式，易于吸引读者注意力，引导读者继续阅读。
>
> 丛书在版权页前面有著名学者费孝通先生题写的"普及社科知识，提高人口素质"一页，开宗明义，表明了丛书出版的社会意义；在目录后面有"阅读说明"，告诉读者如何有效地阅读该丛书；正文前有原北京大学校长许智宏院士为丛书作的"总序"，具有很强的权威性；书中的重点概念均采用黑体字，黑体字所显示的概念一般有定

---

① 肖东发：《中国图书出版印刷史论》，北京：北京大学出版社，2001年，第 171-174 页。

义，便于作者掌握；每章后均有一空白页，留做写读书体会、疑难、感受；每章均有一位名家的名言及名家照片及介绍，使读者能够了解本学科发展历史上的重要人物；每本书后均有作者推荐的进一步学习本学科的阅读书目。这样就极大地丰富了图书的信息量。①

除了《人文社会科学是什么》以外，还有很多可圈可点的案例。仅从封面来看，"看报先看题，看书先看皮"已经成为众多出版人信奉的理念之一。作为书的颜面，很多畅销书的封面不仅设计得非常美观得体，而且在其中加入了很多有效的宣传信息，对图书起到了很好的推销作用。根据左晶、武雪对150本非虚构类畅销书封面的研究，发现在封面中含有图书宣传语的有131本，占到总数的87.3%，由此可见，绝大多数畅销书都非常重视封面宣传语的营销功能，利用这样一个小小的空间推介图书。②例如，北京出版社出版的《登上健康快车》一书，仅在封面和封底上就做足了工夫，向读者传递出异常丰富、温馨、权威并富有"诱惑力"的信息，起到了很好的介绍、宣传和推销作用。封面刊登了洪昭光、向红丁、胡大一等三位作者的照片和简介。其中洪昭光的简介如下：

> 卫生部心血管病专家咨询委员会副主任，北京安贞医院干部保健科教授。这位著名的心血管专家、社会活动家以他生动、幽默的语言为我们描述了生命之树常青之道和快乐养生宝典。读者们说，按洪教授说的'养心八珍法'去做，就能与健康同行，实现人活百岁不是梦。

封面下方书籍信息介绍如下：

> 曾经以68种"手抄本"风靡全国
> 洪昭光、胡大一、向红丁亲自审定的权威读本

---

① 王伟：《走出象牙塔的智慧：评〈人文社会科学是什么〉丛书》，《大学出版》，2004年第1期。
② 左晶、武雪：《非虚构类畅销书封面卖点设计的实证研究》，《出版发行研究》，2013年第2期。

六位院士联席顾问　百万人的健康风暴

封底则分别用一句话将每个章节的内容概括如下：

　　* 洪昭光：踏上四大基石，让健康伴随着您
　　* 胡大一：有氧代谢给你生命活力
　　* 向红丁：驾好"五匹马"，远离肥胖和糖尿病
　　* 老百姓"十个一"健康大行动

此外还在书名旁附上四句"广告语"：

　　打造健康
　　一看就懂
　　一懂就用
　　一用就灵

　　此外，像知识出版社打造的网络文学超级畅销书《第一次的亲密接触》从封面、扉页、目录到正文，完全模仿电脑开机时的感觉，使文学和网络有机地结合起来。正文完全照作品在网络上的样子来排版，给人的感觉就是原汁原味地把网络文学作品下载到纸质载体上。再如南海出版公司运作的引进版言情类畅销书《菊花香》在加工制作过程中，为了传达该书凄美爱情的主题，全部用特制的含菊花香的油墨印刷。据说每本书中大概含有100朵菊花的香味，淡淡的香味配合全书中从封面、封底到内页满天飘舞的菊花图案，全方位立体式地营造了一种凄美的境界。仅此一项，就让无数读者为之"慷慨解囊"。

　　其他的创新之举也有很多，不再赘述。要做好一本书的装帧设计并非一件易事，需要设计者既熟悉图书内容和语言风格，又能深谙读者对象的接受心理，还必须有很好的专业设计能力和审美素养。具备了这些条件，才有可能为一本有好内容的畅销书"加分""添彩"。从实际中可以看出，目前畅销书装帧设计的理念和模式正在引领着国内图书整体的装帧设计趋势。但也不可否认，

国内出版社在畅销书形式层面的设计方面，水平还是参差不齐的，整体上也与国际潮流有一定距离。

强调装帧设计重要性，并不是说要脱离图书内容和风格，一味求新求怪，剑走偏锋，甚至以"俗艳"为美，等而下之者，离题万里，那样往往会适得其反，让原本不错的内容"掉价"。比如，2016年11月10日，张鸣在微博上贴出自己苦心修订的《重说中国近代史》的书影，表示出版商的封面设计令人无奈：将作者照片拼接于慈禧太后和李鸿章身边，穿大红衣服的教授与黑白的慈禧太后"排排坐"，简单、粗暴、低俗的图片处理使得封面画风诡异，与较严肃的书籍内容很不协调，也让腰封上"最畅销的近代史经典""畅销50万册，经典全新再版"之类的宣传语黯然失色。张鸣失望地说："重说中国近代史，过五年之后再版修订了，费了我好大的劲儿，删改添加了不少文字，然后出版商却把封面做成这样，让我跟西太后排排坐，真是无奈！"[①]而这样的设计并非个例，目前在图书市场上因常识错误、颜色俗艳、字体怪异而令人大跌眼镜的封面设计比比皆是，让人不禁感慨，从事这个行业的设计者真应该好好重视和学习一番"出版物鉴赏""出版美学"方面的知识。

三、定价

价格是传统营销理论中"4P"之一的定价（Price）策略，是影响读者购买行为的重要因素之一，也是图书编创中需要仔细斟酌的营销环节之一，往往会影响到畅销书整体营销的功效。畅销书的定价看似简单，实则大有文章可做。现在业界普遍的认识是在给畅销书定价时，除了要考虑畅销书的成本和盈利空间以外，还应该充分考虑两方面的因素：竞争者同类图书的价格因素、读者的心理承受能力和实际消费能力。尤其要避免一味追求高定价而忽视了读者的消费能力，金丽红根据自身经历说："我们搞签名售书，看到很多读者翻书翻到最后一页的时候就放下来了，他再喜欢，可是钱不喜欢，特别是大学生，

[①] 冯双：《那些丑到过目难忘、错得漏洞百出的图书封面》，澎湃新闻，http://www.thepaper.cn/newsDetail_forward_1572211，2016年12月6日。

从农村来的,省吃俭用,留点钱买书,你定价高了,就可能失去这个客户。读者那里有一个心理价位,那是一杆秤。"①一般情况下,读者还是倾向于购买价格相对低廉的图书。但出版社也不能因此而走向另外一个极端:只打"廉价"牌而忽视了图书的内容质量。如果图书内容一般,甚至粗制滥造,那即便再低廉,恐怕也不能吸引读者。如论者所言:"有些图书选题、内容相当不错,可就是价格高高在上;有些图书虽然价格上百姓可以接受,但其内容往往乏味,读之味同嚼蜡;更有些图书无论从质量还是价格上看,一无可取之处,只是在炒作及其他投机钻营的营销方式上不惜气力,哗众取宠。读者徘徊于这样的图书之间,经济条件许可者在斟酌再三后挑选一两本心仪之作填饥解渴,而手头拮据者就只能狠狠心拍屁股走人了。"②

无论什么时候,图书定价最为理想的做法就是让读者在购买时,能够切实感受到畅销书的"物美价廉"或者"物有所值"。上海文化出版社在20世纪八九十年代面向大众出版的普及型图书"五角丛书",就是这一方面的优秀典范。"五角丛书"的策划创意直接源于20世纪30年代赵家璧先生的"一角丛书",以廉取胜,薄利多销。从1986年第一辑问世到1993年第15辑出齐,共出版了普及本150种,仅第一辑到第六辑就共发行约3000万册,多次获得全国性畅销书奖,成为出版社的"看家书"。"五角丛书"的得名因缘有二:一是每册图书定价5角,从第八辑起因为纸张等成本上涨价格稍微上调,但仍保证价格比同类图书低廉;二是内容涵盖五个主要方面:文学、艺术、生活、体育、娱乐。"五角丛书"虽然价格低廉,但题材丰富,内容广泛,通俗但不粗俗,有一定的文化品位,做到了雅俗共赏。③笔者撰写本书的重要参考书之一《畅销书》([英]约翰·苏兰特著,何文安编译,1988年1月第1版,定价0.8元)就是"五角丛书"之一,首印册数即高达20万册。"五角丛书"主编何承伟回忆道:"当时这套丛书在社会上反响非常好,不仅是因为便宜,更是因为它的短小、精湛,薄薄的一本册子就可以满足普通读者的阅读需求。"④直到

---

① 金丽红:《畅销书与营销策划》,《出版广角》,2002年第11期。
② 周慧虹:《"五角丛书"令人思念》,《中国文化报》,2010年1月14日。
③ 陈幼华主编:《畅销书风貌》,武汉:武汉大学出版社,2007年,第158页。
④ 朱雯婷、李菁:《"五角丛书":记忆中的明灯》,中国网:http://www.china.com.cn/chinese/RS/1240098.htm,2006年6月13日。

今天，还有不少人经常提起和怀念这套便宜而质优的畅销书，称其为20世纪80年代中后期中国图书市场上一道亮丽而持久的风景线。

观察今天的书业界，尽管也有一些物美价廉的图书，但像"五角丛书"这样的图书几乎已是凤毛麟角，这也是出版业市场化程度提升的重要体现之一。自20世纪90年代后期以来，受图书成本上升、平均印刷数量减少等因素的影响，我国的图书定价一路走高，在一定程度上也影响了图书的销售。刘吉波等人曾对2004年北京图书订货会书刊协会推荐的543种图书定价进行统计分析，结果显示：在543种图书中，文艺类平均定价为24.38元，社科类平均定价为31.69元，科技类平均定价为45.76元，文教类平均定价38.14元，儿童类平均定价为38.98元。在定量分析的基础上，调研者指出，就目前读者图书消费水平来看，国内各类图书的平均定价都有些偏高，这种状况会使书店销售与读者购买之间产生矛盾。① 在目前的书业界，"高定价，低折扣"已是通行规则，也成为图书定价中最突出的弊端之一。在这种情况下，"书非打折不买"就成为很多读者的现实选择。笔者根据《开卷5年非虚构类畅销书排行榜Top30》《开卷5年虚构类畅销书排行榜Top30》（统计时间段均为2006年1月1日至2010年11月30日）收录的60本畅销书的定价做统计，发现：20元以下（含20元）的图书8本，21—25元的16本，26—30元的30本，30元以上的6本。26—30元之间的图书占到了50%。又根据《开卷2015年虚构类畅销书排行榜TOP30》收录的30本畅销书的定价做统计，发现：20元以下（含20元）的图书2本，21—25元的6本，26—30元的6本，30元以上的16本（其中35元以上的10本）。30元以上的图书所占比例为53%。姑且不论图书内容的优劣，仅从定价来看，不仅不够"低廉"，而且还呈现出逐步上升的趋势。

当然，让每一本图书都严格做到物美价廉，显然不现实，但努力将价格与图书质量统一起来考虑，寻求一个比较好的均衡点，也并非没有操作的可能性。在这一比较现实的思路下，国内一些出版机构在打造畅销书时，经常会采取不同的定价策略。具体有：

（1）针对高档次图书的撇脂定价策略，又称撇油定价策略，是新品种图书上市之初，在没有同类图书竞争情况下，采取的一种高定价策略。

---

① 刘吉波:《出版物市场营销》，北京：中国书籍出版社，2010年，第215-216页。

（2）针对市场前景较好的小码洋图书的渗透定价策略，价格较低。因为小码洋图书在上市之初，一般不太容易被人注意，把价格定低一些，容易让读者接受，逐步打开销路并占领市场。

（3）针对中档图书的满意定价策略，这是介于撇脂和渗透定价策略之间的一种折中定价策略。一般是按照书业系统的平均价格水平来确定自己图书产品的定价。

（4）遵循"黄金定价法则"（16.8元），如中信出版社的《谁动了我的奶酪》、哈尔滨出版社的《致加西亚的信》、接力出版社的《邮差弗雷德》、世界知识出版社的《世界上最伟大的推销员（插图本珍藏版）》、机械工业出版社的《你在为谁工作》，定价都为16.8元。这类图书一般具有下列共性：大多100来页，有的不足100页，比较轻薄；装帧精美，适合馈赠；多为引进版图书，经常号称全球畅销；多为励志或财商类图书。①

（5）尾数定价策略，如将一本畅销书的价格定为19.8元、29.8元、39.8元，而不是20元、30元、40元，绝大多数消费者会感觉尾数定价比整数定价要便宜、精确一些。如长江文艺出版社有限公司的《小时代1.0折纸时代》《小时代2.0虚铜时代》《狼图腾（修订版）》，分别定价为29.8元、26.8元、39.8元。

（6）整数定价策略，通常以"0"作为尾数，适宜于大码洋图书，如中华书局的《于丹〈论语〉心得》、中央编译出版社的《沉思录》，作家出版社的《活着》，定价均为20元。

（7）声望定价策略，即所谓的"名牌高价"，适宜于内外质量均高于市场同类图书的畅销书或礼品书。如人民出版社的《朱镕基答记者问》定价59元，人民文学出版社的《哈利·波特与死亡圣器》定价66元，北京十月文艺出版社的《平凡的世界》定价79.8元，均属此类情况。

（8）"价格歧视"策略，即以收入水平和消费水平为标准，对读者进行分类，出版同一图书的不同定价的不同版本。如海燕出版社的畅销书《中国通史》就有三个不同的版本：成人版印制精美，精装，定价高，可作为礼品书馈赠给朋友；儿童版为简精装，配光盘，定价适中；国民读本为平装，定价

---

① 易图强：《图书选题策划导论》，北京：中国人民大学出版社，2009年，第332页。

低。三个版本，同一内容，不同的纸张、定价、装帧，满足了不同类型读者的需求。再如阎崇年的《正说清朝十二帝》，据笔者调查，市场上目前共有3个层次6种不同版本，分别针对不同的读者对象和消费群体：一是普通平装层次3个版本：图文版（中华书局，2004年）和增订图文本（中华书局，2007年、2014年），适合普通大众阅读，定价分别为29.8元、30.8元、36元；二是高端豪华层次2个版本：增订彩图珍藏版（中华书局，2006年）和精装特别纪念版（中华书局，2014年），适宜于消费能力较强的读者收藏，定价分别为68元、98元；三是轻松幽默改编层次1个版本：漫画版（现代出版社，2006年），适合青少年阅读，定价仅为22元。这也是"价格歧视"策略的灵活运用。这样定价方式明显可以扩大读者面，实现畅销书效益的最大化。

第四节

畅销书产品的附加层：附加服务

畅销书产品的附加层服务主要有两个方面：一是出版机构为发行商所提供的附加服务或利益；二是出版机构和书店为读者提供的附加服务或利益。这种附加服务贯穿于畅销书售前和售后的整个过程。比如出版社在售前可为读者或书店提供相关咨询，销售时可为长期合作的书店提供优惠的折扣，或在一定时期内向读者打折售书，也可在销售过程中随赠书签、光盘等纪念品。比如上文提到的《人文社会科学是什么》丛书中的每本书都配有书签，上有作者的赠言、亲笔签名以及作者的电话，便于读者与作者交流，如果26个书签收集齐了就是一套艺术品，很有珍藏价值，这些设计表明了出版社的出版服务意识比较新颖。还可在销售过程中开展相关的免费讲座，让读者在购买现场得到更多的知识量。在售后，出版社要承诺为读者或书店提供相关的售后服务，如配送、退换、咨询等。通过这种贯穿于售前售后的延伸层附加服务，出版社可以确立其市场地位并赢得竞争优势。如美国出版商在营销其畅销教材时，会为任课教师提供全方位的服务。除了教材之外，出版商还给教师提供教材的配套讲义、演示文稿和考试题库，而且会给每本教材建立一个网页，出版商会根据最新的经济形势和企业资料，为教材上的案例提供最新资讯。除了为教师服务以外，出版商还在网上为学生提供课程的背景材料，并提供免费的咨询服务。通过这样的附加服务工作，出版商不仅能巩固已有的消费群体，而且能够不断吸引新的购买群体，最终确立了其在教材畅销书出版方面的优势地位。国内的外研社在营销运作其图书产品时，也会有类似的营销策略（虽然与国外出版商相比还有一定的差距）。再如，目前市面上关于育婴方面的图书很多，出版社之间的竞争十分激烈，上海少年儿童出版社就利用独特的售后服务在竞争中占尽优势。该社出版的《养育一个聪明宝宝》具有很强的操作性，为此他们与上海学前教育网合作,在网络上设立了专属网页,为读者提供免费咨询和专业指导,从而在网上实现了图书售后服务的"版本升级",最终成为该领域的畅销书之一。[1]目前,由于受营销理念和资金实力的限制,我国出版社在畅销书产品附加层面的服务工作还做得不够,这就影响了畅销书产品整体营销策略的发挥。

---

[1] 李琛、吴秋琴:《图书市场营销》,北京:清华大学出版社,2004年,第113页。

第五节

优质畅销书的深开发：品牌延伸

图书作为一种特殊的商品，不管作者和出版商是有意还是无意，在经济方面都有追逐利润最大化的动力，在文化方面则有追逐社会影响力最大化或社会效益最优化的诉求。在单本书实现这种目标后，作者、出版商或其他领域的文化商人，很有可能继续以此书为基础，开发系列衍生品。在中国古代，一些经典图书在畅行于世后，往往会有不少续作、改编和延伸之作问世，其中不仅包括了图书，还包括戏曲、评书、快板、相声等多种方式。比如中国的"四大古典文学名著"自问世之后，除了有众多的续作和改编之作外，还成为各个剧种和曲艺名家取之不尽、用之不竭的改编"母本"。直至今日，仍能以其为基础或话题，衍生出不少畅销书或者影视作品。以畅销书为例，就有《水煮三国》《孙悟空是个好员工》《品读水浒传》《刘心武揭秘〈红楼梦〉》，等等。如果说古代图书延伸的系统性、商业性还不够突出的话，那么现代出版业兴起以后，以品牌图书为基础，主动进行系统的深层的多维度的品牌延伸，充分挖掘和释放畅销书的潜质，以期最大限度地获取利润，就成为畅销书整体产品制作的一条重要策略。从大众文化角度来看，这种"大众文化的病毒性繁殖"已经成为当代发达商业社会的一条定律。

苏特兰指出，20世纪70年代以来，美国的出版大多相互联合，组成了新的"多业"集团公司。出版界的巨子往往也是从事多种经营的企业家，他们同时掌握着出版社、音像、电视、电影公司。这就为"垂直的"或者说"协同的"行动创造了条件。①这种行动，就是一种主动的系统的品牌延伸活动。20世纪福克斯电影公司和RCA集团公司对《星球大战》的运作，即是这种行动

---

① ［英］约翰·苏特兰：《畅销书》，何文安编译，上海：上海文化出版社，1988年，第13页。

的最佳体现：

著名电影导演乔治·卢卡斯在1975年拍成《星球大战》这部科幻影片后，从大规模全线出击的战略方针考虑，影片没有立即公映。直到1976年卢卡斯内容相同的小说"写"好后，电影才于6个月后在各地上演。在"电影院门前排队买票的人多得令人不敢相信"的同时，小说连续占据畅销书排行榜榜首。在3个月内销售了350万册。《星球大战》诞生后，与其相关的各种产品就被源源不断地设计出来并送到市场上去。这些产品，消费者可以看、读、听，可以喝，可以玩。RCA集团公司下属的出版部推出了全套版本的小说、连环画和其他印刷品。与《星球大战》有关的密纹唱片、招贴画、漫画、饮料、玩具激光枪、模型、棋类游戏，等等，只要是消费者想得到的都能买到。这一切创造的收入无法计算。两年后的1979年，"《星球大战》热"在英美两国再度兴起，在电影热映的同时，出版社再次倾巢而动，以美轮美奂种类齐全的《星球大战》系列对读者实施新一轮的饱和轰炸。此后，《星球大战》的各种续篇接连上市。

苏特兰评价说："蜚声全球的《星球大战》就和汉堡包一样，受到男女老少的青睐。与其说是一部小说，毋宁说它是一种旨在尽可能多捞钞票的市场战略。"①

今天，我们仍能从西方出版机构和传媒集团对《指环王》《哈利·波特》的成功运营中，看出对《星球大战》的继承与再创造。据统计，与《哈利·波特》相关的产品就有200多个，涉及多个方面，这些都给产品的制作和开发者带来了巨额的经济利润。赵强指出："'哈里·波特'作为一个关键词，点击率超过全球人口的数倍，在他身上流淌过的金钱数额直逼比尔·盖茨的财产总量。让我们闭上眼睛来幻想一下这样一个流程：一个人物→一段故事→一个文字虚拟出来的空间→作者、出版商、书店、各种版本（盗版、模仿秀、故纸堆中推陈出新的相关故事）和各种文字的图书→一大群读者→游戏、电影、魔法

---

① ［英］约翰·苏特兰：《畅销书》，何文安编译，上海：上海文化出版社，1988年，第39-40页。

学校、游乐城、玩具、宠物、书评、新闻、广告、网络→《哈里·波特》文化产业的生产者和消费者→一个梦想的实现和幻灭。"①这真是一个以追求经济利润最大化为主要目标的综合性、立体性的现代商业运作过程。这种对品牌的多维度延伸和深度开发模式,特别值得今天的中国文化界、出版界认真学习与借鉴。

当前,随着我国出版集团化和产业化的体制改革的初步完成,出版机构的整体实力、经营范围都得到了很大的提升和拓展,这就为我国进行立体开发、多途径延伸的畅销书品牌战略打下了一定的基础,很多出版机构也在这一方面进行了有益的探索与实践。一些出版机构已经跳出"就书论书"的传统观念和模式,形成了新商业模式:以传统纸质图书为基础,以版权内容为核心,通过内容产业的经营,打造相关的电影、电视节目,通过电子图书形式进行网络下载甚至手机阅读,同时开发相关玩具产品、纪念品等文化产品,建立跨越多种媒体的文化产业链,从而使出版模式走入新的商业领域。②

在国内书业竞争日渐白热化的今天,品牌作为出版业重要的无形资产,开始扮演着核心竞争力的角色。在一定意义上,我国的出版业已由产品竞争、资本竞争阶段上升到品牌竞争的高级阶段,品牌日益成为市场决胜的关键。品牌营销作为一种全新的营销手段也开始为人们所看重,逐渐成为出版社获取两个效益双丰收的"不二法门"。在畅销书的营销过程中,品牌策略是重要的营销策略之一。一般认为,畅销书品牌营销策略的实施应包括三个要素:即品牌定位、品牌开发和品牌的管理和延伸。而中外的出版实践都已证明,品牌延伸策略是畅销书品牌形成以后获取利润和效益最大化、最佳化的必由之路,因而常为出版者采用。

一、畅销书品牌延伸的概念和功效

从经济学的角度来看,品牌延伸策略,亦称品牌扩展策略,一般是指将某

---

① 赵强:《大众文化的病毒性繁殖》,《中华读书报》,2001年12月5日。
② 梁春芳、高虹:《图书选题策划案例教程》,上海:上海交通大学出版社,2014年,第68-69页。

一著名品牌或某一具有市场影响力的成功品牌使用到与成名产品或原产品完全不同的产品上，以凭借现有成功品牌推出新产品的过程。[①]品牌延伸策略是众多企业尤其是大型企业开拓市场，寻求发展的重要手段。如果品牌延伸获得成功，则可以带来实质的附加价值，即所谓的"品牌伞"效应。采用品牌延伸策略，充分发挥"品牌伞"效应，使企业不必从头开始建立知名度，减少消费者对新产品的漠视感，又可降低企业促销成本，并大大提高新产品进入市场的成功率。最终达到全面占有预期市场，获取最大化的利润和效益的目的。在成熟的市场经济条件下，品牌延伸策略对于各行各业都是适应的。

由此我们可以界定出版品牌的品牌延伸策略：充分利用已经形成的出版品牌优势（包括作者品牌、书刊品牌、编辑品牌和出版社品牌等），开发相近或相关的系列出版产品，形成品牌家族群体，以期充分挖掘和利用现有出版品牌的潜在价值，实现新的利润增长点，从而达到出版效益和利润的最大化与最佳化。从市场营销的角度分析，出版品牌延伸策略的功效主要表现在三个方面：（1）取得家族品牌伞效应，形成比较成体系的出版品牌群；（2）可以取得品牌活力创新效应，增强出版企业的创新意识和能力；（3）可以取得品牌投资集约效应，便于集中资源，加强核心品牌的主导地位，提高品牌家族的投资效益。[②]

在出版品牌中，图书品牌是基础和核心。图书品牌一般应该具备以下因素：冠以专有名称和标识；具有较好的质量和一定的品位与特性；在市场上具有一定的信誉度，在社会上具有一定的知名度；能够给出版社带来效益。一般说来，包括品牌知名度、品牌联想度、品牌美誉度、品牌忠诚度等。而优秀的畅销书一般具有以下特征：（1）具有内容与形式双佳的品质；（2）符合最广泛的大众读者的阅读需求；（3）在一定时间段里发行数量巨大；（4）在社会上引起比较广泛而持久的关注；（5）能给出版社带来良好的社会效益和丰厚的经济利润。如《星球大战》《围城》《平凡的世界》《白鹿原》《哈利·波特》《狼图腾》，等等，均可视为优秀畅销书。两相对照，我们完全可以认为，优秀的畅销书已经具备图书品牌的基本要素，完全可以对其实施品牌延伸策略。结合上

---

① 胡宇辰：《走出品牌延伸的误区》，《经济论坛》，2002年第15期。
② 范军：《浅论书刊的品牌延伸》，《大学出版》，2003年第1期。

述出版品牌延伸的概念，笔者将畅销书品牌延伸策略定义为：出版机构充分利用已经形成的畅销书品牌优势，开发相近或相关的系列出版产品或其他文化产品，以期充分挖掘和利用现有畅销书品牌的潜在价值，在延长畅销书生命周期的同时，实现新的利润增长点，从而达到畅销书利润和效益的最大化与最佳化。

当前，国内一些畅销书的策划者都曾有意识或无意识地将品牌延伸策略运用到畅销书的营销运作中，一般情况下都能取得很好的效益。因此，品牌延伸战略也就成为当前国内畅销书营销运作过程中常用的营销策略之一。由于畅销书是众多出版物中比较特殊的一种，畅销书预期的读者对象和经济效益使得其在形式和内容上都有其特殊性。因此，在实施品牌延伸策略时，既有普遍性，又有一定的特殊性。

二、畅销书品牌延伸的基本模式

当畅销书在市场上大受欢迎，形成购买热潮时，说明在畅销期内畅销书的品牌已经基本形成，这时就要求相机而动，利用已有的品牌优势，推出与之相关的图书或其它产品，使这些衍生品也能乘着原书的畅销之风而行销市场。反过来，这些图书或者产品也会使得原书更为走俏，从而延长畅销的生命周期。从实际的运作情况来看，当前国内畅销书运作中的品牌延伸策略可分为以下四种模式：

1. 借势跟进，开发与主打图书主题相近或相关的图书，形成一个完整的畅销书体系

这种模式又分两种情况：一种是出版社在酝酿"母品牌"畅销书时，就设计了"品牌伞"的宏观而全面的战略规划，在"母品牌"畅销书热销书市时，乘机推出一系列与之相关的图书，既节约了宣传促销的成本，又可以全面占有市场，在某个畅销书专题下形成"垄断"局面。如上海人民出版社在2001年推出青春卡通畅销书《我为歌狂》，在14个月内取得了70万册的良好销售业

绩。之后，上海人民出版社又乘着该书的畅销之风，不失时机地推出了与该书紧密相关的《永远的OPEN》和《爱上爱情》，截止到2002年10月之前，前者销售量为18万册，后者的销售量则达到了38万。①再如中华书局针对影视界、图书界"戏说"泛滥的文化现象，于2004年9月，借助中央电视台"百家讲堂"的热播效应，适时推出阎崇年撰写的《正说清朝十二帝》，广受读者欢迎。中华书局由此发现"正说"这一概念深受读者喜爱和关注，决定整体开发系列"正说"图书。随后以"解密历史真相，走出'戏说'误区"为宣传口号，推出的《正说汉朝二十四帝》《正说唐朝二十一帝》《正说宋朝十八帝》《正说明朝十六帝》《正说清朝十二后妃》《正说清朝十二臣》等"正说"系列，也深受市场好评，取得了很好的经济利润和社会效益。又如国内知名品牌"布老虎"，原是专攻长篇爱情小说，后来也延伸到散文、随笔和中篇小说等图书领域，照样取得了很好的效益。再如《哈利·波特》系列小说的连续出版，其实也属于这种情况。

另外一种情况是指根据其他出版社或图书市场上某种畅销书的销售情况，紧随其后，抢占市场空白点，在相同的主题下，开发新的选题，利用前者的品牌效应，开发连带的畅销书。这其实是一种比较高妙的"跟风"术。当前书业内，因为"跟风"得当而打造出系列畅销书的案例也不胜枚举。如前文所提到的《哈佛女孩刘亦婷》在一定意义上就属于这类情况。实践证明，围绕主打畅销书形成一个畅销书系列的做法是最节约成本也最容易见效的营销策略之一。

2．利用强势畅销书品牌，开发连锁的多元文化产品

这是由图书产品延伸到非图书产品领域的一种做法。如人民文学出版社在精心运作《哈利·波特》系列小说的同时，开发出了关于这套畅销书的明信片、画报、立体画册、填色书等文化产品，取得了良好的市场效果。北京世界图书公司在运作"富爸爸"丛书时，也以"富爸爸"品牌为核心，除了推出《富爸爸：投资指南》《富爸爸：富孩子，聪明孩子》《轻轻松松变富婆》以及《富爸爸给青年人的十条忠告》等系列品牌延伸图书外，还开发出与之相关的系列文化产品（包括"财商"培训、"财商"话剧、玩具等系列产品），在充

---

① 邵敏：《从〈我为歌狂〉谈图书营销策划》，《编辑学刊》，2002年第2期。

分延伸原有品牌的同时，取得了利润和效益的最大化。实践证明，连锁的文化产品既与主打的品牌产品具有良好的互动关系，形成了品牌的规模效应，同时又形成了对主打的品牌产品"烘云托月"的宣传态势，形成了更大面积的影响和效益。采用这种模式，甚至并不局限于文化产品，还可以大胆地向其他产品延伸。据笔者了解，《菊花香》一书的策划编辑就曾有过利用"菊花香"的品牌来开发新饮料的设想。应该说，这种延伸从书名、内涵到情调来说都比较合适，是具有一定的可行性的。在采用这种模式时，应该分析主打品牌畅销书的销售情况和社会效应。一般情况下，强势品牌的畅销书更适宜于延伸出新的文化产品。

3. 由书到刊，创办与畅销书主题相关的刊物

相较其他种类的图书而言，畅销书的时效性很强，品牌周期也比较短暂。要长期发挥品牌效应，将品牌价值加以巩固和拓展，一条很重要的途径就是创办同名刊物。在这一方面，有两个案例很能说明问题：（1）广西教育出版社自1997年推出"同龄鸟"丛书，包括"台湾校园青春书屋""世界中学生喜爱的书"以及"当代都市少年心态小说"等系列图书，很受全国中学生的欢迎，成为畅销书中的常销书，"同龄鸟"也逐步发展为青少年心目中的知名品牌，成为该社的标志性读物。在"同龄鸟"基本具备了品牌基础之后，2000年，该社创办了《同龄鸟》杂志。杂志第一期印刷的2万本供不应求，最后加印至4万本，此后的销售业绩一直不俗。（2）1996年，海天出版社推出的《花季·雨季》成为当时中学生中流传最广的一本书，并获国家图书奖提名奖。此后，由图书改编成同名电影、电视剧也分别获"五个一"工程奖和金鸡奖，产生了很大影响。为此，深圳市政府和该社把"花季·雨季"作为一个战略性品牌来加以保护和培养。在1999年创办了《花季·雨季》杂志，前两期发行量都超过5万份，收到了很好的社会效益和经济效益。[①]以上两个案例充分说明，通过创办同名刊物，既可延伸畅销书的价值链，还可以通过书刊互补的形式走上滚动式发展之路，从而取得长期的良好收益。但是由于受到我国办刊体制和政策的限制，也由于畅销书自身的特征，并非所有的畅销书都适宜于这种模式，因此

---

① 周英峰：《出版社书刊互动赢品牌市场》，《中华读书报》，2000年2月16日。

在实践操作中并不具备普遍性。

4. 影视互动或艺术改编，在"带电作业"和"艺术再创作"中梅开二度

所谓影视互动模式，就是将品牌畅销书改编成具有较高收视率的电视连续剧或电影，在促进影视业大发展的同时，又反过来促进了畅销书在市场上的继续走俏。当然，这里所指的畅销书主要是针对小说类畅销书而言的。在我国，早期能够反映这一现象的经典案例是钱钟书先生的《围城》。时至今日，众多的事例证明这一策略仍然是行之有效的。如2003年，人民邮电出版社出版了52集大型动画系列丛书《哪吒传奇》，在图书出版后，除了采用其他营销手段宣传促销以外，一个很重要的策略就是改编制作成同名动画片在中央电视台播出，以媒体推介和电视节目播出形成强有力的宣传攻势，等到2003年年底时，这套图书已经销出25万套，成了2003年最畅销的少儿类畅销书。①纵观这几年的影视剧和畅销书，如《玉观音》《中国制造》《大雪无痕》《亮剑》《后宫·甄嬛传》《平凡的世界》、金庸的武侠系列、琼瑶的言情系列，等等，都曾在"带电作业"中达到品牌延伸策略的预期目的，足见这种模式是具有一定普遍性的。而且，通过这样的品牌延伸，也成就了不少出版社和畅销书作家。除了与影视联姻外，还可以通过对知名畅销书的改编，"再创作"为车载听书DVD、话剧、音乐剧、戏曲、在线游戏等不同类型的作品，这样的品牌延伸同样可以挖掘、发挥畅销书的文化内涵与品牌效应。如《白鹿原》在1992年出版以来，除了被改编为电影与电视剧以外，还被改编为秦腔、歌剧、话剧、雕塑等多种艺术形式，几乎成为当代各种艺术形式改编最多的一部小说。而每次改编都对《白鹿原》的销售起到了推波助澜的作用。

三、畅销书品牌延伸过程中应该注意的问题

从以上分析中可以看出，恰当地实施品牌延伸策略可以让出版社在短期

---

① 苑占英：《2003年六大类畅销书个案追记》，《中国新闻出版报》，2003年12月31日。

内取得社会效益和经济效益双丰收的良好效果。但正如很多经济学家指出的那样，品牌延伸策略也是一把"双刃剑"，它既能创造多赢，也能带来俱损厄运。品牌延伸一旦走入误区，就会给企业带来一定的负面影响，甚至危及企业的生存与发展。在畅销书的运作中，这样的隐患也是存在的。是成功还是失败，全在操作的恰当与否。我们会发现，在实际的操作中，"延伸不够"与"延伸过滥"的极端情况并存于中国书业界。所以在实施品牌延伸策略时，一定要掌握好"度"，要避免走入误区。为此，有必要注意以下四方面的问题：

1. 应该自觉树立品牌延伸意识，适时、多维度地运用品牌延伸策略

古人讲，"凡事预则立，不预则废"，只有先"存乎一心之妙"，才能在实践中有所作为。具体实施中，就应该提前对畅销书的品牌优势进行研判，对具有延伸可行性的产品做好谋划，将品牌延伸工作设计成一个有条不紊、多层次、多方面的系统工程。在畅销书形成品牌优势后，及时运用品牌延伸策略将自己的市场做足，力争在一定时期内开发出以主打畅销书为主，延伸畅销书为辅的畅销书群体和相关的文化产品，以获得最大化利润和效益。否则就会给众多的跟风者留下很大的利润空间，与其让他人站在自己品牌的基础上开拓新产品，顺手牵羊地赚取利润，还不如自己趁早实施品牌延伸策略，形成垄断地位，从而使这一部分的利润全部为我所有。目前在畅销书的运作中，"跟风"现象此起彼伏，跟风者往往不是品牌畅销书的策划运作者。虽说其中弊端不少，但不可否认的是，如果跟风得当，也能获得比较可观的利润，这其实也可看作是一种"他者"巧妙的品牌延伸的手段。这种现象的发生，既说明品牌延伸策略是一种比较有效的运作手段，同时也说明了目前我国很多出版机构主动进行自我品牌延伸的意识还比较淡薄。

在这里需要特别提出的是，随着我国出版管理体制改革的深入和出版机构经济实力的提升，对优势畅销书进行系统的有规模的品牌延伸工作，已经具备了一定的条件。出版机构理应在这一方面有更大的作为，也打造出中国版的《星球大战》《哈利·波特》等多维度品牌延伸的经典案例。李鲆提出要将出版放在整个产业链条上思考，穷尽其各种可能性，其实就是一种多维度品牌延伸

的理念和策略：

  如果我们只把出版定义为出书卖书，这个蛋糕是很小的，再努力提升销量，市场也有限。但如果你用商业逻辑来考量出版，放大格局，把出版放在整个社会环境中，放在整个产业链条上思考，穷尽它的各种可能性，你就会发现，出版其实是一个有无限潜力可以挖掘的行业。比如一本书可以卖不同的版权，音乐、影视、动漫、电影、游戏；可以开发周边产品，比如手办、玩具公仔、文具、形象代言；你可以把出版当成服务业，为其他行业、作者提供增值服务，从中分得一块蛋糕；也可以把出版当成一个内容版权的收集行为，你出书是为了版权储备，有了版权，你可以去做许多事。你完全可以由出版切入其它领域，有更大的发展空间。①

2. 应该客观评估畅销书品牌实力，区分出强势品牌和弱势品牌，以决定是否实施品牌延伸策略

  因为品牌延伸是借助已有品牌（母品牌）的声誉及市场影响推出新产品，那么，母品牌必须具有很高的品牌认知度和品牌美誉度，在消费者心目中有很高地位的品牌。如果母品牌尚无品牌优势，而强行将其延伸，结果可想而知。所以正确评估现有品牌实力，是进行品牌延伸的先决条件。从这个意义上讲，像《哈利·波特》《富爸爸穷爸爸》《谁动了我的奶酪》《白鹿原》《狼图腾》这样的超级畅销书在其生命周期内更适宜于实施品牌延伸策略。而一般的畅销书，多属"各领风骚三五月"，本身尚未形成强势品牌，就不可能奢谈品牌的延伸。

3. 不能将高档优质产品的品牌扩展到低档产品上，导致自毁长城

  这样不仅难以收到预期的目的，而且会损害原品牌的品质形象。在畅销书

---

① 李鲆：《畅销书浅规则（升级版）》，北京：金城出版社，2017年，第8-9页。

的运作中更应该注意这一点。在开发连带产品时一定要使质量有所保证，内容相连相关，风格一致，而不能粗制滥造，对读者不负责任。盲目跟风最能说明这一问题。当前的图书市场上，那些盲目跟风之作之所以"随风潜入店，本本细无声"，不为读者欢迎，原因就在于这种行为表面看起来是对畅销书进行品牌延伸，而实际则仅仅是为了时效性而粗制滥造，走入将高档优质产品的品牌延伸到低档产品的误区。理论的阐释和实践的教训能够促使我们去反思，从而不至于在操作中陷入这样的误区。

4. 不能无限度延伸，品牌延伸的宽度应有一定的限制

在品牌延伸中必须重视"度"的把握，应该有准确的定位，"切记不要把品牌当作一个筐，什么东西都往里放"①。畅销书的时效性更决定了其品牌不可能无限地延伸下去。一般来说，本文所分析的畅销书品牌延伸的四种模式中，第一和第四种模式，即开发相关图书和影视互动最有可能获得最大利润，取得预期目的。而第二种模式，即开发连锁的多元文化产品的做法更适宜于超级畅销书的运作，而且更多的是起到烘云托月，促销主打畅销书的作用。至于第三种模式，即创办期刊以延伸畅销书的价值链，由于政策的限制和畅销书自身因素的限制，操作性不强。另外，品牌的延伸还要讲究相关性，就像洗涤用品不能延伸到饮料产品一样，畅销书也不是可以随便天马行空地延伸。之所以会如此，就是因为品牌延伸的宽度具有一定的极限。所以在对畅销书进行品牌延伸时，应根据实际情况的不同，掌握好延伸的宽度和极限，选择最恰当的模式进行延伸。

---

① 韩忠良:《打造中国文学图书第一品牌：对"布老虎"丛书品牌运作的几点认识》,《出版发行研究》, 2002 年第 10 期。

第五章
互动、共融与共赢：畅销书的媒体营销

所谓媒介即是讯息只不过是说：任何媒介（即人的任何延伸）对个人和社会的任何影响，都是由于新的尺度产生的；我们的任何一种延伸（或曰任何一种新的技术），都要在我们的事物中引进一种新的尺度。

——马歇尔·麦克卢汉[①]

由于工业化和都市化，这种情况改变了。社群和道德崩溃了，个体变成了孤独的、疏远的和失范的，他们可接受的唯一关系就是经济上的和契约性的关系。他们被同化进了一群日益没有个性的大众之中，受一种他们能得到的、替代社群和道德的唯一资源——大众媒介——摆布。

——多米尼克·斯特里纳蒂[②]

---

① ［加］马歇尔·麦克卢汉:《理解媒介：论人的延伸》，何道宽译，北京：商务印书馆，2000年，第33页。
② ［英］多米尼克·斯特里纳蒂:《通俗文化理论导论》，阎嘉译，北京：商务印书馆，2001年，第15页。

第一节
媒介化社会对畅销书媒体营销的影响

近代以来,各种新媒介的不断出现和广泛应用,对人类的生活方式和价值观念甚至社会形态都产生了深刻而广泛的影响,当代社会已经进入名副其实的"媒介化社会","媒介化生存"已经成为现实。麦克卢汉"媒介即信息"的著名论断和大众媒介"议程设置"的经典理论,都在一定程度上说明了媒介在社会发展中的重要作用。"媒介即信息"传达出的重要含义是,媒介在使用过程中产生的冲击力,甚至远远超过了它传播的内容,如打电话本身在人类事务中的某些意义,远远超过电话上具体说的内容;看电视对我们生活的影响及意义远远超过了我们看的具体节目或内容。新媒介的产生,本身在制造一种新的生存状态与认知习惯。马尔科姆·麦克姆斯和唐纳德·肖于1972年提出的大众媒介的"议程设置理论"则认为:大众传播媒介在一定阶段内对某个事件和社会问题的突出报道会引起公众的普遍关心和重视,进而成为社会舆论讨论的中心议题。大众传播往往不能决定人们对某一事件或意见的具体看法,但可以通过提供给信息和安排相关的议题来有效地左右人们关注哪些事实和意见及他们谈论的先后顺序。大众传播可能无法决定人们怎么想,却可以影响人们想什么。在网络和手机等数字化媒体出现后,这种情况依然广泛存在。

在"媒介化社会"中,人们生活的各个方面都受着媒体的支配和约束,人们对彼此的了解都是通过一些特定的媒体,人们之间的所有信息传播都被"媒介化"了。[1]受众通过媒体不仅学到了公众问题及其他事情,而且根据媒体对某些问题或论题的强调,学会应该对这些问题予以何等的重视。[2]这一社会形

---

[1] 李希光:《〈全球传播〉中文版序:全球传播时代的媒体与真相》,见[美]叶海亚·R.伽摩利珀:《全球传播》,尹宏毅主译,北京:清华大学出版社,2003年。

[2] [英]丹尼斯·麦奎尔、[瑞典]斯文·温德尔:《大众传播模式论(第2版)》,祝建华、武伟译,上海:上海译文出版社,2008年,第92页。

态给人们的认识、思维和行为方式产生了深刻的影响。美国社会学家戴维·里斯曼曾根据人们的行为原则和价值取向的不同把历史划分为三种社会形式，一是传统社会，二是市场资本主义，三是我们今天所处的社会。他认为第一种是由"传统引导"的社会，人们的行为主要是由传统所规定的；第二种是由"内在引导"的社会，主要是由个体对自我价值的体认确定行为的目的；第三种是"他人引导"的社会，其实质是整一性，个体不必再有独立的判断标准和价值体系，只需遵从"他人"，主要指大众传媒的指引便可以了。随着电脑和信息的广泛运用，传播媒介的不断进步，社会越来越趋于整一性。①法兰克福学派也因此而认为我们正置身于一个被"媒体操纵"的时代。

媒介化社会的形成直接促进了大众文化的发展与繁盛，大众文化因此就与大众媒体以及网络、手机等媒体的发展息息相关，大众文化在一定程度上就是媒介化的。利用现代媒介成批地制作和传输大量信息并作用于大量受众，是所有大众文化的一个基本特征。畅销书作为大众文化的重要类型，必然与大众媒介和数字化媒介关系密切。这一事实决定了各种媒介在畅销书的营销运作过程中发挥着极为重要的作用。阿诺德·豪泽尔在《艺术社会学》中说："通俗畅销书行销范围之广、畅销时间之短说明自己是艺术大生产的一种典型。通俗畅销书印数之多、新书出版之快说明了大众媒介所能取得的巨大商业性成功。"②这段话很好地说明了二者之间的关系。畅销书与媒体的关系，可以分为两类：一类是出版者主动利用各种媒体，发挥媒体对受众的指引功能，对图书进行营销。媒体技术的每一次进步，都会给畅销书的营销理念、策略和方式方法带来一定的革新和改进；二是各类媒体也为出版者提供了丰富的出版资源和不同的出版形态，直接参与出版业互动，成为生产畅销书的"摇篮"和平台，网络文学和网络出版平台的兴起，就是这种情况最为突出的明证。

从第一种情况来看，在大众文化产品日益丰富的今天，一个不可否认的事实是，如果缺少了媒体的参与，一本书要想在茫茫书海中脱颖而出，走俏市场，其概率是非常小的。甚至可以说，一本图书的畅销，如果出版者没有主动地去调动媒体的参与，就谈不上市场营销。正是在这种情况下，利用大众

---

① ［美］杰姆逊：《后现代主义与文化理论》，唐小兵译，北京：北京大学出版社，1997年，第61页。
② ［匈］阿诺德·豪泽尔：《艺术社会学》，居延安译编，上海：学林出版社，1987年，第268页。

的"媒体依赖"情结,主动巧妙利用电视、广播、报刊、网络、手机等媒体对畅销书进行广泛、深入的宣传和促销,已经成为国内外畅销书营销运作的主要手段,甚至是一些作者、出版商和出版机构打造畅销书的不二法门。比如超级畅销书《心灵鸡汤》出版后在美国的畅销,就与作者、出版商了解媒体并善于利用媒体进行宣传的本领有密切关系。为了宣传此书,作者"耐心地准备好每次采访,不论是地方小报还是《纽约时报》,让所有的媒体都能对该书进行报道和评论,让电台或电视台观众注意和刺激每天的畅销书排序",坚持不懈的宣传和广告"为他们赢得了每天的 1200 万听众,赢得了'广播—电视采访特别作家奖',4000 家电视和电台的制作人为他们举办作家和专家研讨会及庆祝会"。这种做法让"他们的书家喻户晓,没人没听说过《心灵鸡汤》,要是还有人不知此书,他们就绝不放弃对他们的宣传"。在此书大获成功后,作者之一的堪弗尔德曾自豪地对人说:"我们简直像疯狗一样不放弃媒体给我们提供的任何一次机会。"①

另外,在日本现代出版产业化的进程中,角川春树的"角川商法"也提供了利用媒体对畅销书进行营销的典型理论与模式。20 世纪 70 年代,在日本经济迅速腾飞、大众文化日益繁盛的背景下,在以电视为代表的新媒体不断出现以后,作为传统媒体的图书面临着与大众媒介争夺读者和受众的挑战。面对这一情况,日本出版商开始寻求新的出路,与其强调图书与其他大众媒介的冲突,不如主动转变,适应新媒体时代的要求。典型的做法是,主动与大众媒介"联姻",实现资源最大程度上的共享,进行多种途径的开发和挖掘。再进一步,就是将图书出版变成一种与视觉和听觉融为一体的新型大众媒体,而畅销书显然在这一方面有着得天独厚的优势。在这一转变过程中,角川书店的做法最有代表性。

1945 年,角川源义以其姓氏创立了角川书店。作为一名学者,角川源义"相信出版事业才是使战败的日本早日重新站起来的道路"。他的理想是将角川书店发展成为与岩波书店并世而立的学术教养型出版社。20 世纪 70 年代,角川源义之子角川春树执掌角川书店之后,开始脱离一贯的出版宗旨与模式,实施更加市场化的大众出版战略,使得角川书店的年平均增长率达到了 30%。

---

① [美]杰罗德·R·杰肯斯、马丁·林克:《畅销书内幕》,冯利译,天津:天津人民出版社,1998 年,第 27-29 页。

角川起飞的原动力就是新式文库本,在角川春树看来,文库本不过是商品,应当像卖化妆品一样。严选名著的《岩波文库》模式,是出版社出什么读者读什么,必须打破这种好为人师的传统,因应读者需求,进而创造新的需求。要大量推销,必须先变革读者的读书方式、藏书心态,把文库版图书当作消费品。为此他把广告做上电视,给文库本造成了"读了就扔"的形象。①

在出版新型文库本的过程中,角川春树形成了一套被称之为"角川商法"的出版模式,其具体做法是,让书与电影、电视与广播等媒体结合成一体,使得"字、音、像"三位一体,再进行地毯式的宣传,通过这种大规模的集中宣传,新型的"角川文库"得到成功的促销。在实施"角川商法"时,角川春树也开始涉足电影事业。他摄制 60 余部电影,全都据角川书店的出版物改编,每当电影上映,原作也随之畅销。角川书店在对森村诚一《人证》一书的促销中,"角川商法"得到了淋漓尽致的展现。1977 年 8—10 月间,为了推销《人证》,角川书店在全国 20 家电视台播放了 6500 次广告,在收音机上播放了 4000 次广告,此外还在全国和地方性的 40 家报纸、215000 辆电车、54000 辆公共汽车、3 万家车站、全国主要书店做了广告,广告宣传费达 11 亿日元。②1978 年,借助此前的宣传造势,《人证》在被拍成电影后,在短短的时间内迅速风靡日本国内外。"角川商法"对日本出版界的影响十分深远,这其实也是畅销书出版营销主动适应大众媒介迅速发展这一时势的必然选择。

在中国,大众媒介兴起之后,出版界在营销畅销书时,都会把"如何充分发挥大众媒介的重要作用"这一问题,作为营销方案中的重中之重来考虑。如中国经济出版社在对《千万别管孩子》进行宣传造势时,动用的媒体就有 200 余家。江苏文艺出版社对郁秀的《太阳鸟》的运营过程中,在各种媒体上的发稿量接近 600 条。其他如《大败局》《我把青春献给你》《狼图腾》等畅销书在营销运作中也无不如此。网络和手机媒体兴起后,博客营销、微博营销、微信营销、直播营销等营销方式也被广泛应用于畅销书的出版营销活动中,取得了前所未有的营销效果。如:2014 年 3 月初,余秋雨的新版《文化苦旅》签名本在微信上预售,三天之内就卖出了 4000 本。2015 年 11 月 6 日,电子工业

---

① 李长声:《角川其人及其商法》,《读书》,1994 年第 3 期。
② 诸葛蔚东:《媒介与社会变迁:战后日本出版物中变化着的价值观念》,北京:北京大学出版社,2006 年,第 172 页。

出版社联手自媒体"罗辑思维"开始预售"世界互联网教父"凯文·凯利的新书《必然》，一天之内，首印5万册销售一空，突破了国内新书单渠道、单日、单本图书的销售纪录。①2016年5月9日晚8点，自媒体"一条视频"推出中信出版社引进的美国热销悬疑书《S.》。定价168元的《S.》很快售出4000套，24小时内首印2万套售罄，两天内共卖出2.5万套，共计420多万元码洋。②随着媒介融合的进一步深入，广泛利用各种媒体进行立体的"跨界"营销已成为当前畅销书运营中至关重要的环节。从整合营销传播的角度来看，这正是出版机构通过"传播""沟通"（Communication）向读者提供信息"便利"（Convenience）的重要策略之一。从传统的营销理论看，这也是出版机构"促销"（Promotion）畅销书的重要途径之一。

---

① 原业伟：《2015出版业十大营销案例》，《出版商务周报》，2015年12月20日。
② 余若歆：《2016出版业十大营销案例》，出版商务网：http://www.cptoday.cn/news/detail/2500，2016年12月29日。

第二节

畅销书与媒体的营销关系

由于传播媒体门类众多，各具特点，出版机构在选择和利用媒体对畅销书进行营销时，一般是根据不同媒体的特点采用不同的策略和手段，综合运用。这就使得畅销书与不同的媒体之间形成了不同的营销关系。

一、畅销书与影视的营销关系

从近年来的实践中可以看出，与影视"联姻"已经成了出版机构打造畅销书的"捷径"之一。

畅销书与电影之间的营销关系主要表现为改编，即将图书改编为电影作品，这类图书以通俗小说类畅销书为主。畅销书与电影之间的关系往往是双赢的：一方面，畅销书尤其是文学畅销书是不少电影创作的源泉；另一方面，一本书一旦被改编成剧本并被搬上屏幕，就会显示出更加强劲的销售势头。20世纪80年代，图书与电影的联姻较有代表性的是莫言的《红高粱》。后来如《大红灯笼高高挂》（改编自苏童《妻妾成群》）、《活着》（改编自余华同名小说）、《手机》（改编自刘震云同名小说）、《没事偷着乐》（改编自刘恒《贫嘴张大民的幸福生活》，该书同时被改编为同名电视剧）、《山楂树之恋》（改编自艾米同名小说）等电影都是影视改编的成功案例。2016年，创下华语爱情电影票房纪录的《北京遇上西雅图之不二情书》，在拉动同名小说畅销的同时，作为影片线索的《查令十字街84号》——这部46年前的冷门作品也一夜间被送上了文学类榜单冠军宝座，成为当前中国文艺青年必读书目。[①]小说的故事情

---

① 吴波：《上半年阅读：IP原著大爆发 中国原创文学告急》，《广州日报》，2016年7月26日。

节和语言成为电影成功的基础,而电影的走红又令原作、剧本以及相关图书成为畅销书排行榜上的赢家,堪称电影与文学畅销书互动的典范。

相比于电影,电视辐射面宽,传播速度快,声像结合,现场效果好,传播形式灵活,节目也相对比较成系统。由于具有这些优点,在网络、手机等新媒体兴起之后,电视在大众生活中的重要地位仍然异常突出,以至于有人说,电视已经成为现代人家庭中的固定成员,不管是专心还是不专心,有意还是无意,人们时时都在看电视、讨论与电视有关的内容。作为一种对大众有重要引导和影响力的强势媒体,在带动图书畅销、引发阅读热潮方面的作用十分明显。早在1962年,美国图书馆协会在当年春季报告会中明确指出:现代史,本国和世界的历史,以及科学艺术著作,正受到众多读者的欢迎,这是由于读书受到了电视刺激的结果。人们对那些因通过电视宣传而畅销的图书的需求量,正在大幅度地增加。电视诱发了那些过去不读书、不进书店的人们的读书欲望。另据德国图书销售贸易组织的调查,1960年度德国图书销售量中,有17.5%是因电视编排的书评节目而获得的。①类似的情况,在电视普及以后的中国也在不断上演,电视对畅销书的策划出版活动的拉动作用日益明显。现在以至有些出版商和出版机构由此而患上了"电视依赖症",一切选题唯电视节目马首是瞻。学兄仝冠军指出:

> 电视已经成为国内外大多数畅销书的策源地,电视剧与名牌栏目(或名牌栏目主持人)对畅销书的涌现更是居功至伟。几年前,前苏联小说《钢铁是怎样炼成的》同名电视剧的播出曾经制造了8个版本的畅销书;中央电视台的"对话"节目推动了《谁动了我的奶酪》的畅销;名牌电视节目主持人崔永元的《不过如此》、白岩松的《痛并快乐着》乘着电视的强势风行一时;2005年的《刘心武揭秘〈红楼梦〉》《正说清朝十二帝》,2006年的《于丹〈论语〉心得》《品三国》等,无不借助电视栏目而顺利登上畅销书排行榜。②

---

① [日]清水英夫:《现代出版学》,沈洵澧、乐惟清译,北京:中国书籍出版社,1991年,第46-47页。
② 仝冠军:《从"于丹"热卖看畅销书出版五种病》,《出版广角》,2007年第4期。

整体来看,畅销书与电视的营销关系主要表现在三方面:

1. 畅销书与电视剧之间的互动合作(以文学类畅销书的改编为主)。当畅销书改编为同名电视剧热播以后,同名电视剧会吸引观众走向书店,购买和阅读书籍,以对自己关心的话题和剧情有更为深入和全面的了解。如金庸的武侠小说、琼瑶的言情小说、海岩的系列著作、《围城》《钢铁是怎样炼成的》《大宅门》《亮剑》《后宫·甄嬛传》《杜拉拉升职记》《花千骨》《芈月传》的畅销,都与电视剧的热播有重要关系。再如二月河的一系列历史题材小说本不是图书市场的焦点,却随着《康熙王朝》《雍正王朝》等改编电视剧在全国的热播而迅速成为畅销书。仅 1999 年电视剧《雍正王朝》播放期间,长江文艺出版社就销售了 25 万套《雍正皇帝》,码洋近 2000 万元,盗版的销售量更是不计其数。2007 年,《虹猫蓝兔七侠传》动画片的热播,更是书写了其同名动画图书销售 1600 万册的神话。

2. 出版机构利用新闻报道、广告传播、电视专题等形式对畅销书进行宣传、促销。具体而言,就是在畅销书出版前或问世之初,电视新闻和广告传播充当先锋,进行畅销书出版的信息告知,在销售过程中,相机进行滚动新闻报道。而 1998 年,中央电视台"焦点访谈"对浙江教育出版社《中国少年儿童百科全书》12 分钟时间的播报,让该书当年即销售 70 余万套,达 1 亿多码洋。1999 年科利华营销《学习的革命》,让著名导演谢晋在电视上做广告,则是我国书业首次使用名人做电视广告。相比之下,电视专题节目(多为访谈形式)对受众的影响力会更大一些。如风靡一时的《富爸爸穷爸爸》曾经让作者走进了央视"对话"栏目的演播大厅,从而使财商类图书不仅在大众读者层面上获得认同,还藉此提升为工商界的教科书性质的读物。具体而言,电视专题节目在畅销书营销中的作用可总结为三点:(1)图书问世之初乏人知晓或问世之后打不开畅销局面,电视专题对书的议题设置意在为图书走向畅销打开局面;(2)在图书畅销之际,电视专题的介入意在扩大畅销书的受众面和影响力,为畅销书的传播、销售助力;(3)图书畅销高峰回落之际,电视专题的关注意在开掘市场潜力和延长畅销书的畅销周期,使畅销书的销量最大化。

3. 广受大众欢迎的热门电视专栏节目催生畅销书。一种情况是热门电视专栏节目的主持人作为大众皆知的明星人物,是出版商看重的优质出版资源,在策划出版时，可以充分发挥名人效应，走"名人出书"的路子。倪萍、赵忠祥、崔永元、白岩松、柴静等央视名人出书的成功案例，都证明了这一出版模式的可行性。第二种情况是走进电视品牌栏目的学者、作家、名人，他们讲授的内容汇集成书后，也有可能成为畅销书。最典型的案例莫过于中央电视台"百家讲坛"栏目与出版机构互动打造畅销书的模式。

"百家讲坛"自2001年开办以来，一直坚持"让专家、学者为百姓服务"的宗旨，努力在专家、学者和百姓之间架起"一座让专家通向老百姓的桥梁"，从而达到普及优秀中国传统文化的目的。通过"经典通俗化""学术大众化"的定位和包装，"百家讲坛"提高了收视率，广受普通大众的欢迎，并由此而制造出不少学术界的"超男超女"和"大众明星"。这些学者明星也像影视明星一样，各自拥有自己的"粉丝（Fans）"。而出版机构则借助快速形成节目和主讲人的超强人气及时推出相关图书，一批超级畅销书由此诞生：《正说清朝十二帝》《品三国》《易中天品读汉代风云人物》《于丹〈论语〉心得》《于丹〈庄子〉心得》《刘心武揭秘〈红楼梦〉》"王立群读《史记》"系列，等等，以至于有人说，"百家讲坛"已经成为打造中国超级畅销书的"梦工厂"。通过"百家讲坛"的成功案例，我们看到了"大众媒体前期预热，图书出版后期跟进"这个畅销书运作模式正在形成。更为重要的是，通过这种方式让一些象牙塔里的学者成为电视明星并拥有"追星族"，应该是一种值得肯定的积极现象，这是一种"深刻的娱乐"，随着此类读物成为书市上的热点，形成大众观看和阅读文化的集体"赏心乐事"，会让百姓感觉读书不是遥远的事，是全民阅读的前提。

"百家讲坛"模式的成功，大致可以归因于四个方面：

（1）"百家讲坛"作为强势媒体中央电视台的品牌栏目，定位明确，影响甚广。"百家讲坛"从开办之初，就主动放低门槛，走为大众服务、让大众喜闻乐见的"群众路线"，因此获得了很高的收视率，拥有最广泛的受众对象（凡是具有初中以上文化水平的观众，都能看懂）。这是相关图书广受欢迎的前提条件。从一定意义上讲，读者选择图书，首先看重的是"百家讲坛"这个优质品牌。同样是中华书局，在《正说清朝十二帝》畅销后跟进出版的《正说明朝十六帝》等书，虽然也有不错的销量，但整体都不如《正说清朝十二帝》，一个重要原因就是这些跟进之作没有在"百家讲坛"讲过。与之相比，一些地方电视台的类似节目，虽也有名家讲授，但其影响力却无法和"百家讲坛"相比。比如湖南卫视的"新青年"和凤凰卫视的"世纪大讲堂"栏目均曾被结集成书，但都没有走上畅销书排行榜。另外，同样是中央电视台的电视品牌栏目，如果定位和表述相对专业，受众就会受限，由此衍生的图书就未必能够成为畅销书。比如，"新闻会客厅"和"新闻调查"都是中央电视台的品牌栏目，而《相聚〈新闻会客厅〉》和《调查〈新闻调查〉》这样的"衍生品"，就没有"百家讲坛"系列图书那么火爆。

（2）广大观众和读者有了解、阅读传统文化，接近经典的强烈愿望和需求。"敬惜字纸""尊崇典籍"是中华民族的优良传统，普通大众固然有求俗的一面，但也不乏"向雅"的诉求。但自近代以来，传统文化典籍从人们的视线中日益淡出，从五四时期的"看不起"，到建国初期的"看不到"，再到改革开放以来的"看不懂"，让那些有心了解传统文化，阅读传统典籍的观众和读者无从着手，未能得其门而入。而"百家讲坛"则为普罗大众提供了一个便捷的文化平台。从这个角度来讲，是受众、读者对传统文化的强烈需求催生了"百家讲坛"的畅销书。例如，在《刘心武揭秘〈红楼梦〉》前两部和《易中天品读汉代风云人物》热销时，时任北京共和联动总经理的出版人季晟康就对这一现象发表评论："'百家讲坛'作品的热卖让我们意识到，关注中国传统文化的热潮正在兴起。要引导人们回归经典，需要一种新的形式。而刘心武、易中天都不约而同地采用了一种形式，即打破古典文化为少数人研究的专利，把门槛放低，号召全民参与。另外，大众媒体与图书联动会使读者更容易介入。"①

（3）主讲人的外在形象、讲授技巧以及讲授内容经过系统设计、多方调整、全面包装后，以更加平民化的姿态展示出来，容易赢得大众的普遍青睐。从"百家讲坛"推出的畅销书集群中可以看出，那些与大众兴趣点和知识架构有最大交集的话题，往往更具有超级畅销书的潜质。比如《三字经》《论语》《史记》《红楼梦》、三国人物、清代人物（尤其与电视剧相关者）等主题，比起王阳明、曾巩、"大隋风云""唐高宗真相""大宋谜案""大国医"等主题，

---

① 邢莉云、张彦武：《"百家讲坛"结集出版曾成畅销书》，人民网，http://media.people.com.cn/GB/40606/4350747.html，2006年5月8日。

更容易在大众中引起广泛的关注，调动大众的口味。同样，主讲人自身的学术素养、整体形象、语言表达能力的不同，也会导致其所著图书的销量有所差距。比如阎崇年、易中天、于丹、王立群等就特别符合"百家讲坛""学养深厚、平易近人又善于表达"的择人标准，事实也证明，这几位学者的综合表现能力也的确比别人更高一等，所以其书就能广受欢迎。

（4）出版商和出版机构能对优秀主讲人的讲稿进行恰到好处的"二次加工"和深度包装。电视与图书是两种不同的媒体形式，"电视节目趋于娱乐化与实用化，其影响巨大而短暂；出版物则趋于人文化与学理化，其影响力不及电视却绵远厚重。两者在传播领域的作用、性质与特征不同，是相互补充的关系，但又拥有彼此的独立性。"[①]面对电视观众的讲稿毕竟不同于面对读者的正式出版物，要将其转换为既与电视节目紧密相关又适宜于读者阅读的图书，必须在遣词造句、行文风格、内容编排、编辑体例、装帧设计等方面进行"再创造"式的加工、丰富和完善，以使其更具有书的特点和功能。也就是说，要在这个转变过程中体现出编辑加工提升的积极作用，这样即便脱离了电视媒体，也能成为一本常销书。比如，易中天的《品三国（上）》虽然底稿来源于讲稿，有三分之二的内容在电视台中播过，但作者对在电视上讲过的内容进行了修补，而且还新增了大约三分之一的内容。经二次加工后，图书内容更丰富了，也增强了可读性，更适合读者"捧读"，而不是"收看"。与之相反，市场上有些电视类图书几乎完全是电视节目的文字版再现，毫无编辑含量和创造加工可言。这样的书籍，既反映出编辑能力的缺陷，也体现出对读者的不负责任。读者不买账，也在情理之中。

二、畅销书与广播的营销关系

广播在我国的普及率是最高的，即使偏远山区也建有相应级别的广播站。与其他媒体相比，它具有迅速、及时，收听不受时间、地点的限制，传播的空间大，覆盖面广，渗透力强，利用口语播送，形式活泼等优势。广播与电视有

---

① 仝冠军：《从"于丹"热卖看畅销书出版五种病》，《出版广角》，2007年第4期。

许多相似之处,其中之一就是对听众的文化层次要求不必很高。而它还具有独一无二的特点——听众可以在收听的同时做其他的工作,因此,广播深受老年人、司机、学生等受众的欢迎。

畅销书与广播的营销关系表现为四种形式:文艺连播、图书新闻、广告信息、专题报道。

文艺作品尤其是小说的连播会吸引更多受众的关注。在这方面最有影响力的当属中央人民广播电台"长篇连播"节目。早在全国解放到"文革"前,它就播出了众多优秀的文学作品,深得全国听众的喜爱。改革开放以来,它进入繁荣期,播出过周克芹的《许茂和他的女儿们》、魏巍的《东方》、姚雪垠的《李自成》、莫应丰的《将军吟》、李准的《黄河东流去》、周而复的《上海的早晨》、苏叔阳的《故土》、柯云路的《新星》、路遥的《平凡的世界》等优秀长篇小说。新媒体兴起后,它依然是中央人民广播电台深受听众喜爱的品牌栏目,既是展示古今中外优秀中长篇小说的重要窗口,也是拉动图书畅销的重要途径。1988年3月27日至8月2日,"长篇连播"节目对《平凡的世界》进行了为期126天的播出,在听众中引起了强烈反响,据中央人民广播电台测算,《平凡的世界》当年的直接受众达3亿之多。收到的听众来信,创1988年"长篇连播"节目听众来信量之最。这样的广播效果,直接带动了纸质图书的销量。中国文联出版公司出版的《平凡的世界》第一部问世时只印了3000册,基本无人问津。可一经电台连续播出,竟使作品供不应求。出版社只好不断加印,以满足读者需求。① 这成为广播连播促使图书畅销的经典案例。

此外,在广播上发布新闻和广告,其营销成本都比电视要低很多,因而常为出版社所采用。从专题报道节目来看,利用丰富的节目形式,可以对畅销书的出版信息作报道,对其内容做介绍,对市场销售情况和反应做分析,针对受众关心的内容进行专题报道……在这些方面,广播并不比电视专题节目的效果差。目前很多电台除设有专门的读书栏目外,在各专题栏目中也设有介绍相关图书内容的小板块,有的读书板块时间长达半个小时,邀请作者或知名人士做特约嘉宾,让听众参与,效果比较好。从理论上讲,利用广播宣传图书,特别是宣传文学类、生活类畅销书效果都十分可观。

① 厚夫:《〈平凡的世界〉乘着广播的翅膀飞翔》,《北京青年报》,2015年3月22日。

三、畅销书与报刊的营销关系

早在1958年,诺顿·朗在《美国社会学杂志》上发表的一篇论文中就指出:"在某种意义看来,报纸是形成所在地议题的最主要的提议者,它在决定大多数人将要谈论什么、大多数人对事实会有什么看法以及大多数人处理面对的问题会有什么想法起着重要作用。"①充分说明了报纸在引起读者注意力、形成关注热点和舆论话题方面的重要性。类似的情况在大众杂志中也是存在的。由于报刊的受众面较广,影响力很大,对图书进行宣传的费用相对较低,所以历来就是出版机构宣传畅销书的常备媒体。民国时期,在电视和广播尚不发达的阶段,报刊尤其是大众报刊在畅销书营销中的作用异常明显。20世纪80年代以来,大众报刊(尤其是都市类报纸)种类数量增加,版面内容不断丰富,为畅销书的营销提供了更为宽广而便利的营销平台,发挥着越来越重要的作用。全国影响较大的报纸如《北京晚报》《南方都市报》《扬子晚报》《新民晚报》《钱江晚报》《新京报》等,都有专门的文化新闻版或读书版面,这些版面上的图书连载或重要宣传,往往直接影响到图书上市后的销售。

畅销书与报刊的营销关系表现为五种形式:图书新闻、广告宣传、专题报道、连载、书评、推荐书榜。运用报刊营销可以贯穿畅销书出版发行的整个过程:畅销书出版前夕,出版机构主要通过报刊发布新闻报道,尤其是通过短讯、专访等形式介绍出版社的出版选题规划、畅销书的文化价值等,以激发读者的购阅欲望,先期营造畅销书的购阅氛围,为畅销书面世准备文化与经济消费的条件。同时还可以用连载的形式激发读者的阅读需求。在畅销书出版之后,则可借用报刊发布书讯与书评,同时用组合式版面或连续式传播方式设置议题,持续宣介畅销书。

畅销书在利用报刊开展营销活动时,要特别注意区分大众报刊和专业报刊之间的区别。前者如《北京青年报》《北京晚报》各类都市报和《家庭》《知音》《读者》等大众化期刊,主要是针对普通大众的,影响面更为广泛,但内容较为通俗;后者如《中华读书报》《出版商务周报》《文汇读书周报》《读书》

---

① [美]沃纳·赛佛林、小詹姆斯·坦卡德:《传播理论:起源、方法和应用》,陈韵昭译,福州:福建人民出版社,1985年,第6页。

《中国图书评论》《书摘》等图书出版专业报刊，则主要针对专业人士和业内人士，层次较高，受众面较窄。畅销书具有大众化、通俗化的特点，所以在利用报刊营销运作时，应以大众报刊为主，以专业报刊为辅，二者有效结合起来，效果最佳。

需要特别指出的是，当前数字出版的高速发展已对传统的纸质报刊造成了极大的冲击，报刊出版面临的挑战越来越严峻。根据国家新闻出版总局的统计，我国传统报刊业近年来一直呈持续下滑态势：据统计，2015年，报纸出版总印数、总印张分别降低7.3%和19.1%，营业收入、利润总额分别降低10.3%和53.2%。43家报业集团主营业务收入与利润总额分别降低6.9%与45.1%，其中31家报业集团营业利润出现亏损，较2014年增加14家。2015年，期刊的出版总数为10014种，虽然比2014年增长0.48%，但平均期印数、总印数、总印张、定价总金额却分别下降了6.60%、6.99%、8.60%、2.57%。可以判定，传统报刊业正在面临着前所未有的嬗变，与数字出版的深度融合，甚至全面转向数字出版，将成为不可逆转的趋势。这一转变将深刻改变畅销书与报刊的营销关系。

四、畅销书与网络、手机等新媒体的营销关系

20世纪90年代中期以来，互联网和智能手机技术在国内的飞速发展和广泛普及，深刻地改变了国人生活的方方面面。相比于传统的大众媒体的信息滞后、成本高昂、单向传播为主的特点，网络和手机媒体具有海量存储、资源丰富、速度快捷、受众面广、互动性强、融合度高等优势特征，因而发展极为迅猛。根据中国互联网络信息中心（CNNIC）第39次《中国互联网络发展状况统计报告》显示：截至2016年12月，中国".CN"域名总数为2061万，居全球国家域名第一；我国网民规模达7.31亿，相当于欧洲人口总量，普及率达到53.2%，超过全球平均水平3.1个百分点；手机网民规模达6.95亿，增长率连续三年超过10%。手机不断挤占其他个人上网设备的使用。在传统媒体与新媒体加快融合发展的趋势下，互联网在企业营销体系中扮演的角色愈发重

要,互联网营销推广比例达 38.7%。①与新媒体发展迅猛的态势同步,近年来,我国数字出版产业的规模也在逐年递增,从 2011 年的 1377.88 亿元达到 2015 年的 4403.85 亿元,始终保持着 30% 以上的增长率,在新闻出版业中的占比不断提升,增速位居全行业各领域第一。2015 年网络文学市场规模已经达到 70 亿元。②

这样深刻而广泛的发展变化,直接影响了人们获取信息、购买和阅读图书的习惯,也对传统出版业造成了极大的影响,出版产业链的各个环节也表现出了多方位的变化。在今天的营销活动中,新媒体已经成为一股不可忽视的巨大力量。尤其在畅销书的营销活动中,其巨大优势日渐凸显。众多门户网站(新浪、搜狐、腾讯、网易等)的读书频道、形式各异的网络社区(博客圈、播客圈、BBS 论坛、QQ 群、天涯网、豆瓣网等)、快捷便利且有价格优势的网上书店、微博、微信、网络直播等带来的"微营销""IP 营销"等模式,都为畅销书的出版营销活动提供了很好的平台和工具。无论是在畅销书的选题策划和生产方面,还是在宣传造势以及系统开发方面,新媒体都能起到其他传统媒体无法企及的作用。从实践中看,除了出版社网站、读书频道与论坛等常用营销方式外,畅销书与网络、手机等新媒体的营销关系可分为以下五种类型:

1. 网络信息成为出版社开发畅销书选题的重要来源

互联网是一个异常丰富的信息宝藏,蕴含着无尽的出版商机。对于出版者来说,网络是搜集畅销书资讯的快捷、方便的重要途径,尤其在了解国内外畅销书信息方面更是具有着得天独厚的优势。从内容上讲,互联网上的信息丰富多样,举凡新闻、评论、作者、文稿、书目等与出版相关的热点资讯,几乎都可以在最短的时间里找到,而这些信息都可以从不同角度启发出版者的出版灵感。从时间上看,互联网上的信息刷新率很高,信息的"新鲜度"是其他媒体所无法企及的,这正符合畅销书时效性强的特征。从地域上看,在网上"冲浪"并没有国界,可以在同一时间里搜集到不同国家的畅销书信息。超级畅销

---

① 中国互联网络信息中心:《第 39 次中国互联网络发展状况统计报告》,http://www.cnnic.net.cn/hlwfzyj/hlwxzbg/hlwtjbg/201701/t20170122_66437.htm,2017 年 1 月 22 日。
② 王飚:《数字出版产业及电子书发展态势解读》,《出版商务周报》,2017 年 1 月 20 日。

书《哈利·波特》在国际上走红的消息就是人民文学出版社的编辑从网上搜集到的。译林出版社的畅销书《午夜日记》也是因缘于编辑从英文网站上了解到俄罗斯前总统叶利钦准备撰写回忆录的信息。华艺出版社出版的陆幼青的《生命的留言：〈死亡日记〉全选本》，也是编辑金丽红长期关注网络文学出版状况的结果。这些都说明了，网络信息已经成为出版社开发畅销书选题的重要来源。

2. 网上畅销作品转化为纸质出版形式

今天，网络已不仅仅是一种先进的信息技术，在一定意义上，它更是一种更为时尚和前卫的文化生产和消费方式。网络文化的"风起云涌"和大受欢迎使得网络本身具备了"生产"畅销书的特征和能力。其中对畅销书出版影响最大的当是网络文学。目前被大多数人接受的网络文学定义是网络作家发布于互联网上的原创文学。从大众文化的角度来看，从20世纪末开始，网络文学开始异军突起，给整体疲软的中国当代文学注入了一股新鲜的血液。网络文学主题时尚，内容新颖，叙述语言轻松，整体风格中不乏戏谑和调侃的色彩，它以颠覆性的姿态出现，并与商业结盟，这些使它成为当下大众文化的重要新生力量。① 这在很大程度上契合了广大网民的阅读兴趣。因此，在网络上广为传诵的作品转变为印刷版以后，一般情况下都能畅销于世。从1998年蔡智恒的《第一次的亲密接触》开始，网络文学的畅销书神话就从来没有中止过。蔡智恒系列图书自不必说，龙吟的《智圣东方朔》、今何在的《悟空传》、雪村的《翠花，上酸菜》、陆幼青的《生命的留言：〈死亡日记〉全选本》、江南的《此间的少年》、郭敬明的《梦里花落知多少》、流潋紫《后宫·甄嬛传》、阿耐的《欢乐颂》等等，无一不是畅销书中与网络结缘的成功之作。

除了网络文学（以网络小说为主）以外，前几年，随着"博客"在网上的迅速发展，博客（尤其是名人博客）文章结集出版的形式也开始流行起来，其中也涌现出了一批畅销书。2004年，网民"梅子"的"博客·下厨心得"结集为《恋人食谱：梅子的写食日记》出版，该书迅速成为当年生活类的畅销书；被称为"中国内地最受关注的女博"的"北京女病人"将个人博客汇集成《病

---

① 陶东风：《大众文化教程（修订版）》，桂林：广西师范大学出版社，2012年，第290页。

忘书》出版后，销量可观；2005年，战地记者周轶君奔赴加沙地带700天写成的"战地博客"结集成《上帝最近：女记者的中东故事》出版后，成了图书市场上的一大热门。2006年，名人出版博客图书的热潮兴起。首先是影视明星徐静蕾的《老徐的博客》首印10万册，紧随其后是地产大腕潘石屹的《潘石屹的博客》也抢滩登陆，接着是中国的童话大王郑渊洁的《勃客郑渊洁》出版……博文结集成为出版界一段时期内的新兴现象。但需要指出的是，近几年来，新兴社交媒体，对博客造成了很大的冲击。根据《2014—2015中国数字出版产业年度报告》的研究结论，发展到2014年，博客已经成为旧媒体，"随着微博、微信、百度百家等大平台社交自媒体崛起，博客的发展相形见绌，用户使用频率大大下降。""未来博客的发展也会更趋向于媒体功能，成为重要信息来源。"①在这种形势下，博客畅销书出版会逐渐式微。

3. 文学网站与出版机构合作推出畅销书

作者和读者的双向需求，催生了一大批文学网站的兴起及快速发展。1999年，"红袖添香小说网"（www.hongxiu.com）开通，成为国内最早建立的原创小说网站，并创建了在线阅读、创作、投稿、签约、互动、稿酬结算等一系列网络出版模式。同年，"榕树下"（www.rongshuxia.com）正式运营，在全球网站浏览量排名上，"榕树下"一直稳居400名左右。进入21世纪以来，起点中文网（www.qidian.com）、幻剑书盟（www.hjsm.tom.com）、晋江文学城（www.jjwxc.net）等一大批文学网站迅速崛起。2008年7月，盛大文学有限公司成立，将"起点中文网""红袖添香网""小说阅读网""榕树下""言情小说吧""潇湘书院"六大原创文学网站以及天方听书网、悦读网、晋江文学城（50%股权）统一收归旗下，成为中国最大的社区驱动型网络文学平台。2015年，盛大文学又与腾讯文学联合重组成立阅文集团，拥有了更多有影响力的网络原创与阅读平台，占据了网络文学市场的半壁江山。这些文学网站以原创作品为基础，加强网站、网络作品和网络作家的经销，开创了全新的原创文学的商业运营模式，进而使其成为当代畅销书的重要策源地。与传统出版条件下多数人的作品只能在出版社作品堆里永远沉默相比，如今只要拥有一台可以上网

---

① 张立：《2014—2015中国数字出版产业年度报告》，北京：中国书籍出版社，2015年，第177页。

的电脑，就能实现作品的轻松发布。文学网站作为读者关注度高、集中展示作品的平台，成了无数作者尤其是畅销书作者成名的起点。由于不少人把文学网站作为作品发布的第一场所，文学网站也逐渐成为传统出版社关注的内容来源和合作伙伴。越来越多的优秀作品先在网上发布，得到网友追捧，后被传统出版社签下纸质版权，成为畅销书。在读者面对越来越高的书价时，多数文学网站提供的免费阅读机会也在某种程度上满足了他们的阅读需求。

通过第二、第三种方式，网络为中国的书业和读者推出了一大批网络畅销书作家。譬如安妮宝贝、慕容雪村、萧鼎、沧月、凤歌、孙睿、明晓溪、宁财神、天下霸唱、南派三叔、当年明月、曹三公子等，他们已经成为我国生产制作畅销书队伍中的一支劲旅。

4. 搜索引擎、网上书店、微博、微信等新媒体技术成为畅销书的宣传促销捷径

利用网络进行电子邮件营销，这是营销史上的一次革命。商家可以零成本地把产品信息精确地发送到成千上万个目标客户的信箱中。电子邮件营销是众多出版机构、地面书店、读者俱乐部、网上书店等在畅销书推广中有效手段之一。有些畅销书，如《哈利·波特》、郭敬明的《悲伤逆流成河》《小时代》等，还未付印之前，就通过电子营销方式收到数万甚至十余万名读者的预订。

与网上书店密切合作，也成为出版机构的重要选择之一。曾在全球刮起"畅销风暴"的《哈利·波特与凤凰社》（英文版）在尚未出炉时，就通过全球各大网站发出罗琳准备推出新作的新闻，吸引了全世界"哈利迷"的广泛关注。而亚马逊网上书店在该书发行的首日就宣称共售出 100 万册，这与网上书店的方便、快捷和较大的折扣率有着密切的关系。人民文学出版社在引进《哈利·波特》的营销策划中，就曾与"BOOK800 图书网"（www.book800.com.cn）和"博库网"（www.bookoo.com.cn）合作，既通过网上书店进行销售，同时又开展关于《哈利·波特》的网上讨论，并开发了《哈利·波特》的网上游戏软件，最终扩大了图书影响，取得了预期的效果，显示了网络宣传造势的神奇功能。

当前，畅销书营销最为突出的新现象是微博和微信营销。在新浪、腾讯、

搜狐的微博中，活跃着多家知名出版单位及图书公司。还有许多出版人，如"金黎组合"、沈浩波等也有积极响应。微博营销不仅仅是一种介绍和推广，更可以通过谈论出版界热点现象及事件，让信息流通起来，让碎片式传播渗透到读者群中，为畅销书营销提供了许多新的可能。随着智能手机的普及和移动互联网的高速发展，微信作为一款通过网络快速发送文字、图片、语音和视频的手机聊天软件，正在被越来越多的网民认识和接纳。这就为畅销书提供了新型的营销模式。出版机构通过"微店""订阅号""二维码扫描""开放平台＋朋友圈＋公众平台"等方式和技术，在微信上直接与销售渠道、媒体、读者进行互动，进行宣传和销售，节省了渠道和营销成本，且能第一时间收集一手数据，分析读者使用习惯，从数据上反映阅读市场趋势、读者意见反馈、读者基本信息等，营销投放更加精准，而微信支付、手机支付宝等服务促进着用户移动支付习惯的养成，为微店销售提供支付基础，产品变现更加快捷。

  在这方面，我们可以举出两个比较有代表性的案例：一是出版机构利用微信与媒体互动：人民文学出版社为了更好地借助微信营销图书，于2015年建立了微信群——"人文社—媒体联谊群"，群组成员包括150多位媒体记者，他们所在的媒体有纸质媒体、网络媒体、电视媒体、广播媒体、新媒体等。在这个微信群里，出版社为王树增的《抗日战争》和徐皓峰的《道士下山》两部书召开了新书发布会。这为不能亲临发布会现场的外地媒体，提供了一个与作者直接交流的机会，节省了成本，成为线下发布会的重要补充。① 二是出版社和作者一起利用微信和读者互动：2016年，著名主持人王芳的新书《最好的方法给孩子》在营销中，除了东方出版社在以"凯叔讲故事"为首的多家亲子类微信公众号进行垂直化推荐以外，作者王芳还自建50多个妈妈微信群，在今日头条、天下女人、第二书房、喜马拉雅FM等平台做过100多场微课，创造了1000个群30万妈妈同时在线的纪录。最终，该书在5个月内销量迅速突破30万册，蝉联当当亲子新书畅销榜榜首3个月之久，成为继《好妈妈胜过好老师》之后，又一本垄断家庭教育图书市场的亲子畅销书。②

---

① 原业伟：《2015出版业十大营销案例》，《出版商务周报》，2015年12月20日。
② 余若歆：《2016出版业十大营销案例》，出版商务网，http://www.cptoday.cn/news/detail/2500，2016年12月29日。

5. 建立具有特色的畅销书专题网站或开放公众号

即在畅销书的策划、出版和销售过程中，建立以单本畅销书或与畅销书相关内容为主题的网站、开放公众号或阅读推广平台，对其进行全方位的宣传促销。仅以网站为例，上海人民出版社在将《达·芬奇密码》中文简体版于2004年2月推入国内市场后，就策划了该书的中文网，并于2004年3月1日正式开通。《达·芬奇密码》中文网具有以下特色：（1）建立了广泛的网络媒体联络——与相关图书交易网站互相链接，提供开放式检索功能；（2）在网站上发布《达·芬奇密码》相关新闻，使访问者在第一时间了解最新资讯，体现了内容的动态特性；（3）开发与图书相适应的特色游戏功能，把智力游戏融入到网页设计和内容布局中，使访问者在游戏中迎接挑战并体会快乐；（4）提供免费服务进行促销——连载部分内容，同时链接读者的咨询及该网的解决办法；（5）建立与访问者的良好沟通渠道——在页面最下端添加上网站相关人员的联系方式，同时还对出版社的经营理念进行了说明，宣传图书的同时树立了企业形象。①上海人民出版社的这一举措在国内具有一定的开创意义。它为广大受众提供了相互交流的信息平台，最大限度发挥了网络在畅销书营销中的巨大功能。

从现有的实际情况来看，与网络和手机等新媒体"亲密接触"，已成为国内畅销书营销过程中带有普遍意义的重要策略。可以推测，随着新媒体在我国的进一步发展和普及，也随着畅销书神话在国内图书市场上的不断上演，新媒体还将在畅销书的策划、出版和营销过程中大有作为。

---

① 张洪、田杨：《以〈达·芬奇密码〉为例谈畅销书的网络促销》，《出版发行研究》，2005年第6期。

第三节

畅销书媒体营销的基本形式

从近年来国内畅销书的媒体营销实践出发，笔者将畅销书媒体营销的基本形式归结为书评、连载（连播）、改编、访谈、新闻和媒体广告等六种形式。①这六种形式并非是孤立的，出版社常常会根据实际情况综合采用，以达到媒体营销的"整合"作用。

一、书评

书评的含义有两种：一是借助大众传播媒介及时通报近期新出版的具体图书，并对其价值进行简洁的分析评议的一种文章；二是以近期新出版的具体图书为对象，报导并评议其价值与社会意义的一种文化评议活动。②书评具有文化性和商业性双重价值：文化性是书评的灵魂，书评本质上就是一项文化创造活动，书评通过指导读者阅读、引领作者创作、规范出版活动来营造积极健康的社会阅读风气和正确的出版价值导向，其文化价值主要体现在阐释、导读和评价功能三个方面；商业性是书评的应有之义，书评通过向读者通报书情、广而告之，能够起到促进图书销售的作用，其商业价值主要体现在促销与引导读者需求方面。二者相辅相成，不可偏废。③从出版社的角度来看，既可通过书评了解本社图书的反馈情况，同时还可以通过书评了解图书出版市场的相关信息；更为重要的是，出版社还可以充分利用书评的商业价值，将书评作为出

---

① 畅销书的新媒体营销形式有其特殊性，因在上文中已经总结了其营销形式，为论述方便，不再赘述。这里所提到的六种形式，在网络上都有不同的表现形式。
② 孟昭晋：《书评概论》，南京：南京大学出版社，1994年，第6-7页。
③ 王一鸣、曾元祥：《治理书评乱象，建立独立书评人制度》，《中国出版》，2015年第21期。

版社介绍、宣传、促销本社图书的重要手段之一。这一点在畅销书的营销活动中，表现尤为明显。书评可刊载于报刊、网络之上，发表门槛较低，影响面又较大。名人、名家的书评又往往可起到"意见领袖"的引导作用，引起读者的广泛关注，并激发读者的购阅期望。应该注意的是，书评既要服务出版社，又要对读者服务，所以出版社在利用书评宣传畅销书时，应该坚持客观、真实的原则，而不能有炒作、吹捧之嫌，导致书评的文化价值淡化甚至缺失。而从实践来看，很多出版社都未能做到这一点，致使书评沦为出版社的"廉价广告"。当然这也与书评界有一定关系。

二、连载或连播

在国外，新书争取在大报上进行连载以引起读者注意和争取购买力几乎成为营销惯例，在我国也越来越有这样的趋势。在报纸上连载的小说往往是出版社新近推出的畅销书，其所占的篇幅越来越大。很多报纸辟出专栏乃至专版进行小说连载。这对于畅销书的宣传作用很大，每天连载结束处的选择点很能激发读者的阅读欲求，这就为畅销书的热卖铺平了道路、奠定了基础。图书策划人金丽红曾说，"《北京晚报》连不连载销售差5万册"，可见在适当的报纸上连载对图书销量的重要影响。《北京青年报》在每天的副刊上都会进行小说连载。杂志虽然不能每日与读者见面，但杂志可以给出的空间更大，一次可以刊载的内容更多。有的杂志甚至能够刊载一部畅销书。越来越多的广播电台开办了"连播"式的"读书"节目，以固定时间播出当前畅销图书的片断。许多读书网站和网上书店也开设了不同程度的片断连载栏目。可以说，连载这种图书营销形式已经为出版社所广泛应用，但是并不是所有的图书都能够得到这样的"礼遇"，往往只有优秀畅销书才能引起栏目设计者的注意，成为连载的对象，也只有具有畅销潜质的新书（更多的是小说或纪实文学类畅销书）才能吸引受众的长久注意，维持其连载的地位。

三、改编

即将畅销书改编为影视作品。从实践中看，几乎每一部热播的电视剧或热映的电影都会带来一本书的畅销。即使一本在市场上并不被看好的图书一旦经改编也大有畅销于市的趋势；而将本身就已畅销的图书改编成剧本更成了当前影视界最为常用的走向成功的手段。群众出版社的《抉择》被改编成电影《生死抉择》后，由于影片的举国轰动而带动了图书的畅销；周梅森的《人间正道》《天下财富》《中国制造》《人民的名义》被改编成电视剧后，使得图书、电视剧两个版本同时畅销；畅销书《大雪无痕》被改编成同名电视连续剧在央视播出后，其书销量陡增，先后重印了7次，累计发行量突破18万册。① 金庸的武侠小说本身就是畅销的代名词，从上个世纪70年代至今，根据金庸的著作改编的电影、电视剧每年都有数部上演，近几年更出现了重拍热，进而掀起一轮又一轮畅销热潮；海岩的小说本来就有一定的读者群，当《永不瞑目》《玉观音》等一大批改编自海岩小说的影视剧掀起"热播潮"之后，其作品也获得了更为喜人的畅销佳绩。这种"联姻"在促进影视业大发展的同时，又反过来促进了畅销书在市场上的继续走俏，甚至是"梅开二度"。业内人士将这一策略戏称为畅销书的"带电作业"，十分形象地道出了畅销书与影视剧的互动关系。这种方式对进入营销成熟期的畅销书有推波助澜的功用，对进入衰退期的畅销书则可以成为品牌延伸的有力途径，对有畅销潜力的图书而言则是决定其能否进入畅销介绍期的"重头戏"。

四、访谈

即媒体对畅销书的作者、编辑、读者以及相关人士进行的采访或围绕畅销书设置的专题节目。无论是报刊上化为文字的采访稿，还是广播、电视、网络上对作者、知名人士、读者的现场采访，访谈这种形式都能让读者与作者产生亲近感，进而加深对畅销书的了解。通过访谈可以形成与畅销书有关的议题和

---

① 茹希佳：《畅销书的四大支柱：兼谈其负面影响》，《新闻出版导刊》，2003年第2期。

热点,所以也常为出版社所重视。访谈往往是一个双向选择的过程,媒体往往更对与名人或社会热点相关的畅销书及其引起的畅销现象感兴趣,这就对出版社提出了很高的要求。

五、新闻

最容易引起大量受众关注的往往是具有新闻价值的事件,而利用新闻甚至"制造"新闻是畅销书媒体营销的常用手段,也是公共关系领域被普遍认同的一种宣传方法。所谓"制造新闻",是指"新闻事实是由组织的传播者有计划地推动和挖掘出来的,而不是指凭空捏造、无中生有。与并非'制造'的新闻相比,它带有更多的人为色彩。"① 这种方式也被业界人士称为主动利用"议程设置"理论而进行的"事件"营销。对一些本身就具有新闻价值的畅销书,比如名人作品或写名人的作品、与近期备受瞩目的事件相关的作品以及容易引起争议的作品,很可能一经推出就引起新闻媒体的关注,这样,出版社就可以利用新闻来做"免费"广告。比如《他改变了中国:江泽民传》《邓小平时代》《胡耀邦文选》这类题材的畅销书,它们的出版本身就是一条热点新闻。

"制造"新闻以引起公众注意则是一种利用公关进行宣传的方法,如2002年春风文艺出版社在推出《省委书记》一书时召开了推出新书和公证首批印刷量的新闻发布会,在出版界还普遍对首印量的实际数值讳莫如深的时候,春风文艺出版社的这一举措无疑是一条重要的新闻。于是,各大新闻媒体争相报道,同时也就为这本书做了免费的广告,最终在市场上取得了成功。再如1999年,根据《雍正皇帝》一书改编的电视连续剧《雍正王朝》在中央电视台一频道黄金时间的热播,极大地拉动了长江文艺出版社《雍正皇帝》一书的畅销,但同时也让盗版者看到了商机,制作了大量盗版。巧妙的是,出版社利用这个负面的结果来"制造话题",化弊为利,开展深入全面的营销活动。周百义回忆说:

---

① 程曼丽:《公关传播》,北京:中国国际广播出版社,1994年,第51页。

我们在《新闻出版报》《中华读书报》《中国图书商报》三家业内主要报纸的头版上刊登"启事",悬赏10万,捉拿盗印此书的不法之徒。我们这个消息发布后,不仅接到几十个要求捉拿盗版者的电话,并接待了多批上门揭榜的自愿者。同时,全国几十个媒体报道此事。《羊城晚报》的消息更为有趣,标题是"雍正捉拿假'雍王'"。与此同时,有一家出版社出版了根据《雍正皇帝》改编的,封面和我社基本相似的'话本小说'。……我们咨询了有关专家,认为在短时间内区别这种侵权责任很难,但这种改编本的封面抄袭了我社的封面,我们可以向法院提起诉讼。后来,我们委托中国版权保护中心法律部向北京海淀区法院提起诉讼,法院经过审理后认定对方侵权,双方以庭外调解的方式解决了此案。尽管对方只赔偿了我们几万元钱,但此事发生在《雍正王朝》电视剧播放的高潮期间,各地媒体对此大加渲染,一时间"雍正告雍正"又成了媒体的话题,这样,无形中又将此书推向舞台的中央。无论是悬赏10万还是起诉侵权单位,我们的目的是宣传作用要大于实际意义。我们只有通过不断制造话题,才能引起媒体与读者关注这套书。[1]

不过,需要注意的是,"制造"新闻应该掌握一定的"度",单纯为吸引"眼球"而"制造"新闻的做法是相当危险的,更不能为了达到目的而故意制造"假新闻"。名不副实的"假新闻"在真相被揭穿的时候会造成极坏的社会影响,会给出版社带来经济和声誉上的巨大损失。

六、广告

广告是最常用也最有效的营销手段,无论是在报纸、期刊上发书讯,还是在电视上做读书类节目,亦或是在新媒体上做广告宣传,甚至做室外、厅

---

[1] 周百义:《〈雍正皇帝〉一书出版前后》,见郝振省主编:《名著的故事》,北京:中国书籍出版社,2009年,第294-295页。

堂的巨幅POP广告……图书广告已经成为渗透在大众传媒各个层面的营销形式。由于受经费投入能力的限制，目前国内出版机构在电视上为畅销书做广告的现象还比较少，更多的是报刊广告、电台广告和新媒体广告。在这里，笔者想特别指出目前还未得到国内出版社普遍重视的POP广告。POP广告媒体也称店堂广告媒体，意思是售货点和购物场所广告媒体，如广告牌、霓红灯、招贴、招牌、橱窗、柜台广告等等。这类广告媒体在国外早已成为与报纸广告、杂志广告、电视广告、电台广告并驾齐驱的广告传播媒体，在我国也发展迅速，由于其成本比较高，更新慢，因而更适用于宣传利润较高的畅销书和作为出版社整体形象广告出现。曾经刮起"紫色旋风"的"富爸爸"系列丛书就多次运用POP广告做宣传。在2001年北京图书交易会上，出版社在交易会的各个显要位置展示出了《富爸爸穷爸爸》的POP广告牌，给参展的各级批发商、零售商留下了深刻的印象，也提升了知名度。当该系列推出第二本——《富爸爸：财务自由之路》时，又借南京图书交易会的东风大打广告牌。交易会开始前，南京及其周边的各类报刊上就充斥着关于"富爸爸"系列的报道。交易会开始后，两个巨大的"易拉宝"条幅在气球的牵引下在交易会门口就吸引了众多人的眼球；而相关海报则贴满了展会上可以贴广告的所有地方。积极的营销宣传对"紫色风暴"的刮起起到了巨大的作用。此外，2010年，北京凤凰联动文化传媒有限公司在楼宇视频与地铁灯箱上大手笔同步投放图书广告，新经典文化股份有限公司同样在北京公交车站候车亭投放广告宣传村上春树新作《1Q84》，均取得了很好的营销效果。相信在未来的发展中，POP广告媒体会在畅销书营销中发挥越来越重要的作用。

第四节

畅销书媒体营销的基本原则

从整体上来分析，在畅销书营销的各个环节中，媒体营销是联系畅销书与市场和读者最直接有效的沟通渠道，也是各个环节中最具弹性的环节。一本书会因媒体推广情况不同而有不同的命运，几乎可以说是"成也媒体，败也媒体"。分析近年来众多的成功案例，可以看出，在动用媒体营销运作畅销书的过程中，有以下四方面的原则值得关注：

1. 选择的大众化原则

即对畅销书的宣介必须从"小众"媒体走向"大众"媒体。一般来说，只有出版社所选媒体的覆盖面与潜在读者市场相一致，媒体提供的信息才能有针对性地发挥作用，潜在读者也才有可能转变为现实的读者。这一点在使用报刊媒体进行宣传造势时显得尤其重要。一般情况下，出版社刊发图书信息的首要选择往往是读书、出版类等专业性报刊，其实这种做法的效果并不理想。专业性的报刊由于受众面比较狭窄，多为专业人士，宣传效果远不及大众化的报刊，更不用说电视与广播了。所以，在畅销书的运作过程中，如何从专业圈子中跳出来，走向受众基数大、针对性强的媒体，就成为一个值得思考的问题。成功的案例给我们的启示是尽量在选题策划中顺应媒体的需要，即从媒体的宣传动向和公众普遍关注的热点中发掘选题，把握图书与大众注意焦点和媒体特性的契合点，使图书本身或与图书相关的话题具有新闻性，首先增强对新闻媒体的吸引力，接着通过媒体对大众的影响力影响图书市场，最终收"水到渠成"之效。如《哈佛女孩刘亦婷》一书之所以能吸引多家媒体的关注，原因之一就是能够紧扣素质教育的话题。素质教育是近年来举国上下都在关注和讨论的重要话题，该书在这样的大环境下应时而生，所讨论的话题本身就具有很大的关注价值，更不用说主人公自身传奇经历的新闻价值了。

2. 媒体的整合性原则

所谓媒体的整合是指在对宣传媒体进行选择时，要根据畅销书和受众对象的基本特征，通盘考虑，系统规划，将多种媒体有机结合起来，以期达到扩大传播覆盖面和提高传播效果的目的；同时也不仅仅是采用一种营销形式，而是根据实际情况综合利用书评、新闻、访谈、广告等多种营销手段，以达到媒体的"整合"效果，其目的在于组成一个传达图书品牌或出版社整体形象的具体规划。在对畅销书进行宣传造势时，电视、广播、报刊、互联网、手机各有其长处。要达到最佳的宣传效果，就必须采用系统化、立体化运营的宣传策略，即集中在一个时期之内，同时动用几种媒体进行持续的有针对性的媒体轰炸，给予受众关于某书的强烈刺激。这样所得到的效果远比零散的单线作战的效果要好出许多。近年来，随着各种自媒体的迅速发展，很多出版机构都在建设自己的阅读推广平台，在这些平台上嫁接更多专业定位相同的自媒体。出版企业拥有的自媒体越多，影响力越强，其内容创新能力、业态创新能力、营销能力就会越强。[①]这也在一定程度上说明了媒体整合营销的重要性。当然，需要特别注意的是，随着媒体技术的不断更新和深度融合，媒体的新旧共存、优势互补的态势越来越明显，在这种情况下，出版机构在畅销书出版营销活动中，既不能故步自封，只利用传统媒体，而不会使用新媒体，也不能仅仅把精力放在新媒体上，忽视了传统媒体。新旧共用，各用其长，才是最好的策略。

3. 宣介的持续性原则

即对畅销书的宣介必须是自始至终，不能间断的。现代营销学的观点认为，产品投入市场以后是有一定生命周期的，典型的产品生命周期分为4个阶段，即介绍期、成长期、成熟期和衰退期，每一阶段都离不开大众媒体对产品的宣传介绍。对于畅销书的策划者来说，要获得预期的效益和利润，就必须在

---

① 范军：《2015—2016中国出版业发展报告》，北京：中国书籍出版社，2016年，第16页。

畅销书的生命周期内尽可能地把读者的阅读期望转变为购买行为，这样就必须保持媒体的连贯的宣传优势。当然，根据各个不同阶段的具体情况，宣传策略和方法可能有所不同。成功的案例往往在图书的介绍期甚至介绍期以前就能借助媒体大张声势，做足文章，吊起读者的胃口，使读者产生购阅的需求。华艺出版社在推出王朔的小说《看上去很美》一书之前，便通过媒体放出风来，告诉读者王朔在沉寂了好长时间以后，又将推出一部与以前写作风格截然不同的新作，但为了防止盗版，书名与内容暂时保密。这样就让成千上万的"王朔迷"为之心动。图书正式出版以后，书名和内容揭密，又再次形成了新闻热点，引起了多家媒体的报道，对该书的宣传促销起到了很大的推动作用。在畅销书的介绍期开始以后，就要采取各种宣传策略，比如书评、座谈会、作者签名、演讲等方式来吸引媒体的注意力。为了延长畅销书的生命周期，就必须主动出击，不断发现图书与社会时尚、读者需求的新的结合点，让媒体和读者不断地产生新鲜感，从而激起读者新的购书热情。

为了充分说明媒体营销的持续性原则，笔者再举《富爸爸穷爸爸》一例予以印证。世界图书出版公司在营销《富爸爸穷爸爸》一书时，就非常细致地将此书的读者（受众）分割成6个层面，设计了6层传播内容，针对不同层面采取了不同的传播手段，最终取得了销售160万册的骄人战绩。具体方式如下：

（1）首次上市，主要传播对象是针对那些有猎奇心理的读者（受众），对于这类读者（受众）向他们提出一种全新的概念"财商"，并通过海报、主流媒体等制造出一种热销的局面，把他们的好奇心提升到最高状态，促使他们去购买。

（2）紧接着是针对那些持观望态度的怀疑心理的读者（受众），他们的心理是矛盾的，既想买又拿不定主意。为此需要打消他们的疑虑，采取专题新闻发布会与专家推荐的方式促销。

（3）第三个层面是针对那些自我控制心理强的读者（受众），这类群体对图书有自己的看法与选择，他们不会轻易受媒体或其他传播方式影响。对于他们来说，首要的问题是必须让他们自己认为读此书是有益的、有价值的，因此采取了书评、书摘等类似的评介活动，让他们了解此书的价值所在。

（4）针对那些从众心理强的读者（受众），这类群体的人数很多，他们往往是看别人是否拥有，是否很多人都拥有。因此借助读者交流、作者访谈、图书排行榜等形式向他们传递图书热销及销售业绩的信息来促使他们行动。

（5）针对持有教育心理的读者（受众），提出理财教育的观念，并通过"对话"栏目等形式进行理论探讨与交流，对现行的大学教育模式的不足与缺陷进行评说，指出要想变得富有，就得接受理财教育。

（6）针对富有上进心理的读者（受众），采取各种研讨会、培训班的形式，来扩大图书的销售，提升图书的品牌形象。①

4. 内容的客观性原则

真实性、客观性是媒体的生命，也是媒体存在的基本条件。1948年通过的《联合国国际新闻信条》第一条就明确规定："报业及其他新闻媒介的工作人员，应尽一切努力，确保公众所接受的消息绝对正确，不能任意歪曲事实，也不可以故意删除任何重要的事实。"这一原则在畅销书的媒体运营中也至为重要，在当前具有很强的现实意义。在畅销书的营销活动中，一条不能变更的原则就是所有的营销运作必须是在图书内容与形式双佳的基础上进行的。出版社在动用媒体对畅销书进行宣传造势时，应该依据图书的内在品质，实事求是地将图书的内容、特点、意义广而告之，绝不能夸大其辞，故弄玄虚，更不能无中生有，名实相去甚远，藉以蒙蔽读者。这既是出版机构的立身之本，也是媒体的职责所系。遗憾的是，在实践中并非所有的出版机构和媒体都能做到这一点，致使名不副实的"炒作"现象不时地扰人视听。在笔者看来，那些平庸之作之所以能够堂而皇之地成为火爆一时的畅销书，出版机构和媒体均负有不可推卸的责任。

总而言之，随着大众文化与媒介技术的日益发展和出版市场竞争的日渐激烈，畅销书和媒体的关系会越来越密切。对于出版机构来说，在利用媒体对畅

---

① 李继东：《整合营销传播理论在图书营销中的运用》，《大学出版》，2002年第3期。

销书进行运营时，只有遵循为市场和读者公认的运营原则，进行适时到位的运作，才会得到预期的效果。对媒体而言，在配合出版机构宣传介绍畅销书的同时，也应该承担起"环境守望者"和"把关人"的社会职责，理应对畅销书进行细致的甄别和客观的评价。只有这样，才能不断促进我国畅销书出版市场规范的完善。

第六章
多渠道合作与有效沟通：
畅销书销售的渠道选择与公关传播

你问我，"编辑"和"发行人"有什么不同？
很简单，编辑负责挑选书稿，而发行人则负责挑选编辑。

——舒斯特[①]

各个时代都有两种文学，彼此平行，互不相涉：一种是真的，一种则似真实假。前一种成长为永存的文学。它由那些为科学或诗而生的人们所推动，严肃而沉静地走自己的路，但却非常缓慢，每一百年在欧洲几乎创作不出一打作品，然而它们却永存着。后一种由那些靠科学或诗吃饭的人们所推动，在同伙们的鼓噪之下飞快地发展着，每年给市场提供好几千部作品。但是，几年后人们会问：它们哪儿去了？他们那么早、那么响当当的声誉哪儿去了？所以，可以把这一种称之为流逝的文学，把那一种称之为固定的文学。

——叔本华[②]

---

① ［美］舒斯特：《给有志于编辑工作者的一封公开信》，见［美］格罗斯主编：《编辑人的世界》，齐若兰译，北京：中国工人出版社，2000年，第30页。
② ［德］叔本华：《论阅读与书籍》，见［德］叔本华：《叔本华散文选》，绿原译，天津：百花文艺出版社，1997年，第70-71页。

第一节
畅销书销售渠道的选择与合作

根据图书市场需求的不同，学界和业界一般把图书市场区分为两大类：即图书产业市场和读者市场。图书产业市场的供给者是出版社以及图书批发商，其需求者是各类图书发行商。这些图书批发商和销售商，就构成了图书的销售渠道。在畅销书的营销过程中，需要特别重视解决销售渠道的问题，这就是"4P"理论中的"Place"（分销渠道）问题。在我国的计划经济时代，出版社只管出书，书店只管发行，二者在宣传促销方面的关系并不是十分紧密。但在市场经济条件下，编、印、发三方面的环节更为紧密地联系在了一起。具体到畅销书的营销上，单靠出版社自身的力量显然是不够的，畅销书运作的时效性和整体性要求出版社必须与销售渠道紧密合作，共同谋划。从出版社的角度来说，畅销书必须有畅通的销售渠道和广泛的销售网点做保障。因为，"无论一本书的文本价值如何'被需要'，也不管一本书的宣传营销为它营造了一个如何'被需要'的市场氛围，书还是要通过物流渠道才能真正满足需要并兑现畅销。图书中间商与出版生态圈的亲密关系是显而易见的。如果没有中间商与出版商的大幅度合作，中国图书市场就难言畅销书的出现，至少不会有如此之多的畅销书崭露头角。可以说，物流渠道是畅销书形成的基本保障。"[①]这里所说的"图书中间商"和"物流渠道"就属于畅销书的销售渠道。畅销书的销售渠道是连接出版社和读者的桥梁，对于出版社和读者而言都具有相当重要的作用：出版社要将畅销书在恰当的时机和地点销售到读者手中，就必须依靠不同的销售渠道。此时，销售渠道就构成了图书产业市场（需求者为图书发行商）；读者要在特定的时间和方便的地方获得自身需要的图书和服务，也必须求助于不同的销售渠道。整合营销传播理论强调要为消费者提供"便利"

---

① 常聪：《畅销书形成的源与流》，《中国编辑》，2005年第6期。

（Convenience），具体到畅销书的营销活动，就是要努力为读者创造尽可能多的便利条件，这就需要保证销售渠道的畅通，并通过销售渠道为读者提供更多的服务。

在出版社的营销活动中，销售渠道是最不易控制但又极其重要的因素之一。因此出版社必须在不同类型的销售渠道中进行审慎的选择，并和渠道成员建立良好的关系，这样才能保证畅销书销售的"一路畅通"。从近年来的畅销书营销实践来看，但凡那些比较成功的出版社都十分重视与销售渠道的密切合作。只有共同谋划，利益共沾，才能调动各个方面的积极性，发挥出整体运作的功效来。

一、图书销售渠道的概念和类型

在论述畅销书销售渠道的选择及合作策略之前，有必要介绍一下图书销售渠道的概念和类型。

所谓图书销售渠道，在我国又称图书发行渠道，是指"图书产品从出版社向读者转移的过程中，所经过的与图书发行有关的一切组织和个人连接起来而形成的通道"。[1]销售渠道的起点是出版社，终点是读者，中间环节包括各种批发商、零售商、代理商和书业服务机构等。图书销售渠道是一个协调统一的网络，不仅可以通过在适当地点用适当价格提供适当数量和质量的图书来满足社会需求，而且还能通过图书零售商的促销活动来刺激这种需求。

图书的销售渠道可以分为两大类型：直接渠道和间接渠道。

图书的直接销售渠道，是指没有图书中间商的参与，由出版社直接将图书销售给读者的一种销售渠道。其具体形式有五种：

（1）出版社自设书店或读者服务部，直接面向读者销售图书；

（2）出版社推销人员向读者直销图书；

（3）邮寄书目直销；

（4）出版社自建网站或利用微博、微信等方式进行网络直销；

---

[1] 刘拥军：《现代图书营销学》，苏州：苏州大学出版社，2003年，第213页。

（5）读者向出版社订购图书。

由于没有中间环节，直接渠道可以大大降低图书在流转中的损耗，在一定程度上降低费用和节约成本，同时也可以加快图书流转速度，并有利于出版社和读者之间直接进行信息交流。但直销渠道覆盖面窄，单纯依靠直接销售无法迅速占领市场；而且如果出版社在直接销售上投入过多的精力和财力就有可能影响中间发行商的发行积极性，甚至会激化产销矛盾、丧失中间商的支持。

图书的间接销售渠道是指经由图书中间商，向读者销售图书的一种销售渠道。出版社绝大多数图书都是通过间接销售渠道销售的。其形式有三大类：

（1）出版社→零售商（包括零售书店、特约经销商、图书俱乐部、网上书店、超市、图书馆批发商等）→读者；

（2）出版社→批发商→零售商→读者；

（3）出版社→代理商（其与批发商的职能相似，所不同的是其拥有所经营图书的所有权，不承担存货风险）→批发商→零售商→读者。

其中第一类被称为短渠道，后二者被称为长渠道。

由于出版环境和出版体制的不同，图书的销售渠道在实践中的情况会更复杂一些。它们组合起来构成了广泛的图书销售网。出版产业越发达，图书品种越丰富，图书的销售量越大，图书销售渠道的必要性和作用就越大，其类型的实际情况也会更加复杂多样。

目前，各种类型的销售渠道在我国都有不同程度的发展，呈现出不断发展壮大、多元并存的格局。具体来说，新华书店发行系统仍然是我国最大的图书发行销售渠道，每年发行图书总量占全国图书发行总量的90%以上。[①]近年来，民营书商的实力也在不断壮大，在图书销售中起着越来越重要的作用。此外，随着网络技术的飞速发展，在中国的出版物发行领域，已经开始充分利用网络信息技术进行出版物发行，而且优势明显。尤其是网上书店在图书销售中占据着愈发重要的地位。价格便宜、选购方便以及具备点评功能，是网上书店与传统书店竞争的重要筹码，也给传统书店的发展带来了威胁。目前中国网上书店主要有两种类型：第一类是以当当、亚马逊中国、京东商城为代表的专业型网络书店，近年来一直保持着网上书店销售前三强的位置。第二类是有实力

---

① 刘拥军：《现代图书营销学》，苏州：苏州大学出版社，2003年，第217页。

的出版发行企业开办的网上书店或在线发行平台。这种现状决定了我国畅销书销售渠道的基本途径和格局,即在横向上是各区域新华书店、代理商与大零售商并举,在纵向上是长短渠道并行、国有渠道与民营渠道平分秋色,实体店与网店并存,呈现出多元化发展的特色和趋势。

二、选择畅销书销售渠道的原则与标准

畅销书销售渠道的构建是出版社和销售渠道(商)双向选择的结果。从出版社的角度来看,其在选择畅销书的销售渠道时会坚持以下原则:

1. 综合选择。畅销书的大销量和时效性特点决定了出版社在畅销书出版后,必须在特定的时间段占有尽可能广泛的市场。而一般情况下,出版社的直销能力是有限的,这就必须借助各种类型的销售渠道,让畅销书通过这些销售渠道迅速、顺畅、有新意地"流向"市场和读者,以占有最大的市场份额。在这个过程中,出版社就要坚持综合选择和利用的原则,即尽可能选用现有的所有符合出版社自身要求的销售渠道。利用的销售渠道越多,畅销书面向市场和读者的机会就越多。当然在综合选用的过程中,也有一个主次问题,这就需要出版社作具体分析。

2. 主动吸引。出版社用来吸引销售渠道(商)的因素是很多的,如品牌、价格回扣等等,但产品自身的品质和销售前景应该是最重要的因素。销售渠道(商)身在图书产业市场,它们购买和销售图书的主要目的是为了赢利。这种强烈的逐利性决定了出版社在为畅销书选择销售渠道的同时,销售渠道(商)也反过来在选择出版社和出版社的最优产品——畅销书。对于销售渠道(商)来说,畅销书的吸引力自然要远远大于其他图书。比如,在20世纪90年代初,还在华艺出版社的金丽红、黎波策划出版了《中国当代著名作家新作大系》,共收17位在当时很有影响力的作家的17本文集,其中王朔的《过把瘾就死》销售最好,以致当时"华艺出版社的小院里经常有一些各地的书商拿着现金来进货,短时间内这本书累积印量高达30万册"[1],这就是"主动使用

---

[1] 鲍红:《〈王朔文集〉出版始末》,见郝振省主编:《名著的故事》,北京:中国书籍出版社,2009年,第299页。

产品进行吸引"原则所发挥的巨大效果。所以，出版社在向销售渠道（商）推销产品时，一定要将其畅销书的作者、特点、内容以及畅销前景充分展现出来，用畅销书产品自身的质量和品格来赢得销售渠道（商）的认可。

除了产品吸引以外，还可以采取创意活动的方式吸引销售方的积极参与。比如，对于图书销售来说，图书在卖场上架是销售目标的重点。图书上架后摆放在哪里，如何摆放，直接影响着消费者的购买。在这种情形下，抢占货架资源就成了渠道营销的重中之重。2013年三联书店对《邓小平时代》进行渠道营销时，就针对这个问题，举办了《邓小平时代》卖场主题创意码堆比赛。这本书丰富的内涵给创意码堆造型提供了更多的想象空间，吸引了49家书店参与大赛。书店营销人员结合图书的特点，发挥自己的创意，码堆造型丰富多彩，有文字、长城、邓小平故居等，让《邓小平时代》在这些卖场获得了很好地展示效果，也让读者感受到了出版者对这本书的信心。最终，码堆造型对销售的带动立竿见影，书店与出版商实现了双赢。①

3. 精诚合作。出版社并非是将畅销书推销给销售渠道后就万事大吉。在畅销书的策划、出版和销售等环节，出版社都应该与销售渠道保持紧密的合作关系。尤其是在畅销书的宣传、促销阶段，如果单靠出版社一味单枪匹马地运作，就很难达到预期的目的。出版社要开展签名售书、现场演讲等卖场活动，如果没有书店、图书俱乐部等销售渠道的大力配合，就难以成功。这就要求出版社在对畅销书进行营销时，必须与销售渠道精诚合作，共同开展相关的营销活动。当前，为了提高盈利能力、打造文化品牌，很多书店也在积极探寻创新之举。读者在门店消费需求多元化方面的变化，促使很多书店从原来的卖产品向卖解决方案、卖服务和卖体验转变。新华文轩出版传媒股份有限公司零售连锁事业部打造的"文轩姐姐讲故事"，面向3—12岁儿童及家长，为用户提供集阅读、娱乐、教育于一体的品牌化活动，最终构建"图书——阅读——关联文化消费"阅读生态圈，有力地促进了图书销售。开展"文轩姐姐讲故事"活动的门店，少儿类图书的销售增长幅度是其他相同体量门店的3倍，合作出版社的175种指定促销品种销售增幅达到168.1%。②对于出版机构来说，如果能

---

① 北京开卷信息技术有限公司：《中国超级畅销书大解密·2013》，南昌：江西教育出版社，2014年，第8-9页。
② 余若歆：《2016出版业十大营销案例》，出版商务网：http://www.cptoday.cn/news/detail/2500，2016年12月29日。

够积极融入其中,和书店精诚合作,一定会有力推动本社图书的畅销。

4. 注重服务。出版社在与销售渠道合作时,应该有服务的意识。即以利益共沾,长期合作为指导思想,根据实际情况向销售渠道提供价格回扣、业绩奖励、专业培训等服务。以不同的服务形式来赢得销售渠道的认可,这样可以保证出版社与畅销渠道的长期业务合作关系,为后继畅销书的销售提供便利条件。金丽红在华艺出版社时,在开始畅销书市场营销活动时,就特别强调服务意识:"我经常强调,要尽量满足客户的要求,自己吃点亏不要紧。他当着你的面再怎么说,最终目的还是自己要做生意赚钱。所以,读者第一,作者第二,所有合作者是第三,华艺第四。你得先想到别人,让别人赚钱了,你才能赚钱。"她还举例说:

> 有些新华书店搞店庆,一个电话就打给我们发行部主任,要你赶紧把谁谁谁请来这里签名售书,发行部主任得赶紧找人。国庆节前两天,四川成都有家新华书店开张,要请名人作签售,当时影视界名人大多没时间,想半天,请谁去?我们手里只有一个文化名人,但是量级绝对够——余秋雨。这就给新华书店那老总打电话,说余秋雨去,当时他还有点犹豫。没想到后来一下就签了近1000本,让这老总高兴坏了。你帮助他了,以后有什么事不好办?[①]

出版社在选择畅销书的销售渠道(商)时,还有一个"如何选择"的问题值得分析。从理论上讲,营销学界提出了很多选择渠道成员的标准,其中最综合最具影响力的选择销售渠道(商)标准是营销渠道实践家罗杰·潘格勒姆于20世纪60年代提出的10条标准。笔者认为这10条标准同样适用于畅销书的销售渠道(商)选择策略,兹简述如下(为叙述方便,以下统称中间商):

(1)信用与财务状况。中间商能否按时结算包括在必要时预付货款,取决于财力的大小和信用度。这是判断选择一个有潜力的中间商的首要考虑标准。

(2)综合服务能力。现代图书经营服务项目甚多,选择中间商要看其综合服务能力如何。合适的中间商所能提供的综合服务项目与服务能力应与畅销书

---

① 金丽红:《畅销书与营销策划》,《出版广角》,2002年第11期。

销售所需要的服务要求相一致。最常用的检测中间商综合服务能力的指标是销售人员的素质、技术能力以及实际雇佣销售人员的人数。

（3）**产品线**。中间商承销的图书种类及其组合情况是中间商产品政策的具体体现。选择时一要看中间商有多少图书产品线，即供应来源；二要看各种图书产品的组合关系，这涉及四个方面：尽可能避免使用销售竞争者图书产品的中间商；接受销售与自己图书产品相容产品的中间商；鼓励经营补充性图书产品的中间商；寻找经营比自己图书产品同质或更好的产品的中间商。

（4）**声誉**。选择对畅销书销售有专门经验的中间商就会很快地打开销路，因此出版社应根据畅销书的特征选择有经验的中间商。出版社应该避免与当地没有良好声誉的中间商建立关系。

（5）**市场覆盖范围**。市场是出版社选择中间商最关键的原因。首先要考虑预先定的中间商的经营范围所包括的地区与畅销书的预计销售地区是否一致；其次是中间商的销售对象是否是出版社所预期的潜在读者。

（6）**销售业绩**。主要考虑的是潜在的中间商能否获得出版社所期望的市场份额，而采用何种方式推销商品及运用选定的促销手段的能力直接影响销售规模。出版社应根据中间商往年的销售业绩数据获得关于其销售能力的第一手资料。

（7）**管理的连续性与管理能力**。如果中间商的管理层人员更迭频繁，经营政策经常变化对于畅销书的推广和销售是极其不利的。而整个中间商销售管理是否规范、高效，也关系着中间商营销的成败。这两方面的因素都与出版社的发展休戚相关。

（8）**地理位置**。看中间商是否具有区位优势或位置优势。选择零售中间商最理想的区位应该是顾客流量较大的地点。批发中间商的选择则要考虑它所处的位置是否利于畅销书的批量储存与运输。通常以交通枢纽为宜。

（9）**态度**。中间商的态度关系着出版社营销活动的成败，主要指中间商的进取心、信心和热情。

（10）**规模**。在通常情况下，出版社应该选择规模较大的中间商。中间商规模越大就有更多的销售人员，更好的办公条件和更强的抗风险能力，成功和盈利的可能就大。①

总而言之，出版社在为畅销书的销售选择销售渠道时，可将以上10条标准作为衡量杠杆，予以综合考虑。当然，这主要是针对民营渠道而言的，新华书店的发行系统就基本不需要选择和被选择，这就限制了出版社选择销售渠道的自由度。无论如何，优秀而适当的销售渠道是畅销书营销活动成功的重要保障。

三、关系型图书销售渠道的建立及其作用

上文已经提到，出版社在畅销书营销过程中，应该与销售渠道精诚合作，利益共享。在营销活动中，出版社为销售渠道提供价格回扣、业绩奖励、专业培训等优惠服务；作为回报，销售渠道将会为出版社的营销活动提供相应的配合与协助，从而形成双赢（或多赢）的局面。近年来，国内学者普遍呼吁建立关系型的图书销售渠道，其核心就是以协作、双赢、沟通、效益为基点，出版社与图书销售渠道进行一体化经营：出版社加强对销售渠道的控制，使分散的图书经销商形成一个整体；图书销售渠道成员则紧密配合出版社的营销活动，为实现自己或大家的目标共同努力。出版社与图书经销商共同致力于提高图书销售网络的运行效率，降低费用，监控图书市场。②近年来，关系型的图书销售渠道在我国已经有很大的发展，前景十分广阔。这一新型图书销售渠道的建立将为畅销书的营销活动提供更广阔的平台和更通畅的渠道。

从出版社的角度来看，关系型的图书销售渠道的作用表现在以下四个方面：

1. 形成"全面封杀"局面，共同抵制盗版。当前国内畅销书营销过程中面临的最大问题就是盗版，畅销书几乎无一例外地遭遇盗版，越是畅销的图书遭遇盗版侵害的程度就越严重，很多出版社辛辛苦苦花费了巨大的精力和财力出版了畅销书却收益不大。为了打击盗版，出版社也采取了很多应对措施，但收

---

① 李琛、吴秋琴：《图书市场营销》，北京：清华大学出版社，2004年，第159-160页。
② 李琛、吴秋琴：《图书市场营销》，北京：清华大学出版社，2004年，第162页。

效有限。在目前的条件下,要有力地打击盗版,最有效的办法之一就是在同一时期内,在全国范围内将畅销书铺满市场,形成"全面封杀"的局面,让盗版分子无机可乘。而要做到这一点,离开了销售渠道的合作与支持,恐怕只能是天方夜谭。现在经常为出版人所采用的全国同时首发策略之所以能够取得很好的效果,就在于是建立在与书店和批销商精诚合作的坚实基础上。

2. 开展有效的图书促销活动,节约出版社的营销成本。对于出版社来说,在畅销书的整体营销中,除了选题调研和图书制作要投入资本以外,还要在宣传促销方面注入大量的资本。宣传促销活动的实施同样离不开各地书店和图书批销商的合作与支持。在很多情况下,由出版社出面组织的促销活动,比如组织作者签名售书、巡回演讲,召开座谈会,都是由当地的书店和批销商具体操作的。这样不仅达到了出版社宣传促销的目的,而且在很大程度上节约了成本,其功效是显而易见的。

3. 开拓发行网点,带动其他图书的销售。出版社与书店、批销商紧密合作,利益均沾,可以使书店与批销商尝到合作双赢的甜头,从而愿意与出版社建立长期的良好合作关系。这样一来,就不仅有利于出版社畅销书的发行销售,而且在很大程度上拓展了出版社自身的发行网点,从而也为出版社其它图书的顺利发行销售铺砌了金光大道。如作家出版社在与各地书店和图书批销商合作运营畅销书的过程中,以畅销书的让利空间,使发行作家出版社畅销书的书店和批销商都从中获利,并以此为契机,在全国建立了1000多个作家出版社图书的特约经销点,使作家出版社的所有图书能借助这些网点,在同一时间内投放市场。①

4. 反馈市场销售信息,提供科学决策依据。销售渠道是直接面向图书市场的,书店、批销商的销售情况是图书市场势态的客观反映,是出版社进行科学决策的基本依据。在畅销书的营销过程中,书店和批销商如能向出版社及时反馈市场销售信息,将有利于出版社调整和评估其营销策略。这还将为出版社的市场调研提供一手资料,出版社可在此基础上,策划出版新的畅销书,其持续效应显而易见。比如1991年春,福建某市新华书店经理反映现在农村植树很多,农民出售木材不会计算圆木的体积,因而建议金盾出版社出一本这方面的

---

① 朱胜龙:《畅销书市场效应营造术》,《出版发行研究》,2002年第7期。

书。编辑部及时采纳了这个建议，组织出版了《木材材积计算手册》。这本看似很专业的书当年就销售了 20 万册，到 2005 年 7 月，累积总印数达到 160 万册，成为一本名副其实的畅销书和常销书。[①]

当然，不同的出版社在与销售渠道进行合作运营的过程中，具体的方案可能会因时因地而有所不同，但精诚合作、利益共享的基本策略原则是不会改变的。从读者的角度来看，出版社与销售渠道的紧密合作，将为他们带来极大的便利，这正符合整合营销传播理论所强调的"便利原则"。

---

① 易图强：《图书选题策划导论》，北京：中国人民大学出版社，2009 年，第 337 页。

第二节

畅销书营销中的公关传播 I：名家推荐与座谈研讨

公关传播是公共关系传播的简称，是指"组织为了与其所处的社会环境建立和保持和谐关系而进行的各种宣传活动。"①其形式多种多样，例如捐助社会公益事业，举行形式多样的地方联谊、交流或对外服务型活动，发行宣传刊物等等。举办大型公关活动以引起媒体的注意和报导、主办新闻发布会等为传媒提供报导材料，是现代公关传播的重要手段之一。公关传播使用的策略大多属于群体传播、人际传播以及大众传播的范畴。有效的公关传播活动可以使组织与外部公众群体进行充分的交流，并在此基础上建立良好的和谐关系，最终使组织目标与社会期望达成一致。因而各种组织（企业、政府、政党、事业单位、社会公益组织等等）都非常重视公关传播活动。这是组织与受众之间进行有效"沟通"（Communication）的重要途径。近年来，国内的出版社也开始普遍重视自身的公关形象，积极开展了一系列有效的公关传播活动，其基本目的在于在读者中树立良好的出版社形象，进而对读者的购买行为产生潜移默化的影响。具体到畅销书的营销活动中，公关传播策略也成了出版社宣传、促销畅销书的重要策略之一。其具体措施包括组织新书发布会、召开有关畅销书的座谈会或研讨会、组织畅销书作者签名售书和巡回演讲、围绕畅销书开展社会公益活动，等等。将公关传播策略融入到出版社的畅销书整体营销机制中，其效果将会成倍地放大。限于篇幅，这里只重点依次论述名家推荐、座谈研讨、作者签名售书与巡回演讲、开展社会公益活动等策略。

在信息泛滥、图书品种大量增加的大背景下，读者购买图书都趋于理性的

---

① 周庆山：《传播学概论》，北京：北京大学出版社，2004年，第96页。

思考和选择。出版者通过"狂轰乱炸"式的宣传固然能吸引读者的注意力，但这并不意味着就一定促成读者的购买行为。在这种情况下，出版社就有必要向广大读者提供权威性的评介意见，让专家学者出来讲话，发挥"舆论领袖"对读者的劝导和影响作用。

"舆论领袖"（或称"意见领袖"）是传播学的一个重要概念，传播学的四大奠基人之一保罗·拉扎斯菲尔德经过研究认为，在大众传播中存在"两级传播"的情况，概念或观点"往往先从无线电广播和报刊流向舆论界的领导人，然后再从这些人流向人口中不那么活跃的部分。"①这里所说的"舆论界的领导人"，即"舆论领袖"，他们在社会各行各业广泛存在，是一些能够非正式地影响别人的态度或者一定程度上改变别人行为的个人。在大众媒介时代，他们具有以下几个特征：（1）在他居于领袖地位的领域中被公认为见多识广，具有一定的能力，因此他往往也是各个领域的领袖精英、专家学者或社会公众人物，在全社会具有一定的影响力和号召力；（2）比一般受众更多地接触各种信息来源，更多地接触群体之外的社会环境中的有关部分；（3）在某一领域内，扮演着作为群体其他成员的信息来源和领导者的角色；（4）能够拥有更多第一手资料的人，增加现场感；（5）生动化的表达易于与受众产生共鸣；（6）可以在大众中产生一定的名人效应、粉丝效应。在具体的购买消费行为中，"舆论领袖"可以发挥告知者、说服者和证实者的作用：告知他人（追随者）有关新产品的信息；提供建议以减轻别人的购买风险；向购买者提供积极的反馈或证实其决策。

由于舆论领袖具有以上特点和功能，其观点和评论就在很大程度上可以促使读者由阅读期望向购买行为转变，这也是由于读者敬重和模仿名人、遵从舆论领袖做决策的心理作用导致的结果。杜浩说："记得歌德曾在其《教训书简》中这样说：模仿、学习是人的天性，虽然人们不承认自己是模仿。所以，通过阅读的方式接受名人的影响，感受和认知名人，或者仅仅从单纯的阅读意义上说神交名人的读书趣味，这样的阅读引领，在过去和现在一直都是存在的。"②有鉴于此，出版社在对畅销书进行营销时，经常会通过多种途径发挥

---

① ［美］威尔伯·施拉姆、威廉·波特：《传播学概论》，陈亮、周立方、李启译，北京：新华出版社，1984年，第130页。
② 杜浩：《名人读书的引领》，《江西日报》，2009年4月17日。

"舆论领袖"告知、引导、说服读者的重要作用。除了聘请专家学者撰写书评（事实上，书评几乎是出版者在畅销书营销活动中的必用手段）等方式外，名家荐书和座谈研讨就成为推动图书畅销的重要方式。

一、名家荐书

从推荐者的身份来看，广义的名家荐书，包括了专家学者和文化教育机构荐书、党政领导荐书、文化明星与社会名流荐书三种情况。前二者更多地是舆论领袖对畅销书出版营销的客观影响，后者则是书商和出版社主动借用舆论领袖力量的营销行为。

1. 专家学者、文化教育机构荐书

主要通过书评、开列推荐书目的方式向读者推荐好书，这里主要讲推荐书目。专家学者荐书为个人行为，文化教育机构荐书一般是由多个专家学者共同推荐，可以视为专家学者的集体行为。在我国，专家学者荐书的历史由来已久。早在唐代，推荐书目就很受青年士子们的欢迎。现在我们见到的最早推荐书目被后人称为"唐末士子读书目"（敦煌遗书伯2171卷）。元初学者程端礼把朱熹以来在书院、私塾教育中所创造的经验加以总结和发展，写成《程氏家塾读书分年日程》三卷。元朝国子监曾将该书颁布郡县官学，成为学子读书的准绳，及至明清，该书目对书院及读书人也有一定的影响。[①]清末张之洞在同治十三年（1874）任四川学政时，为指引学生读书门径而编撰《书目答问》，以解决诸生"应读何书，书以何本为善"的问题，对后世影响甚大，长期被学士书生视为买书读书之最佳门径。20世纪以来，梁启超、章太炎、胡适、鲁迅、钱穆、汪辟疆、张舜徽、蔡尚思等文化学术界的大家都曾根据时代的变迁和读者的需求，开列了一系列推荐书目，在文化界影响甚大。建国以来，北京图书馆、武汉大学、北京大学、清华大学、复旦大学等著名大学都曾集各校著名学者之力，为青年学子开列必读书目和选读书目。很多文化机构还多次组织

[①] 王余光等：《中国阅读文化史论》，北京：北京图书馆出版社，2007年，第231-237页。

专家学者评选并推出"影响书目",如:《影响中国历史进程的 100 本书》《影响一代人成长的文学名著》《30 年中国最具影响力的 300 本书》《共和国 60 年记忆中的 60 本书》《1949—2009:60 年 60 本书》《改革开放 30 年 30 本书》,等等(后三种分别见附录 4、附录 5、附录 6)。这些书目虽以指导阅读、评估社会影响为主,但在客观上也成为读者购书的重要指南,对促进入选图书的畅销起到了重要的推动作用。而且,其中也确实不乏一些经济效益和社会效益并重的优秀畅销书,以 2008 年深圳报业集团主办、深圳商报承办的《改革开放 30 年 30 本书》为例,其中就有《傅雷家书》《白鹿原》《张爱玲文集》《朦胧诗选》《沉默的大多数》《金庸作品集》等当年的畅销书,虽时过境迁,却依然属于书市中的常销书。

近年来,在日渐繁多的畅销书榜之外,《新京报》《光明日报》、凤凰网、新浪网等媒体以及中国图书评论学会开始设立"好书榜",邀请业内外的专家学者、资深出版人、知名书评人等参与评审。在评出结果后,还要对获得"好书"称号的作品点评和深入解读,并请作者就该书所属行业及其对社会的影响等相关内容进行说明。自 2014 年以来,中国图书馆学会阅读推广委员会还会在每年年初对各大媒体发布的好书榜进行全面收集,对每本书被各个榜单提到的次数进行统计,按入选次数排序后,推选出其中重复度最高的部分图书,形成"好书中的好书榜"后向全社会发布,为广大读者提供有益而高效的阅读指导。这些都是非常有益的举措。从这几年的评选情况来看,"好书榜"与"畅销书榜"之间交集较少。与畅销书榜"唯销量论英雄"的做法不同,好书榜评出之书,更多地考虑到"书"自身的因素,如写作质量、文本意义、选题价值、社会影响,等等,更像是书市中社会效益与经济效益并重的常销书。但一本书一旦入选"好书榜",销量也会随之增长,说明好书榜对图书销量的拉动作用不可低估,因此也就成为书商和出版社共同关注的对象,正如业内人士所言:"关注好书榜,一是看自家出版的图书是否上榜,上榜后最实际的是带动图书销售;二是从榜单可以看到媒体的风向,了解读者、业内的趣味,类似市场调查的参考数据。"①

除了发布好书榜外,一些文化机构还组织专家学者评选各种图书奖,评

---

① 李颖:《登上"好书榜"就是好书吗》,《中国文化报》,2013 年 1 月 22 日。

奖活动和结果也会影响到图书的销售情况。比如设立于2004年的"文津图书奖"，就是在国家图书馆的倡导下，由全国图书馆及读者、专家、媒体共同围绕建设学习型社会和倡导全民阅读举办的公益性优秀图书奖项。该活动目前每年评选一次，每次通过社会投票与专家评审相结合的方式评出获奖图书10种（可空缺），此外还向社会大众推荐社科、科普、少儿类图书60种（也可空缺），评奖对象为前一年度公开出版、发行的中文版图书。评选范围包括哲学社会科学和自然科学类的大众读物，侧重于能够传播知识、陶冶情操、提高公众的人文素养和科学素养的普及类图书。获奖图书通过社会投票与专家评审相结合的方式产生。截至2016年已举办了11届，在全国已有很广泛的影响力。从评选结果来看，获奖图书和推荐书单中，多数为常销书，部分为畅销书，体现了该奖项兼顾精英与大众的包容性。

正因为好书榜和获奖图书能够给出版社带来提升品牌和拉动销量的作用，所以很多书商和出版社都将其作为重要的"攻关"和"公关"对象，有的甚至采用了"打榜""买榜"的方式，以赢得社会的普遍关注。与此同时，出版机构还会定期评选并发布自己的好书榜或年度优秀畅销书榜，将其作为促进读者阅读和消费的重要举措。比如自2005年以来，中国出版集团公司推出"畅销书推广计划"和"常销书推荐计划"，从下属各单位出版的图书中，筛选出优秀畅销书和常销书，每月向全社会发布"推荐畅销书榜"和"在榜畅销书榜"。这一举措，已经成为中国出版集团公司弘扬品牌、贴近读者、引领市场、建设书香社会的重要举措。但不论是其他机构荐书，还是自己荐书，从先后次序来讲，应该是出版社打造优质图书在先，入榜或者获奖在后，最终的客观效果则是在拉动图书销量的同时，扩大社会影响力，从而成就一本优秀的畅销书。

2. 党政领导荐书

孔子云："君子之德风，小人之德草。草上之风，必偃。"①此言非常形象地说明了自古以来为政者与老百姓之间存在的"上行下效"关系。在"官本位"的传统社会里，为政者的言行方式，很有可能在其治下的百姓中产生"群起而效之"的重要效果，正所谓"吴王好剑客，百姓多创瘢；楚王好细腰，宫

---

① 杨伯峻：《论语译注》，北京：中华书局，2007年，第179页。

中多饿死。"当代，党政领导尤其是高层领导在中国社会中的地位和影响举足轻重，在广大群众中具有很高的政治权威性，他们的一言一行借助大众传媒的传播，往往会在全社会迅速产生巨大的示范引领效果。同样一句话，出自领导之口，和出自普通百姓之口，效果大不相同，从宣传效果来看，"一句顶一万句"的情况是真实存在的。反映在现实中的书业界，我们经常会看到这样的情况，一本图书由于高层领导的赞赏和推荐，其命运会在一夜之间发生翻天覆地的变化。有时，重要领导人的一句话就可能催生一部畅销书。

开国领袖毛泽东生前喜欢读书，提倡读书，多次向党政干部推荐图书，奠定了中国共产党的一个优良传统，就是把读书学习当作思想理论建设、增强工作本领的必需途径，进而在全党形成了重视读书和学习、善于读书和学习良好风气和传统。①中国共产党成为执政党以后，这种优良传统的良好示范就很好地体现出来。1944年初，毛泽东就向全党提出要集中阅读五本马列经典：马克思、恩格斯的《共产党宣言》，恩格斯的《社会主义从空想到科学的发展》，列宁的《两种策略》和《"左派"幼稚病》，斯大林主持编写的《联共（布）党史简明教程》。1958年11月9日，为了给"大跃进"鼓劲，毛泽东建议县以上党委干部要读两本书：《苏联社会主义经济问题》《马恩列斯论共产主义社会》。并进而提出，将来如果有时间，可以再读一本苏联同志们编写的《政治经济学教科书》。到了1970年，毛泽东又提出学习马列的6本书：《共产党宣言》《法兰西内战》《哥达纲领批判》《反杜林论》《唯物主义与经验批判主义》《国家与革命》。仅1971年内，人民出版社重印这6本书的数量就高达7949.5万册。②这对形成党内浓厚的读书学习风气、促进图书畅销发挥了极其重要的引导作用。这一传统为历代领导人继承和发扬光大，请看2013年的一则新闻报道：

> 2013年11月26日，习近平总书记来到曲阜孔府考察。参观孔子研究院时，他饶有兴趣地翻看桌上摆放的展示研究院研究成果的书籍和刊物，看到院长杨朝明主编的《孔子家语通解》《论语诠解》两

---

① 陈晋：《毛泽东阅读史》，北京：三联书店，2014年，第22页。
② 肖东发、方厚枢：《中国编辑出版史（下册）》，沈阳：辽海出版社，2008年，第130页。

本书时，他拿起来翻阅："这两本书我要仔细看看。"他还说：中华民族有着源远流长的传统文化，也一定能创造中华文化新的辉煌。研究孔子和儒家思想要坚持历史唯物主义立场，坚持古为今用，去粗取精，去伪存真，因势利导，深化研究，使其在新的时代条件下发挥积极作用。①

新闻播出习近平总书记的这一席话后，这两部原本属于小众传播的学术著作在一夜之间洛阳纸贵，变成了大众畅销书，书市反应强烈，出版社迅速再版加印，并为新版书加印了"总书记说：'这两本书我要仔细看看'——新华网"的宣介语。在此之前，温家宝、李克强、王岐山、汪洋等党和国家领导人在不同场合推荐的《沉思录》《道德情操论》《第三次工业革命》《旧制度与大革命》《大清相国》《世界是平的》等多本图书，也大致有类似的经历。以温家宝同志为例，在担任国务院总理期间，他多次向人提及罗马帝国凯撒马可·奥勒留所著的《沉思录》，"这本书天天放在我的床头，我可能读了有100遍。天天都在读。"此后，他还不止5次在公开场合推荐亚当·斯密的《道德情操论》，并多次引用其中的名言。这种荐书形式，让《沉思录》《道德情操论》广为人知，迅速畅销。很快，书市上就涌现出了一大批不同版本的同名书。据笔者在当当网上书店的检索，截至2016年底，已经有将近30家出版社推出不同版本的《沉思录》。而以《道德情操论》为检索词，在"当当自营"类目中的检索结果则有42个，其中，中央编译出版社出版的《道德情操论》（2008年）的护腰上，印刷着醒目的黑体字："温家宝总理五次推荐的大师巨著"。商务印书馆《道德情操论（全译本）》（2015年）腰封上的广告语则是："世界思想史上的经典之作，广受读者欢迎的权威全译本，国家领导人多次推荐的大师巨著"。

除了党和国家领导人以外，很多省部级官员的荐书之举也会在特定的时空范围内引发某本书的畅销。山西人民出版社2010年出版的《中国高层领导荐书集萃》（刘传旺、臣宪华主编），收入著作32部，书中介绍的每一本书的标题下，都有国家级和省部级领导推荐的字样。党和国家领导人以及其他高级领

---

① 许民彤、小章：《总书记要"仔细看"的儒学书籍》，人民网：http://politics.people.com.cn/n/2013/1220/c1001-23894292.html，2013年12月20日。

导干部所荐之书，一般都与现实的经济社会、政治文化现象紧密相关，而且多为学术性、理论性、文化性、现实性较强的经典图书。这种政治色彩非常强的推荐方式，让一些传统意义上的小众出版物，一夜之间变成了大众争抢阅读的大众畅销书，是一种可喜的现象。对于出版社来讲，可以借此良机，顺势做好相应的编辑策划与出版营销活动，以实现经济效益和社会效益的"双赢"。对于全社会来讲，党和国家领导人带头读书、荐书，发挥了很好的示范效应，在很大程度上带动了大众阅读（尤其是阅读经典）的良好风气。

对于出版机构来讲，在出版营销过程中，既要有很强的政治敏锐性，善于利用高层领导荐书的好势头，或以新的宣传促销方式推销旧版图书，借势让高层领导为本社图书作免费的广告宣传，或以新的视角和形式策划出版新版图书甚至连带产品。同时又要特别注意，又不能仅仅依靠"党和国家领导人荐书"的招牌大做文章，却忽视了图书的内在质量，随随便便就出版。越是在这种情况下，就越是要特别坚持内容为王与编校出新的出版思路，以质量作保障。尤其是很多西方经典和传统典籍的翻译、译著尤其需要严选作者，把好翻译关、注释关，做到信、达、雅。当同一种书的多种版本纷纷涌现时，读者在选择时，最看重的还是图书的内在质量，当然在这个过程中，出版社的品牌效应会发挥重要的作用。

3．文化明星、社会名流推荐

这是畅销书宣传的一种常见做法，即利用名人的威信和读者遵从"舆论领袖"的从众心理，由具有一定知名度的社会名人向公众推荐某书，以促成读者的购买行为。根据北京开卷信息技术有限公司研究咨询部的分析，《天才在左　疯子在右：国内第一本精神病人访谈手记》于2013年12月首次进入开卷畅销书非虚构榜单行列。其实此书早在2010年就已经上市，销量表现并不出众，直到2013年11月销量出现直线上升。其主要原因是由于2013年11月9日高圆圆参加湖南电视台《快乐大本营》节目时，推荐了5本书，这本书是其中之一。此外，高圆圆还在节目中推荐了《少年Pi的奇幻漂流》《父与子》《追风筝的人》和《纽约客》。从其他几本书的销量变化和上榜情况来看，也出现了明显的进步：其中《少年Pi的奇幻漂流》在12月重新进入开卷畅销书虚构类榜单TOP30，且位居第五名的高位。《追风筝的人》也从近一年内虚构类榜单20名开外的位置上升到前五名行列，并在12月取得历史最好的名次：第三名。①

众多畅销书营销的实践也证明，在图书产品异常丰富甚至相对过剩，读者购书行为随意性和短暂性特征日渐明显的市场态势下，有无名人推荐是决定读者购书行为的重要因素之一，所以越来越多的出版机构都愿意采取此种方式。常见的做法是以醒目的文字将推荐人的姓名和推荐语（类似于广告语）印在图书的封面、封底、书腰或扉页上，推荐方式经常以"力荐""极力推荐""联袂推荐"的用语出现。推荐人少则一二，多则十余。前者如《国学六法》（赵世林著，江苏文艺出版社，2010年）的书腰上写着"王蒙、刘再复力荐"，后者如《南渡北归》（岳南著，湖南文艺出版社，2011年）的封面下方标明"李存葆、莫言、朱向前、张志忠、王久辛、徐贵祥、张颐武、茅于轼、何亮亮、李国庆、余世存、张鸣、解玺璋、崔卫平……联袂推荐"，推荐之人多达14人。既有中国名人，也有国外名人，更有中外名人联手推荐者。国外名人推荐者如《管理十诫：影响你一生的管理哲学》（基奥著，蒋旭峰、璩静译，中信出版社，2010年）的封面上书"比尔·盖茨、沃伦·巴菲特、杰克·韦尔奇唯一一部联袂推荐的管理经典"。中外名人联手推荐者如《奥默与海豚》（沙尔达·奥兹坎著，肖毛译，湖南文艺出版社，2011年），为"奥普拉、希拉里、米歇尔、张德芬、毕淑敏、杨澜联袂推荐"，足见阵势之强大。除了这种简单罗列名家姓名的推荐方式外，有的畅销书还在封面、封底、书腰甚至扉页上列上许多有代表性的名家评语，如《高效能人士的七个习惯（20周年纪念版）》（史蒂芬·柯维著，高新勇、王亦兵、葛雪蕾译，中国青年出版社，2010年），除了在封底折页上注明："奥巴马、克林顿、普京、李开复、汤姆·彼德斯、肯·布兰佳、世界领导力大师沃伦·本尼斯、世界潜能大师博恩·崔西、世界第一潜能专家安东尼·罗宾、华人成功学权威陈安之、《纽约时报》《福布斯》《财富》《商业周刊》《经济学人》《哈佛商业评论》鼎力推荐阅读"，还在封底列上了普京、李开复、汤姆·彼德斯等8人很有"诱惑力"的推荐语，其

---

① 北京开卷信息技术有限公司研究咨询部：《名人荐书引热销：2013年12月开卷全国大众畅销书分析》，《中国新闻出版报》，2014年1月20日。

中，普京的推荐语为:"俄罗斯应该出现史蒂芬·柯维这样伟大的思想家,建议每一位俄罗斯公民都应该阅读《高效能人士的七个习惯》。"除此之外,在该书的版权页之后、目录页之前,还插入了长达5页、共计26则各行各业名人的"赞誉之辞",真是将"名人推荐"的营销手法用到了极致!

如果在畅销书的营销中,书商、出版人诚恳邀请名人推荐,推荐人又真正读过此书并真心实意地向公众推荐,的确是一种很好的宣传推销手段,这对于引导读者择书、买书、读书都有很大的助益。但凡事都要把握好"火候",否则会过犹不及,产生适得其反的效果。不容忽视的是,现在国内畅销书出版市场上,凡书皆有名家推荐,几乎成为一个普遍现象,大有既"泛"且"滥"、又"乱"又"假"之势。业内人士估计,现在民营书商出版的图书,基本100%会套腰封,而腰封之上,除了众多名家的大名以外,还会列上夸张的推荐语,真真假假,虚虚实实,真是让读者难以辨别。如"30位国内顶级经济学家联袂推荐"以及类似的广告词在畅销书的腰封或封面上屡见不鲜,不由人不怀疑其真实性。

更为严重的是,现在一些出版机构为了炒作,经常会堂而皇之伪造名人推荐名单和推荐语,余秋雨、梁文道等曾无数次在不知情的情况下"被推荐"过,以至于被人们戏谑地称为"腰封小王子"。余秋雨的秘书金克林就表示,网上流传的一份"余秋雨教授倾情推荐书单"并未得到余秋雨本人的授权。一篇《李开复寄语大学生:大学必读的十本书》的帖子热传后,李开复随即就辟谣:"十本有两本肤浅、一本过时、三本电影改编,两本没读过、两本没听过,没有一本是我认可的。"针对这样的乱象,研究者形象地指出,现在很多畅销书的名人推荐,就是"一堆名人说一堆莫名其妙的话",而那些罗列众多名人"高姓大名"的腰封简直就是"妖封",用"五花八门,五颜六色,胡说八道"来形容一点不为过。这种虚假的宣传手段,既是对名人的不恭,也是对读者的愚弄,根本就不算是正规的营销手段,出版界和读者应该群起而讨之。

还有一种情况,虽然"名人推荐"是实,但也有可能是出版商或出版社花钱买来的宣传招牌,名人是否真正认真读过此书,是否真正负责地向读者说真心话,有些煽动性和诱惑性特别明显的推荐语是否真正出自名人之口,也要存疑。如果答案为"否"的话,其实也是对读者的一种欺骗。这种不负责任的

"忽悠术"，常会让冲着名人推荐的名头去购买、阅读畅销书的读者大呼上当。从长期来看，损害的其实还是出版社、名人的品牌、形象和威信。一言以蔽之，名人推荐是一个很好的营销手段，但需要书商和出版社实事求是地操作，还需要名人真正读过，并真心推荐，而不仅仅是以名号与虚言示人。对于读者而言，也要理性地看待名人推荐的畅销书。

二、专家座谈研讨

即邀请众多专家学者围绕图书或与图书紧密相关的热门话题进行充分讨论，最后形成肯定性的意见，及时发表在不同媒体上，从而造成该畅销书的焦点话题。人民文学出版社在运作《哈利·波特》系列小说之初，曾遇到过很多疑问，特别是"文化差异论"和"通俗读物论"等疑问都会影响到该套丛书的销售情况。于是出版社的编辑们在北京、上海、长沙等地召开了儿童文学专家、文学评论家、教育专家、中学特级教师等出席的《哈利·波特》研讨会，请专家学者们来说话。会后，出版社把专家们对作品的高度肯定性意见在媒体上发表出来，在很大程度上打消了很多读者的疑虑。[1]

在媒体公关传播中有一个共识：要让媒体免费用你企业的事件作为新闻，就要巧妙策划，使一件本来可能不具备新闻价值的事件富于新闻性。媒体对出版社所提供的与畅销书相关的新闻往往要进行甄别和选择，并不是所有的畅销书都能引起新闻媒体的注意。在这种情况下，就有必要适当"制造"新闻，即出版社利用一些公关活动来吸引媒体的关注，由此而形成对畅销书营销有利的新闻事件。在很多情况下，专家学者和社会公众人物特殊的身份和研讨的话题本身就能吸引大众媒体的眼球，由此而产生新的新闻价值，这对畅销书的促销作用是不能忽视的。在这一点上，长江文艺出版社营销《雍正皇帝》、浙江人民出版社营销《大败局》的做法很有代表性。

1994年，二月河的三卷本《雍正皇帝》由长江文艺出版社出齐后，虽然已经得到了读者的好评，但还有很多人并不了解，销售也没有达到出版社预

---

[1] 聂震宁：《一部超级畅销书的"生命工程"》，《编辑之友》，2002年第5期。

期的目标。针对这一问题，出版社在中国作协书记处书记陈建功、"茅盾文学奖"评委陈美兰的建议下，对这套书进行了宣传。1996年1月，出版社与中国作家协会创研部、正在筹拍《雍正王朝》的四汇文化公司，在中华文学基金会的文采阁联合召开了《雍正皇帝》研讨会。时任中宣部出版局副局长的宋镇铃，文艺局副局长刘玉山，新闻出版署图书司副司长迟乃义，中国作协领导陈建功，理论家雷达、雍文化、吴秉杰、蔡葵、丁临一等20余人参加了研讨会。为了扩大研讨会对订货的影响，出版社还租了两辆大车，将各地新华书店来京的负责人都请到了会场。同时还邀请了北京的主要新闻媒体的文化版、读书版的编辑记者。会上，评论家们对《雍正皇帝》给予了高度评价，评论家丁临一再次提出此部小说"五十年乃至百年不遇"。会后，北京各大媒体在重要位置发表了此次会议的消息以及对此书的高度评价。中央电视台看了有关评介后，请二月河到北京，做了12分钟的电视节目，标题就是："二月河与《雍正皇帝》"。节目中请几位专家在场外表达自己的观点，有的专家甚至提出"《雍正皇帝》是《红楼梦》以来最为优秀的长篇历史小说"。这次研讨会之后，随着媒体的广泛关注和集中报道，《雍正皇帝》的订货量大增，当年就销售8万套。从此二月河本人及其作品才真正引起评论界、发行界和读者的注意，引发了持久的"二月河热"。①

《大败局》由浙江人民出版社2001年1月出版。此书曾连续50周雄踞中国图书畅销排行榜，销售突破百万册，成为近年来最畅销的企业管理类图书。该书对20世纪90年代以来中国市场上最有影响的十家著名企业失败案例作出了全面的解读，采取报告文学的形式，向读者展示了人们所熟悉的"秦池""三株""太阳神"等著名企业从辉煌走向衰败的历程。选题切入点的独特和该书编创形式的创新使该书具备了良好的畅销书潜质。但这仅仅是营销成功的一半。为了使该书在社会上引起更大的反响，浙江人民出版社与北京图书传播研究所合作，在北京策划召开了主题为"我们的忧虑：中国加入WTO首都专家学者研讨《大败局》"的主题会，请中国最有权威的专家学者进行呼吁、宣传。专家学者以中国社会科学院工业经济研究所副所长、博

---

① 周百义：《〈雍正皇帝〉一书出版前后》，见郝振省主编：《名著的故事》，北京：中国书籍出版社，2009年，第290-291页。

士生导师金碚为牵头人,还有全国政协政经委员会委员、中华工商联、国务院发展研究中心、中国社会科学院、中国企业家协会等单位及首都各院校的专家学者和有关官员。如此庞大的专家学者群体的参与吸引了首都多家新闻媒体的"眼球",召开座谈会的当天,就有新华社、中央电视台、中国经营报等22家新闻单位的记者赶到会场进行采访报道。在主持人的引导下,与会的专家学者对《大败局》所引发出来的社会现象进行了热烈的讨论,使座谈会主题的意义得到了升华,由图书出版转向大众关心的社会热点,由此产生了新的新闻价值。会后,中央电视台、《人民日报》《中国经营报》等有影响的媒体都对这次座谈会进行了重点报道,其他媒体也纷纷跟进和转载。报刊上纷纷登出《当今企业的警世恒言》《解读中国企业的失败基因》一类大标题的文章;在电视节目中,一些名人谈起"入世"等问题时也要提及《大败局》。一时之间,《大败局》几乎成为企业经营者反思录的代名词。《大败局》的销量也因此迅速飙升,3个月内,从4万多册突破27万册,很快就逼近了百万册,成为2001年全国图书排行榜上惟一的企业案例图书。在这次营销运作过程中,专家学者的呼吁比任何广告都要有力。

在合适的时机,通过座谈会发挥专家学者和社会公众人物的"舆论领袖"作用,同时又借助各种媒体的宣传,使一部具有畅销潜质的图书达到策划者预期的目的,这就是《雍正皇帝》《大败局》这些成功案例给我们的最大启示。

第三节

畅销书营销中的公关传播 Ⅱ：签名售书与巡回演讲

一般的图书出版活动中，往往是出版社出了书，作者拿到了稿费和样书，二者的合作关系就基本了结。但畅销书的营销活动则显然不同，笔者在前面已经提到，畅销书作者往往具有极大的品牌效应，相当一部分读者购阅图书的主要原因就是受作者个人魅力的影响。从出版者角度来看，畅销书作者也是出版社宝贵的出版资源，出版社在畅销书的营销活动中，应该充分挖掘和利用这一资源的使用价值。这就要求出版社应该与作者联袂合作，共同开展畅销书的营销活动。具体而言，就是作者自始至终都应参与畅销书出版活动的各个环节。尤其在宣传、促销阶段，作者的亲自参与更是显得十分重要。由于作者的排他性，可以通过别人无法替代的身份宣介、号召、劝说市场，因而可以充分发挥其在图书售卖现场的名人促销作用，其效果往往是其他营销手段所无法企及的。比如，二十一世纪出版社自 2009 年引进出版《老鼠记者》系列以来，每年暑假都在全国范围内举办"'老鼠记者'欢乐中国行"活动，几年来，该系列作者杰罗尼摩·斯蒂顿和他的快乐小分队已经到过深圳、广州、厦门、南昌、北京、沈阳、大连、青岛、上海、南京、成都等 50 余座城市，途经 5 万多公里，举办了近 100 场"'老鼠记者'欢乐中国行"活动，与超过 1 万名的小"鼠迷"们交流互动，从而将其打造成了出版社的品牌活动，而这一活动对图书销售的拉动作用也是显而易见。2015 年 8 月，《老鼠记者》系列亮相上海书展，8 月 19 日当天即售出 500 套、共 3 万余册，总码洋达 40 万元，成为书展首日名副其实的超级畅销书。[①] 从实践中看，大部分作者也乐于参与其中，

---

① 原业伟：《2015 出版业十大营销案例》，《出版商务周报》，2015 年 12 月 20 日。

为自己图书的畅销摇旗呐喊，擂鼓助威。当前，作者在畅销书营销中的作用主要通过两种基本方式来实现：一是签名售书，一是巡回演讲。

签名售书是畅销书策划者惯用的营销手段之一，对于中国读者而言已是司空见惯的了。但由于作者现场签名售书的亲和力，加之可以提升图书的收藏价值，所以对于读者还是具有一定吸引力的。因此签名售书作为出版社营销手段的"常规武器"之一，一般都能取得比较好的效果。但不能否认的是，由于作者知名度和图书内容的不同，同时也随着读者购书观念的日趋成熟，签名售书也并非是百试不爽的运作策略。其制约因素有三点：（1）作者的知名度；（2）签名售书的时机、地区；（3）出版社与书店的合作情况。

众所周知，作者本身在公众中的知名度会影响到签名售书的效果。正如原解放军文艺出版社副社长黄国荣所说："签名售书活动是否有效，要看不同的作者对象。有的作者是媒体人物，有新闻效应，签名售书效果会不错；而纯文学作品靠艺术成就和文学质量来吸引读者，作者没有轰动效应，可能不适合签名。签名售书活动首先要因人而异。"①

签名售书的成效还与销售的时机、地区以及出版社与书店的合作情况有很大的关系。金丽红就认为，签名售书的成功需具备两个条件：首先是图书本身进行市场预热，有比较好的市场状况。作者知名度高或书在市场走得不错的情况下，签售场面会比较好。而不能在新书出版之初，市场尚未打开的情况下就组织作者的签名售书活动。其次，出版社和书店组织要强而有力。出版社和书店必须根据作者及作品的情况严谨地考虑，在签售前后做一些宣传工作，比如组织作者与当地的媒体见面，让读者尽快得知签售的消息。②这又牵涉到上面所提到的出版社与书店和批发商之间的合作问题。总之，签名售书是一场需要出版社、书店（或批发商）、作者三方通力合作才能见效的促销活动。签名售书在具体的操作中应因时、因地、因人、因书而有所不同。

作者演讲是近年来新生的营销手段之一，其实际效果要大于签名售书。这又可分为两种情况：

一是作者因演讲成名，其演讲内容经整理出版，成为畅销书。在出版社的

---

① 舒晋瑜：《众说纷纭签名售书是与非》，http://culture.163.com/edit/010827/010827_52962.html，2001年8月27日。
② 舒晋瑜：《众说纷纭签名售书是与非》，http://culture.163.com/edit/010827/010827_52962.html，2001年8月27日。

营销过程中,又让作者在全国各地巡回演讲,充分发挥作者现场演讲对畅销书的促销作用。如在北京出版社与《北京晚报》联手推出了《登上健康快车》之前,该书的核心作者之一洪昭光就已经在全国各地举办过上千场健康演讲和报告。他的讲座内容被听众做成"手抄本"流传全国,版本曾多达 68 种。①洪昭光因此而成为受众心目中的健康保健权威人士。2002 年,以洪昭光的健康讲座为主打内容的《登上健康快车》出版后,在短短三个月内就畅销 100 万册。他的相关健康教育图书在近几年销量达数百万册。在国内的畅销书市场上形成了特殊的"洪昭光现象"。又如畅销书《正说清朝十二帝》的作者阎崇年在出书之前,曾在中央电视台"百家讲坛"做"正说清朝十二帝"的专题讲座,在全国引起了很大反响。这是促使《正说清朝十二帝》成为畅销书的最直接原因。另外如李阳与其"疯狂英语"系列畅销书、余世维与其经管系列畅销书的关系,均可归入这类情况。

二是出版社在推出畅销书后,利用作者(作者是某一时期人们关注的公众人物)或图书内容(内容契合了人们普遍关注的社会现实问题)的社会影响力,在宣传、促销阶段组织作者在全国巡回演讲。在畅销书的宣介方面,最有发言权的不是别人,而是作者本人。通过演讲,可以使读者更加深入、具体地了解图书的内容、特点及意义,最终激发读者的购买行为。如 2013 年,三联书店对《邓小平时代》进行营销时,就借作者傅高义再一次来中国的机会,组织了主题为"邓小平与中国道路"的巡回演讲活动,活动持续 28 天,在北京、上海、深圳、广州、重庆、成都等 10 个城市举办了 26 场主要活动,直接参加活动的读者近万人。在巡回演讲中,作者傅高义接受了各地 80 多家媒体采访,媒体报道近百次。②结果,作者演讲所到之处形成购阅热潮,讲一地,热一地,使该书一时"高烧不退",成为街谈巷议的重要话题。不仅《邓小平时代》如此,《素质教育在美国》《哈佛女孩刘亦婷》《富爸爸穷爸爸》《时间简史》等超级畅销书的营销运作过程中,都无一例外地发挥了作者巡回演讲的巨大影响力。作者的巡回演讲不仅直接带动了图书的热销,提高了作者的知名度,更为重要的是在一时一地营造了大众关注的时尚话题,引起人们对某一问题的持续

---

① 王坤:《洪昭光:健康 100 岁关键在中年》,《都市时讯·冀东版》,2006 年 2 月 26 日。
② 北京开卷信息技术有限公司:《中国超级畅销书大解密·2013》,南昌:江西教育出版社,2014 年,第 6-7 页。

关注，从而间接地促使人们去购买阅读相关的图书。从长远意义上来讲，这对整个图书市场的影响力都是广大而深远的。

需要指出的是，作者巡回演讲，一般可与签名售书结合在一起，也需要出版社和书店具备强有力的组织能力。同时，演讲者本身也应有一定的知名度，演讲内容也应是公众关注的话题。只有这样，才能真正达到最好的效果。

第四节

畅销书营销中的公关传播Ⅲ：开展相关社会公益活动

在整体营销目标的指导下，积极开展各种社会公益活动（如为社会慈善事业募捐，为希望工程和灾区捐款，为环境保护出资等），是畅销书公关传播策略中的重要形式之一。在出版社的营销活动中，围绕某本畅销书或者某类畅销书适时地开展社会公益活动，可以在造福社会大众的同时，促进畅销书的销售，提升出版社在社会大众心目中的美誉度。这一策略既有利于实现出版社的短期营销目标，更有利于塑造出版社的整体品牌形象，造成长期的积极社会影响力。所以出版社都比较重视这一策略的实施。

最典型的案例就是2003年"非典"疫情肆虐全国时，很多出版社在推出预防"非典"的图书后，普遍开展了社会公益捐助活动。既促销了图书，同时又造成了良好的社会反响。如中国轻工业出版社向北京大学、北京师范大学学生赠送《用心战"非典"：SARS时期的心理健康》7000册；科普出版社出版《农村防治传染性非典型肺炎（科普挂图）》，发行量200余万册，全部捐赠；广东教育出版社出版《非典型肺炎防治指南》，发行量近100余万册，赠送10余万册；中国旅游出版社出版《非典时期心情处方》，捐赠部分图书，并作出了将该书盈利部分捐赠给一线医护人员的郑重承诺；高等教育出版社出版《非典型肺炎防治知识问答》，并将该书及所附光盘免费赠送给教育系统和部分边远贫困地区的农村学校，捐赠量达15余万册；等等。[1]其中最具有代表性的是北京出版社。北京出版社在出版《非典型肺炎预防手册》后，除了实施其他营销策略外，专门筹划了"《非典型肺炎预防手册》进社区，北京出版社把

---

[1] 中华传媒网·传媒人论坛：《防治非典图书出版》，http://bbs.mediachina.net/index_bbs_show.php?b_id=1&s_id=77850，2003年9月3日。

健康送到家"的公益活动,面向弱势群体和易感人群赠书,陆续向机关、学校、社区、媒体赠书10余万册。赠书活动产生了良好的社会效益,首都各大媒体都进行了跟踪报道,各地许多媒体也随之宣传,呈现了滚动宣传的良好态势,大大促进了该书的销售。为帮助盲人获得急需的专业防范知识,北京出版社还将《非典型肺炎预防手册》的最新版无偿授权给中国盲文出版社,制成盲文版。这一公益活动再次引起了媒体的关注,进而提升了《非典型肺炎预防手册》的知名度和北京出版社的美誉度。最终《非典型肺炎预防手册》创造了销售270万册的惊人纪录,在2003年4月开卷非文学类畅销书排行榜上,该书稳居榜首,在同类书的发行中遥遥领先。

当然,在畅销书的公关营销活动中,出版机构开展社会公益活动的具体形式还有很多,限于篇幅,不再赘述。需要指出的是,出版社在开展相关公益活动的过程中应该特别注意以下两点:一方面,一定要以整体营销目标为指导系统设计公关传播方案,注意主动吸引媒体的关注与报道,并尽量扩大受众面;另一方面,始终坚持质量第一、实事求是与多方宣传、大力推介相结合的原则,不能一味强调公关传播的效能而忽视图书的内容和质量。否则,就可能出现公关工作越卖力,效果却越差的不良效果。叔本华曾经严格地把各个时代的文学划分为固定的真文学和"似真实假"的流逝文学,无论什么时候,出版界都应该少为后者的肆意流行而摇旗呐喊,推波助澜。

第七章
商业与文化的博弈：
对畅销书出版营销活动的反思

当品味与金钱融合在一起，将会产生多么美好的效果。

——安德烈·希夫林[①]

书籍从一开始就兼具思想论述和市场商品两种功能。当我们把书籍的这两种身份分开来看，并受限于我们眼中所见到的市场需求时，我们其实冒了很大的风险。

——沃尔夫[②]

---

① ［美］安德烈·希夫林：《出版业》，白希峰译，北京：机械工业出版社，2005年，第9页。
② ［美］沃尔夫：《非小说类图书中的"政治正确性"问题》，见［美］格罗斯主编：《编辑人的世界》，齐若兰译，北京：中国工人出版社，2000年，第322页。

研究畅销书出版营销机制，一方面要总结成功的经验，进行条分缕析式的评析，另一方面也要注意分析其突出问题，这样才能比较全面地认识国内畅销书出版营销的"整体面貌"。本书前几章更多是正面的论述，肯定的评论居多，但这并不意味着国内畅销书出版活动无可挑剔。李春媚指出，从我国大众文化发展的角度来看，畅销书作为大众文化的一个具体表现形式，存在着五方面的二律悖反现象：（1）在促进文学大众化、普及化的同时，也使得高雅文学、精英文化日渐走出大众视野；（2）贴近大众、贴近生活的同时，难免产生大众的媚俗倾向；（3）个人独创性迅速播散的同时，大众个性、审美能力日渐丧失和弱化；（4）市场竞争催生艺术创新的同时，也会导致追求流行的趋同倾向；（5）感性价值地位重新确立的同时，伴随着理性意义与深度的放弃与冲淡。[1]而造成这种结果的根本原因，就在于当代社会商业和文化之间博弈所造成的二律悖反：文化产品既通过商业赢得了更多的市场和受众，发挥了更为重要的社会影响力，但商业逻辑的深度"侵入"却让文化自身的价值和品味受到了冲击和淡化。以此为判断前提，考察近年来国内畅销书的出版营销实践，我们还能发现很多不容忽视的突出问题。它们在一定程度上制约着我国畅销书营销的实际运作效果，也进而影响着整个图书市场乃至文化事业的发展与繁荣。对此，有识之士呼吁道：

> 我们深切地感受到畅销书不可避免的浅表性、平庸性、功利性和商业化，畅销书的盛行作为一种大众文化现象，对大众社会的影响力是可想而知的，因此当我们看到许多作者无奈地接受出版社过多的介入而使图书文化的原有韵味走样的时候，当我们看到许多"跟风者"没完没了地炮制别人早已嚼烂的"馍"的时候，当我们看到一茬又一茬的名人们在新华书店门口"吆喝"的时候，当我们看到一群群时尚青年在炫耀着玩"文词游戏"而缺乏独特的思维品质的时候，我们不能不为整个社会的"集体无意识"而扼腕叹息。商业化地组装某些畅销书，把它由一种正常的知识传播过程变成一个纯商业牟利行为而导致对整个大众文化和社会发展的潜移默化的负面影响，该引起业界人

---

[1] 李春媚：《畅销书现象："大众审美文化"的透视镜》，《艺术广角》，2002年第1期。

士的普遍关注了！①

在笔者看来，除了前面几章提到的一些问题以外，近年来国内畅销书营销实践中主要存在着以下五方面的突出问题，值得注意和反思：（1）存在产业化程度不够与低水平商业化运作的悖论，导致畅销书的商业属性与文化内涵失衡；（2）盲目"跟风"的现象比较严重；（3）肆意"炒作"的问题比较突出；（4）出版机构普遍缺乏本土畅销书国际化营销运作的意识和能力，本土畅销书缺乏国际影响力；（5）尚未形成成熟的畅销书营销机制。这些问题的存在，制约和影响着我国畅销书出版营销实践的未来发展之路。

---

① 茹希佳：《畅销书的四大支柱：兼谈其负面影响》，《新闻出版导刊》，2003年第2期。

第一节
畅销书营销的商业属性与畅销书文化内涵的失衡问题

图书作为一种特殊的商品,具有商品属性和文化属性的双重性质。J.P. 德索尔说:

> 图书出版既是一项文化活动,又是一种经济活动。书籍是思想的载体、教育的工具、文学的容器……但是,书籍的生产和销售又是一种需要投入各种物资、需要富有经验的管理者、企业家参与的经济工作。因此,把图书出版说成是一种文化工业是恰当的。……要繁荣我们的事业,必须考虑到文化,又考虑到经济的要求。①

图书性质的这一基本定位决定了在当代社会中,畅销书的营销既要遵循市场和资本运作的法则,追求利润的最大化,又要坚持畅销书作为图书的文化精神属性。最理想的畅销书营销机制应该不断追求商品属性与文化属性的平衡与和谐,当然,这种平衡与和谐在大多数情况下可以偏重于畅销书商品属性,这是由出版业的属性和畅销书自身的特质所决定的。如果掌握了这种和谐与平衡,就能给出版产业带来繁荣的景象。但是,如果一味地走"文化工业"的道路,将畅销书的出版极度商品化、工业化、媚俗化、标准化而不顾及其文化属性,其结果必然是弊大于利。一定意义上,造成当代日本出版业"大崩溃"的重要原因之一就在于出版业整体上的极度商品化和产业化。在日本,长期以来出版商普遍看重的是图书的销量和利润,而对图书的知识普及和教育功能不甚重

---
① [美] J.P. 德索尔:《出版学概说》,姜乐英、杨杰译,北京:中国书籍出版社,1988年,第13页。

视。日本学者小宫山量总结说，在市场的激烈竞争中，日本出版市场形成了三大"铁则"：一是不可冒险，必须重视市场的调研和分析；二是必须做的不是"好的"，而是"有市场"的；三是必须"专业化"，必须知道图书的对象是谁。这些"铁则"在现在的出版企业内部已经得到了全面的贯彻。[①] "对于出版商来说，其主旨也不是要创立一个永恒的文学传统或有价值的精神世界，而是采用'短、平、快、薄'的商业策略迅速收回成本，并进而牟取厚利。"[②]日本出版家井狩春男也认为："书的'好坏'，是由拿钱出来把书一本本从书店买走的读者决定的。购书者的总人数就是那本书的评价。"[③]强调图书的商品性固然没错，但因为一味迎合读者和市场而忽视了图书的精神属性和文化内涵，就必然会导致图书内容的通俗化甚至低俗化、功能的娱乐化，以致"娱乐至死"。

　　从整体上看，国内大多数出版机构在畅销书的营销过程中都能注意平衡和协调畅销书商业属性和文化属性之间的关系，在我国的图书市场上也的确涌现出了一批经济效益和社会效益都很好的畅销书。但是，现实中仍然存在将畅销书单纯商品化，轻视畅销书文化属性的问题，也就是畅销书营销的商业属性与畅销书文化内涵失衡的问题。具体表现为：在观念上对营销的作用极度推崇，认为营销是畅销书的第一要义和核心因素，而不是将营销建立在畅销书优秀品质和丰富内涵的基础之上。在实际运作中，主要按照市场的经济法则来操作畅销书的选题、撰写、编辑和宣传促销活动。销量和利润成为出版社普遍追求的最大目标。原本具有一定文化内涵和精神意蕴的畅销书出版业开始带上了"文化工业"的浓厚色彩。正因为如此，才会出现后面所提到的盲目"跟风"现象和过度"炒作"问题，在一定意义上，国内畅销书评价体系中存在的问题也大多导源于对畅销书商品性的过度推崇。这也是畅销书一直受到各个方面指责和诟病的重要原因之一。总而言之，现在最突出的问题是：一方面畅销书出版营销的产业化程度还不够，另外一方面在具体操作中，却运转着低水平甚至"失范"的商业化运作模式。

　　法兰克福学派的霍克海默和阿多诺曾对现代艺术的商品化提出过相当严厉

---

① 诸葛蔚东：《媒介与社会变迁：战后日本出版物中变化着的价值观念》，北京：北京大学出版社，2006年，第156页。
② 黄会林：《当代中国大众文化研究》，北京：北京师范大学出版社，1998年，第330页。
③ ［日］井狩春男：《这书要卖100万：畅销书经验法则100招》，邱振瑞译，桂林：广西师范大学出版社，2005年，第7页。

的批评，他们说"由于出现了大量的廉价产品，再加上普遍地进行欺诈，所以艺术本身就更加具有商品的性质，艺术今天明确地承认自己完全具有商品的性质，这并不是什么新奇的事。但是，艺术发誓否认自己的独立性，反以自己变为消费品而自豪，这却是令人惊奇的现象。"①在一定程度上，这样的批评同样适用于近年来国内畅销书的出版营销情况。畅销书营销的过度商品化必然导致经济规律、市场规则对审美规律和文化品味的替代和戕害。大众文化与商品经济融为一体，文化产品与物质产品一样，从生产到接受都纳入了商品生产的轨道，从而以一种商品的属性替代了文化的、美学的和批判的属性，所以，哈贝马斯指出，这是一种"艺术的蜕化"②。阿多诺也认为，商业化使得艺术成为了受市场引导和受消费者引导的文化，创作者首先关心的是上座率、经济效益而不是艺术性和审美价值。而文化产品的价值也依赖于它的交换价值而不是它的审美价值。③畅销书如果极度商品化与产业化，也会陷入这样的困境之中。王一方就在分析国内畅销书出版发展历程的基础上，得出这样的结论：

> 过去我们说一本书很有影响力，那是一种自然运作、自然传播的结果，而畅销书则是反自然传播的一种现象，是通过人工操纵的，通过畅销书机制和畅销书机器实现的一种市场最大化行为。从这方面看，现在的文化人写书叫"做书"、书商拿书叫"拿货"。"做"和"货"的概念说明畅销书很大程度上已经被作为一种商品来看待，从而，畅销书的文化属性受到挑战。④

畅销书的媚俗化是和商业化紧密联系在一起的。为了追求利润的最大化，出版者在畅销书出版营销中，必然要迎合读者的阅读口味和审美需求。从迎合大众的角度出发开展营销工作，能够很好地把握读者阅读欣赏的心理，更好地为读者群体服务，满足他们的需要，因此，走通俗化的道路无可厚非。如有人

---

① ［德］霍克海默、阿多诺：《启蒙辩证法》，洪佩郁、蔺月峰译，重庆：重庆出版社，1990年，第148页。
② 黄会林：《当代中国大众文化研究》，北京：北京师范大学出版社，1998年，第13页。
③ ［德］阿多诺：《论流行音乐》(On Popnlar Music)，《哲学与社会科学研究》(Studies in Philosophy and Social Sciences)，1941年第9期。
④ 王一方：《畅销书的市场理论和实务》，《编辑之友》，2003年第5期。

就认为现代生活压力日益巨大,理应期待通过读书来放松、解压甚至娱乐。但物极必反,一味的迎合,就必然出现庸俗化、媚俗化的道路,最终的结局便是产生了一大批"读了就扔"的"速朽"畅销书,甚而出现低俗化的倾向。日本管理学家大前研一指出,眼下日本的很多图书是在迎合日本社会的"低IQ化"。他分析说,随着信息化社会的发展,人们对于手机和网络的依存度越来越高,而思考能力与沟通能力则日渐低下,年轻人更是"只关心自己身边半径3米以内的事情",由此造成的智力衰退已使日本进入"低IQ社会"。长此以往,日本人将陷入停止思考与智力大幅衰退的境地。[1]这是出版业迎合和取悦读者的必然结果。在国内出版市场上,畅销书书名的情色化、内容的庸俗化、装帧的轻薄化、营销的炒作化就是畅销书走向媚俗化的显著标志。这就使得畅销书的文化内涵逐渐降低、消释,而出版的原创价值就越来越稀少,最终,"贴近时代,变成为时代所牵引。结果出版在文化教育上的追求,变成时潮的追逐;对读者阅读口味和视野的引导变成了无奈的迁就。读者口味愈低下,出版者愈往下迁就,一日复一日,一年复一年,读者出版者齐齐下堕。"[2]其发展趋势令人担忧。

对商业属性的极度推崇还导致了畅销书出版模式的"工业化"。长期以来,写作是非常个性化且富有独创性的精神文化活动,能够充分体现出作者本身的独创性,因此能够形成百花齐放、个性各异的文化景象。但步入畅销书时代以后,出版者从追逐利润最大化的目的出发,按照一定的规范要求,开始深度介入畅销书的创作之中。不少畅销书往往还在"构思"阶段就已经成为众矢之的,大有可能受到商业上的干预,不像真正的文学作品那样富有"独创性"。"由于印数巨万,投资惊人,为了让作品迎合时下的趣味,文学代理人和编辑在现代畅销书制中起着重要的作用。畅销书为了寻求最大销量,比以往任何时候都更依赖这种多极联系。"[3]

近年来国内畅销书出版营销中的一个突出特征就是畅销书的撰写已不再是作者个人的事情,为了迎合市场和读者,畅销书的营销者已经开始大规模、大

---

[1] 戴铮:《大前研一:畅销书迎合日本"低IQ化"》,《广州日报》,2009年5月22日。
[2] 陈万雄:《对日本当前出版的一些观察》,《出版发行研究》,1999年第10期。
[3] [英]约翰·苏特兰:《畅销书》,何文安编译,上海:上海文化出版社,1988年,第13页。

幅度地介入图书内容的创作环节。"畅销书常常是经过经济和社会效益双重权衡（往往倾斜于经济效益）后，慎而又慎地产生选题，以一种浓厚的功利主义色彩主题先行的方式，先定出调子和框架，然后才付之于畅销书整个操作过程的实施。其主题的选择、行文的方式、语言的表述、悟性的引发等等，都要以大众的欣赏品味作为'度量衡'。"①这是畅销书商业化和媚俗化的必然选择。在商业利润的驱动下，畅销书往往会投入大量的人力、物力和财力去"做"畅销书，并以适应市场和读者的需求为理由，对图书的题材、内容、风格进行干预。写作已经不再是一种相对独立的创作，而成为一种具有浓厚商业味的"产品运作"行为。"金黎模式"以善于出版名人畅销书而见称于出版界，领头人金丽红在总结经验时，特别指出出版者介入创作的必要性。在这一点上，颇与日本出版界推崇的"创作出版论"相契合。一味地迎合读者，必然使作者失去创作的独立性。在出版者和作者共同谋划下"做"成的图书，虽然迎合了大众的口味，但却对图书自身造成了一定的伤害。通过这样的运作模式生产出来的图书更像是一种"工业产品"，其文化内涵已经在前期的运作过程中消释得越来越淡薄。而畅销书的营销活动也就自然呈现出工业化的特征，创作者也已经蜕化为一个生产集装流水线上的工人，他只是生产程序，而不是艺术与文化的创造者，当然也不可能是审美理想的表达者。而从出版历史的发展历程来看，对于出版活动自身来说，最为宝贵的发展动力就是作者的原创力。如果缺乏了具有原创性的图书作品，那么畅销书出版产业将会成为无源之水和无本之木，面临优质资源枯竭的困境。

　　畅销书营销的商业化、媚俗化、工业化使得畅销书具有了标准化、程式化、同质化、批量化的特征。畅销书作家"推出了一部又一部小说，他们在公众心目中的地位比通俗小说好不了多少。畅销书作家没有经典意义上的作品，只有行情和名目全新的标准化产品。"②国内出版界扎堆出版的"跟风"现象就能说明这一问题的突出性。出版者按照通行的程序、标准，大规模的批量生产各类畅销书的复制品，通过包装和模仿某种成功的标本，推销大量的复制品，从而剥夺了艺术的创造性和个性，个性化的努力最终被模仿的努力所取

---

① 黄会林：《当代中国大众文化研究》，北京：北京师范大学出版社，1998年，第333页。
② ［英］约翰·苏特兰：《畅销书》，何文安编译，上海：上海文化出版社，1988年，第2页。

代。这就很容易使畅销书千面一律,失去个性,很难产生影响深远的常销书和经典著作,造成了畅销书的普遍庸俗化乃至粗鄙化。

纵观近年来国内畅销书出版的发展历程,就会发现,虽然出版界每年都能推出一大批畅销一时的图书,但最后真正能够成为常销书的却寥寥无几,更多的属于"各领风骚三五月"之后就销声匿迹的快餐式畅销书。"一旦某一种畅销书或者是这种书的模式出现疲软的现象,就会连一点残渣也留不下"①,名人畅销书更是如此。当然,时效性强是畅销书的一大特征,我们对此无可厚非。但是,畅销书营销运作的最高境界是在畅销一时后能"青春常驻",成为在读者中具有一定感召力的常销书。事实上,这样的图书也是存在的,比如商务印书馆的品牌工具书系列、钱钟书的《围城》、陈忠实的《白鹿原》、姜戎的《狼图腾》、霍金的《时间简史》、卡耐基的《人性的弱点全集》、法布尔的《昆虫记》等等。其实,书籍的"畅销"和"常销"之间并不存在着矛盾,关键是如何把二者结合起来。一味单纯地制造让读者"看过就扔"的快餐式畅销书,是一种不负责任而且短视的行为。真正的优质畅销书应该是既畅销,又常销的。正如岳峰所云:

> 畅销书最大的特点是能使读者从书中看到人们未知而又急于想知道的引人入胜的新奇世界。使读者品之如春天的蜂蜜、夏日的冷饮、秋天的甘露、冬夜的酒浆。因此,真正的畅销书不应该只有一年半载的风光,而是能领风骚几十年甚至上百年。真正的畅销书应该具有永久的价值和意义。②

可惜的是,近年来国内出现的畅销书中,真正能够达到这种境界的图书实在太少。内容的平庸和文化含量的肤浅使得畅销书难以拥有持久的吸引力,甚至还有一些畅销书在畅销期过后成为无人问津的"文化垃圾"。最终出现了安东尼·伯吉斯所描述的现象:"最好的书和畅销书两厢巧合的事是极少见的。一般说来,最赚钱的书都是那些既无风格又很粗糙,平庸而又过分简单化地描写

---

① [英]约翰·苏特兰:《畅销书》,何文安编译,上海:上海文化出版社,1988年,第2页。
② 岳峰:《闲话畅销书》,《中国文化报》,2001年9月22日。

现实生活的书。"①我们固然不能要求国内所有的畅销书在占尽风光之后仍然能够青春常驻,也不能苛求畅销书在文化积累和文化传承方面有多么重大的贡献,但我们同样不希望众多的畅销书成为"文化垃圾"的代名词。造成这一现象的根源就在于很多出版者将畅销书单纯商品化,轻视畅销书的文化属性,造成了畅销书商品属性和文化属性的失衡。长此以往,畅销书出版业将会走上畸形发展的不归路。

从更深的层面来看,畅销书出版的过度商业化还很有可能导致经济规律对审美规律和文化品位的替代及践踏,从而让人们只关注那些畅销书,而"轻视"甚至"不视"那些印数虽少但却有文化价值的作品。安德烈·希夫林就对这种出版界奉行的"市场审查制度"进行过深刻的批评:"无论是新观念还是新作家,都需要时间才能被人们接受……因而现在这种新做法——根据图书是否能马上赚钱来决定是否将它出版——会让众多的重要作品再也无法得见天日。"②而那些为数不多的作品可能会深刻影响到人类文化与文明的发展走向。如果一个国家的市场上长久充斥的都是"轻、薄、短、小"的畅销书,那么其文化的丰富性和深刻性就无从谈起,其发展前景也自然令人担忧。

日本出版家清水英夫曾充满忧思地指出:"出版业的现代化也并不就是大规模生产加上大规模销售。单纯贯彻资本的法则,将导致出版业距离真正意义上的出版越来越远。这就是出版业的特性。"③无论畅销书具有怎样的特殊性,也无论营销在畅销书出版活动中具有怎样的重要性,出版者都应该坚持突出经济效益的同时不忘社会效益的基本原则,在追求商业利润最大化的同时,不能忽视对畅销书文化品位的提升。这既是出版业自身特殊性的基本要求,同时也是每一位出版人的文化职责所系,正如 J.P. 德索尔所言,每一位出版者都应该有文化责任感,"要在这个沉醉于平庸的世界上坚持图书的质量和标准,着眼于文化发展的未来,为使出版业进步成为文化知识进步的重要途径而勇于创新。"④

---

① [英] 约翰·苏特兰:《畅销书》,原著序言,何文安编译,上海:上海文化出版社,1988年,第4页。
② [美] 安德烈·希夫林:《出版业》,白希峰译,北京:机械工业出版社,2005年,第90页。
③ [日] 清水英夫:《现代出版学》,沈洵澧、乐惟清译,北京:中国书籍出版社,1991年,第142页。
④ [美] J.P. 德索尔:《出版学概说》,姜乐英、杨杰译,北京:中国书籍出版社,1988年,第21-22页。

第二节

畅销书营销中的盲目"跟风"问题

笔者在第三章第三节中已经提到，图书市场的竞争是双向的，有创造必然有仿照，有创新就会有跟进。在近年来国内畅销书营销的实践中，存在着比较突出的"跟风"现象。笔者将畅销书的"跟风"现象分为两种情况：一是盲目"跟风"，一味简单模仿成功畅销书的形式和内容；二是有创意的"跟风"。前者历来为人们所诟病，后者则值得提倡。如果说后者是行之有效的明智之举，那前者就实在是令人担忧的笨拙之举。遗憾的是，在近年来国内畅销书出版实践中，盲目的"跟风"多不胜举，有创意的"跟风"则寥寥可数，真可谓"猖狂柳絮随风舞，轻薄桃花逐水流"。

整体来看，当前国内畅销书出版盲目跟风主要有以下三种情况：一是版本跟风。如《旧制度与大革命》《百年孤独》《道德情操论》"卡耐基系列"这样的图书，一旦畅销，就会出现多个出版社出版多个版本的情况，让读者不知如何选择；二是类别、选题跟风。如"网恋""图腾""养生""盗墓""育儿""宫斗"等流行风之下，都有各种各样的图书一拥而上；三是书名、外观跟风。当《看上去很美》走俏市场时，《看上去很丑》也随即亮相书市；当市场上有了《第一次的亲密接触》以后，随即也就有了"第N次的亲密接触"等包装设计都极其相似的图书；当《明朝的那些事儿》在图书市场上走红时，以"那些事儿"为关键词的图书也"随风而起"，等等。诸如此类的"跟风"现象实在是不胜枚举。几乎所有的超级畅销书都有一大批书名、外观极其相似的"跟风"之作。[①]我们可以从表7中所列图书略窥一斑。

---

① 参考彭青林：《如何看待书业跟风成灾？》，《海南日报》，2013年4月21日。

表7：近年来国内部分畅销书及其"跟风"书一览

图书类别	畅销书	部分"跟风"图书
素质教育	《哈佛女孩刘亦婷》	《哈佛男孩张肇牧》《剑桥女孩孟雪莹》《东大男孩王欣华》《北大女孩谢舒敏》《清华男孩章启轩》《轻轻松松上哈佛》《哈佛素质教育理念精华》《走进哈佛》《我家笨笨上剑桥》《哈佛才》《哈佛天才》……
励志	《谁动了我的奶酪》	《我能动谁的奶酪》《我不想动你的奶酪》《谁敢动我的奶酪》《就动你的奶酪》《谁也动不了我的奶酪》《我的奶酪是谁动的》《学会做自己的奶酪》《奶酪够了》……
励志	《气场》	《气场：十大修炼术》《做人靠能量 做事靠气场》《气场的秘密》《气场密码》《气场决定成败》《超级气场修炼课》《FBI气场修习术》
经管	《水煮三国》	《水煮后三国》《水煮楚汉风流》《水煮春秋战国》《水煮西游》《水煮清王朝》《麻辣三国》《说三国话权谋》《麻辣水浒》《诸葛亮日记》……
小说	《狼图腾》	《狼性》《狼图腾启示录：从狼群争斗中学经营管理》《狼的诱惑》《狼的诱惑（终结版）》《狼性：个人发展和团队生存的动物图腾》《狼道》《狼祸》《狗图腾》《狼群》《大漠狼孩》《银狐》《鲸图腾》《虎图腾》……
青春文学	《左手倒影，右手年华》	《左手爱情右手你》《右手持镰，左手拥你》《左手快乐，右手难过》《左手铅华，右手无奈》……
青春文学	《那小子真帅》	《那小子真酷》《那小子真棒》《那女生真笨》《那女孩子很靓》《我不是一个坏小子》……
健康保健	《登上健康快车》	《洪昭光健康忠告》《学会吃喝睡》《走出亚健康》《减压养生魅力操》《无毒一身轻》《把吃出来的病吃回去》《求医不如求己》《万病皆可心药医》《刘太医谈养生》《从头到脚说健康》《黄帝内经：养生智慧》《把健康彻底说清楚》《不生病的智慧》《父母是孩子最好的医生》《温度决定生老病死》……
健康保健	《人体使用手册》	《身体使用手册》《人体经络使用手册》《儿童经络使用手册》《图解人体使用手册》《人体经络按摩使用手册》《特效穴位使用手册》《男性人体使用手册》《女人经络使用手册》《女性人体使用手册》……

图书类别	畅销书	部分"跟风"图书
网络小说	《成都,今夜请将我遗忘》	《成都,爱情只有八个月》《成都本风流》《流星艳遇:在成都的日子》《我在成都火车站捡了个彝族美女》《成都辣M风流史》《成都,序曲的谎言》《广州,我把爱抛弃》《广州的一场春梦》《广州的一些女人》《武汉,和爱情一起入眠》《武汉爱情往事》《武汉,爱情遭遇无间道》《武汉,今夜感情偏离轨道》……
网络小说	《天亮以后说分手》	《天不亮就分手》《天亮以后不分手》《天亮以后说再见》《天亮说再见》《毕业那天我们一起失恋》……
传记	《史蒂夫·乔布斯传》	《乔布斯传:神一样的传奇》《乔布斯全传》《传记袖珍馆:乔布斯传》《苹果教父乔布斯传》《乔布斯传(纪念版)》《乔布斯图传(1955—2011)》《乔布斯成功启示录》《乔布斯和他的对手们》《乔布斯改变世界的秘密》《非同凡"想":乔布斯的创新启示》……

盲目"跟风"的问题很早就受到了很多有识之士的批评与指责,海默尖锐地指出:"跟风出版并非很可怕,更非大逆不道,可怕的是越跟越荒唐,越跟越荒诞,一直跟到让人恶心为止。"[①]但"跟风"者在大量的指责之声面前并没有丝毫的收敛,反而大有愈"跟"愈烈、愈"跟"愈多、愈"跟"愈滥之势。在笔者看来,盲目"跟风"的消极影响可归纳为以下四点:

1. 导致图书产品的同质化现象。盲目跟风的最大恶果就是导致了图书的"均质化",使得图书品种单一、内容重复,缺乏个性,让读者无所适从,造成了出版资源的巨大浪费,在很大程度上阻碍了畅销书出版产业的健康持续发展。如1999年9月少年儿童出版社推出的新世纪版《十万个为什么》热卖后,市场上以"十万个为什么"为题的读物陡然增多。到了2004年,市场上名为"十万个为什么"的跟风书就有519种。眼看着自己的品牌屡遭侵犯,少年儿童出版社做过很多尝试,其中包括申请商标注册,可是效果甚微。[②]不仅书名雷同者比比皆是,在主题、写作风格、广告宣传用语、营销手段方面,也呈现出高度雷同化、模式化的特征。

---

① 海默:《好书是"做"出来的:一个独立出版人的商务笔记》,《出版广角》,2006年第2期。
② 易图强:《图书选题策划导论》,北京:中国人民大学出版社,2009年,第258页。

2. 导致图书质量的普遍下降。由于跟风者往往要充分利用品牌畅销书的品牌优势和市场环境,所以往往就要赶时间、抢市场,因此就会出现很多临时拼凑、互相抄袭的图书,质量很难得到保证。从整体上看,绝大多数盲目"跟风之作"的质量都不高,"金玉其外,败絮其中"的情况比较普遍。尽管所有书都在封面或者显要位置标明该书风靡几大洲,畅销多少个国家,发行量超过多少万册等,但都属于华而不实的吹捧之词。调查显示:《登上健康快车》畅销之后,在减肥与健身类的"跟风"图书中,大约有30%属于泛泛谈论有关减肥健身的必要性,40%是零散地介绍相关常识,缺乏整体的系统性和科学性,还有30%相互搬抄。① 在其他类别的"跟风"图书中,也存在类似的问题。对此,有人评述道,盲目跟风使得"图书良莠不齐的现象十分严重,有许多书干脆就是东拼西凑、剪刀加糨糊弄出来的产品。……有些书内容不够图片凑,字号再放大几倍,薄书变成了厚书。水货畅销书或'泡沫'畅销书在当今出版界和书市中已不足为奇。"②

3. 导致图书的盈利空间越来越窄。不可否认,"跟风"之作中也有一些能赢得一定的利润,但整体的行情并不见得理想。在一定的时间段里,由某本畅销书造就的市场份额并非是可以无限发掘的,"跟风"者的数量越多,个体的盈利空间就越小,更何况其中还掺杂着很多的"低劣"之作。当前出版界有种"随风潜入店,本本细无声"的说法,很形象地道出了这类盲目"跟风"图书的无奈结局。

4. 导致出版界的创新动力不足。相比于创造和创新,单纯的简单模仿显然更为容易。盲目"跟风"反映了国内一些出版机构在畅销书营销方面创新乏术但又想分享畅销书利润"一杯羹"(虽然分享的是"残羹冷炙")的尴尬处境。由于借势"跟风"相较于开拓者具有省时、省力的诸多便利,所以很多出版机构依旧乐此不疲。这在一定程度上会导致出版界的创新动力不足。

美国著名出版家舒斯特曾告诫有志气的编辑:"不要盲从当前的时尚和流行,千万不要只模仿目前的畅销书,而出一本和它差不多的书。你应该创造趋

---

① 李怀宇:《克隆畅销书:你可知道风往哪个方向吹?》,《南方都市报》,2004年10月12日。
② 柳西鸣:《畅销书:"眼球经济"的亮点》,《决策探索》,2002年第9期。

势，而不是盲从趋势。"①盲目"跟风"现象的此起彼伏，反映了我国畅销书出版和营销过程中的很多问题，尤其是出版者的素质和能力问题。正如谭庭浩所言："跟风太盛，反映了整个图书生产创造力低下。同质化的东西批量集结，随风而至，充斥市场；真正有创意的、异质化的产品，却永远稀缺。这多多少少也反映了不少出版人没有志气，缺乏能力。"②伍旭升也指出："真正的畅销书出版者，是极富有洞察力，敏锐、快捷，却又冷静沉稳的'军事指挥者'。有创见，不人云亦云、随大流，是畅销书出版者应具备的基本素质。一哄而起，照猫画虎的出版者是低劣的出版工匠。"③这一点的确应该引起出版界人士的深刻反思。

从实际情况来看，要在国内的畅销书市场上完全杜绝盲目"跟风"的现象，还有待时日。但我们必须指出的是，一直以来，从事盲目"跟风"、推出拙劣仿制品的往往是部分民营书商和策划能力较差的出版社。随着市场的逐渐成熟和法律的逐渐完善，以及图书产品消费越来越个性化，跟风将越来越难，那些盲目"跟风"的应时之作将会在市场上渐受冷落。随着利润的减少，盲目"跟风"的现象也一定会越来越少。

---

① [美]舒斯特：《给有志于编辑工作者的一封公开信》，见[美]格罗斯主编：《编辑人的世界》，齐若兰译，北京：中国工人出版社，2000年，第31页。
② 李怀宇：《克隆畅销书：你可知道风往哪个方向吹？》，《南方都市报》，2004年10月12日。
③ 伍旭升：《大轰动：中外畅销书解密》，广州：广州出版社，1993年，第195页。

第三节
畅销书营销中的"炒作"问题

　　书业经济已经成为一种名副其实的"注意力经济"。在出版业竞争十分激烈、图书品种大量增加的情况下，对于畅销书的宣传、促销显得极为重要。但是，有一条基本的原则就是所有营销策略的实施都必须建立在图书内容和形式双佳的基础之上，尤其是在动用媒体和各种公关传播手段对畅销书进行宣传造势时，更应当坚持客观真实、诚实公正的原则，力戒恶俗"炒作"。也就是说应该依据畅销书的内在品质，实事求是地将图书的作者、内容、特点、意义、影响力和销售状况广而告之，绝不能无中生有，夸大其辞，故弄玄虚，藉以蒙蔽读者。真实与虚假，实事求是与无限吹捧，这正是积极有效的宣传促销策略与盲目"炒作"手段之间的根本区别。令人遗憾的是，在实践中，并非所有的出版机构都能做到这一点。很多出版社与书商和媒体"共谋"，将"炒作"视为畅销书营销的第一要义，宣称"书非'炒'不能畅销"，动用各种手段对图书进行"炒作"，致使名不副实的"炒作"现象不时地扰人视听，最终误导了读者，降低了图书品质，损坏了畅销书和出版业的整体形象。有论者形象地指出：

　　　　图书炒作像打开了书业的潘多拉盒子，给书业带来转机、热闹和竞争的同时，也带来了虚浮、无序和恶性膨胀。图书炒作只是做书环节中的一扣，这一扣一旦恶性发展，书业的多米诺骨牌便开始倾倒。①

　　典型而熟悉的案例是《学习的革命》。1998年至1999年之间，科利华公

---

① 土城：《图书炒作打开了书业的潘多拉盒？》，《北京娱乐信报》，2005年4月19日。

司斥资近亿元,动用一切大众媒体对一部国外的博士论文《学习的革命》进行持续的"爆炒",宣称这是一部"能够改变孩子的一生"的图书,并声称其发行目标为1000万册。科利华公司的运作使得《学习的革命》成为当时街谈巷议的社会热点。该书在媒体的配合下迅速登上了排行榜,并维持数月之久,最后该书发行了500万册。1000万册的目标只是吸引媒体和读者关注的一个策略而已。时过境迁,在《学习的革命》热浪"退潮降温"时,评论界的有识之士指出了该书原来是一部"思想内容混乱、科学依据不足、缺乏内在逻辑的拼凑之作"。书中所谓阅读观念上的新意如"大字号书页",实际上是为了增加书的厚度而公然"注水"。①一时之间,读者也大呼上当。一部漏洞百出的图书竟然在媒体的宣传造势下行销一时,这一颇具讽刺性的事实实在值得我们去反思。

在笔者看来,时下的大肆"炒作"之风可分为四种类型:

1. "炒"书名。书名之于畅销书的重要性不言而喻,为了吸引读者的注意力,"炒作"者往往会在书名上费尽心机,在时尚、个性的幌子下专走媚俗化、情色化、暧昧化、煽情化的命名路线。如《丰乳肥臀》《拯救乳房》《有了快感你就喊》《暧昧》《我这里一丝不挂》《不想上床》《忍不住想摸》《我的儿子是"小爱因斯坦"》《撑死你:饕餮青春》《笑死你不偿命》《狗日的工作》《裸奔》《打女佣的屁股》之类的书名已是司空见惯,甚至泛滥成灾。很多书名往往与图书内容风马牛不相及,如有书商将贾平凹的散文选集命名为《邻家少妇》。以致在书业界流行着"书名不坏,书商不卖,读者不爱"的顺口溜。针对这一问题,新华网读书频道向全社会呼吁发起了"拯救书名"建言活动,其中一位名叫小垠的网友分析出版者"炒"书名的商业目的说:"打着'创新'的名义,故弄玄虚,挑逗人的兽性,'激发'你的好奇心,从而把你包包里面的钱'哄'干净!这就是怪异书名的目的!"②

2. "炒"作者。在很多出版者眼中,图书营销就等于"炒作",而"炒"图书就必须先"炒"红作者。原德国贝塔斯曼亚洲出版公司的一位编辑曾对采访他的记者说:"向市场推广一本书,我们最先选择的包装手段便是包装作者,

---

① 赵焱:《我国畅销书策划运作的基本模式》,《学术研究》,2002年第8期。

② 《拯救书名》,新华网读书频道:http://news.xinhuanet.com/book/2003-08/25/content_1043678.htm。

使读者对作者产生认同,以便使读者追随该作者后续的书,这样能够保障长期的销量。"具体的做法,就是"在包装作者的时候,我们首先关注的就是作者的外形,是否有炒作的价值,如果作者外貌平平,那么我们便以'实力派'的角度进行包装。"①就是通过这种"炒作"和包装手段,德国贝塔斯曼亚洲出版公司和辽宁教育出版社联手推出了网络玄幻小说《搜神记》,并将其打造成畅销书。应该说这一认识和做法具有一定的普遍性。还有的出版机构还会打出"美女作家""美男作家""少年作家""天才作家""神童作家""全球最××作家"等夸饰性的旗号,借以赢得市场。

3. "炒"广告词。即往往要给图书拟定几句或几段比较惹人注目的广告语,包括图书的特色、内容、销量、获奖情况以及名人的相关评论,等等。笔者将"炒作"型的广告词分为三类:(1)大力吹捧型。此类情况最多,往往会赋予畅销书"全球最××""最经典""最深刻""销量最大""最具诱惑力""最值得一读"等评价。如《加菲猫》图书全集的广告语:"是女人不可不看,因为它比地球上任何男人更喜欢'称王称霸'!是男人不可不看,因为它的'弱点'比所有女人的加起来还多!是女孩、男孩不可不看,因为它比所有猫和老鼠都要酷、比任何史诺比都要幽默!"(2)极度煽情型。主要出现在言情类文学图书的广告词中。如《菊花香》一书的封底广告语:"不读村上春树,你就不懂小资;不读金仁河,你就不懂浪漫。"(3)无中生有型。前两种类型虽有夸大、矫情之嫌,但仍有一定的客观事实作基础。第三种类型则是随意捏造出来的,是一种欺骗读者的拙劣伎俩。这主要体现在"伪书"的广告词中。大量的"伪书"不仅伪造作者,还伪造获奖情况、虚构发行量、杜撰名人评论,总而言之,其内容纯系子虚乌有之事。人民日报出版社出版的《把吃出来的病吃回去》,就为作者张悟本伪造了"著名中医世家""食疗养生专家""中华中医药学会健康分会理事""中国中医科学院中医药科技合作中心研究员"等显赫的身份。另外,机械工业出版社出版的伪书《没有任何借口》就伪造了作者费拉尔·凯普,并称这位作者是美国职业演说家、咨询专家、美国职业训练与发展中心创始人,毕业于美国西点军校,曾任美国陆军特种部队指挥官,

---

① 索寒雪:《炒图书要先炒红作者 先造知名度后发行》,http://finance.sina.com.cn/media/bkcb/20060506/17382546872.shtml,2006年5月6日。

多家著名独立董事和职业培训家。很多伪书就是靠这种无中生有型的"炒作"方式登上了畅销书排行榜。

4."炒"推销手段。即在图书订货会、书市以及其他图书售卖现场开展一系列推销活动。除了常规的推销手段以外,出版社和书商还"炒"出来很多新的推销手段,如少女仿真书模、靓女展台劲舞、美女作家身着泳装签名售书,等等。在2004年召开的第十四届全国书市上,机械工业出版社为推销其新书《成都,爱情只有八个月》,还上演了一出美女当众洗澡的"行为艺术"。据记者报道:当日,

> 在召开新书发布会的酒店大厅门口并列着两行长队,表演的"道具"是中国的传统木桶。一位年轻美丽的女子,先是往木桶里放满热水,然后倒入香精油,洒满玫瑰花瓣,并当众脱掉了外套,跨进木桶坐下,一边享受红酒、音乐,一边悠然读起了小说,直到这时,一旁的观众们才注意到美女手中的书《成都,爱情只有八个月》。原来,这是一场为了推销图书而现场演绎的行为艺术。据出版方讲,这是中国图书界首次采用行为艺术的方式进行图书发布。

此举一出,迅速招致了一片指责之声,有人感叹:"从美女征婚、'绝不堕胎'到美女入浴,一些图书营销从表面的新鲜、诱人,已变成了恶俗的表演。"[①] 就是在这一片非议声中,《成都,爱情只有八个月》的销量却直线上升。这些看似创新的"炒作"之举,在一定程度上反映了我国某些出版社的畅销书营销活动趋向媚俗乃至恶俗的现实问题。

名不副实的"炒作"行为多少带有一定的欺骗性和夸大性。"炒作"现象的出现与火爆,既与出版机构营销水平的低下和社会责任感的缺失有很大关系,同时也应归因于媒体的失责。对此,评论界和读者已经有过很多严厉的批评,但"炒作"之风并没有因此而偃旗息鼓。更可怕的是,很多出版机构还以"故弄玄虚""极度煽情""吊人胃口"的大肆"炒作"手段为能事,致使各种新的"炒作"手段仍在国内的图书市场上不断涌现出来。"炒作"之风的兴

[①] 姜小玲:《美女书市上当众洗澡 图书发行也搞"行为艺术"》,《解放日报》,2004年5月13日。

盛，对出版社、畅销书、读者以及整个出版市场都造成了很大的消极影响：出版社的声誉下降，营销水平难有长进；畅销书的形象变质，销量减低；读者被误导，购书后大失所望；整个出版市场则陷入肆意"炒作"、恶性竞争的困境。

虽然出版机构与媒体的大肆"炒作"可能使图书在短期内走俏市场，但终究是一种短期的盈利行为。"这样的'炒作'多起来，起初是读者上当，然而随着市场的完善，聪明的读者不会再相信'狼来了'。对于做书的人来说，因为低级的宣传反而让读者对那些书敬而远之，实在是自毁前程。"①随着市场竞争的日渐规范和读者购买行为的逐步理性化，"炒作"手段的影响力必定会逐渐削弱。真正能打动读者、赢得读者持久信赖的，将是那些名实相符、货真价实的畅销书。而要改变肆意"炒作"这一现状，则需要出版社、书商、媒体和众多读者的共同努力，正如陈幼华所言：

> 畅销书是人类精神孕育地之一，要避免它成为社会麻醉剂，则必须进行有益的引导。随着市场对书业介入的加强，畅销书甚至可以成为媒体随心所欲炒作的产品。这不但淹没了书籍传播知识的本义，枉费读者对它的关注与热情，而且极容易产生文化误导。任何一个社会的清明景象，都要以积极健康的文化为基调。这需要文化机构对已有文化的适度过滤与恰当引导。畅销书市场虽然有诸多的"所作所为"，但绝不可以被人们评价为"无所作为"。②

---

① 陶澜：《让书像一本书吧》，《北京青年报》，2005年2月20日。
② 陈幼华：《论畅销书的文化引导》，《出版广角》，2004年第11期。

第四节

畅销书国际化营销的现实问题

在知识经济时代,出版产业已经成为衡量一个国家文化产业实力的重要内容之一。在整个出版产业中,畅销书出版产业尤其占据着极为重要的地位。从国际竞争角度来看,是否拥有一批具有世界影响力的畅销书作家和畅销书,已经成为衡量一个国家出版实力和文化"软实力"的重要指标之一。在这种情况下,很多国家都积极开拓畅销书出版的国际化道路,大力实施畅销书全球化营销的策略。如美国、英国、日本、韩国等国家无不如此,他们在引进国外畅销书的同时,尤其重视输出本国的优秀畅销书,以造成全球性的畅销热潮,在获取丰厚利润的同时增强其文化影响力。苏特兰指出,20世纪70年代以来,畅销书的国际化趋势已经十分明显,"同样的畅销书机制已在不同的国家运转起来。究其本意,畅销书指的是图书销量达到了最大限度,在大量销售的同时,它本身以惊人的成功打破了国别的差异。"① 比如《教父》除了在美国畅销以外,在日本和法国都是头号畅销书。《鹰从天降》的作者是英国人,故事背景是英国,却首先在美国出版。这本书在当时就以42种语言出版,销量超过1800万部。此后,随着全球化进程的加快,畅销书的国际化趋势就愈演愈烈。在这一背景下,走国际化的道路就成为各个国家现代出版产业尤其是畅销书产业的必然选择。中国的畅销书业要想获得长远发展,要想尽快在全球畅销书出版市场占据一席之地,就必须顺应时代发展的潮流,从战略的高度积极开拓畅销书出版营销的国际化道路。

对于国内的出版机构来说,畅销书营销走向国际化,就是要在全球化的视野下积极学习和借鉴国外出版机构畅销书营销的先进理论和丰富经验,不断提高自身的畅销书营销水平,并结合实际情况,在开展具有中国特色的畅销书营

---

① [英]约翰·苏特兰:《畅销书》,何文安编译,上海:上海文化出版社,1988年,第11页。

销工作的同时,勇于开拓国际化的畅销书营销之路。这就需要着力开展两方面的工作:一是"引进来",即紧随国际畅销书的出版潮流,将具有全球影响力且符合国人阅读需求的优秀畅销书不断引入国内图书市场,为国内读者提供丰富多彩的畅销读物,同时积极借鉴国外优秀出版机构的畅销书出版营销经验,为我所用;二是"推出去",即积极推进畅销书的版权输出工作,不断将本土化的优秀畅销书推向国际市场,力争打造具有全球影响力的中国畅销书。

从实际情况来看,经过多年的发展,国内出版界已经在第一方面做出了很大的成绩,也积累了丰富的实践经验,有些出版机构已初步形成了较为完善的引进版畅销书出版和营销模式。经过出版界的不懈努力,引进版畅销书已经在国内畅销书市场上占据极其重要的地位。根据李华颖对1990—2007年我国畅销书的版权指标研究,发现存在以下特征:(1) 2000年中国加入WTO以来,各个国家和地区对中国的文化输出量都有不同程度的增加,这反映了文化全球化形势下中国所受到的来自世界各地大众文化的冲击;(2) 美国的文化输出早在1995年就已经居鳌头地位,可见美国大众文化的输出非常之强。整体占到了17%,遥遥领先于其他国家和地区;(3) 在"美国化"的趋势增长的同时,韩国、日本等相对中国而言的较发达国家也对中国实行文化输出。[①]引进版畅销书在种类上虽然不能与本土版畅销书平分秋色,但其畅销度和影响力却往往令很多本土版畅销书望尘莫及。大部分引进版畅销书在国内都能成为"超级畅销书",如"哈利·波特"系列、《谁动了我的奶酪》《富爸爸穷爸爸》《时间简史》《挪威的森林》《达·芬奇密码》《史蒂夫·乔布斯传》,等等。而且,这些图书的畅销时段基本上都能与国外保持同步。这说明国内出版机构在引进全球畅销书方面已经基本具有了国际化的特征。

相形之下,国内出版界在第二方面的作为还不容乐观,本土畅销书的市场基本局限于大陆和港澳台地区,鲜有能在国际上造成极大影响的畅销书。全球性的畅销书基本上与中国本土畅销书无缘。国内也缺乏具有世界影响力的畅销书作家。这就是我国畅销书出版营销国际化进程中的最大问题。造成这一问题的原因有二:一是宏观上存在着严重的文化贸易逆差问题,二是出版机构自身营销意识和水平存在问题。以下分述之。

---

① 李华颖:《1990年以来中国大陆畅销书变迁研究:基于大众文化的视角》,《新闻大学》,2009年第1期。

从宏观的文化影响力来说，目前中国文化在国际上尚处于弱势地位。中国文化产品打入国际文化市场的阻力较大。表现之一就是文化商品输入和输出的不平衡，文化贸易的巨大逆差与其他贸易领域的巨大顺差形成了鲜明对比。据报道，"近年来在文艺演出市场，引进和派出每场收入比为 10：1"。[①]在版权贸易方面，改革开放以来，中国图书版权贸易经历了贸易规模从小到大，参与的出版单位等贸易主体从少到多、由弱变强的发展历程，并逐渐实现了由以引进图书为主到主动输出图书的转变（见表 8：2001—2015 年中国图书版权引进和输出项目情况表）。

表 8：2001—2015 年中国图书版权引进和输出项目情况表

年份	引进图书版权（项）	输出图书版权（项）	贸易逆差（项）	引进/输出
2001	8250	653	7597	12.63：1
2002	10235	1317	8918	7.77：1
2003	12516	811	11705	15.43：1
2004	10040	1314	8726	7.64：1
2005	9382	1434	7948	6.54：1
2006	10950	2050	8900	5.34：1
2007	10255	2571	7684	3.99：1
2008	15776	2455	13321	6.42：1
2009	13793	4177	9616	3.30：1
2010	13724	5691	8033	2.41：1
2011	14708	5922	8786	2.48：1
2012	16115	7568	8547	2.13：1
2013	16625	7305	9320	2.28：1
2014	15542	8088	7454	1.92：1
2015	16467	10471	5996	1.60：1

从数量方面看，十多年来中国的版权贸易整体上呈逐步增长趋势，版权逆

[①] 金元浦、章建刚：《面对"文化贸易逆差"中国该当何为？》，《半月谈（内部版）》，2005 年第 8 期。

差逐年缩小。版权输出方面,经典版权贸易案例逐年增多,也陆续出现了一批优秀的中国原创作品,被国外出版集团争相竞购。最成功的典型案例是《狼图腾》。莫言(2012年获诺贝尔文学奖)、刘慈欣(2015年其作品《三体》获雨果奖最佳长篇)、曹文轩(2016年获国际安徒生奖)等著名作家的作品版权输出也取得了非常好的业绩。2014年《习近平谈治国理政》由中国外文出版社以中、英、法、俄、阿、西、葡、德、日等多语种出版发行以来,受到国际图书市场和国际主流媒体的持续关注,已在全世界100多个国家和地区发行超过50万册,创下改革开放以来我国国家领导人著作在海外发行的最高纪录。①但从整体来看,中国版权输出的图书种类仍然很局限,目前仍以中国传统文化为主,气功、保健、中医、餐饮图书居多。这与引进的畅销书和可观的版税利润相比,双方产生的经济影响是失衡的。而且,与发达国家当代层出不穷的优秀出版物相比,中国出版业向外输出的产品仍然体现出原创力不足、文化影响力不够的情况。张晓斌、闫鑫通过对新闻出版部门统计的进出口数据(2000—2011年)的分析,认为:"不论在经营单位层面还是全国层面,我国出版图书的贸易竞争力指数均低于0,取值多集中于-0.3到-0.5之间。以贸易竞争力指数衡量,我国出版的图书具有不明显的竞争劣势,属竞争力差的产品。"②黄先蓉和田常清进一步分析说:

> 我国出版产业之所以在国际上缺乏竞争力,与美国、英国、法国等出版强国相比实力相差悬殊,主要是因为我国出版产业资源基础较为薄弱,产业组织结构不够合理,产业布局效率和集群效应不高,产业政策环境还有待完善,而这主要与我国出版产业在要素资源、市场需求、企业因素、产业集群以及政府行为等方面存在的优劣势直接相关。③

这些结论说明,中国当代出版业要从出版大国走向出版强国,真正走向世界并

---

① 范军:《2015—2016中国出版业发展报告》,北京:中国书籍出版社,2016年,第12页。
② 张晓斌、闫鑫:《2000—2011年我国出版图书的商品贸易国际竞争力》,《出版科学》,2013年第2期。
③ 黄先蓉、田常清:《我国出版产业国际竞争力要素探析》,《武汉大学学报(人文科学版)》,2012年第6期。

产生重大影响力，还有待多方面的长期努力。这样的发展格局必然会对本土畅销书的输出造成很大的影响。这一问题已经引起了普遍的重视，有关方面也采取了一系列"走出去"的措施，以图改变现状。但要发生重大逆转，还有待时日。

除了宏观原因之外，出版界自身的问题主要表现为：普遍缺乏本土畅销书营销国际化的意识和视野，缺乏本土畅销书国际化营销运作的经验和能力。当然，这也与创作界缺乏优秀作者，翻译界缺乏优秀翻译家有很大的关系。在笔者看来，出版界自身的问题是造成本土畅销书难以"走出去"的根本原因。仅以出版营销的能力而言，聂震宁指出，在版权贸易方面，营销不力是国内出版社存在的一个关键问题：

> 我们目前绝大多数出版社还停留在"隔山卖羊"阶段，刚刚开始"推销自己"，而对国际出版市场了解不够。我们通常是在完成国内市场销售之后，把国际版权贸易当作一种副产品，拿到外面看看行情。这中间，缺少强有力的中介结构，专业做国际版权交易的代理机构和代理制度不健全。①

在这一方面，日本畅销书出版业的发展情况可以为我们提供一定的借鉴。在很长一段时间里，日本出版业的国际性并不强（主要是由于语言和文化方面的限制），这种情况决定了日本出版业的活动范围不得不主要依赖于国内市场，同时也增加了同行之间竞争的激烈程度。但是，20世纪90年代以来，日本的各大出版社都在积极引进国外畅销书的同时，大力推出了一批国际性的超级畅销书。除了风靡全球的动漫图书以外，像《伊豆的舞女》《失乐园》《挪威的森林》《窗边的小豆豆》等畅销书，也都畅销世界各地，在国际上产生了广泛的影响。像近年来畅销各国的"村上春树"系列，就是最好的说明。仅以中国为例，在中国每年的畅销书排行榜中，日本畅销书总会占据相当大的比例。在孙月沐等人统计的中国大陆1999—2005年文学类畅销书排名中，村上春树的《挪威的森林》以265分的高分名列第二（第一为中国台湾作者蔡智恒

---

① 聂震宁：《我们的出版文化观》，北京：中国书籍出版社，2008年，第67页。

的《第一次的亲密接触》，得分274；第三为丹·布朗的《达·芬奇密码》，得分236）。①在《开卷2015年虚构类畅销书排行榜TOP30》中，就有南海出版公司出版的日本作家东野圭吾的三本著作：《解忧杂货店》(第5名)、《白夜行》(第12名)、《嫌疑人X的献身》(第24名)。国际性畅销书的推出，也让日本拥有了一批享有世界声誉的畅销书作家，除了村上春树以外，川端康成、渡边淳一、中谷彰宏、柳美里、林真理子、黑柳彻子等人都是其中的佼佼者。大批国际性畅销书和畅销书作家的推出，极大地增强了日本畅销书在国际出版业中的竞争力。这些对于传播日本的思想、文化、生活理念都起到了异常重要的作用，是日本文化"软实力"的重要标志之一。21世纪以来，日本更是把"文化立国"，大力发展和输出文化产业、内容产业作为一项国策，制定了一系列扶持、发展文化产业的政策。"用头脑去工作，靠创意去赚钱"是空间有限、资源短缺的日本面对未来发展的新方略。②诚如《软实力大国》的作者渡边康所言：日本希望透过娱乐和语言输出日本文化，以一种更自然的方式融入国际社会。随着全球化浪潮的不断扩展，日本畅销书的国际化道路会越走越远，其影响力也会越来越大。这一点，对于正在积极实施"走出去"战略的中国出版业来说，尤其具有启示意义。

可喜的是，近年来国内部分出版社在本土畅销书国际化营销方面已经开始了积极的探索。《狼图腾》的版权输出就是一个经典案例。长江文艺出版社在将《狼图腾》推向国内市场后，出版社就开始有意识地准备文案，按照国际惯例，向外国出版机构介绍《狼图腾》，主动向海外主流媒体（如德国的《南德意志报》、意大利的《意大利邮报》、英国的《泰晤士报》、美国的《纽约时报》，等等）投稿。结果，国外的很多出版社都主动与长江文艺出版社联系，商谈版权转让问题。2005年8月，长江文艺出版社最终以10%的版税将《狼图腾》的英文版权转让给企鹅出版集团，于2007年在全球英语国家同步发行。这不仅是我国图书首次被一次性买断全球英文版权，也是我国当代文艺作品首次大规模进入英文主流文化市场。而且，此次版权输出还创下了我国图书版权贸易版税收入的最高值，在中国作家图书版权输出中史无前例。其版权已经输

---

① 孙月沐：《30年中国畅销书史》，北京：中国对外翻译出版公司，2009年，第187页。
② 孙洪军：《日本出版产业的特点与发展经验》，《中国出版》，2007年第7期。

出到美国、英国、澳洲、德国、法国、意大利等30多个国家,覆盖全球110多个国家和地区。《狼图腾》已经成为中国在今日世界文化中的符号之一,有关《狼图腾》的文化衍生品层出不穷。①又据亚马逊英文网站的记录,《狼图腾》的英文版、法文版、日文版、意大利文版,均创造了中国当代小说外译本的销量新纪录,其星级评分平均数值都在四星级至五星级之间浮动。在中国图书"走出去"的征程中,《狼图腾》无疑是迄今最为成功的一个案例。②这同时也是国内畅销书出版营销史上的一个里程碑。

《狼图腾》国际化营销运作的案例充分说明,真正优秀的中文畅销书一定具备着成为全球性畅销书的基本潜质。能否从一本局限于国内市场的畅销书转变成畅销全球的"超级畅销书",一方面取决于图书自身的品质,同时也取决于出版社和相关文化机构能否以全球化的视野和超前的意识,对本土畅销书进行积极而有效的国际化营销运作。《狼图腾》是空前的,但肯定不是绝后的。随着我国文化影响力的增强和出版界畅销书国际化营销水平的普遍提高,国内将会涌现出更多类似《狼图腾》甚至胜过《狼图腾》的全球性精品畅销书。毕竟,"一个不能产出优雅文学作品的民族,不能得到真正的尊重。一个不具备足够文化影响力的国家,其笨拙而庞大的经济躯体,只会显得格外生硬而粗鲁。一个诞生过屈原和杜甫的国度,怎能甘心只做个俯首低眉汗流如雨的'地球打工仔'?"③要改变目前的现状,当代中国出版人任重而道远。

---

① 狄蕊红:《写〈狼图腾〉的这个人究竟是怎样的一个人?》,《烟台晚报》,2015年2月28日。
② 吕敏宏:《从〈狼图腾〉版权输出看如何构建中国当代文学海外出版发行的新模式》,《出版发行研究》,2012年第7期。
③ 王磊:《提升文化软实力 中国出版"走出去"》,《中国青年报》,2007年10月15日。

第五节

畅销书出版营销机制形成中存在的问题

畅销书出版业要持续、健康地发展，就必须在长期营销实践的基础上，建立一套规范的畅销书营销机制。这应当是畅销书出版营销的"终极追求"。畅销书出版营销机制的有无和完善与否，是区别出版机构畅销书出版营销水平高低优劣的重要标准之一。美国、英国、法国、日本等现代出版业比较发达的国家的出版机构基本上都已形成了比较成熟的畅销书营销机制。

美国的畅销书出版营销机制在作品原创、选题策划、作者包装、出版代理、宣传促销、影视改编和品牌延伸等方面均有成熟的运作模式。在这种机制的指导下，出版商营销畅销书的熟练程度，已经不亚于好莱坞导演制作"美国大片"的水平。比如其系列化的选题模式：美国畅销书具有很强的系列性。某个选题成功后决不轻易撒手，力图使之形成系列。选题的系列化体现在：以相同模式炮制同题材系列作品或补写续篇，或出版同一畅销书作者系列作品，这些作品题材大致相同，风格相似，遵循流行模式批量生产，往往能借助读者阅读心理惯势和前部作品的销售热，保持销售旺势，比单本书操作畅销机率较大，同时也能取得规模效益。又比如畅销书的出版代理人机制：出版代理人或经纪人在美国畅销书营销机制中举足轻重，他们为作者寻找出版商社、与出版商社谈判并签订合同，特别是处理版权交易，也对作者写作新书提出建议，有时还为特别有前途的作者预支稿费等等，免除作者事务之扰，为作者争取最大权利，而自己也因此受益。出版经纪人还和出版商社编辑一起共同策划图书促销计划，把作者和作品捧红。随着出版业发展，他们的作用也将越发突出。此外，美国还有诸多出版代理机构为作者及出版商社提供包括图书宣传推广在内的功能齐全的服务。再比如畅销书的影视改编以及深度开发机制：美国一些大的出版公司很早就意识到借助影视推销自己出版物的巨大诱惑力，因而纷纷设立专门机构负责向影视界宣传。佐藤卓己曾这样分析20世纪60年代以后美国畅销书的运作模式："自《教父》（1968年）、《天地一沙鸥》（1972年）上映以后，畅销书作为大片、电视连续剧的原作的商品而为人们所精密地筹划和运作。畅销书作家尚未动笔，版权、翻译版权、电影制作及放映许可、广告活动都已策划完毕。这样，大型出版社的出版决定权从编辑那里被转移到了销售者手中。"①有的大型出版集团就有自己的影视公司，因而常常能及时将畅销书改编成影视作品推向市场。有的还会在此基础上开发出一系列延伸产品。这一点，从上文中所提到的《星球大战》《哈利·波特》等案例中，均得到了淋漓尽致的体现。

再以日本为例。二战以后，在美国的直接影响下，日本经济的"奇迹"性发展以及出版业迅速的产业化转型，带动了日本出版业的长期高速发展，而畅销书的出版营销机制也在这一过程中得到不断的发展和完善。在"利润至上"的市场逻辑和"以读者为原点"的出版理念的推动下，日本出版社界打造了一批享誉国内外的畅销书和畅销书作家，为整个出版产业赢得了巨大的利润，形成了六方面鲜明的特征：

（1）出版源头上，在教育出版、专业出版和大众出版方面，都具有强大的创作团队和能力，在大众出版方面，最具有代表性的就是日本的动漫图书出版业；

（2）营销理念上，主动把出版业融入大众传播业，将畅销书普遍商品化，按照商品运作的方式来运作畅销书；

（3）在编辑策划中，积极迎合市场与读者的需求，推崇和实践神吉晴夫首创的"创作出版论"：该理论认为"编辑者必须立足于自己是制造者，编辑者策划选题，然后寻找适当的作者，并与作者一块辛苦劳作，完成原创稿件。这样做了，既可以做出言简意赅、读者喜欢的图书，又可以通过宣传挖掘出潜在的读书人口，并逐渐扩大开去。"②其核心就是根据市场与读者的需求，由编辑与作者一起，"创作"出为市场认可和读者欢迎的畅销书来；

---

① ［日］佐藤卓己：《现代传媒史》，诸葛蔚东译，北京：北京大学出版社，2004年，第56-57页。
② ［日］小林一博：《出版大崩溃》，甄西译，上海：上海三联书店，2004年，第114页。

（4）在具体的运作过程中，遵循现代产业运作的"四大"策略：大量生产、大量宣传、大量销售、大量消费；

（5）在促销环节，实行日本特有的发行机制：委托销售制和定价销售制；

（6）在宏观战略上，积极开拓畅销书出版、营销国际化的道路。

这一出版营销机制是日本畅销书营销实践长期发展的经验总结，指导和维系着日本整个畅销书出版业的运营。

但是，随着国内经济发展的衰退和新媒体技术的冲击，日本出版业在20世纪末期呈现出"盛极而衰"的发展颓势。自1997年以来，日本出版业一直处于大滑坡的严重危机之中。图书和杂志的销量逐年下降，出版、发行和销售行业陷入恶性循环之中。在2009年，几乎跌破2万亿日元大关，在"下滑不见底，前行不见路"的困境中越陷越深。这一现象让人们开始反思日本产业化的弊端。

与出版产业整体低迷形成鲜明对比的是，日本的畅销书出版却能独领风骚，长盛不衰，以巨大的销量和高额的利润维系着日本出版业的一线命脉，在扭转整个出版产业的发展颓势中起到了不可低估的作用。根据日本出版科学研究所的统计，日本战后60年间出版的畅销书中，发行量最大的10本畅销书中有8本出版于20世纪80年代以后，其中出版于80年代的有2本，90年代的有3本，21世纪出版的有3本。8本畅销书中，发行量最大的是506万部，最小的是321万部，数量十分可观。各书发行量情况可见表9。

表9：日本战后60年间畅销书排行榜（1946年—2006年8月）[①]

顺序	书名	出版社名	累计发行部数	初版年度
1	窗边的小豆豆	讲谈社	579万部	1981年
2	哈利·波特与魔法石	静山社	506万部	1999年
3	五体不满足	讲谈社	477万部	1998年
4	愚蠢的墙壁	新潮社	419万部	2003年
5	脑内革命	桑马克出版社	410万部	1995年
6	日英会话手册	城文堂新光社	360万部	1945年

---

① 《日本战后60年间畅销书排行榜》，http://www.acsf.cn/waiyu/info.asp?id=22173，2009年5月20日。

顺序	书名	出版社名	累计发行部数	初版年度
7	谁动了我的奶酪	扶桑社	350 万部	2000 年
8	关于体谅的建议	讲谈社	332 万部	1982 年
9	在世界的中心喊出"爱"	小学馆	321 万部	2004 年
10	庆吊仪式入门	光文社	308 万部	1970 年

资料来源：日本出版科学研究所

上表在一定程度上可以反映，20 世纪 80 年代以来，是日本畅销书出版繁荣发展的时期。2000 年以来，日本东贩公司每年推出的年度十大畅销书排行榜中，上榜图书的销量几乎都在百万册以上。如 2003 年的头号畅销书《傻瓜的围墙》在短短 7 个月里曾创下 205 万册的销售奇迹。2005 年，教导人们如何与头脑差的人沟通的《如何跟头脑好和头脑差的人说话》销售 220 万册，山田真哉的简单会计学入门书《竹竿店为什么不会倒？》创下了 125 万册的销量。2008 年名列榜首的《哈利·波特与死亡圣器》发行量突破 185 万册。促成这种现象的原因有多方面，但主要的原因有两个：一是经过多年的探索和实践，在整个出版产业中，畅销书的出版营销机制最为成熟；二是作为大众出版的主要力量之一，相比其他出版类型，畅销书自身与文化市场、读者需求、新媒体发展密切相关并能"与时俱进"的适应能力更为突出。

我国的畅销书出版业多年来已经有了长足的发展。广大出版者通过在出版理念、创作出版、营销运作方面的多方探索和尝试，积累了丰富的实践经验，取得了有目共睹的成绩。但畅销书出版营销的整体水平，还与美国、日本等发达国家有一定差距。整体上来看，我国畅销书出版的产业化程度还非常不够，基本处于产业化的初级阶段，现代出版体制还不够健全和完善，出版业的法律和行业规范还不够，原创优质畅销书资源还比较缺乏，缺乏立体、系统的打造畅销书、把畅销书出版潜质充分发挥出来的综合营销能力，所以还不能推出众多具有国际影响力的大品牌畅销书。具体到出版营销方面，当前我国畅销书出版尚处于从无序向有序的转变阶段，畅销书出版营销尚处于初期阶段，虽然很多出版社在畅销书营销的过程中，都不乏可圈可点的"高招"和"绝招"，但整体的随机性仍相当之大。具体实践中的营销策略也多是零散的、随机的、感性的，有时还存在一定的"失范"现象，以至于一些营销策略被人们称之为"撞大运"的运作手段。大多数出版社机构尚未形成规范而成熟的营销机制。这与国外理性化、机制化、规范化的营销方式形成了鲜明的反差。更为重要的是，国外的优秀出版机构都有一个突出的、鲜明的、持久的出版理念。这些正是我们目前所欠缺的。虽然在打造畅销书神话的过程中涌现出了很多优秀的出版社和民营公司，比如长江文艺出版社、春风文艺出版社、作家出版社、中信出版社、南海出版公司、北京磨铁图书有限公司、盛大文学有限公司，等等，其中有些也已形成一定的出版特色。但在现有的管理体制下，难免会出现"人亡政息"的现象。所以很多出版机构都难以形成持久的富有特色和感召力的畅销书出版理念，读者因此也难以对其产生较高的品牌忠诚度。从我国畅销书出版业的发展现状和趋势来看，建立完善的畅销书营销机制已经成为一项迫切的要求。

总而言之，在国内畅销书出版营销的实践中，肯定还存在不少其他问题，笔者能力所限，不能一一论述。这些问题的存在，说明了我国的畅销书出版业的发展还不够成熟。畅销书业要想获得快速、持续、健康的发展，就必须正视以上问题，并在未来的实践中对症下药，不断克服和解决。这将是一个长期的实践过程，需要多方努力。专就出版界从业人员而言，其营销理念还需进一步更新，营销视野还需进一步拓宽，营销能力还需进一步提高。需要指出的是，国内每个出版机构的实际情况是不同的，畅销书出版营销的水平也是参差不齐的。以上问题，也仅是大概而言，并不能因此而抹杀了很多出版机构在畅销书营销实践中的积极探索和巨大成就。

第八章
建议与思考：
畅销书出版营销的未来发展之路

"钱"是一切商业行为的总目标。然而，出版商人似乎还有比钱更重要的意义在这上面。以出版为手段而达到赚钱的目的；和以出版为手段，而图实现其信念为目标而获得相当报酬者，其演出的方式相同，而其出发的动机完全两样。我们——一切的出版商人——都应该从这上面去体会，去领悟。

——张静庐[①]

作为文化产业的出版界，一直在文化责任和商业利益两种功能的巨大混乱中拉锯。启发知性的出版物是社会发展不可或缺的能源，而商业利益亦是企业发展必备的动力。出版者必须在不断抗拒一元化及平庸化的压力中，紧跟时代与社会，寻求持续的突破和发展。对于一个出版社来说，他的出版物，他的事业发展，就是出版人的追求和理念的写照。

——董秀玉[②]

---

① 张静庐：《在出版界二十年》，台北：台湾龙文出版社股份有限公司，1994年，第147页。
② 陈洁：《董秀玉：从一而终的文化关怀者》，《中华读书报》，2006年11月8日。

在市场经济日渐成熟，出版业竞争日趋白热化的大环境下，众多的出版机构运用各种营销手段运作畅销书，在书业内制造出了一个又一个畅销书的神话。这在很大程度上是很多出版机构逐渐适应市场经济条件，走向良性发展道路的充分证明。同时，畅销书热潮的一再兴起，也极大地刺激了图书出版业内的激烈竞争，带动了整个书业经济和文化产业的进一步发展，成为我国当代大众文化事业繁荣发展的重要标志，这无疑是可喜的一面。但是在出版营销过程中存在的诸多制约因素和突出问题也不容忽视。当前我国的畅销书出版产业要持续繁荣发展，就必须总结经验，发扬优点，努力解决存在的诸多问题。这需要多个方面的共同努力，诸如国家相关管理机构、出版行业组织、出版社从业人员、作者、批销商、书店、媒体、读者，等等，都会对国内畅销书营销的未来发展产生一定的影响。不过相较而言，国家相关管理机构和出版机构在其中起着决定性的作用。从宏观上看，在当下和未来的畅销书出版营销实践中，国家相关管理机构和出版界从业人员应该从以下六方面着手加以改进和提高：（1）树立规范的畅销书营销观念；（2）培育规范的社会与市场环境；（3）建立健全的畅销书营销机制；（4）拓展畅销书营销的国际化道路；（5）健全畅销书营销的评价体系；（6）加强畅销书营销理论研究。以下分论之。

第一节
树立规范的畅销书出版营销观念

观念决定着实际行动,也决定着实践的发展走向。清水英夫曾指出:一般的经商者,"多是先发迹,创造了万贯家产,在功成名就以后才转而谈论'哲学',只有出版家,是先谈'哲学',而后才开始经商的"①,说明了出版理念对出版活动的重要性。从宏观上看,国内从业者群体的畅销书出版营销观念如何,也在一定程度上左右着我国畅销书营销的发展方向。在大众文化背景下,从业者要在畅销书出版营销实践中有大的作为,就必须首先树立与时俱进、科学全面的观念。为此,就必须正确认识以下三个问题:一是正确认识大众文化、出版产业化背景下大众出版的发展大势;二是正确认识畅销书及其在大众文化及大众出版中的重要地位;三是正确认识畅销书营销活动。

1. 对大众文化、出版产业化的认识

从之前的分析中可见,商业型的大众文化将是我国当代出版业发展的主要文化背景,产业化也是我国当代出版业的必然发展趋势。面对这样的大势,出版界在开展畅销书出版营销活动时,应该积极主动因应时代潮流,结合自身优势特点,多方借鉴国外有益经验,探寻出一条既能创造巨额经济利润,又能带来强大社会效益,进而能够大力提升国家"软实力"的康庄大道。一方面不能固守传统,轻视和拒斥大众文化与产业化,而是应该主动借势"守正出新"。世界潮流,浩浩荡荡,顺之者昌,逆之者亡,出版业也要遵循这一普遍规律。另一方面,也不能极度产业化,忽视了畅销书应有的文化属性。无论什么时候,图书都是精神产品和物质产品的统一体,因此它同时具有文化性和商业性两重属性,这可以用以下图示来表示:

---
① [日]清水英夫:《现代出版学》,沈洵澧、乐惟清译,北京:中国书籍出版社,1991年,第137页。

内容——精神——主观——隐形——内在——个体——精神生产——文化性

形式——物质——客观——显性——外在——群体——物质生产——商业性①

任何时候，都不能将这两重属性割裂开来。理想的状态，应该是用商业化、产业化的运作模式，把出版物的精神文化内涵予以最为广泛的传播。用聂震宁的话来说，就是"出版业真正的核心，是挖掘震撼人心灵的作品，并用最有效的营销手段实现最大范围的传播。"②对于当代的出版人来说，一方面要"在商言商"，另一方面，也要有文化理想，将金钱与文化巧妙地结合起来。在畅销书的出版营销活动中，尤其要避免只重经济不谈文化、"唯码洋和利润而论"的误区。当年，美国出版人霍华德在面对出版产业化的现实状况时，曾说过：

> 好编辑的职责是不管环境多么恶劣，仍然要尽力以能够获利的成本预算，制作出最好的书，推到市面上。也许，在过程中需要和商业文化有所妥协，但是无论多么困难，最终的胜利会驱动编辑人继续在这条路上走下去。也正是这种成就感令出版不只是代表以 x 定价，发行了 y 本书，赚了 z% 的利润等数目字而已，这表示出版这个行业真正的精神，以及美国文化的灵魂，乃是要靠编辑人对于质量和追求卓越的关注来维系的。③

在这一方面，中国近现代出版史上众多的大家先贤也为我们树立了最好的典范和楷模。我们也可以说，中国文化的灵魂以及当代文化的创新发展，也需要中国出版人强烈的社会责任感和杰出的文化创造来维系：

---

① 肖东发：《出版经营管理》，北京：北京大学出版社，2008年，第6页。
② 聂震宁：《我们的出版文化观》，北京：中国书籍出版社，2008年，第69页。
③ [美]霍华德：《典范在昔昔》，见[美]格罗斯主编：《编辑人的世界》，齐若兰译，北京：中国工人出版社，2000年，第75页。

在商业化的时代，出版人要保持清醒的头脑，认清哪些是出版上的文化误区，哪些是我们应当坚守的底线。我们要做有良知的出版商，更要做有理想的出版家。我们要用智慧创造赖以生存的物质基础，富裕并不可怕，但我们不能舍本求末，见利忘义，忘记了一个出版人的终极目标——为创造、传承、积累文化而工作。金钱再多，也会有散尽的时候，而有价值的出版物，将伴随着人类永存。当初商务印书馆、中华书局、生活书店、亚东图书馆等如果不是在世纪之初出版了那么多让中华民族铭记的图书，今天我们还会一而再再而三地提及他们吗？因此，我们呼唤新时期产生更多的张元济与陆费逵们。①

2. 对大众文化时代畅销书的认识

在大众文化时代，畅销书以及畅销书的出版营销活动固然存在这样或那样的问题，但也不能一概抹杀其积极意义。在出版产业化进程日益加快的今天，中国出版业的发展在一定程度上还要依靠畅销书的拉动。从单个的出版机构来看，要提高生存能力，进而为出版经典图书、学术著作提供有力保障，实现出版人高远的文化理想，也必须依靠畅销书的可观经济收益。

近年来，百年名社中华书局的转型可谓明智之举。面对产业化的滚滚浪潮，中华书局以"挺拔主业，维护品牌"的发展思路为基础，提出"季羡林、于丹一个都不能少""以畅销书养学术书"的发展思路。一方面夯实古籍整理、学术著作领域，继续积累厚度，通过出版《新编诸子集成》《道教典籍选刊》《顾颉刚全集》《余嘉锡文集》等高品质典籍，巩固深化学术传统与比较优势。一方面利用沉淀的优势资源进行品牌、资源的产品衍生，大力开拓传统文化大众普及出版领域。通过开发《国史十六讲》《正说清朝十二帝》《万历十五年（增订本）》《于丹〈论语〉心得》等优秀国学普及读物，形成适应市场和现代读者需求的多层次的出书格局，市场占有率和品牌认可度不断提升。2006年到2010年，书局的销售收入增加2.3倍，利润增加了6.2倍达2000万。②

---

① 周百义：《商业化时代出版人的文化追求》，《出版广角》，2007年第2期。
② 赵玥、重生：《追寻新的光荣和梦想》，《出版人》，2012年第3期。

2011年发货码洋突破3亿元，2016则高达6.23亿元。[①]在全社会对传统文化越来越重视的"新常态"下，中华书局通过战略调整，做到了出版商业性和文化性的完美结合，实现了经济效益与社会效益的双丰收，焕发出勃勃生机。

中华书局把畅销书的经济收益，投入到一些社会效益突出但不一定挣钱的出版项目中去，以畅销书养学术书、精品书，这是一种高明又务实的战略转型和出版策略。此外，像广西师范大学出版社等出版机构也一直实行着类似的出版策略，因而也取得了很好的效果。这实际上也是为打造经典做出了应有的贡献。经济基础决定上层建筑，在一定程度上，高雅、高品位是要以经济实力作基础的。在市场竞争如此白热化的今天，没有强大的经济实力作基础，创作者、策划者、出版者即便有再崇高的理想，再美好的追求，恐怕都难以实现。当生存都成问题、面对市场举步维艰时，还怎么奢谈文化理想的实现？更何况，经典、名著并不一定就意味着精深和艰涩。

另外，在大众文化时代，大众也有其自主性和鉴别力，他们不会对一本正经、趾高气扬、艰深晦涩的东西发生浓厚的兴趣。要他们为这些东西"买单"，实在是难上加难。根据传播学"使用与满足"的理论，受众通常根据自己的口味、想法和信息需求来选择媒体和内容。[②]人们接触和选择媒介的目的都是为了满足自己某方面的需求。另外，技术接受模型理论显示，"感知的有用性"和"感知的易用性"对人们的行为意向有显著的影响。也就是说，当人们意识到某种事物对自己有用时，在接触的过程中要遵循"易用性"的规则，在通常情况下，都会遵循"最小努力原则"：面对容易的"短径—目标"与困难的"长径—目标"时，往往会优先选择前者。[③]在大众的阅读行为中，通常也要遵循这样的规则。

对于中国人来说，大部分人都不会否认读书的重要性甚至崇高性，接下来的问题就是如果通过最小努力，获取"易用性"的图书。如果缺乏这样的图书，他们的阅读行为就无法完成。如此看来，我们常常感慨国民阅读率不高，抱怨中国人不爱读书，其实原因并不全是读者不重视读书，一个非常重要的原

---

① 徐俊：《中华书局：百年老社守正出新》，《中国新闻出版广电报》，2017年2月6日。
② [英] 丹尼斯·麦奎尔、[瑞典] 斯文·温德尔：《大众传播模式论（第2版）》，祝建华译，上海：上海译文出版社，2008年，第116页。
③ 鲁耀斌、徐红梅：《技术接受模型及其相关理论的比较研究》，《科技进步与对策》，2005年第10期。

因还在于创作者和出版者没有给他们提供合适的优秀读物。是因为大众无好书可读，或者有书却不适合他们去读。聂震宁说：

> 读者不读书，出版人当然有责任。不可轻言人心不古，世人好读不再。事实上，总有一些优秀畅销书，甫一问世，读者便蜂拥而至，常常令我们喜出望外。即便是一本普通常销书，只要出版人服务得好一些，读者往往也会渐次增多。读者天然公正，可爱而可敬。人类总归要读书，读书是人类生命的需要。可是，为读者出书，为读者服务，出版人做得还很不够，读者离我们而去自有他的道理。①

《国史十六讲》的作者樊树志深有感触地说，现在的历史学之所以被"边缘化"，历史学家首先应当检讨自己，不应该总把自己封闭在"象牙塔"中埋首写艰深论著，不妨把历史写得生动活泼。在这方面，黄仁宇、史景迁是值得学习的。②"哈利·波特"系列畅销书的成功，主要原因还是适合大众阅读的内容。据人民文学出版社编辑王瑞琴回忆，在人民文学出版社推出"哈利·波特"中文系列图书后，广受读者欢迎，各地孩子的信件像雪片一样飞向出版社，"有的孩子告诉我他已经每本读了6遍，有的读了7遍，最多的一个孩子读了12遍，都能把全书背下来。深圳的孩子们一个班一个班的集体来信，表达他们对'哈利·波特'的热爱"。王瑞琴还展示了几段读者的来信内容，为了进一步说明读者对哈利·波特的痴迷程度，笔者特转载两则如下：

> ○我读了"哈利·波特"以后，心情万分激动，它们是我一生中读到的最好看的书了。书中的故事让我的心都钻进去了，如果世界上真有这个地方，我宁愿不要所有的一切，而去魔法学校学习。（上海　杭理唯）
>
> ○我刚买到"哈利·波特"前三册时，乐得手舞足蹈，回家后就如饥似渴地读起来，很快就进入了那个奇妙的世界——"哈利·波

---

① 聂震宁：《现代阅读的悖论》，《图书馆杂志》，2016年第2期。
② 陈洁：《中华书局将大学教科书卖成畅销书》，《中华读书报》，2006年6月28日。

特"的故事情节引人入胜,精彩绝伦,故事离奇曲折,真是棒极了。我的朋友们也像我一样把"哈利·波特"读了六、七遍,它们都想知道你们什么时候出版后四册,如果因为经济紧张,我建议你们举行全国性的捐款活动,我会倾囊相助的,我相信会有不少铁杆儿书迷跟我一样。(武汉 王歆雨)①

看到以上内容时,笔者也深深感慨:如果中国所有的畅销书都能像"哈利·波特"一般生动有趣,让人爱不释手,何愁国民阅读率不高?由此推断,从更深远的战略意义上来看,就出版业自身而言,要为提高国民阅读率和国民文化素质做出应有贡献,还需主要依靠优质畅销书的生产力和传播力。从这个角度来看,李春媚的观点还是比较中允的:

> 无庸讳言,畅销书本身的确带有先天的平庸气质和难以解决的弱点、矛盾。但当我们暂时抛开传统的价值标准的苛求与责难时,我们也会看到它在遗憾地失落了艺术高屋建瓴的人文精神和稳定高雅的审美趣味时,却取得了难能可贵的平民性、普及性。②

畅销书作为大众出版的主要内容之一,一个非常重要的特点就是追求销量的最大化,也就是读者的最广泛化与最大量化,为此,其内容必须接"地气",为广大读者"喜闻乐见"。其内容要是老百姓普遍谈论的话题,其表达应是老百姓能够最易也最愿接受的方式。因此,就必然要求其体现"通俗易懂""平易近人""打动人心"的特点。要提高全民的文化素质,提高全民阅读率,不可能奢望或苛求大家都去硬着头皮去"啃"高文大典式的传世经典。从实际中来看,进入经典,对于很多大学生来说都不容易,又怎么能要求普通百姓天天捧读原汁原味的经史子集?举例来说,相较于朱熹的《四书章句集注》、杨伯峻的《论语译注》、李零的《丧家狗:我读论语》而言,《于丹〈论语〉心得》

---

① 王瑞琴:《"哈利·波特":一套超级畅销书的诞生》,见郝振省主编:《名著的故事》,北京:中国书籍出版社,2009年,第409-410页。
② 李春媚:《畅销书现象:"大众审美文化"的透视镜》,《艺术广角》,2002年第1期。

无论是从内容上还是形式上，都更适应和符合普通读者的口味。这样的畅销书可以激发大家接触并了解经典的热情，好比一个很好的桥梁，引导读者去接近经典。这其实就是文化的启蒙与引导作用。如果没有这样的书，《论语》可能在读者的心中永远是那么高高在上，遥不可及，永远不会被主动接近和阅读。再比如《明朝那些事儿》，有的读者就是在读了《明朝那些事儿》以后，开始对明史乃至中国历史发生兴趣，主动去阅读《正说明朝十六帝》这些系列书籍，进而有可能去阅读孟森的《明史讲义》甚至中华书局点校本的《明史》。

无论如何，只要书中反映的是真实的生活，提倡的是积极的"正能量"，就有其必要的存在价值。畅销书最大的功效是，吸引读者在闲暇时节，拿起书本，开启平民百姓的阅读之旅和精神之旅。只要让读者拿起书来，并能愉悦地读下去，就是可喜可赞之事，这总比"饱食终日，无所用心""好行小慧，言不及义"，或者一心投入到"无益之事"，要好出许多来。更进一步，如能读到好的畅销书，引起阅读的兴趣，养成与书为伴的习惯，岂不是皆大欢喜之事？当年，在人民文学出版社组织的关于"哈利·波特"系列小说的研讨会上，与会者除了称赞"哈利·波特"本身优质的内容以外，还特别提出，"它的畅销本身已经成为一种文化现象，它把孩子们甚至成人从电视机、游戏机前拉回书本上，这本身就是一个不小的贡献。"[①]当然要长期做到这一点，前提应该是出版机构能够源源不断地推出优秀畅销书，能让读者大众开卷有益。

从这个角度来讲，当今中国的畅销书出版市场，可谓"任重而道远"。这其实对作者、编辑、出版机构都提出了很高的要求。在努力打造精品图书、经典著作的同时，应该不忘出版和文化人的职责。一个合理的出版格局，应该是经典与畅销书并存，"阳春白雪"与"下里巴人"同在的格局。正如在推出一部又一部严谨的自然科学著作的同时，也不能缺乏优秀的科普著作和科幻作品，前者有其存在的重要意义，但后者也有普及和提高的价值，也是出版界不可或缺的重要类型。"万紫千红"总要比"一枝独秀"好出许多来。而要将学术、知识、智慧、科学大众化、世俗化，需要大家、名家多撰写、创作让大众喜闻乐见的小文章、好作品，出版机构低下身段，走向寻常百姓。从这个角度

[①] 王瑞琴：《"哈利·波特"：一套超级畅销书的诞生》，见郝振省主编：《名著的故事》，北京：中国书籍出版社，2009年，第408页。

来讲,毛泽东同志所讲的"要为人民群众喜闻乐见",胡锦涛同志提出的新闻宣传工作"三贴近"(贴近实际、贴近生活、贴近群众)思想,习近平同志提出的"坚持以人民为中心的创作导向",对于当代的出版事业,指导意义尤为明显。

3. 对畅销书出版营销的认识

要打造优秀的畅销书,就必须进行科学系统的营销运作。而其前提,就是树立规范的畅销书营销观念,这包括四方面的内容:

(1)正确认识营销在畅销书出版中的作用。一方面,应该充分认识到营销在畅销书出版过程中的重要性,它是促成畅销书实现其经济、文化价值的关键因素之一。一定意义上,传播的有效性是保障出版文化性和公益性的主要条件,"思想文化价值突出的出版物,只有通过积极的市场营销活动,才能产生良好的传播效果。"[①]在出版业竞争异常激烈的今天,出版机构要将一本图书打造成为畅销书,就必须对其进行有的放矢的营销运作。这就是笔者在第一章中所谈到的畅销书营销的必要性问题。因此,在畅销书的出版过程中,出版机构就必须摒弃"酒香不怕巷子深"的陈旧观念,除了要重视图书质量以外,还应该适时恰当地对其进行营销运作。这一点基本上已在畅销书界形成了共识。但另一方面,又不能过度推崇营销在畅销书出版中的作用,认为营销是打造畅销书的第一要义和决定因素,因此而轻视畅销书自身的质量。营销是打造畅销书的必须因素,但不是核心因素,更不是决定因素。决定因素是畅销书自身的质量(要有优秀的品质和丰富的内涵),这是出版机构开展营销工作的前提和基础,离开了这一前提和基础,一切营销手段都是无本之木、无源之水。在畅销书的营销活动中,应该坚持的是"内容为王"的原则,而绝非是"营销为王"。如果颠倒了这一关系,就必然会给畅销书的营销工作带来很多问题。这一点,在当前和未来的畅销书营销工作中,都显得极为重要。

(2)正确处理畅销书营销的商业属性与畅销书文化内涵之间的关系。畅销书是一种特殊的文化产品,兼具商业属性和文化属性。从业者在开展畅销书的营销活动时,一方面要通过实施各种营销策略,实现畅销书经济利润的最大

[①] 聂震宁:《我们的出版文化观》,北京:中国书籍出版社,2008年,第54-55页。

化，又要在畅销书中注入一定的人文内涵，力争达到畅销书社会效益的最佳化。绝不能只为追求商业利润而置畅销书的文化内涵于不顾。出版界应该推出更多具有文化内涵的优质畅销书，畅销书不仅要发挥其娱乐功能，同时还应该发挥其认知、教育和服务的特殊功能，应该在文化传播、文化传承、文化积累方面做出一定的贡献，从而改变目前畅销书普遍"短、薄、轻、浅"的现状。

要平衡和协调二者之间的关系，出版者就应该特别注意以下两点：（1）认识到原创是出版事业发展的根基所在，要善于发掘有潜力的优秀作者和作品，承担起培养优秀畅销书作家的职责。在创作中，要充分尊重作者的自主性，不能过多地介入畅销书的创作环节。更不能过度开发畅销书作家的潜能。由于过度开发，很多畅销书作家都呈现出"江郎才尽""一部不如一部"，甚至"其兴也勃焉，其亡也忽焉"的态势。（2）应从读者的需求出发开展畅销书营销活动，但不能一味地迎合读者的各种阅读需求，走媚俗化、庸俗化的路线。用整合营销传播理论来分析，从读者需求出发开展畅销书营销活动，是指以读者需求为核心开展市场调研，策划具有特色的选题；以读者的购买力为基准，结合多方面因素，确立图书定价；努力为读者创造便利，保证销售渠道的畅通；致力于与读者有效沟通。①显然，这与一味地迎合读者的需求有一定的区别。在畅销书的营销中，出版者既要充分考虑对读者需要和欲望的满足，同时也不能忽略对读者需要和满足的主动引导、创造和激发。一言以蔽之，不能把读者想象得太俗，品位太低，读者也有"向雅"的诉求。那些内容与形式完美统一的畅销书才是书市上的常青树。

（3）不能将畅销书营销简单等同于宣传与促销。现实中，有很多从业者认为畅销书的营销其实就等同于宣传和促销，其实这是对畅销书出版营销的一种误解，是把这个概念"窄化"了。李鲆指出：

> 在大多数出版社、民营公司内部，往往会有这样的情形：编辑和营销、发行是脱节的。整个出版流程好比一条流水线作业，大家只是做好自己负责的这一块工作就算完事。营销并不参与图书前期制作，而编辑在制作图书时，也很少考虑销售的需要。编辑把书制作出来

---

① 胡磊、吴楣：《整合营销在出版业中的运用》，《出版科学》，2005年第2期。

了,再交给营销去推广。而到了这时,往往为时已晚——你已经把一堆黏土烧成了粗陶碗,再能干的营销也不能帮你忽悠出青花瓷的价钱啊!强调一句:书印出来以后再考虑营销,已经太晚了![①]

笔者在第一章中已经提到,畅销书出版营销是一项系统性很强的活动,它贯穿于畅销书的选题策划、稿件选择、市场调研、图书制作、媒体宣传、公关传播、品牌延伸、国际化运作等各个环节。可见,宣传与促销仅仅是畅销书营销的一个重要环节,而非全部内容。宣传与促销固然在畅销书营销中起着很重要的作用,但其他环节也不能轻视,否则就可能"一着不慎,全盘皆输"。这就要求出版者在畅销书营销中要通盘考虑,整体运作。

(4)畅销书出版营销绝不等同于大肆"炒作"。从前文的论述可以看出,在畅销书出版营销实践中,很多出版者奉行的就是"炒作至上"的理念,认为所谓的营销就等于"炒作"。畅销书不论内容如何,只要一"炒"就灵。其实这是一种认识上的误区。首先,"炒作"不同于正常的宣传促销,宣传促销是利用媒体或其他途经将畅销书的各种信息实事求是地传递给读者,借以激发读者的购阅需求,这样做,既是对读者负责,也是对出版者自身负责。而"炒作"则有无中生有,夸大其词,蒙蔽读者之嫌。其次,即便是"炒作"有一定的合理性,也应该是建立在畅销书本身质量的基础之上,而不是建立在肆意吹捧的基础上。能炒作出来的书,也是因为它有值得炒作的价值。如果不考虑畅销书自身的质量和价值,一味肆意"炒作",只能是一种舍本逐末、得不偿失的做法。

---

① 李鲆:《畅销书浅规则(升级版)》,北京:金城出版社,2017年,第21-22页。

第二节
培育规范的社会与市场环境

国内畅销书出版营销要走上持续健康的发展之路，还必须拥有一个良好的社会与市场环境。针对第二章第三节提出的制约因素，笔者认为要为我国当前畅销书出版营销培育规范的社会与市场环境，除了要在文化界和出版界树立正确的畅销书出版营销观念、正确看待畅销书在大众文化中的重要地位以外，还应该从以下五个方面着手加以解决。

1. 加快改革步伐，尽快摆脱体制机制困境

从宏观上来看，我国出版业中存在的很多问题均与体制机制相关。加快体制改革和制度创新是我国出版业持续发展的动力。目前，我国已经基本完成了"转企改制"的任务，这应该是一个可喜的变化。但由于这种改革主要是由政府的行政手段推动的，还带有很强的行政命令色彩，与纯粹市场化的自然而然的产业化改革还有很大的不同，所以在很多方面仍然存在着一定的阻力和障碍，这也是我国出版改革复杂性的必然结果。表现在畅销书出版活动中，有三方面的问题尤其需要破解：

一是为了开展大规模的营销活动，出版机构就必须拥有雄厚的资本、强大的规模和灵活的机制。随着出版业的产业化和出版社的企业化，国家对出版产业的投资将越来越少，社会资本、产业资本等商业资本必将成为出版业进一步发展的核心资本来源。但是，目前的产业准入障碍和投资门槛，都使社会资本难以顺利进入出版产业，这在一定程度上阻碍了出版产业的发展壮大。因此，需要进一步解放思想，切实降低社会资本进入出版产业的门槛，为出版社的融资提供政策和制度上的保证。

二是对出版的经营内容，也不能限制得太死，而是应该允许出版机构以

优质的出版内容为基础，进行多维度、多层次、多方面的开发利用，而不仅仅限于出版图书上。也就是说，可以以图书为基础，开发包括影视、文具、主题文化园、旅游等多方面的文化产品，这也是美国很多大型出版公司和传媒集团打造畅销书的常用路径。通过这样的运作，既可以提高我国出版机构的综合实力，还可以提高其市场运作能力。目前国内一些大型出版集团已经在这一方面进行了有益的探索。

三是经过多年的发展，民营出版机构已经成为我国新闻出版产业的重要组成部分，但至今仍然没有和出版社相同的"国民待遇"。民营出版机构更加贴近市场，是策划畅销书的主力军，为我国的畅销书出版事业做出了重要的贡献，但一直也存在着突出的问题。当前出版业的很多违规、失范问题，大多与民营出版公司有密切关系。这和古代的坊刻事业一样，优点、缺点都非常明显。在此情况下，如何规范其出版行为，发挥其积极作用，同时避免其弊端，也是各个方面尤其是管理层需要深入思考并努力破解的现实问题。

2. 大力培养畅销书出版营销人才，为畅销书营销提供丰富的优质人力资源

畅销书出版营销是否能获得长远的发展，决定因素在于从业者的综合素质。目前，我国畅销书营销人才队伍的整体状况并不乐观。要改变这一状况，可以通过人才引进、在职培训、专业进修、出国考察、联合培养、加强研究力量等多种方式对现有的人才进行培训。一个可喜的现象是，从1998年开始，我国的新闻出版机构开始在国家政策的支持下，积极建立系统创新机制，开展科技研发工作。据统计，截止到2015年年底，已经有14家新闻出版单位建立了博士后科研工作站，与相关高校联合培养高端复合型人才，发挥了人才培养、科学研究对实业发展的推动作用（见表10：国内建立博士后科研工作站的新闻出版单位一览表）。

表 10：国内建立博士后科研工作站的新闻出版单位一览表[①]

序号	单位名称	取得博士后工作站时间	主管部门
1	广州日报报业集团	1998 年	人力资源部
2	南方报业出版传媒股份有限公司	2005 年	人事处
3	湖南出版投资控股集团有限公司	2008 年	产业研究院
4	宁波日报报业集团	2008 年	新闻办公室
5	深圳报业集团	2008 年	人力资源中心
6	时代出版传媒股份有限公司	2009 年	人力资源部
7	山东省广播电视总台	2010 年	局博士后科研工作站
8	北京华章图文信息有限公司	2010 年	人力资源部
9	中国出版集团公司	2010 年	人力资源部
10	江苏凤凰出版传媒集团有限公司	2011 年	人力资源管理部
11	社会科学文献出版社	2013 年	皮书研究院
12	人民教育出版社有限公司	2013 年	人力资源部
13	中国社会科学出版社	2013 年	人事处
14	南方出版传媒股份有限公司	2015 年	人事处

另外，出版机构要特别注意从高校毕业生中选拔优秀的编辑出版和经营管理人才。1984 年在胡乔木同志的倡导下，北京大学、南开大学、复旦大学三所高校开始试办编辑学专业，经过 30 余年的发展，我国的编辑出版专业已经得到了长足的发展，培养出了一大批高学历、高素质的复合型编辑出版人才，在出版行业发挥着越来越重要的作用。出版机构应该摒弃"编辑无学"的成见，主动将这些新鲜的血液注入自己的人才团队之中。对于高校来说，应该主动适应市场和产业发展之需，不断加强和改进专业人才培养模式，特别注意理论与实践、编辑出版专业与辅助专业、编辑基本技能与经营管理能力培养的密切联系。具体而言，一是加强具有专业学科背景以及跨学科背景的复合型人才培养，大力发展双学位的培养；二是在面向具有学科专业背景的大学生中，大力发展研究生尤其是专业学位研究生的培养；三是根据社会热点和业界需求，

[①] 范军：《2015—2016 中国出版业发展报告》，北京：中国书籍出版社，2016 年，第 138 页。

及时更新和完善课程体系,增加与数字出版、经营管理、版权贸易、影视编导、文化产业、畅销书营销相关的课程。

3. 综合治理盗版和非法出版问题,为畅销书出版营销提供良好的市场环境

出版业说到底是文化创意产业,创意、创新是这一产业能够得到健康发展的基本保障和重要源泉。因此有创意有价值的文化产品应该得到全社会的尊重、肯定和保护。如果一项项辛辛苦苦推出的创意产品,其版权得不到有效保障,随随便便就被盗用,那么就无法激发人们的创造、创新意识。从这个角度来看,侵权盗版是中国出版业的最大恶疾,这也是我国出版市场管理不规范的重要表现之一。侵权盗版不仅影响了出版业的健康发展和创新之路,也破坏了中国在知识产权保护方面的国际形象,非常不利于我国畅销书出版营销活动的开展,因为畅销书是侵权盗版的主要对象。侵权盗版是我国出版界当前和未来一段时间里必须解决但又难以彻底解决的难题。要根治这一难题,远非一朝一夕之功,需要多个方面联合起来,痛下决心,出重拳予以解决。国家相关部门和出版行业,都应该采取一系列可行措施,严厉打击盗版和其他各种非法出版行为。笔者认为,打击盗版和其他非法出版活动,应该从以下五方面着手:(1)治乱世须用重典,克顽疾须用非常之法。最根本的是要健全法制,规范管理,并加强执法力度,依法严厉打击盗版和非法出版活动;(2)在全国成立反盗版联盟,发挥出版界、教育界和文化界的集体力量,共同打击盗版和非法出版活动;(3)加快主渠道改革,在发行上下功夫。在确立主渠道自身优势的同时,最终在竞争中挤垮盗版赖以流通的不法渠道;(4)出版单位应加强自我保护,以积极主动的态度和先进的科学技术、营销手段维护自己的权益,保护本版图书的版权,力争把损失降低到最小;(5)广大读者消费得起正版图书,愿意为之慷慨解囊,努力改变当前普遍存在的"高定价低折扣"的窘境,这样也会让侵权盗版者无利可图;(6)通过宣传、教育等方式,提高消费者觉悟,不断提高全社会版权保护意识,共同对付盗版和非法出版。

4. 加强法律、行政监管和行业自律，严厉打击"伪书""打榜"等违规营销活动

前文已经提到，当前中国的畅销书业是"伪书""打榜"泛滥的重灾区。畅销书的出版营销要获得健康发展就必须严厉打击"伪书""打榜"等违规营销活动。一方面，国家相关部门要加强法律、行政监管力度，定期向全社会公布"伪书榜"和"坏书榜"，严厉惩处、及时淘汰制造"伪书"、实施"打榜"的书业机构。同时还要建立相关制度，规范管理。如落实领导责任制，实行全过程管理制，建立联合监督、定期检查、定期公布和惩罚的长效机制，等等；另一方面，出版界自身也应该加强行业自律，充分发挥行业协会的力量。出版者应该恪守职业道德，提高职业素养，确立社会效益第一、依法出版、诚信出版的基本意识，从根本上切断产生违规失范行为的源头。

5. 持续倡导全民阅读，努力提高全民阅读兴趣

一个国家民众整体的阅读风气如何，阅读书报刊的人数多少，在根本上决定着出版物市场的繁荣状况。中国新闻出版研究院历年的调查结果显示，我国的国民阅读情况并不能让人满意。在这种情况下，就必须从不同层面系统设计，采取一系列切实可行的措施来培养和引导全民阅读兴趣，努力构建"书香社会"。

在倡导读书方面，党和国家领导人、社会名流和精英人士带头好读书、重学习、多荐书，必定会在全社会发挥良好的示范作用。国家行政管理部门、出版机构、图书馆、高等院校、文化媒体等部门机构，应该多向全社会推介好书，开展与阅读相关的重要活动。早在1997年，中宣部、文化部、教育部等九部委共同发出"倡导全民读书，建设阅读社会"的通知。近年来，各个行政机构通过建立农家书屋、评选书香社区和书香家庭等方式，组织举办了不少主题鲜明的全民阅读活动，在社会上产生了很大的反响。此外图书馆和出版社理应在这一方面发挥重要的作用。比如北京大学图书馆多年来坚持开展丰富多彩的读书节活动，在校园中营造浓郁的书香氛围。2014年阅读节的主题为"书读花间人博雅"，其中一项重要内容就是向全校师生推出2013年好书榜精选书目，该书目是由中国图书馆学会阅读推广委员会统计，汇集了各大媒体2013

年度好书榜中入选次数最多的30本书（见附录7：北京大学图书馆"书读花间人博雅"——2013好书榜精选书目），其中不乏诸如《看见》《邓小平时代》《大数据时代》这样的优秀畅销书。另外，中国出版集团自2005年以来实施"畅销书推广计划""常销书推荐计划"，均取得了良好的反响。这些活动的广泛开展，在一定程度上可以拉动出版市场的消费潜力，应该值得大力提倡。

可喜的是，目前党和国家已经在宏观战略方面采取了许多重大举措：2012年11月，党的十八大报告提出"开展全民阅读活动"。2013年全国两会期间，115位政协委员联名签署并提交了《关于制定实施国家全民阅读战略的提案》，提出五项具体建议：成立国家全民阅读指导委员会、设立国家全民阅读节、进行全民阅读立法（由全国人大制定《全民阅读法》、国务院制定《全民阅读条例》）、制定全民阅读规划、建立国家阅读基金。2014年以来，"倡导全民阅读"连续3年写入国务院政府工作报告。《中华人民共和国国民经济和社会发展第十三个五年规划纲要》要求"推动全民阅读"，并将全民阅读工程列为"十三五"时期文化重大工程之一，将全民阅读提升到国家战略高度。2016年2月15日，国家新闻出版广电总局发布《全民阅读促进条例》（征求意见稿），向社会公众公开征求意见。2016年3月，《国务院2016年立法工作计划》把《全民阅读促进条例》列入文化立法的预备项目，标志着我国全民阅读将进入法制时代。2016年12月，国家新闻出版广电总局发布《全民阅读"十三五"时期发展规划》，并提出要通过规划的实施，实现三方面的主要目的：服务全面建成小康社会大局、建立全民阅读工作长效机制、形成全民参与共建共享局面。这些重大的积极举措的全面实施，必将会切实提高国民阅读率，在全社会营造更为浓郁的书香氛围。这既会促进出版业的迅速发展，也同时对出版业尤其是畅销书出版业提出更高的要求。

第三节

建立健全畅销书出版营销机制

畅销书出版营销机制的有无以及完善与否,是区别出版机构畅销书出版营销水平高低优劣的重要标准之一。出版机构开展营销活动的"终极追求",就是建立一套健全的畅销书出版营销机制,使其走上持续、健康、规范的发展之路。笔者认为,要建立健全的畅销书营销机制,应该从以下三方面着手:

1. 提出和坚持一以贯之的畅销书出版理念

成熟的畅销书出版营销机制应该以成熟的畅销书出版理念为指导。畅销书出版理念的提出,有利于出版社在激烈的竞争环境中进行准确的自我定位,凸显其特色,有利于形成一定的品牌效应,也会对其出版营销活动进行全局性的指导。只有在成熟的畅销书出版理念的指导下,出版社的畅销书营销活动才能持续开展,从而建立起成熟的畅销书营销机制,这样才能在激烈的竞争中永远处于不败之地。目前,国内有些出版社的出版理念已经在一定程度上体现出其畅销书的出版理念,如中国社会科学出版社的"传播学术经典,关注大众阅读";长江文艺出版社的"精英文化、大众趣味、百姓情怀";中信出版社的"提供知识和技能,以应对变化的世界";江苏人民出版社的"大众精品、通俗名牌",等等。

2. 在出版营销实践中将各个环节制度化、规范化

畅销书出版营销活动是要通过具体的营销策略来实施的,而各种营销策略又是贯穿在畅销书营销的各个环节中的。本书的框架设计就是在分析不同营销策略的基础上形成的。在现有的条件下,出版机构应该根据自身的实力和市场的客观形势规划自己的营销方案,综合运用各种适合的营销策略进行运作。在

具体的实施过程中，应该有意识地将不同的营销策略逐步制度化、规范化，先形成不同环节的营销机制，如畅销书的选题策划机制、畅销书的产品制作机制、畅销书的媒体营销机制、畅销书的公关传播机制、畅销书的品牌延伸机制、畅销书的国际拓展机制，等等。然后在此基础上加以整合，最后形成一套成型的畅销书营销机制。目前国内出版社的营销实践多停留在策略和手段的层次，大部分环节都未能提升到系统性的机制层面，因此要实现这一目标，还有待时日。

3. 积极学习和借鉴国外优秀出版机构的先进理论和成功经验

欧美发达国家的优秀出版机构大都已经建立起成熟的畅销书出版营销机制。由于出版机构的整体规模较小，从业者整体素质不理想，因而我国出版界的畅销书营销运作水平，还与国外一些大型出版机构存在相当大的差距。一方面是在营销理论上还有一定的差距，如指导畅销书营销实践的图书营销学，基本上都是按照西方的市场营销学构建起来的；另一方面是在实践经验的积累上也存在相当大的差距，更缺乏进行畅销书国际化营销运作的经验。这就决定了我国出版界要建立畅销书出版营销机制还需要很长一段时间。在建立畅销书营销机制的过程中，有一条近路就是积极学习和借鉴国外优秀出版机构的先进理论和成功经验。国内的出版机构应该奉行"拿来主义"的原则，借鉴国外优秀出版社成熟的畅销书营销机制，为我所用，同时结合国内的实际情况，建立起具有自身特色的畅销书出版营销机制。为此，就特别需要培养和挖掘一批既能立足中国本土，又能开眼看世界的优秀专业人才。

第四节

拓展畅销书出版营销的国际化道路

笔者在前文已对我国出版机构实施畅销书国际化营销的意义及问题进行了较为深入的分析，此处不再赘述，只是主要谈一下关于如何开创畅销书出版营销的国际化道路的三点设想：

1. 国家有关部门出台相关政策，为出版机构开创畅销书营销的国际化道路提供宏观支持

既为国内出版机构引进、出版国外优秀畅销书创造良好的环境，提供政策上的支持，又为国内出版社向国外输出本土优秀畅销书提供多方面的支持。在当前和未来的很长一段时间里，后者应该是国家有管部门集中关注的问题。近年来，国家在积极引进国外先进出版技术和版权的同时，还在继续加大中国图书对外推广的力度。在"让中国走向世界，让世界了解中国"方针的指引下，开始实施"走出去"战略。出版业先后实施了中国图书对外推广计划、经典中国国际出版工程、中外图书互译计划、中国出版物国际营销渠道拓展工程、重点新闻出版企业海外发展扶持计划、边疆新闻出版业"走出去"扶持计划、图书版权输出普遍奖励计划、丝路书香工程等多项工程，构建了内容生产、翻译出版、发行推广和资本运营等全流程、全领域的"走出去"格局，成效十分可观。但目前尚无专门针对原创优秀畅销书的支持措施。优秀畅销书在整个出版业中往往起着引领器的作用，在一定程度上反映着一个国家的时代潮流和社会状况，加大本土优秀畅销书的输出力度，可以让中国文化尽快融入世界潮流，让世界更加了解中国当代文化。因此，国家有关部门应该结合我国出版界的实际情况，采取更多切实可行的措施，加大对中文图书特别是畅销书"走出去"的支持力度。

2. 紧随时代潮流,继续大力引进国外的优秀畅销书

从近年来国内涌现出的畅销书种类看,引进版畅销书的整体数量虽然不算多,但其中的"超级畅销书"比例却极高。这些畅销书在国内的畅销,一方面给出版社带来了丰厚的经济利润,学习了畅销书出版营销的先进经验,另一方面也为国内读者提供了优秀的畅销读物,开拓了视野,获取了知识,社会效益也是非常明显的。但从整体上看,仍存在绝对数量较小、种类不丰富、引进对象国范围不广等问题。从未来的发展趋势来看,国内的出版机构还应该继续加大出版引进版畅销书的力度。既要增加引进的绝对数量,同时要扩大引进的范围,从图书种类来说,应该涉及更多的学科领域,从畅销书所属国家来说,除了美、英、日等国以外,还应该引进其他一些国家的优秀畅销书(如法、德、俄以及拉美和非洲诸国)。这必然会促进国内出版社与国外出版社之间的合作与交流,同时也会为国内畅销书作家的创作提供有益借鉴,从而在一定程度上会提高国内出版机构畅销书国际化营销的整体水平。

3. 采取一系列具体措施,有意识地"走出去"

在具体的运作过程中,应该做到以下几点:(1)国际出版机构和出版商进行多种形式的深度合作,除版权合作以外,在资本、选题策划、图书制作、整体项目、代理业务等方面进行多维度的合作。与此同时,在国外设立分支机构,积极寻找合适的合作者,共同开辟国外市场。做到"全球化思考,本土化执行"。(2)畅销书的选题和内容既要富有中国特色,同时又要充分考虑国外读者的阅读兴趣和阅读口味。在选题内容上要注意个性与共性的平衡与协调。这就要求出版机构在国内有意地发掘和培养具有一定潜力的优秀畅销书作家,作家是决定畅销书品格的核心因素。当然,在这一方面,国家相关机构也应承担一定的职责,尤其应该采取措施大力鼓励、重奖优秀原创畅销书作家和输出成绩较为突出的出版商或出版机构。(3)要为畅销书准备传神的翻译,中文的翻译问题是制约中文图书走向世界的瓶颈之一。出版机构在实施"走出去"战略时,必须物色优秀的人才,解决畅销书的翻译难题。(4)主动利用西方主流媒体和新兴媒体,向国外

出版机构和读者大力宣传和推广中国的本土畅销书。《狼图腾》的案例充分印证了这一策略的有效性。(5)在积极向发达国家进军的同时,目光多投向发展中国家和不发达国家,在大力开展经济、科技交流合作的同时,加大出版交流。

第五节
健全畅销书出版营销的评价体系

如何去评价畅销书以及畅销书的出版营销活动，是研究畅销书出版营销机制中的一个重要问题。我国畅销书出版营销实践的不断发展，迫切需要建立一套健全而客观的评价体系。这一体系主要有两方面的作用：一是独立、客观地评价畅销书的内容、价值和影响力，总结畅销书营销活动的利弊得失，引导畅销书创作、出版和营销的发展趋势；二是其本身作为一种有效的营销手段，可以在畅销书的营销活动中发挥必要的宣传促销作用，这一点已为国内外的畅销书出版实践所证明。在这个意义上讲，畅销书评价体系亦可称为畅销书营销评价体系。结合中外畅销书营销的实际情况，笔者认为，一套健全的畅销书评价体系应该包括书评、畅销书排行榜、优秀畅销书的评价体系、座谈会与研讨会等四大系统。经过多年的发展，我国的畅销书评价体系已经初步建立，但是由于诸多原因，目前还不够健全，仍然存在着不少问题。这在一定程度上制约着我国畅销书出版业的发展。

当前国内畅销书评价体系的主要问题表现在两方面：

1. 现有评价体系的客观性、独立性有待加强

现有的评价体系更多地发挥了其作为畅销书营销手段的作用，而没有充分发挥其评价、监督、总结和引导的作用。具体表现在，当出版机构在对畅销书进行宣传造势时，大众媒体和评论界几乎都是众口一词地叫好，缺乏冷静客观的评介意见，更缺乏"不合群的批评之声"。在对畅销书的评论中，往往是在畅销热潮过后才会有"异端"的声音在评论界出现，而这时已是时过境迁，

"事后诸葛亮"式的批评纵使再冷静,再客观,也都将无补于事。那些平庸之作之所以能够堂而皇之地成为火爆一时的畅销书,出版界和评论界都负有不可推卸的责任。

以畅销书的书评为例。1993年,伍旭升在《大轰动:中外畅销书解秘》一书中就指出,当时的书评"已经沦落为为具体出版物'歌功颂德'的方式之一,或者责任编辑的工作成绩之一……书评在很大程度上放弃了对图书进行客观、公正、又充满理性的严格的审视,更放弃了书评对整个书业的宏观思辨、批评和及时引导。"①经过20多年的发展,这一状况并没有多少好转,反倒涌现出了更多的"御用"书评、"红包"书评,而且在书评界已经形成一种约定俗成的现象:"现在的书评,大多是肆意炒作、故意拔高,书评者好像成了出版社、书商、作者的推销商。甚至一些书商在市场利益的驱动下,操纵了图书的选题、写作、出版、销售的整个过程:先是策划一个市场热销的题目,然后组织一帮操刀手来'组装',从出版社'买'个书号,接着与读书版编辑'精诚合作',指定一些'写手'来共同炮制。不知这样炒作出来的书评,会对读者负多少责?"②这样的批评虽然略显偏激,但也的确在一定程度上反映了部分书评出现了过度商业化、文化性弱化的突出问题。造成这一现象的根本原因,在于国内缺乏公认的资深书评家和独立的书评作者队伍,缺乏真正权威并受到普遍关注的书评媒体。

再如围绕着畅销书召开的座谈会和研讨会,现在也往往变成畅销书宣传造势的"赞歌演唱会",与会者"谈的好像只有优点,没有缺点,即使说有缺点,也反复地声明只是无伤大雅的小毛病"。"这样的发布会或座谈会中有相当一部分,是为了炒作某一本书,以服务于销售或评奖。这样的会,记者是必请的,而且实际上他们往往是会议的主角。其他人等则是烘托气氛的,无非是请名人、专家、政府官员到会,友情出场,发表一番议论。发言中应付性的话多、有真知灼见的评述少成了普遍现象。"③这样一来,又何谈客观性和独立性?

---

① 伍旭升:《大轰动:中外畅销书解秘》,广州:广州出版社,1993年,第162页。
② 赵继才:《图书媒体:呼唤独立书评人》,新浪读书频道,http://book.sina.com.cn/review/f/2004-02-16/3/42787.shtml,2004年2月16日。
③ 笸犴:《别让出版座谈会变味》,光明网,http://www.gmw.cn/01gmrb/2001-04/12/GB/04%5E18749%5E0%5EGMC1-109.htm,2001年4月12日。

2. 评价体系缺乏权威性，有待进一步完善

书评与座谈会的缺陷上面已经述及，在此主要分析畅销书排行榜和优秀畅销书评选体系的问题。

畅销书排行榜是与畅销书相伴而生的书业宠儿，它不仅是图书畅销程度的重要衡量标准，而且是畅销书自我宣传推销的重要途径。它不仅可以为出版机构、书店带来丰厚的经济利润和强大的社会影响力，而且还可以引领一个时期的阅读潮流和文化走向。随着我国书业经济的快速发展和畅销书出版营销机制不断的成熟，我国的畅销书排行榜从无到有，从少到多，已经在整个书业内扮演着举足轻重的角色。目前，我国的很多报刊（包括专业型和综合型）、门户网站（如新浪读书、搜狐读书、网易读书等）、网上书店（如当当、卓越亚马逊等）、出版机构（如中国出版集团）、大型书店和专业机构（以北京开卷信息技术有限公司最为有名）都会发布多种形式的畅销书排行榜。这些蔚为大观的畅销书排行榜"或者以周为周期，或者以月为周期，皆借助不同媒体的特性记载着畅销书业波澜壮阔和精致入微的历史与现实。"[1]其中也不乏一些优秀的排行榜，但与国外那些成熟的畅销书排行榜相比，我国的畅销书排行榜在整体上还存在着诸多的缺憾。

2003年，《出版经济》杂志曾对16家国内大型书店的畅销书排行榜进行了调研分析，调研的结论认为：整体排行榜不科学；中国图书销售地域差异较大，排行榜具有一定的误导性；排行榜对书店进货有一定的参考价值，但不具有指导意义；图书出版与排行榜没有什么关系；从商业角度来看，排行榜没有什么行业价值；等等。[2] 2016年，周根红通过调研指出，当前有些畅销书排行榜的运作体现出权力、资本和市场的多重操作力量，导致图书出版市场的异化现象和效应，主要表现在四个方面：出版资源集中于少数出版社，形成资源垄断局面；图书出版的价值偏离，导致文化的扁平化、同质化；具有片面性，掩盖了阅读的多层次结构；操作不规范，为资本和权力提供寻租空间。因此，当前的畅销书排行榜急需加强监管，完善评价体系，重建权威性和可信度，以推

---

[1] 张文红：《畅销书：理论与实践》，北京：中国传媒大学出版社，2011年，第14页。
[2] 开儒：《解读中国图书排行榜》，《出版经济》，2004年第1期。

动图书出版业的健康发展。[①]在笔者看来，目前国内的畅销书排行榜普遍存在着四大缺憾：

(1) 缺乏权威性

畅销书排行榜的先河，是由美国《书商》杂志于1895年开启的。如今，在美国最权威的畅销书排行榜是《纽约时报·书评周刊》排行榜和《出版商周刊》排行榜。前者是根据3000多家零售店和为4万家左右其他零售点供货的图书批发公司所提供的数据整理编制而成的，每周日在书评版上公布。后者则是依据独立书店和连锁书店提供的数据编成的。这两大排行榜在美国书业界具有举足轻重的地位，具有很高的权威性。凡是能进入这两大畅销书排行榜的图书，销售量大都直线上升。不仅如此，《纽约时报》排行榜和《出版商周刊》排行榜还在全球具有很大的影响力，甚至在一定程度上引领着全球的阅读趋势。目前很多国家的出版机构在引进国外图书时，这两大排行榜是首选的参考依据。

与美国的畅销书排行榜相比，我国的畅销书排行榜出现较晚。20世纪90年代初期才传入国内，90年代中期开始受到业内人士的注意，各种各样的畅销书排行榜也不断涌现出来。在所有的排行榜中，目前具有一定影响的是北京开卷信息技术有限公司发布的畅销书排行榜及其分析。该公司是一家专业提供图书行业咨询、研究与调查服务的商业机构，同时也是全球最大规模中文图书市场零售数据连续跟踪监测系统的建立者。"开卷市场系统"自1998年正式建立以来，目前已有800多个大中城市的2000多家书店门市加盟系统。在此基础上，开卷定期发布畅销书排行周榜、月榜和年榜，在业界有一定的影响力。但从整体上看，国内尚未出现像美国《纽约时报》畅销书排行榜那样统一而权威的排行榜，更多的是一些大型书店自身的排行榜。由于这些排行榜反映的只是一时一地的销售情况，变数很多，因而就难以具备宣称某本书就是全国真正的畅销书的资格。

---

① 周根红：《畅销书排行榜的异化效应与制度建设》，《现代出版》，2016年第1期。

(2) 分类体系不完善

分类体系的优劣是衡量畅销书排行榜的一个重要指标。欧美国家的畅销书排行榜在分类方面做得比较成熟。以美国的两大畅销书排行榜为例：《纽约时报》每周公布一次的排行榜，分为硬皮小说（15+20本）、硬皮非小说（15+20本）、硬皮咨询书（5+10本）、儿童图书（10+10本）、纸皮小说（15+20本）、纸皮非小说（15+20本）和纸皮咨询书（5+10本）七大类。每个类目括号内前一个数字为强烈推荐的品种，后一个数据表示销售也不错的品种。《出版商周刊》的畅销书排行榜分为硬皮小说（15本）、硬皮非小说（15本）、大众市场纸皮图书（15本）、一般纸皮图书（15本）、有声小说（15本）、有声非小说（15本）、大宗预订图书（20本）、儿童绘画本（10本）、儿童小说（10本）、宗教硬皮书（10本）和宗教纸皮书（10本）等11类，括号内的数字是上榜种数。我们从中可以看出这类优秀畅销书排行榜的特点：首先是分类比较细致，涵盖的图书种类较多，体现出了畅销书种类的多样性；其次是分类体系比较固定，大致是按包装与题材来分，并对上榜图书的数量有明确的规定；第三是分类比较深入，除了对包装、题材有所描述、数量有所规定以外，还对图书的畅销程度进行了分类。这对读者和书店就有很大的指导意义。

反观我国畅销书排行榜的分类体系，则显得比较笼统、肤浅。目前，国内书店公布的畅销书排行榜大致有三类：一类是公布图书综合排行榜，不论图书类别、题材，仅仅按照实际的销售数量罗列排行；一类是借鉴国外畅销书排行榜的方式，把文学类（或称虚构类）图书排行榜单独列出来；三是按照图书类别来分，如有的排行榜就分为社科、文教、文艺、少儿、科技五大类，这种分类方法比较细致一些，但并不具有普遍意义。可以看出，我国的畅销书排行榜在分类体系方面还没有统一的规范，缺乏行业标准，也没有约定俗成的原则，不如国外成熟的畅销书排行榜那么细致、深入、固定，整体上缺乏科学性，呈现出的信息也不够丰富。

(3) 数据来源的可靠性不足

一般来说，能够真实地反映畅销书实际销售情况的只有畅销书排行榜。在英国，图书跟踪公司和图书观察公司通过计算机处理全英百余家书店每周提供的销售数据，为英国书业界提供准确的畅销书排行榜，在《书商》《星期日快报》《观察家》《每日快报》《星期日时报》等报刊上发表。但在当前，国内畅销书的销售情况很难确定。这有两种情况：一种是排行榜的图书销售数量主要根据出版机构的发行量来确定。但发行量的多少并不等于实际的销售量。这样一来，很多畅销书的实际销售情况就要大打折扣。一种是销售数量由各个书店自己公布，而又缺乏一个统一的数据采集和认证机构，这样就使书店自身排行榜的公信力不足。与畅销书排行榜运作机制比较成熟的发达国家相比，国内目前没有一个大规模的信息采集机构，确实缺乏可信度高的、一致认可的书业排行榜。由于现在缺乏全国性的数据体系，所以整体上比较依赖北京开卷信息技术有限公司的畅销书排行榜，但它本身又是商业性而非社会性的。它所统计的数据的权威性和科学性还无法得到普遍的认可。长远地看，在国内建立专门的相对独立的图书发行量和销售量的认证机构，是解决这一问题的有效途径之一。正如有论者所指出的："只有社会认可的权威机构——它掌握了全国的图书销售数据，并以科学的方法给予界定，以及由它的业绩所形成的权威性——才能给图书加之于畅销书的桂冠。"①

（4）"炒作"色彩较浓

畅销书排行榜既是畅销书的重要评价体系之一，也是畅销书宣传促销的重要途径之一。在这种情况下，就出现了很多在出版机构和书店共同谋划操作出来的畅销书排行榜，这就是前面多次提到的"打榜""买榜"现象。这类畅销书排行榜的人为性非常之大，已经沦落为某些出版机构和书店刻意推销图书的宣传工具。这样，很多排行榜的客观性就要受到质疑。人为操作的结果就是使上榜图书良莠不齐，难以体现出畅销书排行榜的公正、客观和择优原则。2002年上海市编辑学会与《咬文嚼字》编辑部合作，对上海书城该年7月份的一次排行榜中的8本书作了一次编校质量检查。调查结果表明，上榜图书存在着两方面的主要问题：一是上榜图书的思想内容质量高下不一，有的图书思想倾向存在较多的问题；二是上榜图书的编校质量良莠不齐，有的图书严重不合格，

---

① 刘拥军：《推动图书畅销的五大力量》，《出版广角》，2002年第10期。

普遍存在着错别字、多字少字、知识错误、译文生硬甚至不通等问题。[①]依笔者的揣测，那些编校质量不过关的图书之所以能够堂而皇之地登上万众瞩目的畅销书排行榜，根本原因就在于其中掺杂了太多的人为因素。正是因为有了太多的"造假"排行榜，所以就有人提出了"远离排行榜"的口号。现代经济在某种意义上讲就是一种"诚信"经济，当社会上各行各业都在大讲而特讲"诚信为本"的理念时，畅销书排行榜自然不能置身其外，否则就只能自毁长城，为读者和市场所抛弃、鄙视。

相对于其他评价体系来说，优秀畅销书评选体系的评价对象更为广泛，评价的因素更为全面，尤其重视畅销书的社会效益，这在一定程度上有利于规范和引导畅销书出版营销活动的健康发展。目前国内有两大评选系统比较有影响力：一是由中国书刊发行协会组织举办的全国优秀畅销书评选体系（后改为全行业优秀畅销书评选）；二是由中国大学出版社协会主办、大学版协发行工作委员会承办的全国高校出版社优秀畅销书评选体系（后改为中国大学出版社图书奖优秀畅销书奖）。

全国优秀畅销书评选和全行业优秀畅销书评选活动自1991年举办以来，原则上每年评选一次，已经评出数以千计的优秀畅销书。评选本着"在畅销基础上的优秀，在优秀前提下的畅销"的原则，要求入选书籍必须符合以下基本要求：近二年内出版（或重印）且符合国家的出版管理规定；内容质量、编校质量较高，社会效益好；需经部分书店的销售证明，确实受到读者欢迎，销路较快，经济效益较好；每种书的发行量一般不低于1万册（少数民族类图书和学术著作可适当放宽）；等等。此项评选体系在书业内具有一定的权威性，但由于该评选并不是单纯地依据销售量，而是综合考虑图书的质量和选题是否符合两个文明建设的需要，故入选图书的类别比较复杂多样，有些入选图书在严格意义上还不能成为畅销书。这无疑是一大缺憾。

全国高校出版社优秀畅销书评选活动已经开展了多届，奖项名称改为中国大学出版社图书奖优秀畅销书奖后，迄今已经评选了四届。审评图书首先注重内容，把思想性、创新性作为首要因素，对选题新颖、学术含量高、实用性强的给予优先考虑；按内容质量、编校质量、销售量三项指标综合考评。这一评

---

① 甘奉先：《上榜图书竟何如》，《编辑学刊》，2003年第4期。

选体系的缺陷更为明显：一是评选对象只限于高校出版社出版的图书，评选范围比较狭窄；二是此处所指的畅销书与社会上公认的畅销书有一定区别，入选图书多为学术类或教材类著作。

总而言之，随着我国畅销书出版业的持续发展，建立一套健全而权威的畅销书评价体系的必要性和迫切性已经凸显出来。为此，就应该针对以上问题，有的放矢地进行必要的制度建设和工作创新，可以在以下四方面加强和改进具体工作：完善市场和行业监管，以保证评价体系的规范性；完善机构建设，以保证评价过程的独立性；完善评价体系，以保证评价的多样性；完善评价方式，以保证评价结果的科学性。

第六节
加强畅销书出版营销理论研究

从一定意义上讲，畅销书出版营销不仅是一项实务性的，还是一种应用型的理论。对于从业者来说，要开展高水平的畅销书出版营销工作，既需要有丰富的实践经验，同时也需要有一定的理论指导，二者相辅相成，缺一不可。由于畅销书出版营销的特殊性，现有的图书营销学在很多方面都无法满足畅销书营销实践的发展需求。这就迫切需要建立畅销书出版营销自身的理论体系，以指导实践活动。

但从近年来的发展实践来看，从业者和学界普遍强调实践的重要性，而在理论方面的建树并不乐观，实践与理论的发展还不协调。这表现在两方面：

第一是从业者并未将感性的实践经验提升为可以指导实践的理论，而仅仅局限于手段、策略、方法、战术、"高招""绝招"等层面的总结与应用，至今未能出现具有影响力的理论总结。业界著名的"金黎模式"的贡献也主要在实践层面，而非理论层面。从业者重实践而轻理论，只有实际经验而无理论指导，这是导致当前畅销书营销活动失范、低层次和人文内涵欠缺等问题的重要原因之一。

第二是学术界在研究畅销书营销活动时，多是对业界实践经验的总结，很少有理论色彩比较浓厚的阐发与分析。在研究路径上，也缺乏运用经济学、管理学、社会学、传播学（包括大众文化/文化工业）等学科的理论和研究方法进行深入研究的文章。研究框架迄今未能超出图书营销学的范畴，因而迄今未能构建起畅销书出版营销自身的理论体系。

国内畅销书出版营销要获得长足发展，就必须加强理论研究，以提高畅销书出版营销的理论性、学术性与科学性。一方面，理论从实践中来，从业者应该有理论创建的意识和勇气，从众多的畅销书营销实践活动中不断探寻市场运作的基本规律，将感性的经验提升为可以指导实践的理论，力争形成畅销书营销自身的理论体系；另一方面，从业者和学界都应该主动提升自身的理论水准。目前业界已经有针对营销人员的一系列培训举措，如让出版社的营销人员接受 MBA 的系统学习和培训，已经取得了很好的效果。另一方面，无论是从业者还是研究者，都应该主动运用经济学、传播学、社会学和编辑出版学等学科已经比较成熟的理论来研究国内畅销书出版营销的实践活动，构建起科学的理论体系。这样不仅提供了一个多维度的研究视野，从而拓宽从业者的视野，而且更为重要的是能提高研究的理论水准，从而对实践活动进行高屋建瓴式的指导。

在具体开展研究时，应该特别注意加强以下五方面的研究课题：

一是研究那些在畅销盛期过后仍能长期保持一定销量的常销书，一般情况下，这类书籍都是经济效益和社会效益双佳的图书，也是畅销书出版营销的最高境界，比如入选"改革开放 30 年 30 本书"的图书，基本上都属于这一类，中国的出版界更需要这类优秀畅销书作支撑。

二是研究那些虽然经过系统营销却没有实现畅销目标的失败案例，深入分析其不畅销的教训和原因，类似于出版界的《大败局》，从典型的反面实例为业界提供借鉴和参考。实践证明，营销也并非是万能的。美国学者约翰·菲斯克的研究表明，80%—90% 的新文化产品都在商业上失败了，尽管生产者做了海量的广告……但很多电影的票房收入甚至无法填平其推广成本。西蒙·弗利斯也指出，大约 80% 的单曲和唱片都是亏本生意。① 类似的情况在图书出版中也会遇到。事实上，比起那些能进入畅销书榜的"幸运儿"，在国内出版市场上流通的图书，有不少是那些虽经营销但却少人问津的失意者，正所谓：高利润必有高风险，有些畅销书可能会赔钱。

三是在比较的视野下，关注和研究那些永远都不可能畅销的小众出版物（包括学术著作、专业著作、经典著作等）的出版营销活动，在合理的出版体系中，这类图书就好比金字塔的顶端，虽然受众很小，但一定有其存在的价值，有些还会成为永恒的经典著作。著名的德国出版商、卡夫卡研究学者克劳斯·瓦格巴赫曾说过：

---

① ［英］约翰·斯道雷：《文化理论与大众文化导论（第五版）》，常江译，北京：北京大学出版社，2010 年，第 10 页。

> 如果失去了印数少的那些书,那等待我们的便是死亡。卡夫卡的处女作只印了800本,布莱希特(Brecht)的只印了600本。假如当初有人觉得不值得出版他们的著作,那世界会变成什么样子。①

四是研究美国、英国、法国、德国、日本、韩国等出版业发达国家的畅销书出版理论与实践,尤其要加大对经典案例的深入研究,如《星球大战》"哈利·波特"系列、日本动漫等成功案例就值得国内出版界不断探讨。在全球化的大背景下,这样的研究将对国内出版机构具有很强的借鉴意义。

五是研究畅销书在当代文化建设和文化传承方面的作用与影响,比如在大众文化发展、全民阅读活动、国家"软实力"提升、中外文化交流等方面的作用。从传播学研究的内容来看,传播影响和效果研究困难较大,但意义却非同寻常。这样的研究势必能开阔我们的研究视野。

当前,我国的图书出版从业者以及研究编辑出版学的学者人数众多,理应在畅销书出版营销的理论构建方面做出一定的贡献。这一问题已经引起了部分从业者和学者的关注,并开始有所作为。如王一方就认为,畅销书不仅是一门操作的实务,还是一种应用型的理论。他强调畅销书作为当前出版界非常重要的一个现象,需要我们研究和考察,并指出了研究畅销书的三条近路:(1)传播学研究。将畅销书当作传播学的一个范本,研究其信息流、物流、资金流等的运作过程;(2)文化社会学研究。就是将其作为一个文化社会学的范本,用社会学的方法研究它。研究它与时代的思潮、精神症状和关注点是怎么结合的,研究其内在的文化与社会的契合关系;(3)经济学、管理学的研究。研究其周期、规律、操作、计划、控制、组织和管理。比如营销学的办法、供应链的办法、品牌塑造的办法。②再如夏德元于2005年研究了传播学基本原理在图书宣传活动中的应用和体现,具有极大的开拓意义。③而笔者撰写本书的初衷之一,就是力图以新的视角来研究畅销书的出版营销实践活动,用自己的绵

---

① [美]安德烈·希夫林:《出版业》,白希峰译,北京:机械工业出版社,2005年,第132页。
② 王一方:《畅销书的市场理论和实务》,《编辑之友》,2003年第5期。
③ 夏德元:《论传播学原理在图书宣传中的应用》,《出版广角》,2005年第2期。

薄之力在理论构建方面有所作为。

笔者相信，随着畅销书出版营销实践的进一步发展和编辑出版学研究队伍的不断壮大，将会有越来越多的人投身到这一领域的研究中去，并一定能构建起富有中国特色的畅销书出版营销理论。这必将对我国畅销书出版产业的未来发展产生极大的指导和推动作用。

结论

没有中华文化繁荣兴盛，就没有中华民族伟大复兴。一个民族的复兴需要强大的物质力量，也需要强大的精神力量。没有先进文化的积极引领，没有人民精神世界的极大丰富，没有民族精神力量的不断增强，一个国家、一个民族不可能屹立于世界民族之林。

——习近平[1]

我们希望国家社会进步，不能不希望教育进步；我们希望教育进步，不能不希望书业进步；我们书业虽然是较小的行业，但是与国家社会的关系却比任何行业都大。

——陆费逵[2]

---

[1] 习近平：《在文艺工作座谈会上的讲话》，见中共中央宣传部：《习近平总书记在文艺工作座谈会上的重要讲话学习读本》，北京：学习出版社，2015年，第5-6页。

[2] 陆费逵：《书业商会二十周年纪念册序》，《进德季刊》，第3卷2期，1924年。

大众文化的发展路径和出版产业化的历史趋势，深刻影响了我国畅销书出版活动的历史进程和现实格局，在此过程中，营销在畅销书出版中的重要性和特殊性日益凸显，这也成为近年来学术界和实业界共同关注的热门话题。从大众文化视角对畅销书出版营销机制进行研究，具有很强的现实意义和理论价值，而且会呈现出一定的创新性。笔者在本书中综合运用大众文化、市场营销、编辑出版学等学科的相关理论和文献研究、文本分析、案例解析、中外比较等方法对这一专题进行了比较系统的研究。

作为大众文化的重要类型之一，畅销书是指在特定的空间范围内，在一段不间断的时期内，在开放的市场环境下，经过读者的自主购买消费，持续销量达到 10 万册以上，获得良好经济效益并产生较大社会影响的图书。在考察和使用这一概念时，应该考虑到畅销书的"六性"：发展的历史性、产生的自发性、销量的决定性、发布的权威性、销售的时间性、质量的复杂性。这在一定程度上可以拓展畅销书研究的视野和范围。

畅销书出版营销是指出版机构在特定的图书市场环境中，在一定时期内针对畅销书这一特定商品，以实现畅销书经济利润最大化为主要目的而进行的一系列商务运作活动，它贯穿于畅销书出版活动的整个过程。与一般的图书出版营销活动相比，畅销书的出版营销具有六方面的特殊性：营销的必须性、更具系统性、策略的多样性、更强的时效性、收益的最大化、问题的突出性。畅销书的出版营销机制则指在特定的历史阶段和社会环境下，以畅销书的出版营销活动为核心而形成的一套具有系统性和规律性的规范化运作模式或体系。

大众文化的多元格局和出版的产业化变革潮流，构成了我国畅销书出版营销活动的商业背景和文化背景。以中国大众文化的演进历程和独特格局为背景，可以把近代以来的畅销书出版活动分为四个阶段：1840—1948 年是由出版文化商人主导的"启蒙型"阶段；1949—1978 年，是由党和政府主导的"教化型"阶段；1979—1989 年，是知识分子和读者共同主导的"自发型"阶段；1990 年以来，是出版社和民营书商共同主导的"市场型"阶段。市场型的畅销书出版模式是世界出版的发展主流，但由于我国当前意识形态和文化事业的特殊性，畅销书出版在以市场型畅销书为主的同时，将长期存在政治型与文化型的畅销书，尤其是政治型的畅销书还将在整个文化发展中扮演十分重要的角色。这种交错交融的状态是我国经济社会和出版业处于改革发展阶段的现实反映，必然会对畅销书的出版营销活动产生一定的影响。

从出版环境来讲，目前我国的畅销书出版营销还存在七方面不容忽视的制约因素境：出版业整体状况不容乐观，"滞胀"现象进一步加深；出版机构整体规模相对较小，尚难支撑大规模的系统出版营销活动；高水平的出版人才普遍缺乏，制约畅销书出版营销发展；行业自律现状严峻，存在很多失范现象和行为；市场秩序较为混乱，盗版问题成为畅销书出版营销的最大威胁；社会认识存在误区，普遍存在轻视畅销书的倾向；国民阅读率不甚理想，图书消费动力不足。以上几方面构成了我国畅销书出版营销的整体环境。

大众文化追逐利润的商业性和迎合受众的日常性对畅销书出版营销活动的影响最大，在选题策划、产品制作、媒体营销、渠道选择、公关传播等环节都有所体现。本书重点对以上环节的理论依据、现实经验、营销特点、发展规律和突出问题进行了探讨，以期从理论上建构起比较完善的畅销书出版营销机制。

从畅销书的生产源头来看，畅销书的选题类型有三：独立自主型、文化启迪型、迎合读者型。在供大于求的买方市场，供给量的无限增长和读者有限的购买量之间的矛盾越来越尖锐，这就使得畅销书的选题策划必须从原有的"编辑—出版本位"到"读者—市场本位"。迎合读者型的选题策划模式由此成为主流。在此过程中，就必须重视市场调研，处理好创新与"跟风"的关系，合理利用"名人效应"。好的选题必须以组到优质稿件为第一目标，为此就必须根据出版机构的实际情况，研究组稿方法和技巧。

为了赢得读者的青睐和市场的认可，畅销书的出版营销活动还必须高度重视产品的制作，以达到"内外皆美"的最佳境界。为此就必须在核心层讲究内容为王，在形式层讲究编创出新，在附加层提供周到服务。并力争在打造单本优质畅销书的基础上，进行有效的品牌延伸，将优质畅销书的潜质发挥到极致。从欧美发达国家的做法来看，大规模的全方位的畅销书品牌延伸策略是其获取高额经济利润，产生重大社会影响的常用做法。而国内由于体制机制以及出版机构实力的限制，目前在这一方面还处于初级阶段。

大众文化时代，也是媒介时代，身处媒介化的社会，就必须主动关注、利用各种媒介对畅销书进行媒体营销。一方面，各种媒体（包括大众媒介和网络、手机等新媒体）为畅销书的出版营销提供了丰富资源、广阔平台和有效手段，另一方面，畅销书也为影视、文艺作品以及其他文化产品的改编、创作、生产提供了很好的基础范本，二者之间是一个互动、共融与共赢的关系。不同的媒体与畅销书有不同的营销关系，由此而形成不同的营销形式，但无论如何，成功的畅销书媒体营销活动必须遵循四条基本原则：选择的大众化、媒体的整合性、营销的持续性、内容的客观性。

除了媒体营销以外，畅销书的营销还必须具备畅通的销售渠道，进行必要的公关传播。为此，出版机构应按照综合选择、主动吸引、精诚合作、注重服务的原则，努力建构关系型的销售渠道，这样的销售渠道可以帮助出版机构在营销活动中形成"全面封杀"局面，共同抵制盗版；开展有效的图书促销活动，节约出版社的营销成本；开拓发行网点，带动其他图书的销售。为了扩大图书的销量，出版机构还必须与舆论领袖、读者大众进行有效沟通，开展公关传播，具体实践中，名家推荐、座谈研讨、作者签名售书与巡回演讲、开展社会公益活动都是比较有效的公关传播策略。

以上几个方面的环节可以基本建构起一个比较完整的畅销书出版营销机制，国内出版机构在这几个方面都进行了有益的探索，为我国畅销书出版营销活动的健康持续发展打下了坚实的基础。畅销书作为一种特殊的文化产品，兼具商业属性和文化属性。从业者在开展畅销书出版营销活动时，应该在文化坚守的前提下，进行产业化的文化运营，不断追求商品属性与文化属性的平衡与和谐：既要通过开展出版营销活动，实现畅销书经济利润的最大化，同时又要在畅销书中注入一定的人文内涵，力争达到畅销书社会效益的最佳化。绝不能只为追求商业利润而置畅销书文化内涵于不顾。出版界应该推出更多具有文化内涵的优质畅销书，畅销书不仅要发挥其娱乐功能，同时还应该发挥其认知、教育和服务的特殊功能，应该在文化传播、文化传承和文化积累方面做出一定的贡献。

多年来我国出版界在畅销书出版营销机制的构建方面进行了有效的探索实践，成绩不易，但还存在五方面不容忽视的突出问题：（1）存在产业化程度不够与低水平商业化运作的悖论，导致畅销书的商业属性与文化内涵失衡；（2）

盲目"跟风"的现象比较严重；(3)肆意"炒作"的问题比较突出；(4)出版机构普遍缺乏本土畅销书国际化营销运作的意识和能力，本土畅销书缺乏国际影响力；(5)尚未形成成熟的畅销书营销机制。这些问题充分反映出我国当前畅销书出版营销中的突出"悖论"：一方面出版业规范的产业化程度还远远不够，另一方面低水平的过度商品化现象却比较严重。这种现实的吊诡现象制约和影响着我国畅销书出版营销实践的未来发展之路，应该引起我们的深思。

在出版产业化不断深入发展和大众文化日渐繁盛的大势下，畅销书出版营销事业只有因应时代潮流，结合自身特点，多方借鉴国外有益经验，探寻出一条既能创造巨额经济利润，又能带来强大社会效益，进而能够大力提升国家"软实力"的康庄大道。为此，就必须树立规范的畅销书营销观念；培育规范的社会与市场环境；建立健全的畅销书营销机制；拓展畅销书营销的国际化道路；健全畅销书营销的评价体系；加强畅销书营销理论研究。

必须特别提出的是，要树立正确的畅销书出版营销观念，首先要对畅销书有一个客观全面的认识。不能因为畅销书存在的突出问题，就抑之入地，鄙夷菲薄。作为大众文化和大众出版的重要类型之一，畅销书在加快出版产业化改革进程，增强出版整体实力，进而提高全民阅读率和国民文化素质方面，具有不可替代的积极作用。笔者很赞同李春媚从大众文化发展的角度提出的对待畅销书的态度：

> 那种对于畅销书嗤之以鼻或横加指责的态度是不明智的。那种哀叹"纯艺术"的"无可奈何花落去"也是过于悲观的。通俗艺术的产生和发展应视为文化平等、话语霸权解体的历史进步。在消费主义盛行的当代，文化非但没有告退，还呈现出蓬勃发展的态势。对于大众文化，宽容和开放的精神是必须坚持的，关键在于规范和引导。①

出版人的共同目标应该是，通过我们的不懈努力，不断提高我国优质畅销书的生产力和传播力，为中国乃至世界读者持续提供"喜闻乐见"又充满"正能量"的精神商品。为此，我们就应该在加强实践探索和创新的同时，加强相

---

① 李春媚：《畅销书现象："大众审美文化"的透视镜》，《艺术广角》，2002年第1期。

关的理论研究：既要从正反两个方面重点研究中外畅销书出版营销的经验、特点、规律、创新发展之路以及社会影响，还要研究常销书以及永远都难以畅销的小众出版物的出版营销活动，越是强调畅销书，就越不能忽视后两者的存在价值。正如清水英夫所言："'出版'越是大众化，就越有重新认识它非大众化意义的必要。"①

新时期，习近平同志高屋建瓴地指出："当高楼大厦在我国大地上遍地林立时，中华民族精神的大厦也应该巍然耸立。"②在创建社会主义文化强国，实现伟大的"中国梦"的过程中，中国的当代出版人理应也必定会做出应有的贡献。一个国家文化界和出版业推出的精神产品，其格局应该像一座金字塔一样，基座由大量的优秀畅销书组成，中间为常销书，塔尖则是永恒的"经典"。我们希望国家社会乃至人类的不断进步，全体出版人就必须共同努力，用崇高的文化理想和强大的经济实力，建造起一座座美丽的精神大厦和文化宝塔。在这一方面，中国现当代出版史上的众多大家先贤已经为我们树立了最好的榜样，除了本部分正文前引述陆费逵先生的名言以外，笔者再引述巴金先生的一段名言，来说明出版人的责任和价值所在：

> 我们工作，只是为了替我们国家、我们民族作一点文化积累的事情。这不是自我吹嘘，十几年中间经过我的手送到印刷局去的几百种书稿中，至少有一部分真实地反映了当时我国人民的生活。它们作为一个时代的记录，作为一个民族发展文化、追求理想的奋斗的文献，是要存在下去的，是谁也抹煞不了的。这说明即使像我这样不够格的编辑，只要去掉私心，也可以做出好事。那么即使终生默默无闻，坚守着编辑的岗位认真地工作，有一天也会看到个人生命的开花结果。③

总而言之，长期以来，在中国大众文化繁荣发展的宏观背景下，随着出版

---

① ［日］清水英夫：《现代出版学》，沈洵澧、乐惟清译，北京：中国书籍出版社，1991年，第7页。
② 习近平：《在文艺工作座谈会上的讲话》，见中共中央宣传部：《习近平总书记在文艺工作座谈会上的重要讲话学习读本》，北京：学习出版社，2015年，第7页。
③ 巴金：《上海文艺出版社三十年》，见巴金：《随想录·真话集》，http://www.saohua.com/shuku/sxl/zhj28.htm。

业与市场经济"渐行渐近",在从出版大国迈向出版强国的过程中,无论是出版实业界,还是在相关的研究领域,关于畅销书的研究和争论就一直没有停止过。在出版业营销色彩异常浓厚的今天,以畅销书出版营销机制为题进行研究,既是对以往研究和讨论的继承,也是对这一重要的现实问题的理论回应。随着我国畅销书出版营销活动的不断发展,新的营销理念和手段也将如影随形一般不断出现,而相应地也会出现新的问题和缺憾,这些都值得继续关注和研究。从这个意义上讲,关于畅销书出版营销机制的研究,本身就是一个实践性很强的开放型研究课题。当然,这也是一个异常庞大的题目,由于主客观条件的限制,笔者只能以自己的抛砖之论,来引起业界和学界更多的关注和争论。

附录

附录1：
近年来国内出版的畅销书研究相关著作知见录[①]

序号	作者	书名	出版形式	出版机构	出版年份
1	[加]黑利发	《我嫁给了畅销书作家》	中文译著	上海译文出版社	1985
2	[英]苏特兰	《畅销书》	中文译著	上海文化出版社	1988
3	文周	《当代世界畅销书博览》	编	知识出版社	1990
4	伍旭升	《大轰动：中外畅销书解秘》	著	广州出版社	1993
5	施忠连、乔健	《美国金榜畅销书通览》	编著	文汇出版社	1998
6	[美]杰罗德·R·杰肯斯、马丁·林克	《畅销书内幕》	中文译著	天津人民出版社	1998
7	[英]里查德·约瑟夫	《英美畅销书内幕》	中文译著	海天出版社	1999
8	孙见喜	《中国文坛大地震：贾平凹畅销书创作出版纪实》	著	中国广播电视出版社	2000
9	徐丽芳、吴永贵等	《中国百年畅销书》	合著	陕西师范大学出版社	2002
10	管霞	《超级阅读：40部饮誉全球的畅销书》	编著	新世界出版社	2003
11	陆梅	《谁在畅销》	著	学林出版社	2003
12	[美]奥利维亚·戈德史密斯	《畅销书》	中文译著	机械工业出版社	2004
13	叶轻舟	《畅销书》	编著	北京工业大学出版社	2005
14	方卿、邓香莲	《畅销有理：畅销书案例评析》	主编	广东教育出版社	2005

① 含译著和博士学位论文，按照出版、发表年份排序。

序号	作者	书名	出版形式	出版机构	出版年份
15	[日] 井狩春男	《这书要卖100万：畅销书经验法则100招》	中文译著	广西师范大学出版社	2005
16	[美] 布赖恩·希尔、迪伊·鲍尔	《打造畅销书》	中文译著	中国人民大学出版社	2006
17	[美] 迈克尔·科达	《畅销书的故事》	中文译著	中国人民大学出版社	2006
18	陈幼华	《畅销书风貌》	主编	武汉大学出版社	2007
19	张苹	《中国出版畅销书转型的符号学分析》	博士论文	四川大学	2007
20	伍旭升	《30年中国畅销书史》	主编	中国对外翻译出版公司、江西教育出版社	2009
21	要力石	《畅销书策划88法》	著	新华出版社	2009
22	刘观涛	《畅销书的"蓄意"操作：如何成长为金牌策划人》	著	广西师范大学出版社	2009
23	赵英	《畅销书攻略》	著	华中师范大学出版社	2010
24	[美] 史蒂夫·赫利	《我如何成为一名畅销书作家》	中文译著	北京理工大学出版社	2010
25	张文红	《畅销书理论与实践》	著	中国传媒大学出版社	2011
26	易图强	《新中国畅销书历史嬗变及其与时代变迁关系研究（1949.10—1989.5）》	博士论文	湖南师范大学	2011
27	[日] 植田康夫	《出版大畅销》	中文译著	国际文化出版公司	2011
28	崔新艳	《经济与管理类畅销书出版研究》	著	经济科学出版社	2012
29	北京开卷信息技术有限公司	《从一万到百万：超级畅销书的秘密》	编著	安徽人民出版社	2012
30	易图强	《畅销书与思想解放论稿》	著	湖南人民出版社	2013
31	左晶	《大众文化视野下的畅销书研究》	著	知识产权出版社	2013
32	仓理新、王萌、张哲	《流行语折射的畅销书文化》	主编	中国人口出版社	2013
33	李鲆	《畅销书营销浅规则：成就畅销书的100个营销细则》	著	世界图书出版公司	2013
34	李鲆	《畅销书浅规则：成就畅销书的116个细节》	著	世界图书出版公司	2013
35	张文红	《畅销书案例解析（第一辑）》	主编	知识产权出版社	2013

序号	作者	书名	出版形式	出版机构	出版年份
36	[美]斯温	《畅销书写作技巧》	中文译著	中国人民大学出版社	2013
37	[美]詹姆斯·W·霍尔	《一夜成名：破译顶级畅销书的成功基因》	中文译著	电子工业出版社	2013
38	北京开卷信息技术有限公司	《中国超级畅销书大解密·2013》	著	江西教育出版社	2014
39	杨虎	《大众文化视野下的畅销书出版营销机制研究》	博士论文	北京大学	2014
40	张文红、李惠惠、雷蕾	《畅销书案例分析（第二辑）》	编著	知识产权出版社	2015
41	程巍、陈众议等	《中外畅销书的传播与接受研究》	著	中国社会科学出版社	2016
42	李鲆	《畅销书浅规则（升级版）》	著	金城出版社	2017
43	李鲆	《畅销书营销浅规则（升级版）》	著	金城出版社	2017

附录2：

原新闻出版总署公布的含有虚假信息图书（伪书）名单[①]

第一批（2005年5月公布，4家出版社，19种图书）

○中国纺织出版社（6本）

《永续基业》《微笑管理》《"CEO"的七宗罪》《要金钱，还是要生活？》《大话管理100年》《最伟大的管理思想》

○国际文化出版公司（6本）

《强者怎样诞生》《执行力Ⅱ（完全行动手册）》《执行力Ⅲ（人员流程）》《执行力Ⅲ（战略流程）》《执行力Ⅲ（运营流程）》《成长力》

○中国长安出版社（5本）

《管理史上的奠基之作》《执行力》《别找借口》《美国金牌推销员的成功秘诀》《做人做事箴言录》

○机械工业出版社（2本）

《没有任何借口》《麦肯锡卓越工作方法》

[①] 根据《新闻出版总署公布伪书名单49种被列为伪书》整理，新华网：http://news.xinhuanet.com/newmedia/2005-07/26/content_3267420.htm，2005年7月26日。

第二批（2005年7月公布，12家出版社，49种图书）

○哈尔滨出版社（13种）

《超级分析力训练》《超级思考力训练》《超级想象力训练》《管理就这么简单》《大管理》《怎样给猎狗分骨头》《信条：世界著名企业领导人赖以成功的黄金法则》《管理的钢盔》《高效管理的60条绝对定律》《世界最杰出的十位CEO》《IBM变革管理：基业长青的伟大学问》《解决：完美处理企业管理问题的学问》《卓越：如何造就伟大公司的学问》

○企业管理出版社（9种）

《蚂蚁军团》《管理圣经》《规划：发现战略的力量》《没有借口》《成长力：企业持续盈利的10大策略》《世界最佳公司面试题》《没有任何借口全集》《我的位置在最高处：首富级企业家给青年人的55个忠告》《一切从零开始》

○九州出版社（8种）

《四种执著：要用心去干每一件事》《成交：谈判大师的独家营销秘方》《自励·自助：修炼最完美的自己》《气度：管理大师的独家领导艺术》《把信送给加西亚续篇》《你绝对不能失败》《没有什么不可能：培养最优秀的男人》《108个青年必须通过的能力测试》

○民主与建设出版社（5种）

《我眼中的中国第一个首席执行官》《通用筹码与海尔策略》《富人凭什么》《阿拉丁的神灯：开启财富之门》《美洲史》

○中国工人出版社（4种）

《超级阅读力训练》《超级学习力训练》《自趋力：工作态度决定一切》《没有任何借口2：提升执行力》

○吉林文史出版社（2种）

《世界500强最需要的13种人》《世界500强坚决不用的13种人》

○中国轻工业出版社（2种）

《新懒人系列：健康》《新懒人系列：工作》

○中华工商联合出版社（2种）

《干得好，格兰特：只有选择优秀人才才会到达卓越》《富兰克林自述：我

的88个人生准则》

　　○海峡文艺出版社（1种）

《态度决定一切》

　　○黑龙江人民出版社（1种）

《一分钟改善管理》

　　○金城出版社（1种）

《优秀员工必修的7堂课》

　　○京华出版社（1种）

《周一早晨的领导课》

附录 3：

原新闻出版总署公布的 24 种编校质量不合格养生保健类图书名单[①]

序号	书名	作者	出版单位	版次	编校差错率（‰）
1	《九种体质使用手册》	王琦	北方妇女儿童出版社	2010年5月第1版第1次印刷	1.19
2	《这才是中医》	罗大伦	吉林出版集团有限责任公司	2009年11月第1版第2次印刷	1.23
3	《察颜观色》	王鸿谟	学苑出版社	2009年5月第1版第3次印刷	1.49
4	《小穴位，大健康》	李智	上海锦绣文章出版社	2010年1月第1版第1次印刷	1.52
5	《把健康彻底说清楚》	曲黎敏	北方妇女儿童出版社	2010年4月第1版第1次印刷	1.64
6	《从头到脚说健康》	曲黎敏	长江文艺出版社	2008年7月第1版第2次印刷	1.66
7	《百年程氏养生经：养生大穴家用说明书》	程凯	石油工业出版社	2010年1月第1版第1次印刷	1.72
8	《张秀勤刮痧保健康》	张秀勤编著	吉林科学技术出版社	2009年2月第1版第5次印刷	1.92
9	《〈黄帝内经〉中的女人养颜经 〈本草纲目〉中的女人养颜经大全集》	游一行编著	华文出版社	2010年3月第1版第1次印刷	2.02
10	《阴阳一调百病消》	罗大伦	吉林出版集团有限责任公司	2010年5月第1版第1次印刷	2.02
11	《把吃出来的病吃回去》	张悟本	人民日报出版社	2010年4月第2版第1次印刷	2.07

---

① 原新闻出版总署：《24 种编校质量不合格养生保健类图书名单》，http://www.gapp.gov.cn/news/1663/103319.shtml，2011 年 7 月 5 日。

序号	书名	作者	出版单位	版次	编校差错率（‰）
12	《不上火的生活》	佟彤	江苏文艺出版社	2010年4月第1版第5次印刷	2.16
13	《手到病自除2——"圣手医师"杨奕的家庭保健处方》	杨奕	江苏人民出版社	2010年2月第1版第7次印刷	2.21
14	《图解经络穴位按摩速查手册》	东方教育研究院 编著	沈阳出版社	2009年5月第1版第2次印刷	2.23
15	《不生病的智慧》	马悦凌	江苏文艺出版社	2008年5月第3版第35次印刷	2.23
16	《黄帝内经使用手册》	武国忠	上海锦绣文章出版社	2009年6月第1版第2次印刷	2.60
17	《不生病的智慧3——易经养生说明书》	栾加芹	江苏文艺出版社	2008年6月第1版第1次印刷	2.66
18	《五代中医救命养生帖》	张维钧	京华出版社	2009年12月第1版第1次印刷	2.88
19	《黄帝内经使用手册2》	武国忠	上海锦绣文章出版社	2010年4月第1版	3.22
20	《天道康复——一招十步祛病综合疗养法》	夏德均	吉林科学技术出版社	2009年1月第1版第1次印刷	4.39
21	《特效穴位使用手册》	萧言生	江苏文艺出版社	2007年10月第1版第22次印刷	5.10
22	《打开五脏说养生：〈黄帝内经〉中的"清调补"五行养生观》	陈大为 编著	天津科学技术出版社	2009年12月第1版第1次印刷	5.35
23	《别让不懂营养学的医生害了你》	[美]雷·D·斯全德	北京燕山出版社	2008年9月第2版	6.22
24	《单桂敏灸除百病——寻病祛病养生艾灸自疗法》	单桂敏	吉林科学技术出版社	2010年1月第1版第2次印刷	9.59

附录4：

共和国60年记忆中的60本书[①]

序号	书名	编、著、译者	出版机构	出版年份
1	《时间开始了》	胡风	《人民日报》	1949—1950
2	《谁是最可爱的人》	魏巍	人民文学出版社	1951
3	《钢铁是怎样炼成的》	[苏联]奥斯特洛夫斯基著，梅益译	人民文学出版社	1952
4	《三千里江山》	杨朔	人民文学出版社	1953
5	《保卫延安》	杜鹏程	人民文学出版社	1954
6	《三里湾》	赵树理	《人民文学》	1955
7	《组织部新来的青年人》	王蒙	《人民文学》	1956
8	《林海雪原》	曲波	人民文学出版社	1957
9	《鲁迅全集》	鲁迅	人民文学出版社	1958
10	《一代风流·三家巷》	欧阳山	广东出版社	1959
11	《十万个为什么》	叶永烈等	少年儿童出版社	1960
12	《红岩》	罗广斌、杨益言	中国青年出版社	1961
13	《古代汉语》	王力主编	中华书局	1962
14	《雷锋日记》	雷锋	解放军文艺出版社	1963
15	《南方来信》		作家出版社	1964
16	《欧阳海之歌》	金敬迈	解放军文艺出版社	1965
17	《毛主席语录》	毛泽东	人民出版社	1966
18	《革命现代芭蕾舞剧·白毛女》		北京出版社	1967
19	《这是四点零八分的北京》	食指	未刊诗作	1968

[①] 根据《共和国六十年记忆中的六十本书》整理，稿件来源：《中华读书报》，2009年9月23日。

序号	书名	编、著、译者	出版机构	出版年份
20	《一不怕苦、二不怕死的革命精神永放光芒》（第一集）		人出版社	1969
21	《人造地球卫星》	中国科学院上海天文台编	上海市出版革命组	1970
22	《新华字典》（修订本）	中科院语言研究所词典编辑室编	商务印书馆	1971
23	《金光大道》（第一部）	浩然	人民文学出版社	1972
24	《阿尔巴尼亚短篇小说集》	[阿尔巴尼亚] 阿列克·恰齐等著，屠珍、梅绍武译	人民文学出版社	1973
25	《儒法斗争史概况》	北京大学儒法斗争史编写小组	山西人民出版社	1974
26	《水浒传》	施耐庵、罗贯中	人民文学出版社	1975
27	《天安门诗抄》	1978年出版时集体署名"童怀周"	手抄本	1976
28	《班主任》	刘心武	《人民文学》	1977
29	《哥德巴赫猜想》	徐迟	人民文学出版社	1978
30	《第二次握手》	张扬	中国青年出版社	1979
31	《人啊，人》	戴厚英	花城出版社	1980
32	《美的历程》	李泽厚	文物出版社	1981
33	《人生》	路遥	中国青年出版社	1982
34	《邓小平文选》	邓小平	人民出版社	1983
35	《第三次浪潮》	[美] 阿尔温·托夫勒著，朱志焱、潘琪、张焱译	三联书店	1984
36	《朦胧诗选》	阎月君、高岩、梁云、顾芳选编	春风文艺出版社	1985
37	《唐山大地震》	钱钢	解放军文艺出版社	1986
38	《顽主》	王朔	《收获》杂志	1987
39	《玫瑰门》	铁凝	《文学四季》创刊号	1988
40	《黑雪》	叶雨蒙	作家出版社	1989
41	《年轻的潮》	汪国真	学苑出版社	1990
42	《我与地坛》	史铁生	《上海文学》	1991
43	《白鹿原》	陈忠实	《当代》	1992
44	《废都》	贾平凹	北京出版社	1993

序号	书名	编、著、译者	出版机构	出版年份
45	《顾准文集》	顾准	贵州人民出版社	1994
46	《陈寅恪的最后20年》	陆键东	三联书店	1995
47	《老照片》第一辑	冯克力等编	山东画报出版社	1996
48	《沉默的大多数》	王小波	中国青年出版社	1997
49	《牛棚杂忆》	季羡林	中央党校出版社	1998
50	《第一次的亲密接触》	蔡智恒	知识出版社	1999
51	《哈利·波特与魔法石》	[英]J.K.罗琳著；苏农译	人民文学出版社	2000
52	《改革：我们正在过大关》	吴敬琏	三联书店	2001
53	《无字》	张洁	北京十月文艺出版社	2002
54	《城记》	王军	三联书店	2003
55	《现代中国思想的兴起》（四册）	汪晖	三联书店	2004
56	《退步集》	陈丹青	广西师范大学出版社	2005
57	《上学记》	何兆武口述，文靖撰写	三联书店	2006
58	《丧家狗：我读〈论语〉》	李零	山西人民出版社	2007
59	《国民党的"联共"与"反共"》	杨奎松	社会科学文献出版社	2008
60	《朱镕基答记者问》	《朱镕基答记者问》编辑组编	人民出版社	2009

附录5：

1949—2009：60年60本书[①]

序号	书名	作者	初版情况	通行本情况
1	《毛泽东选集》	毛泽东	人民出版社，1951年、1952年、1953年、1960年、1977年，出版第1至第5卷	人民出版社1991年版（1-4卷），第5卷未再版
2	《鸡毛信》	华山	少年儿童出版社，1955年9月	中国电影出版社，2006年10月
3	《鲁迅全集》	鲁迅	人民文学出版社，1956年至1958年	人民文学出版社，2005年
4	《新华字典》	中科院语言研究所词典编辑室	商务印书馆，1957年6月	商务印书馆，2004年1月
5	《红旗飘飘》	中国青年出版社编	中国青年出版社，1957年5月（第一辑）	不定期发行的丛书
6	《青春万岁》	王蒙	《文汇报》1957年连载；中国青年出版社1979年5月初版	人民文学出版社，2005年1月
7	《林海雪原》	曲波	《人民文学》1957年选载；作家出版社1958年初版	人民文学出版社，2005年1月
8	《十万个为什么》	叶永烈等	少年儿童出版社，1961年1月	少年儿童出版社，2004年2月版
9	《不怕鬼的故事》	中国社会科学院文学研究所	人民文学出版社，1961年2月	人民文学出版社，1978年10月
10	《小布头奇遇记》	孙幼军	中国少年儿童出版社，1961年12月	中国少年儿童出版社，2008年10月
11	《红岩》	罗广斌、杨益言	中国青年出版社，1961年12月	中国青年出版社的各年代版本

[①] 根据王国华：《大地一枝春 芙蓉四面开——1949—2009：60年60本书》（《编辑之友》，2009年第9期）收录图书编制。

序号	书名	作者	初版情况	通行本情况
12	《论共产党员的修养》	刘少奇	《解放》1939年连载；人民出版社，1962年9月出版第二次修订版	人民出版社，1980年3月
13	《李自成》	姚雪垠	中国青年出版社，1963年（第一卷），1976年（第二卷）	中国青年出版社，2008年9月
14	《数理化自学丛书》	丛书编写组	上海人民、上海科学技术出版社，1963年12月	1978年1月再版
15	《毛主席语录》	毛泽东	解放军总政治部，1964年5月	多次再版
16	《哥德巴赫猜想》	徐迟	人民文学出版社，1978年3月	人民文学出版社，2005年5月
17	《小灵通漫游未来》	叶永烈	少年儿童出版社，1978年8月	少年儿童出版社，2000年
18	《天安门诗抄》	童怀周编著	人民文学出版社，1978年12月	商务印书馆，2005年6月
19	《现代汉语词典》	中国社会科学院语言研究所词典编辑室编著	商务印书馆，1978年12月	商务印书馆，2005年6月
20	《第二次握手》	张扬	中国青年出版社，1979年7月	人民文学出版社，2006年10月
21	《上下五千年》	林达汉、曹余章	少年儿童出版社，1979年10月	少年儿童出版社，2002年
22	《随想录》	巴金	作家出版社，1986年12月	作家出版社，2009年1月
23	《高士其科普创作选集》	高士其	科学普及出版社，1980年4月	航空工业出版社，2005年10月版《高士其全集》
24	《射雕英雄传》	金庸	《武林》1980年连载；长江文艺出版社，1983年12月初版	广州出版社、花城出版社，2002年11月版《金庸全集》
25	《美的历程》	李泽厚	文物出版社，1981年3月	广西师范大学出版社，2001年1月，插图本
26	《傅雷家书》	傅雷	三联书店，1981年8月	三联书店历年再版；辽宁教育出版社2004年增补版
27	《万历十五年》	黄仁宇	中华书局，1982年5月	三联书店，1997年5月
28	《邓小平文选》	邓小平；中共中央文献编辑委员会编	人民出版社，1983年7月（第二卷），1989年5月（第一卷），1993年11月（第三卷）	人民出版社，1995年9月（全三卷）

序号	书名	作者	初版情况	通行本情况
29	《撒哈拉的故事》	三毛	中国友谊出版公司，1984年9月	北京十月文艺出版社，2007年5月
30	"走向未来丛书"	金观涛主编	四川人民出版社，1984—1988年出版	未再版
31	《朦胧诗选》	阎月君等编	春风文艺出版社，1985年11月	春风文艺出版社，2002年1月
32	《窗外》	琼瑶	中国文联出版公司，1986年3月	长江文艺出版社，2004年7月《琼瑶全集》
33	《丑陋的中国人》	柏杨	湖南文艺出版社、花城出版社，1986年12月	人民文学出版社，2008年6月
34	《平凡的世界》	路遥	中国文联出版公司，1986年2月	北京十月文艺出版社，2009年1月
35	《年轻的潮》	汪国真	学苑出版社，1990年5月	广东旅游出版社，2008年1月《汪国真诗文全集》
36	《中国少年儿童百科全书》	林崇德等编著	浙江教育出版社，1991年1月	浙江教育出版社，2007年1月
37	《文化苦旅》	余秋雨	东方出版中心，1992年3月	东方出版中心，2003年1月
38	《过把瘾就死》	王朔	华艺出版社，1992年《王朔文集》	天津人民出版社，2007年8月
39	《白鹿原》	陈忠实	《当代》1992—1993年连载；人民文学出版社，1993年6月	北京十月文艺出版社，2008年5月
40	《大头儿子和小头爸爸》	郑春华	新蕾出版社，1994年	少年儿童出版社，2008年4月
41	《曾国藩家书》	曾国藩	海南出版社，1994年	中央民族大学出版社，1999年版《曾国藩家书》（最新校译本）
42	《老照片》	冯克力主编	山东画报出版社，1996年12月	以书代刊出版物，连续出版至今
43	《顾准日记》	顾准	经济日报出版社，1997年9月	中国青年出版社，2002年1月
44	《沉默的大多数》	王小波	中国青年出版社，1997年10月	上海三联书店，2008年1月
45	《现代化的陷阱》	何清涟	今日中国出版社，1998年1月	
46	《交锋》	马立诚、凌志军	今日中国出版社，1998年3月	湖北人民出版社，2008年7月
47	《思痛录》	韦君宜	北京十月文艺出版社，1998年5月	文化艺术出版社，2003年1月

序号	书名	作者	初版情况	通行本情况
48	《胡风全集》	胡风	湖北人民出版社，1999年1月	
49	《潜规则：中国历史中的真实游戏》	吴思	云南人民出版社，2002年5月	复旦大学出版社，2009年2月修订版
50	《登上健康快车》	关春芳主编	北京出版社，2002年8月	
51	《雍正皇帝》	二月河	长江文艺出版社，2002年10月	
52	《淘气包马小跳》	杨红樱	接力出版社，2003年7月	接力出版社，2008年6月
53	《宋美龄画传》	师永刚、林博文编著	作家出版社，2003年10月	作家出版社，2008年11月
54	《赏识你的孩子》	周弘	广东科技出版社，2004年1月	
55	《细节决定成败》	汪中求	新华出版社，2004年2月	新华出版社，2008年1月
56	《狼图腾》	姜戎	长江文艺出版社，2004年4月	
57	《话说中国》	杨善群、郑嘉融	上海文艺出版社，2005年3月	
58	《明朝那些事儿》	当年明月	中国友谊出版公司，2006年9月	
59	《于丹〈论语〉心得》	于丹	中华书局，2006年11月	中华书局，2008年3月
60	《激荡三十年》	吴晓波	中信出版社，2008年7月	

附录6：

改革开放30年30本书[①]

序号	书名	作者	出版社	初版年份
1	《万历十五年》	[美] 黄仁宇	中华书局	1982年
2	《第三帝国的兴亡》	[美] 威廉·夏伊勒	世界知识出版社	1979年
3	《傅雷家书》	傅雷	三联书店	1981年
4	《第三次浪潮》	[美] 阿尔温·托夫勒	三联书店	1984年
5	《宽容》	[美] 房龙	三联书店	1985年
6	《释梦》	[奥] 弗洛伊德	商务印书馆	1996年
7	《一九八四》	[英] 奥威尔	花城出版社	1988年
8	《庐山会议实录》	李锐	湖南教育出版社	1988年
9	《美的历程》	李泽厚	文物出版社	1981年
10	《生命中不能承受之轻》	[捷] 米兰·昆德拉	作家出版社	1987年
11	《顾准文集》	顾准	贵州人民出版社	1994年
12	《陈寅恪的最后20年》	陆健东	三联书店	1995年
13	《潜规则：中国历史中的真实游戏》	吴思	云南人民出版社	2001年
14	《百年孤独》	[哥伦比亚] 马尔克斯	上海译文出版社	1984年
15	《朦胧诗选》	阎月君等编选	春风文艺出版社	1984年
16	《丑陋的中国人》	柏杨	花城出版社	1986年
17	《日瓦戈医生》	[苏联] 帕斯捷尔纳克	漓江出版社	1986年
18	《白鹿原》	陈忠实	人民文学出版社	1993年
19	《1932—1972年美国实录：光荣与梦想》	[美] 威廉·曼彻斯特	商务印书馆	1978年

[①] 根据第九届深圳读书月—改革开放30年30本书评选活动相关新闻报道制表，新浪文化—读书栏目：http://book.sina.com.cn/z/ggkf30/。

序号	书名	作者	出版社	初版年份
20	《围城》	钱钟书	人民文学出版社	1980年
21	《瓦尔登湖》	[美]亨利·梭罗	上海译文出版社	1982年
22	《随想录》	巴金	三联书店	1987年
23	《张爱玲文集》	张爱玲	安徽文艺出版社	1993年
24	《沉默的大多数》	王小波	中国青年出版社	1997年
25	《文明的冲突与世界秩序的重建》	[美]塞缪尔·亨廷顿	新华出版社	1999年
26	《城堡》	[奥]卡夫卡	上海译文出版社	1980年
27	《西方哲学史》	[英]罗素	商务印书馆	1981年
28	《金庸作品集》	金庸	百花文艺出版社	1985年
29	《增长的极限》	[美]D.梅多斯等	商务印书馆	1984年
30	《外国现代派作品选》	袁可嘉等选编	上海文艺出版社	1980—1984年

附录7：

北京大学图书馆"书读花间人博雅"
——2013年好书榜精选书目

序号	书名	作者	出版机构	出版年份
1	《逃离》	[加]爱丽丝·门罗	北京十月文艺出版社	2009
2	《致我们终将失去的青春》	辛夷坞	朝华出版社	2007
3	《忍不住的"关怀"：1949年前后的书生与政治》	杨奎松	广西师范大学出版社	2013
4	《看见》	柴静	广西师范大学出版社	2013
5	《被禁锢的头脑》	[波]切斯瓦夫·米沃什	广西师范大学出版社	2013
6	《尽头》	唐诺	广西师范大学出版社	2013
7	《文学回忆录》	木心讲述/陈丹青笔录	广西师范大学出版社	2013
8	《我是落花生的女儿》	许燕吉	湖南人民出版社	2013
9	《从你的全世界路过》	张嘉佳	湖南文艺出版社	2013
10	《谢谢你离开我》	张小娴	湖南文艺出版社	2013
11	《深夜食堂》	[日]安倍夜郎	湖南文艺出版社	2013
12	《出梁庄记》	梁鸿	花城出版社	2013
13	《南非的启示》	秦晖	江苏文艺出版社	2013
14	《没有色彩的多崎作和他的巡礼之年》	[日]村上春树	南海出版公司	2013
15	《百年孤独》	[哥伦比亚]加西亚·马克斯	南海出版公司	2011
16	《我是开豆腐店的，我只做豆腐》	[日]小津安二郎	南海出版公司	2013
17	《朱镕基上海讲话实录》	《朱镕基上海讲话实录》编辑组	人民出版社	2013

序号	书名	作者	出版机构	出版年份
18	《带灯》	贾平凹	人民文学出版社	2013
19	《故国人民有所思：1949年后知识分子改造侧影》	陈徒手	三联书店	2013
20	《邓小平时代》	[美]傅高义	三联书店	2013
21	《阿尔伯特·卡埃罗》	[葡]费尔南多·佩索阿	商务印书馆	2013
22	《20世纪中国艺术与艺术家》	[英]迈克尔·苏立文	上海人民出版社	2013
23	《炸裂志》	阎连科	上海文艺出版社	2013
24	《繁花》	金宇澄	上海文艺出版社	2013
25	《陈独秀全传》	唐宝林	社会科学文献出版社	2013
26	《第七天》	余华	新星出版社	2013
27	《不省心》	冯小刚	长江文艺出版社	2013
28	《观念的水位》	刘瑜	浙江大学出版社	2013
29	《大数据时代》	[英]维克托·迈尔-舍恩伯格	浙江人民出版社	2013
30	《黄雀记》	苏童	作家出版社	2013

参考文献

一、主要参考书目（按作者国别、姓名首字音序排序）

1. 北京开卷信息技术有限公司：《中国超级畅销书大解密·2013》，南昌：江西教育出版社，2014年。
2. 陈晋：《毛泽东阅读史》，北京：三联书店，2014年。
3. 陈幼华：《畅销书风貌》，武汉：武汉大学出版社，2007年。
4. 程巍、陈众议等：《中外畅销书的传播与接受研究》，北京：中国社会科学出版社，2016年。
5. 戴锦华：《书写文化英雄：世纪之交的文化研究》，南京：江苏人民出版社，2000年。
6. 范军：《2015—2016中国出版业发展报告》，北京：中国书籍出版社，2016年。
7. 方厚枢、魏玉山：《中国出版通史（中华人民共和国卷）》，北京：中国书籍出版社，2008年。
8. 方卿、邓香莲：《畅销有理：畅销书案例评析》，广州：广东教育出版社，2005年。
9. 方卿：《图书营销管理》，上海：复旦大学出版社，2004年。
10. 复旦大学历史系、出版博物馆、中华书局、上海辞书出版社：《中华书局与中国近现代文化》，上海：上海人民出版社，2013年。
11. 管霞：《超级阅读：40部饮誉全球的畅销书》，北京：新世界出版社，2003年。
12. 郭庆光：《传播学教程》，北京：中国人民大学出版社，1999年。
13. 郝振省：《编辑的故事》，北京：中国书籍出版社，2009年。

14. 郝振省：《名著的故事》，北京：中国书籍出版社，2009年。
15. 郝振省：《书店的故事》，北京：中国书籍出版社，2009年。
16. 何明星：《从文化政治到文化生意：中国出版的"革命"》，桂林：广西师范大学出版社，2013年。
17. 胡洪霞、张清：《私人阅读史（1978—2008）》，深圳：深圳报业集团出版社，2009年。
18. 黄会林：《当代中国大众文化研究》，北京：北京师范大学出版社，1998年。
19. 李彬：《全球新闻传播史》，北京：清华大学出版社，2005年。
20. 李琛、吴秋琴：《图书市场营销》，北京：清华大学出版社，2004年。
21. 李鲆：《畅销书浅规则（升级版）》，北京：金城出版社，2017年。
22. 李鲆：《畅销书营销潜规则（升级版）》，北京：金城出版社，2017年。
23. 刘观涛：《畅销书的"蓄意"操作：如何成长为金牌策划人》，桂林：广西师范大学出版社，2009年。
24. 刘吉波：《出版物市场营销》，北京：中国书籍出版社，2010年。
25. 刘拥军：《现代图书营销学》，苏州：苏州大学出版社，2003年。
26. 陆梅：《谁在畅销》，北京：学林出版社，2003年。
27. 陆扬：《大众文化理论》，上海：复旦大学出版社，2008年。
28. 陆扬、王毅：《文化研究导论》，上海：复旦大学出版社，2007年。
29. 陆扬、王毅：《大众文化研究》，上海：上海三联书店，2001年。
30. 陆扬、王毅：《大众文化与传媒》，上海：上海三联书店，2000年。
31. 孟昭晋：《书评概论》，南京：南京大学出版社，1994年。
32. 聂震宁：《我们的出版文化观》，北京：中国书籍出版社，2008年。
33. 欧力同、张伟：《法兰克福学派研究》，重庆：重庆出版社，1990年。
34. 宋贵伦、刘勇：《北京人的读书生活》，北京：文化艺术出版社，2007年。
35. 陶东风：《当代大众文化价值观研究：社会主义与大众文化》，沈阳：辽宁教育出版社，2014年。
36. 陶东风：《大众文化教程（修订版）》，桂林：广西师范大学出版社，

2012年。

37. 王宁:《从苦行者社会到消费者社会》,北京:社会科学文献出版社,2009年。

38. 王一川:《大众文化导论》,北京:高等教育出版社,2009年。

39. 王余光等:《中国阅读文化史论》,北京:北京图书馆出版社,2007年。

40. 王子舟:《图书馆学是什么》,北京:北京大学出版社,2014年。

41. 文周:《当代世界畅销书博览》,北京:知识出版社,1990年。

42. 吴秀明、陈力君:《大众文学与武侠小说》,北京:北京大学出版社,2011年。

43. 伍旭升:《30年中国畅销书史》,北京:中国对外翻译出版公司、南昌:江西教育出版社,2009年。

44. 伍旭升:《大轰动:中外畅销书解秘》,广州:广州出版社,1993年。

45. 肖东发:《中国出版图史》,广州:南方日报出版社,2009年。

46. 肖东发:《出版经营管理》,北京:北京大学出版社,2008年。

47. 肖东发:《中国编辑出版史(上册)》,沈阳:辽海出版社,2005年。

48. 肖东发、方厚枢:《中国编辑出版史(下册)》,沈阳:辽海出版社,2008年。

49. 肖东发:《中国图书出版印刷史论》,北京:北京大学出版社,2001年。

50. 徐丽芳、吴永贵、孙强、陈幼华、汪涛:《中国百年畅销书》,西安:陕西师范大学出版社,2002年。

51. 阎崇年:《阎崇年讲谈录》,北京:九州出版社,2014年版。

52. 叶轻舟:《畅销书》,北京:北京工业大学出版社,2005年。

53. 叶志良:《大众文化》,上海:上海文艺出版社,2003年。

54. 易图强:《选题策划导论》,北京:中国人民大学出版社,2016年。

55. 易图强:《畅销书与思想解放论稿》,长沙:湖南人民出版社,2013年。

56. 易图强:《图书选题策划导论》,北京:中国人民大学出版社,2009

年。

57. 张维特:《30年中国人的阅读心灵史》,北京:中国对外翻译出版公司、南昌:江西教育出版社,2009年。

58. 张文红、李惠惠、雷蕾:《畅销书案例分析(第二辑)》,北京:知识产权出版社,2015年。

59. 张文红:《畅销书案例解析(第一辑)》,北京:知识产权出版社,2013年。

60. 张文红:《畅销书理论与实践》,北京:中国传媒大学出版社,2011年。

61. 章志光:《社会心理学》,北京:人民教育出版社,2003年。

62. 张志强、左健:《中国出版业发展报告:新千年来的中国出版业》,南京:南京大学出版社,2013年。

63. 赵东晓:《出版营销学》,北京:中国人民大学出版社,2010年。

64. 中共中央宣传部:《习近平总书记在文艺工作座谈会上的重要讲话学习读本》,北京:学习出版社,2015年。

65. 中国出版集团公司出版业务部:《图书选题创新讲演录》,北京:中国大百科全书出版社,2007年。

66. 周百义:《出版的文化守望》,北京:中国书籍出版社,2008年。

67. 周庆山:《传播学概论》,北京:北京大学出版社,2004年。

68. 周浩正:《优秀编辑的四门功课》,北京:金城出版社,2008年。

69. 诸葛蔚东:《媒介与社会变迁:战后日本出版物中变化着的价值观念》,北京:北京大学出版社,2006年。

70. 左晶:《大众文化视野下的畅销书研究》,北京:知识产权出版社,2013年。

71. [德]霍克海默、阿多诺:《启蒙辩证法》,洪佩郁、蔺月峰译,重庆:重庆出版社,1990年。

72. [法]罗贝尔·埃斯卡尔皮:《文学社会学》,符锦勇译,上海:上海译文出版社,1988年。

73. [法]费夫贺、马尔坦:《印刷书的诞生》,李鸿志译,桂林:广西师范大学出版社，2006 年。

74. ［法］勒庞：《乌合之众：大众心理研究》，冯克利译，北京：中央编译出版社，2005 年。

75. ［加］阿尔维托·曼古埃尔：《阅读史》，吴昌杰译，北京：商务印书馆，2002 年。

76. ［加］哈罗德·伊尼斯：《帝国与传播》，何道宽译，北京：中国人民大学出版社，2003 年。

77. ［美］安德烈·希夫林：《出版业》，白希峰译，北京：机械工业出版社，2005 年。

78. ［美］波兹曼：《娱乐至死》，章艳译，桂林：广西师范大学出版社，2004 年。

79. ［美］布赖恩·希尔、迪伊·鲍尔：《打造畅销书》，陈希林译，北京：中国人民大学出版社，2006 年。

80. ［美］格罗斯主编：《编辑人的世界》，齐若兰译，北京：中国工人出版社，2000 年。

81. ［美］赫伯特·马尔库塞：《单向度的人：发达工业社会意识形态研究》，刘继译，上海：上海译文出版社，2008 年。

82. ［美］J·郝伯特·阿特休尔：《权力的媒介》，黄煜、裘志康译，北京：华夏出版社，1989 年。

83. ［美］J.P.德索尔：《出版学概说》，姜乐英、杨杰译，北京：中国书籍出版社，1988 年。

84. ［美］杰罗德·R·杰肯斯、马丁·林克：《畅销书内幕》，冯利译，天津：天津人民出版社，1998 年。

85. ［美］杰姆逊：《后现代主义与文化理论》，唐小兵译，北京：北京大学出版社，1997 年。

86. ［美］迈克尔·科达：《畅销书的故事》，卓妙容译，北京：中国人民大学出版社，2006 年。

87. ［美］托马斯·英奇：《美国通俗文化简史》，任越等译，桂林：漓江出版社，1988 年。

88. [美]威尔伯·施拉姆等:《传媒的四种理论》,戴鑫译,北京:中国人民大学出版社,2009年。

89. [美]威尔伯·施拉姆、威廉·波特:《传播学概论》,陈亮等译,北京:新华出版社,1984年。

90. [美]小赫伯特·S·贝利:《图书出版的艺术和科学》,王益译,北京:中国书籍出版社,1995年。

91. [美]约翰·费斯克:《理解大众文化》,王晓珏、宋伟杰译,北京:中央编译出版社,2006年。

92. [日]井狩春男:《这书要卖100万:畅销书经验法则100招》,邱振瑞译,桂林:广西师范大学出版社,2005年。

93. [日]清水英夫:《现代出版学》,沈洵澧、乐惟清译,北京:中国书籍出版社,1991年。

94. [日]小林一博:《出版大崩溃》,甄西译,上海:上海三联书店,2004年。

95. [日]植田康夫:《出版大畅销》,甄西译,北京:国际文化出版公司,2011年。

96. [日]佐藤卓己:《现代传媒史》,诸葛蔚东译,北京:北京大学出版社,2004年。

97. [匈]阿诺德·豪泽尔:《艺术社会学》,居延安译编,上海:学林出版社,1987年。

98. [英]艾莉森·贝弗斯托克:《图书营销》,张美娟等译,石家庄:河北教育出版社,2004年。

99. [英]丹尼斯·麦奎尔、[瑞典]斯文·温德尔:《大众传播模式论》(第2版),祝建华译,上海:上海译文出版社,2008年。

100. [英]里查德·约瑟夫:《英美畅销书内幕》,谢识、盖博译,深圳:海天出版社,1999年。

101. [英]斯坦利·昂温:《出版概论》,谢琬若、吴仁勇译,北京:中国书籍出版社,1989年。

102. [英]约翰·苏特兰:《畅销书》,何文安编译,上海:上海文化出版社，1988年。

103.［英］约翰·斯道雷：《文化理论与大众文化导论（第五版）》，常江译，北京：北京大学出版社，2010年。

二、主要参考论文（大致按发表时间排序）

1. 钟代福：《诱人的畅销书》，《出版发行研究》，1993年第3期。
2. 李长声：《角川其人及其商法》，《读书》，1994年第3期。
3. 袁晖：《畅销书探微（一）》，《编辑之友》，1999年第1期。
4. 陈万雄：《对日本当前出版的一些观察》，《出版发行研究》，1999年第10期。
5. 蓝明春：《畅销书运作模式研究》，《西南民族学院学报（哲学社会科学版）》，2000年第11期。
6. 王一川：《当代大众文化与中国大众文化学》，《艺术广角》，2001年第2期。
7. 赵焱：《畅销书策划特点及原则》，《出版发行研究》，2001年第2期。
8. 宫再英：《依靠品牌在竞争中取胜》，《大学出版》，2002年第1期。
9. 张晶义：《"富爸爸"：紫色"财商系列"的风起云涌》，《出版广角》，2002年第1期。
10. 张胜友：《畅销书整体运作规律纵横谈》，《编辑之友》，2002年第1期。
11. 李春媚：《畅销书现象："大众审美文化"的透视镜》，《艺术广角》，2002年第1期。
12. 邵敏：《从〈我为歌狂〉谈图书营销策划》，《编辑学刊》，2002年第2期。
13. 张胜友、梁刚建、金丽红：《畅销书及其运作机制》，《中国图书评论》，2002第3期。
14. 李继东：《整合营销传播理论在图书营销中的运用》，《大学出版》，

2002年第3期。

15. 刘进社：《整合营销：图书营销大趋势》，《编辑之友》，2002年第3期。

16. 聂震宁：《一部超级畅销书的"生命工程"》，《编辑之友》，2002年第5期。

17. 朱胜龙：《畅销书营销的十八般武艺》，《编辑学刊》，2002年第6期。

18. 朱胜龙：《畅销书市场效应营造术》，《出版发行研究》，2002年第7期。

19. 刘拥军：《推动图书畅销的五大力量》，《出版广角》，2002年第10期。

20. 刘翠霞：《畅销书的文化批判：大众文化传播视野里的畅销书及畅销书时代》，《出版广角》，2002年第10期。

21. 金丽红：《畅销书与营销策划》，《出版广角》，2002第11期。

22. 欧阳明：《畅销书的四种营销策略选择》，《出版发行研究》，2002年第11期。

23. 胡宇辰：《走出品牌延伸的误区》，《经济论坛》，2002年第15期。

24. 邓咏秋：《畅销书与畅销书排行榜》，《编辑学刊》，2003年第1期。

25. 高娟：《图书宣传中的媒体选择与整合》，《大学出版》，2003年第1期。

26. 范军：《浅论书刊的品牌延伸》，《大学出版》，2003年第1期。

27. 茹希佳：《畅销书的四大支柱：兼谈其负面影响》，《新闻出版导刊》，2003年第2期。

28. 杨虎：《当前国内畅销书运作中的五大误区》，《编辑之友》，2003年第2期。

29. 陈阳：《网络文学资源的跨媒体经营：榕树下全球中文原创作品网案例简析》，《编辑之友》，2003年第2期。

30. 曹艳：《美国畅销书的营销手段解读》，《编辑之友》，2003年第4期。

31. 王一方：《畅销书的市场理论和实务》，《编辑之友》，2003年第5期。

32. 程孟辉：《出版产业化是历史发展的必然趋势》，《编辑之友》，2003年第 5 期。

33. 赵东晓：《论图书营销中的十大关系（上）》，《出版经济》，2003 年第 6 期。

34. 李纯：《图书宣传媒体剖析》，《出版广角》，2003 年第 8 期。

35. 陈明森：《当前图书盗版的新特点与防伪技术》，《中国出版》，2003 年第 10 期。

36. 崔红伟：《图书营销策划与图书的生命周期分析》，《出版与印刷》，2004 年第 2 期。

37. 汤晓羽：《"畅销书"现象与大众文化》，《常州师范专科学校学报》，2004 年第 2 期。

38. 杨虎、周婧：《畅销书运作中的品牌延伸策略分析》，《编辑学刊》，2004 年第 3 期。

39. 王蕾：《美国图书的广播影视宣传》，《编辑之友》，2004 年第 4 期。

40. 陈幼华：《论畅销书的文化引导》，《出版广角》，2004 年第 11 期。

41. 李胜利：《图书分销渠道的管理与整合》，《出版发行研究》，2005 年第 1 期。

42. 巢峰：《中国图书出版业的滞胀现象：兼论出版改革的症结所在》，《编辑学刊》，2005 年第 1 期。

43. 陈立生：《我国当代受众接受心理的七大基本特征》，《编辑之友》，2005 年第 2 期。

44. 杨虎、周婧：《畅销书营销的特殊性及其要求》，《出版经济》，2005 年第 2 期。

45. 辰目：《出版业的三个不足》，《出版发行研究》，2005 年第 3 期。

46. 张新华：《创新与模仿：从跟风出版谈选题策划》，《中国图书评论》，2005 年第 3 期。

47. 姜华：《2004 年伪书现象再分析》，《出版发行研究》，2005 年第 4 期。

48. 常聪：《畅销书形成的源与流》，《中国编辑》，2005 年第 6 期。

49. 张洪：《畅销书与品牌经营》，《中国编辑》，2005 年第 6 期。

50. 周百义：《中国畅销书市场状况的调查与分析》，《中国编辑》，2005 年第 6 期。

51. 张洪、田杨：《以〈达·芬奇密码〉为例谈畅销书的网络促销》，《出版发行研究》，2005 年第 6 期。

52. 曹英：《伪书成因与治理再探讨》，《中国出版》，2005 年第 7 期。

53. 史玉娜：《"伪书"现象及治理对策选择》，《中国出版》，2005 年第 7 期。

54. 开雅：《冷眼看畅销书与排行榜》，《出版经济》，2005 年第 7 期。

55. 赵婧：《学会"跟风"：兼析图书出版竞争中模仿行为的合理元素》，《出版发行研究》，2005 年第 7 期。

56. 孙家栋：《选题策划的五种基本思维方法》，《出版发行研究》，2005 年第 9 期。

57. 赵宏：《例谈图书品牌与延伸产品间的互动作用》，《出版发行研究》，2005 年第 9 期。

58. 欧阳雪芹：《图书营销的三种策略》，《出版发行研究》，2005 年第 12 期。

59. 安波舜：《〈狼图腾〉编辑策划的经验和体会》，《出版科学》，2006 年第 1 期。

60. 潘锦晖：《在图书营销活动中充分发挥网络优势》，《出版科学》，2006 年第 1 期。

61. 周蔚华：《整合营销与选题策划》，《中国出版》，2006 年第 2 期。

62. 李鹏：《古代图书出版营销术举隅》，《文史杂志》，2006 年第 3 期。

63. 王鹏涛：《中外畅销书现象比较研究》，《出版广角》，2006 年第 4 期。

64. 朱浩：《中美畅销书宣传比较研究》，《出版科学》，2006 年第 7 期。

65. 张文红：《"畅销书排行榜"研究方法分析》，《北京印刷学院学报》，2006 年第 8 期。

66. 陈来仪：《解链畅销书，透析大众文化》，《出版科学》，2006 年第 9 期。

67. 仝冠军：《先畅后销：中国出版集团创新畅销书运作模式》，《出版参考》，2007 年第 1 期。

68. 叶宪:《美国畅销书榜漫谈》,《出版广角》,2007年第2期。

69. 仝冠军:《从"于丹"热卖看畅销书出版五种病》,《出版广角》,2007年第4期。

70. 易图强、肖贵飞:《从畅销书看大众读者的阅读特征》,《出版广角》,2007年第4期。

71. 陈来仪:《畅销书的消费文化解读》,《辽宁行政学院学报》,2007年第4期。

72. 吴秋余:《从〈于丹《论语》心得〉看畅销书运作的新模式》,《中国图书评论》,2007年第5期。

73. 张玉芹:《畅销书出版中的后现代特征解析》,《编辑之友》,2007年第5期。

74. 杨虎:《畅销书过度商业化的文化批判》,《出版广角》,2007年第6期。

75. 朱秀清:《使用与满足:从读者接受角度解析"畅销书"》,《出版发行研究》,2007年第6期。

76. 陈驹:《论畅销书的娱乐化:以〈悲伤逆流成河〉〈于丹《论语》心得〉〈虹猫蓝兔七侠传〉为样本》,《编辑之友》,2007年第11期。

77. 张苹:《中国出版畅销书转型的符号学分析》,四川大学博士学位论文,2007年。

78. 肖东发、杨虎、刘宝生:《论晚清出版史的近代化变革与转型》,《北京联合大学学报(人文社会科学版)》,2008年第2期。

79. 方卿:《论畅销书的产业链拓展策略》,《出版广角》,2008年第7期。

80. 仝冠军:《从2007年畅销书榜看品牌作者资源的开发》,《出版广角》,2008年第7期。

81. 周百义、芦珊珊:《畅销书出版三十年》,《出版科学》,2008年第11期。

82. 李华颖:《1990年以来中国大陆畅销书变迁研究:基于大众文化的视角》,《新闻大学》,2009年第1期。

83. 白浩然、张良杰:《解读受众本位的畅销书现象:以菲斯克"大众文化理论"为视角》,《青年记者》,2009 年第 3 期。

84. 郭亚军:《畅销书与社会心理变迁:21 世纪初社会心理的畅销书解读视角》,《中国图书评论》,2009 年第 3 期。

85. 方文婷:《消费时代畅销书的出版现状与反思:以北京图书市场调查为分析对象》,《安徽文学(下半月)》,2009 年第 6 期。

86. 朱金宇:《畅销书及畅销书制作机制》,《出版发行研究》,2009 年第 8 期。

87. 赵世瑾、赵丽薇、袁晓雪:《中国内地畅销书现状的调查、分析和对国人近三十年来阅读习惯变化的反思》,《黑龙江科技信息》,2010 年第 1 期。

88. 张文彦:《20 世纪 80 年代我国丛书出版研究》,北京大学博士学位论文,2010 年。

89. 陈佳:《从畅销书榜看编辑的文化理性》,《中国编辑》,2011 年第 1 期。

90. 冯雨乔、崔凌睿:《试论畅销书及其产业链的形成:以〈杜拉拉升职记〉为例》,《新闻世界》,2011 年第 6 期。

91. 易图强:《新中国畅销书历史嬗变及其与时代变迁关系研究(1949.10—1989.5)》,湖南师范大学博士学位论文,2011 年。

92. 易图强:《畅销书内涵与外延新论:兼论中国畅销书出版传播的特色》,《山东理工大学学报(社会科学版)》,2012 年第 4 期。

93. 黄先蓉、田常清:《我国出版产业国际竞争力要素探析》,《武汉大学学报(人文科学版)》,2012 年第 6 期。

94. 吕敏宏:《从〈狼图腾〉版权输出看如何构建中国当代文学海外出版发行的新模式》,《出版发行研究》,2012 年第 7 期。

95. 张晓斌、闫鑫:《2000—2011 年我国出版图书的商品贸易国际竞争力》,《出版科学》,2013 年第 2 期。

96. 杨虎、乔东亮:《产业化转型下的日本畅销书出版业发展历程及启示》,《北京联合大学学报(人文社会科学版)》,2013 年第 3 期。

97. 吴荆棘、王朝阳:《出版业微信营销研究》,《中国出版》,2013 年第 8 期。

98. 杨虎、肖东发:《畅销书选题策划刍议》,《出版广角》,2013 年第 11 期。

99. 李辉、王青:《出版企业的微信营销策略分析》,《科技与出版》,2013年第12期。

100. 陶恒、姚纯贞、欧阳婷:《出版界"书名党"现象解析》,《出版发行研究》,2013年第12期。

101. 张亚军:《几种阅读率指数比较:基于9次全国国民阅读调查的数据分析》,《图书馆学研究》,2013年第12期。

102. 张国功:《出版"产业派"与"文化派"话语隐性对话的理性解读》,《出版发行研究》,2014年第1期。

103. 杨虎:《大众文化视野下的畅销书出版历史进程与文化格局》,《出版发行研究》,2014年第7期。

104. 刘志坚、张辉:《微营销内涵、特征及发展:以微博、微信为例》,《对外经贸》,2014年第11期。

105. 杨虎、肖东发:《"六维"视角下的畅销书概念界定》,《编辑之友》,2014年第11期。

106. 杨虎:《畅销书产生的基本途径》,《出版广角》,2014年第14期。

107. 杨虎:《从舆论领袖理论看名家荐书畅销引导作用》,《中国出版》,2015年第4期。

108. 王一鸣、曾元祥:《治理书评乱象,建立独立书评人制度》,《中国出版》,2015年第21期。

109. 周根红:《畅销书排行榜的异化效应与制度建设》,《现代出版》,2016年第1期。

110. 聂震宁:《现代阅读的悖论》,《图书馆杂志》,2016年第2期。

111. 石姝莉、朱姗姗:《基于"大数据"的畅销书策划与运作》,《中国出版》,2016年第9期。

112. 苏格兰、张文红:《虚构类畅销书书名研究》,《科技与出版》,2016年第11期。

113. 国家新闻出版广电总局:《〈2015年新闻出版产业分析报告〉摘登》,《中国出版》,2016年第16期。

后记

本书是在本师肖东发先生"文章成系列,著作集大成"以及"古今并重"治学思想的启发和指导下完成的阶段性成果,也是在我的博士学位论文基础上修改而成的一本研究著作。

1998年9月,我进入北京大学信息管理系学习编辑出版学专业,本科阶段,我先后聆听了本师讲授的两门专业必修课:中国图书出版史与出版经营管理。当时便深深折服于本师的博学多识、谦逊儒雅和高妙的授课艺术。本师也对我青眼有加,常于课后解答疑问、惠赐良训,由此结下了终生难忘的师生缘。2003年9月,我正式拜在本师门下,攻读硕士学位,并于2006年顺利毕业后留校工作。2008年我再入师门,追随本师以中国图书出版史为研究方向,在职攻读博士学位,2014年获得文学博士学位。十余年来,本师对我耳提面命,循循善诱,悉心教我做人、做事、做学问,对我春风化雨般的爱护、栽培之恩难以言尽,永不能忘。

本师在世之时,常对我讲授治学方法,印象最深且对我影响最大的有两点:一是要善于抓住一个有意义的题目,心无旁骛地钻研下去,尽量将其分解成若干个专题,逐次深入研究,撰写并发表论文。久久为功,时机成熟时,便可将其融会贯通,形成集成性的专著。此所谓"文章成系列,著作集大成"。您还经常以自己的专著《中国图书出版印刷史论》(北京大学出版社,2001年)为例,为我详细说明。二是学者生当今世,学术视野应该尽量广阔,努力做到古今并重,不能出现"明于古而昧于今"和"精于今而疏于古"的偏狭格局。您多次提到,自己在旧学方面研究出版史,在新知方面,则研究年鉴学,新旧并重,益处甚多。

我谨遵师命,十余年来,在学习、研究中国图书出版史的同时,把大众文化和畅销书也作为一个重点学习、关注和研究的专题。自2003年在核心期刊发表第一篇与畅销书相关的论文以来,迄今已经发表相关论文15篇。2006年,我以《近年来(1999—2005年)国内畅销书营销策略及问题研究》为题,撰成10余万字的硕士学位论文。2014年,我又在先前研究的基础上,撰成将近24万字的博士学位论文《大众文化视野下的畅销书出版营销机制研究》。论文在评审和答辩时，得到了本师和各位评委的肯定与谬赞，并在当年被评为"北京大学优秀博士论文奖"。

在博士论文预评和答辩时，郝振省、张新华、关世杰、陆绍阳、吕艺、张积、师曾志、王昇虹诸师作为评审答辩委员，通过仔细审读，提出了很多中肯而有益的修改意见，希望我在毕业后能继续深入研究，不断修改完善，争取早日出版。尤其是本师，更是对我寄予厚望，您曾郑重对我说，希望能把研究再做深、做厚一些，多提出自己的创新之论，在时机成熟时，为学生开出"经典名著与畅销书"这样的课程。

我遵从教导，这几年，在繁忙的行政工作之余，尽力挤出时间，对论文进行全面的修改，希望达到正式出版的要求。本师也一直关心论文的修改进程，每次见面都要问及此事，并热心为我联系出版单位。2015年底，我去家中看望您和师母，向您汇报：修改工作可以在2016年完成。您分外高兴，说："就像胡适老校长讲的，工作以后，总得找一两个感兴趣的题目去研究，这样才会有出息。你只管把论文改好就行，出版的事我来联系，需要出版经费我来给你出。"殷切关爱和鼎力扶助之情，让我感动，也成为我改好论文的强大动力。

谁能想到，2016年4月15日，本师因心脏病突发，仙逝于海南家中。一座大山的倒掉，让我几乎成为学术上的孤儿；一盏明灯的熄灭，让我几乎失去学术上的方向。痛定思痛，我觉得，完成好本师生前嘱托和寄予厚望的各项工作，努力继承好您的学问和道德，尤其是在出版史和畅销书研究方面，做出让您满意的成绩，才是学生义不容辞的责任，更是告慰您在天之灵的最好方法。

2016年下半年以来，我把工作之余的大部分时间，都投入到了论文的修改之中。按照著作体例的要求，我调整了章节次序，补充了最新资料，修正了部分观点，规范了参考文献的著录格式。应该说，这项工作并不简单，但每每想到本师的遗训和诸位师长的殷切期望，这项工作便成了"累并快乐着"的充实之旅，并终于在2017年2月6日基本完成。

张新华师是北京印刷学院的著名教授，也是肖师门让所有人敬佩的大师兄，一直对我关爱有加，平日我也愿意向您请教、汇报。您是我博士综合考试、预答辩、正式答辩的评委老师，对我的论文也进行过细致、深入的指导。本师仙逝后，您了解到我的论文修改情况，热心、主动为我联系了出版单位，并为书稿的正式出版予以鼎力支持,并做了大量工作,对此,我的感动之情无以言表。

郝振省师是当代出版界的大家名师,也是本师生前的知交好友。我上大学期间,曾多次聆听您的精彩讲座。在您和本师的带领、指导下,我参与并完成了《中国出版通史·先秦两汉卷》的部分撰写工作。承您的大力推荐,我在本科阶段,就在《出版发行研究》上发表了第一篇编辑出版学方面的学术论文。博士论文答辩时,您以主席身份担任答辩委员,提出了非常有水平、有意义的问题和建议。平日交往,您对我多有赞誉、勉励之语。在我心中,您一直是一位让我敬仰、爱戴的前辈和恩师。本书正式出版前,您在百忙之中,再次审读了原文,并撰写了饱含感情,评介深入,褒奖有加,期望殷切的长序,真是让我既感动,又惭愧。书首有此嘉序,实在荣幸之至,让本书生辉不少。

2013年,在我开始着手写论文时,小女久久的出生,为家中带来了无尽的欢喜和幸福,但同时也带来了更多繁重的家务。父母大人、岳父母大人,尤其是爱妻周婧主动承担了照顾爱女的全部责任和一切繁杂的家务,让我得以专心于工作和科研。今年寒假期间,我在沈阳岳父母家中修改论文,岳父母大人和爱妻为我做好一切生活保障,对我嘘寒问暖,关心备至,让我每天都能带着无尽的暖意专心投入畅销书研究的世界中。

本书的出版,还离不开其他很多人的关心和支持,我本科阶段的班主任李常庆师曾对我撰写畅销书方面的文章提出细致的修改意见,并勉励我将这一研究不断深入下去。朗朗书房的呼延华、钱午骏、王三龙先生为此书的出版事宜做了大量细致周到的工作。对此我常怀感恩之意,在此不能一一致谢!当然,由于专业学养不足、从业经验匮乏、修改时间有限,本书的疏漏和不足之处在所难免,需要完善的地方还有很多,希望广大读者对此给予批评指正。

记得当年在论文写作的关键阶段,我每天的常态是,白天在单位忙工作,五点下班后,在办公室的沙发上小憩片刻,便投身于论文写作中去。不知不觉中,就已是夜半时分。当我带着一身倦意离开燕园大厦,穿行校园回家时,看到实验室、宿舍如星光般的灯光时,我就知道,我还不是这个校园里最勤奋、最努力的学生。在这样的环境中,我又有什么理由不坚持下去呢?每每看到本师半夜发来的邮件,这种体会就更加真切。老师还在笔耕不辍,学生岂敢怠慢？人们都说，聪明人要下笨功夫，我之天资素来愚钝，要对得起北大人的身份和关爱自己的所有人，更为了对得起自己热爱学术的挚诚之心，我还得精进不止，再攀新高。

让人略感欣慰的是，本书交稿之际，也是本师和我共同主编的北京市精品教材《中国出版史》（北京大学出版社，2017年）的付梓之日。本师在生病的最后阶段，对经典出版和阅读问题异常关注，并和我合作撰写了数篇文章，最后一篇《图书经典及其特质论》发表在《北大新闻与传播评论》第10辑。这也为我继续深入研究经典出版与阅读问题打下了很好的基础。希望通过几年的努力，我能不负本师期望，完成您生前布置的各项作业，开出"经典名著与畅销书"这样的课程，写出与经典出版和阅读相关的研究专著。此山登罢再出发，只管攀登不言高，这样的人生状态，我看也很不错。

谨以此文，简述本书出版过程，并感念众位师友和亲人！

2017年2月6日于沈阳，初稿

2017年5月6日于北京，二稿

图书在版编目（CIP）数据

文化的坚守与运营：畅销书出版营销研究 / 杨虎著 .—北京：中央编译出版社，2017.8
ISBN 978-7-5117-3363-4

Ⅰ．①文⋯
Ⅱ．①杨⋯
Ⅲ．①畅销书—出版工作—研究
Ⅳ．① G235

中国版本图书馆 CIP 数据核字（2017）第 178847 号

文化的坚守与运营：畅销书出版营销研究

出 版 人：	葛海彦
出版统筹：	贾宇琰
策划编辑：	黄海明
责任编辑：	呼延华
责任印制：	刘　慧
出版发行：	中央编译出版社
地　　址：	北京西城区车公庄大街乙 5 号鸿儒大厦 B 座（100044）
电　　话：	（010）52612345（总编室）　　（010）52612313（编辑室） （010）52612316（发行部）　　（010）52612346（馆配部）
传　　真：	（010）66515838
经　　销：	全国新华书店
印　　刷：	三河市金泰源印务有限公司
开　　本：	680 毫米 ×960 毫米　1/16
字　　数：	235 千字
印　　张：	22
版　　次：	2017 年 8 月第 1 版
印　　次：	2017 年 8 月第 1 次印刷
定　　价：	59.80 元
网　　址：	www.cctphome.com　　邮　箱：cctp@cctphome.com
新浪微博：	@中央编译出版社　　微　信：中央编译出版社（ID:cctphome）
淘宝店铺：	中央编译出版社直销店（http://shop108367160.taobao.com）（010）55626985

本社常年法律顾问：北京市吴栾赵阎律师事务所律师　闫军　梁勤
凡有印装质量问题，本社负责调换，电话：（010）55626985